信用评分应用

（第二版）

[英] 林·托马斯（Lyn Thomas）

[英] 乔纳森·克鲁克（Jonathan Crook）　　著

[英] 大卫·埃德尔曼（David Edelman）

李志勇　　　　　译

中国金融出版社

责任编辑：任　娟
责任校对：张志文
责任印制：陈晓川

北京版权合同登记图字 01－2018－3110
《信用评分应用（第二版）》一书中文简体字版专有出版权属中国金融出版社所有，不得翻印。

图书在版编目（CIP）数据

信用评分应用：第二版／（英）林·托马斯（Lyn Thomas），（英）乔纳森·克鲁克（Jonathan Crook），（英）大卫·埃德尔曼（David Edelman）著；李志勇译.—北京：中国金融出版社，2020.4
ISBN 978－7－5220－0556－0

Ⅰ.①信…　Ⅱ.①林…②乔…③大…④李…　Ⅲ.①信用评级—研究　Ⅳ.①F830.5

中国版本图书馆 CIP 数据核字（2020）第 047081 号

信用评分应用（第二版）
Xinyong Pingfen Yingyong（Di'èr Ban）
出版
发行　**中国金融出版社**
社址　北京市丰台区益泽路 2 号
市场开发部　（010）66024766，63805472，63439533（传真）
网 上 书 店　www.cfph.cn
　　　　　　（010）66024766，63372837（传真）
读者服务部　（010）66070833，62568380
邮编　100071
经销　新华书店
印刷　北京侨友印刷有限公司
尺寸　185 毫米×260 毫米
印张　20.5
字数　420 千
版次　2020 年 4 月第 1 版
印次　2022 年 12 月第 2 次印刷
定价　99.00 元
ISBN 978－7－5220－0556－0
如出现印装错误本社负责调换　联系电话（010）63263947

译者序

本书第一版英文原版（*Credit Scoring and Its Applications*）出版后，广受好评，被银行和信贷行业奉为信用评分的经典。后来，2006 年，中国人民银行征信管理局组织力量出版了中文版《信用评分及其应用》（中国金融出版社 2006 年出版），成为国内第一本系统介绍信用评分的专著，为我国的征信系统和信用体系建设奠定了理论与实践基础。进入新时代后，评分技术在发展，替代数据在增加，应用领域在扩大，新情况、新问题、新挑战不断出现，特别是在次贷危机爆发后，世界范围内对信用评分的关注度进一步提升，巴塞尔银行监管委员会和各国监管部门都鼓励对信用评分进行更深入的研究和应用。原作者将信用评分的内容重新梳理，于 15 年后出版了本书第二版。在中国人民银行第二代征信系统正在切换上线的时刻，我们也有理由及时将信用评分的最新发展和成果引进国内，为巩固金融基础设施建设、加强社会治理、完善社会主义市场经济体制、构建社会主义和谐社会服务。

信用评分在最近几年快速普及。在各部门"守信激励、失信惩戒"的宣传下，征信记录和诚信档案也开始深入人心。商业银行纷纷开始数字化零售业务转型，重点突破小微金融、农村金融和消费金融。大数据公司为它们提供替代数据，从更多维度减少信息不对称。科技公司为它们提供模型、技术和系统，在欺诈防范、精准获客、贷前评估、贷中管理和贷后催收各个环节，加入了智能和科学决策。互联网公司更是这些领域的主力军，从模式、流程、产品到场景进行了全方位的创新。高等院校开设信用管理、数据科学、金融科技和人工智能相关专业，培养交叉学科和复合背景的跨界人才。这是一个振奋人心的时代。

信用评分是金融科技的前身，也是信息技术和数据挖掘在金融领域最早、最成功的应用之一。20 世纪 50 年代，FICO 公司在美国加利福尼亚州成立，以信用评分为核心产品，现在为世界上数百个金融机构提供解决方案，为数亿人提供基础信用分。六七十年代，信用卡在信用评分的驱动下开始发力，消费成为经济发展的主要动力。80 年代，评分模型被植入计算器，在移动智能设备尚未出现之时就开始了远程决策。90年代，信用评分被住房按揭贷款公司采纳，使边缘人群和次级人群也能"居者有其屋"。新千年后，更多产品层出不穷，更多场景切入生活，消费信贷从未停止脚步，衣食住行皆有金融支持。金融科技的创新创业大半集中在信贷和融资领域。信用评分是实现普惠金融的重要力量。

即便如此，社会上对各类评分的应用参差不齐。梳理一下，以金融领域为例，评分思想大致有如下几个进化层次：（1）人为决策——以人为判断和专家投票的方式决

1

定结果；（2）专家系统——将专家经验固化为规则，具有一定程度的标准化和一致性；（3）积分体系——专家指定的指标体系和相对权重，形成可量化、可比较、可排序的分数；（4）实证评分——通过历史数据和统计方法得到参数估计，进行分类预测；（5）风险定价——以概率模型的概率估计为基础，实现差异化、个性化风险定价；（6）组合管理——根据概率分布分层，设计结构化产品，分析组合风险回报，分级打包再销售。这像是一个金字塔，大多数公司还停留在初级阶段，极少数金融机构能够达到高级阶段，做到深刻理解并灵活运用。零售信贷资产证券化本身也是一个世界难题。

除此之外，我们还看到金融科技的发展吸引了大批计算机、统计学背景的技术人员加入这个行业。我们一再强调对业务的理解、对市场的敬畏，并非简单调用几个程序包就能实现金融智能。机器学习和深度学习不能解决经济与社会中的所有问题。我们看到，行业中不乏对技术模型的热衷、对热点名词的追捧，而忽略了人类文明发展中的复杂问题。借贷是一门古老的生意，资金流动的地方就是资本涌动之处，是人性的集中体现。我们还应加强对监管资本、负担能力、公平信贷等多方面的考量。

作为信用评分分析师，我们肩负使命。做得好，我们让社会运行更有效率，满足人民美好生活需要；做不好，我们可能引发金融风险、金融危机，甚至经济衰退。

金融信用译丛里的另一本书《信用评分工具》里有一点还未引起国内利益相关者的重视，"good governance"原意是"善良治理"，重视"accountability"，这是一种责任。

普惠金融的核心不在于金融，也不在于普惠，而在于善良。

西南财经大学金融学院信用管理系
李志勇
2019 年 6 月

在本书第二版手稿完成但还未出版之前，
我们的导师、同事和合作者，Lyn Thomas 过世了。

本书是对他最好的纪念，
也是他留给这个领域的一笔巨大财富。
他是人人都期望遇到的那个，
最善良的人。

第二版序

早在 2002 年，也就是本书第一版刚出版的时候，信用评分和消费信用模型对之后 15 年世界金融和银行监管产生的深远影响才刚刚开始。

巴塞尔协议在银行监管方面的三次发展和应用主要集中于资本充足率和应对信用风险等主要金融风险。这带来了信用评分的发展，使银行有能力估计消费信贷组合的信用风险。所以，信用评分，特别是行为评分，已经变成零售银行风险管理的重要工具。同时，巴塞尔协议框架下的信用评分实际上是为了估计借款人的违约概率，而非像传统申请评分卡那样仅对借款人的风险进行排序。所以，我们看到有很多新的方法来评价评分卡的表现，这将在第 8 章介绍。另外，我们还要对结果进行压力测试，甚至引入新的模型来估计违约损失率和违约暴露。这些内容在新的第 11 章里会介绍。

另一方面，我们也看到 2007 年美国次贷危机造成的毁灭性灾难，可以说是很多年来全球经济遭受创伤最为深重的一次。一些银行等金融机构、经济体，甚至一些大的国家，至今还深陷于缓慢经济增长，同时面临大量个人、企业和国家的债务危机。虽然信用评分模型比起当年那些评级机构用来分析住房贷款等资产支持证券的模型要好得多，但我们还是发现了很多问题，其中一些我们会在第 12 章中介绍。最大的问题在于，贷款机构并非想让评分模型更准确地描述客观世界，而是玩起了建模游戏——它们想方设法地优化模型的结果，而非理解其背后的原因。这使得更具解释性的统计模型在比拼中处于劣势，同时也阻碍了能在不同时间窗口中预测风险的评分模型的发展。标准的评分卡能预测最多两年内的违约行为，巴塞尔行为评分模型一般是一年，然而很多贷款机构关心的是更短时间内的违约概率。同时，我们还需要使用动态模型来估计风险，应对不断变化的经济环境。其实，针对这两个问题，我们都可以使用生存分析来进行信用评分，具体内容参见第 5 章。2008 年国际金融危机后，我们迈向可变定价或风险定价的步伐减缓了。一些比较个性化的渠道如互联网和移动端其实可以让贷款机构为消费者提供不同利率的产品。然而，为了控制国际金融危机的蔓延，风险定价不得不被削弱。但其实，在第 13 章中我们看到，利润评分技术实际上已经取得了很大的进展。

另外，虽然本书中并没有仔细说明，但消费信贷中还是出现了一些新情况，如P2P 网络贷款，它里面的资金出借人不止一个。这些微金融的形式很成功，但是这类贷款的问题变得很复杂，比计算贷款利息复杂多了。

这里，我们要继续感谢第一版中提到的那些研究者们，另外还有我们亲密的同事们，他们是 Christophe Mues、Meko So、Kasia Bijak、Christian Bravo、Bart Baesens、

1

Jake Ansell、Galina Andreeva、Mindy Leow、Tony Bellotti、Fernando Moreira、Viani Dje-undje、John Banasik、Tom Archibald、Raffaella Calabrese、Roberto Rossi、George Over-street、Peter Beling 和 Bob Stine，以及那些参加爱丁堡信用评分与信贷风控会议的代表们，他们使我们更加深刻地理解模型在实践中的运用。我们还要感谢那些在课程学习中使用本书的学生们。当然，错误仍旧是我们的……

作者
2017 年

第一版序

信用评分是统计学和运筹学方法在金融和银行业中最成功的应用之一，行业中信用评分建模人员也越来越多。然而，信用评分的风头却不及金融衍生品定价或投资组合分析那么大，专业的文献也相当有限。但信用评分却是过去40年消费信贷大爆发的关键。没有准确且自动化的风险评估工具，那些做消费金融业务的贷款机构不可能放出那么多贷款。

信用评分是人们最早使用的金融风险管理工具之一，早在20世纪50年代就被美国的零售商和邮购公司使用，同时也被用来管理和分散信贷组合的风险。另一方面，因为我们用数据来描述客户行为，信用评分也可以说是数据挖掘的前身。事实上，数据挖掘中的基本方法，例如分层分析、偏好分析和聚类分析，都在信用评分中占有一席之地。

本书介绍了开发信用评分系统的基本原理、建立和监测系统要注意的实际问题，以及现在和未来评分模型可以应用的场景。希望我们讲到的内容能够对学习统计学和运筹学的人有帮助，也希望它成为行业中信用评分建模分析师的一本实用的参考书。写此书的灵感其实主要来自爱丁堡大学信用研究中心在过去十几年举办信用评分与信贷风控会议的经验。会议中代表们思维碰撞、思想闪耀，却苦于找不到文献来系统总结。

本书从一门为运筹学和金融数学专业学生开设的信用评分课程发展而来，也可以作为统计学和运筹学专业所学知识的应用参考之一。对此，我们更建议学习风险模型的章节，如第1章、第2章、第4~8章、第12章（第二版的第1~9章）。对那些只想了解应用、不想学习建模的人，建议阅读第1章、第2章、第9~11章、第13章、第14章（第二版的第1章、第2章、第9章、第11章、第12章）；第3章（第二版的第10章）是消费信贷的经济学理论基础。

所以，本书综合起来是为风控人员提供的一个设计、开发、操作、监测的贷前和贷中管理系统的全面介绍。他们在每天的任务中要做很多的决策。当然，我们也要做决策：在本书中写什么、不写什么。最后，我们决定集中介绍个人消费信贷和行为评分，而不是详细介绍企业信用和商业信用，虽然在方法上它们有很多重复的地方。其实，在过去几年，我们逐渐发现债券、信贷衍生品定价的信用风险评估方法和消费信用评分的方法富有许多默契的联系。抱歉的是，我们决定不去仔细探究这种联系，也不对消费信贷组合证券化的内容做过多讲解。我们把主要精力更多地集中在消费金融的风险评估方法上。

理解这些方法的一个途径是在真实数据上实验。数据对行业从业者来说不是个问题，但对无法获取数据源的人，我们提供了一个小的数据集作为参考。

我们认为信用评分是一个非常有趣的领域，可以说它影响着每个人的生活。在美国和欧洲，人们每个月平均会被评分两次。它也是可以应用各种统计学和运筹学方法的地方。因为交易量很大，它的每一点进步都能够给贷款机构带来巨大的利润。它既和我们息息相关、无所不在，也有经济效益。我们希望读者也能发现它引人入胜的地方。

在撰写本书的过程中，我们得到了很多人富有建设性的意见。我们要特别感谢 Phil Bowers、David Hand、Alan Lucas 和 Bob Oliver，他们给我们了很多建议和鼓励。当然，所有的错误都是我们的。

作者
2002 年

目　录

第 1 章　信用评分的历史和原理

1.1　引言：什么是信用评分?

信用评分（credit scoring）是辅助贷款机构发放消费信贷的一整套决策支持技术。这些技术将决定谁会获得贷款、获得多少贷款、贷款利率是多少，以及贷款机构将设定哪些合适的经营策略来提高利润率。信用评分得到的信用分数可以反映贷款人违约的概率。2000 年以后，为了满足巴塞尔协议（Basel Accord）的要求，金融机构开发的主流模型都可以估计贷款组合的违约概率（Probability of Default，PD）。

信用评分技术可以评估特定借款人的风险。也有人认为，信用评分是在评估借款人的可信度（creditworthiness，或信誉度），然而这并不十分恰当。典型的个体特征有身高、体重、收入等，而可信度并不属于个体的特征。可信度实际上结合了借贷双方的情况，是贷款机构从自身的角度对借款人在未来经济条件下的一种估计。所以，我们会看到同一个借款人在某家贷款机构那里被认为是可信的，但在另一家贷款机构却被认为是不可信的情况。信用评分产生的结果并非一成不变，借款人现在能从某家贷款机构获得贷款并不代表他未来也能获得贷款。有些人在所有机构都能获得贷款，也有人在任何一家贷款机构都拿不到贷款。说后者不可信其实也不公平，更合适的说法是，基于对现实情况的考虑，贷款机构不愿意承受该借款人在这笔贷款中的风险。尤其是在监管部门越来越强调负责任放贷的背景下，各个贷款机构对风险持有不同的理解和态度。

通常，贷款机构需要做两类贷款决策：一是对新客户的授信决策；二是对老客户的授信管理，包括是否提高额度。信用评分应用于前者称为申请评分（application scoring），应用于后者称为行为评分（behavioral scoring）。它们采用类似的模型，在第 4 章、第 5 章、第 6 章中会有介绍。个别仅适用行为评分的模型在第 8 章介绍。

在两种评分中，无论用哪个模型，关键在于我们要有一个包含客户申请数据和表现结果的很大的历史样本。所有模型都是从历史样本中找出客户特征与其后来好坏表现的联系。"坏人"一般是指在特定时间内违约的人或账户，"好人"是指没有违约人或账户。很多模型最终都是以评分卡（scorecard）的形式呈现，每个特征属性都可以得到一定的分数，总分决定了借款人是否太"坏"而无法被接受。本书介绍的另外一些模型不以评分卡的形式出现，而是直接估计借款人是"好人"的可能性，再以此判断是否接受申请。这些模型虽然不是评分卡的形式，但也属于信用评分的内容。

本书主要关注的场景是贷款申请审批，但信用评分也在其他场景中应用。比如，在邮购和市场营销中，评分模型被用来筛选目标客户。在信贷场景下，随着数据仓库（data warehousing）和数据科学（data science）的发展，很多金融机构和零售商都有了可以使用评分技术的数据基础，各种评分技术也成为各领域数据挖掘的主流方法，其中包括现代流行的大数据分析。信用评分在金融借贷之外的应用场景还包括预测哪些客户有可能转移到其他机构（客户流失预测）、哪些病人最需要特殊治疗、哪些罪犯可以得到假释、哪些人报税需要被进一步核查等。

1.2 信用的历史

大约从人们懂得交流开始，"借"和"还"就开始了。我们可以想象这样的场景：石器时代的人借用族群里最好用的棒子去打猎，然后与族群其他人分享猎物。关于借贷最早的记录来自公元前 2000 年的古巴比伦，Lewis（1992）记录了刻在一个石碑上的碑文：Adadrimeni 的儿子 Mas – Schamach 向 Warad – Enlil 的女儿太阳女神 Amat – Schamach 借了两个舍克勒（shekel，古希伯来货币）银币，约定在收获的季节偿还本金和利息。因此，至少从农耕时代开始，农民就知道通过在播种季节借钱、在丰收季节还款的方式来缓解现金流危机。

在古希腊和古罗马时期，银行信贷业就已经十分发达了，尽管在当时年化利率为ⅩⅧ.Ⅸ%的信用卡还难以推行。在之后的 1000 年中，信贷业在欧洲历史上黑暗的中世纪毫无进展，直到 13 世纪的十字军时期，当铺在各地发展起来。起初，当铺是慈善机构，并不收取利息。后来，精明的商人发现了这个商机，开始进行商业化运作。到了公元 1350 年，商业当铺（pawn shops）已经遍布欧洲。这类当铺几乎接受任何物品做抵押，为客户提供贷款。现在我们依然可以看到大多数欧洲和南美城市中都有挂着三个大金球标志的当铺。但在中世纪，关于是否征收贷款利息的道德辩论一直持续。该争议到现在依然存在，尤其是在伊斯兰国家。辩论的结果是如果贷款机构只收取少量费用，那就称为利息，是可以被接受的；但如果费用很高，就被称为高利贷（usury），是不被允许的。莎士比亚的《威尼斯商人》（*Merchant of Venice*）中也描述了此类场景。在那个时期，国王和君主们也不得不开始借钱融资以提供军费开支。当然，这个层面的借贷更多地是出于政治目的而非商业目的。相比之下，给穷人的借贷显得很残酷，亨利八世曾要求还不起钱的修道院院长们在修道院和自己的性命之间作出选择。

19 世纪出现的中产阶级使很多私人银行开始愿意向他们提供透支（overdraft）服务，以满足他们的商业需求和生活需要。但是，这种消费信贷还是仅限于一小部分人。英格兰约克郡出现了一些邮购（mail order）俱乐部，类似于我们现在的团购。如果有 20 个人都想要 1 英镑的某商品，他们可以组团，每人每周贡献 5 便士（古时候的 1 先令）。按每周来计，俱乐部的每个人都可以有钱买一件该商品，然后抽签决定谁先得到它。如此重复 20 周，直到最后一个人拿到商品。相比之下，如果他们单独存钱购物，每个人都需要等 20 周才有钱购买，信用的价值完全无法得到充分利用。所以，从某种意义上说，这就是个信用社（credit union），普通人之间通过信用合作，让最幸运的人先得到商品，但在之后的 19 周他还是要继续还（付）款。

真正的革命发生在 20 世纪 20 年代，消费者开始购买汽车。汽车是第一款大多数人都梦寐以求的商品，使人们的生活方便快捷，流动性也极高。因此，汽车不便于用作抵押（典当行的抵押品和土地房产的抵押品，其地理位置很明确）。于是，汽车金融应运而生，并在二战前快速发展。在那个时候，邮购公司也发展很快，因为住在小城镇的人需要衣服和日用品，但购物不像大城市那样方便。于是，邮购公司把商品广告刊登在邮购目录（catalogue）里，然后提前把商品发送给消费者，消费者在收到商品之后分期付款。

20 世纪后半叶，消费信贷大爆发，成为所有行业中增长率最高的行业之一。60 年代信用卡（credit card）的发明（BankAmericard 诞生于 1958 年，是信用卡的雏形）是引起消费信贷爆发的主要因素之一。现代社会若哪个商店不能刷卡，生意恐怕很难做。我们还看到有些支付只能通过信用卡来完成，如网络或电话购物。当然，我们还有更新式的支付手段，如 Alipal、PayPal 和 ApplePay。我们需要认识到，信用卡实际上只贡献了不到 15% 的消费信贷，其他大部分由个人贷款（personal loan）、租购（hire purchases）、透支、助学贷款（student loan）和住房按揭贷款（mortgage）构成。其中，住房按揭贷款是消费信贷中增长最快的。图 1.1 显示了美国的住房按揭贷款数据，即使是次贷危机也没能阻止住房按揭贷款呈指数式增长，目前美国家庭负债已经超过了 13 万亿美元。

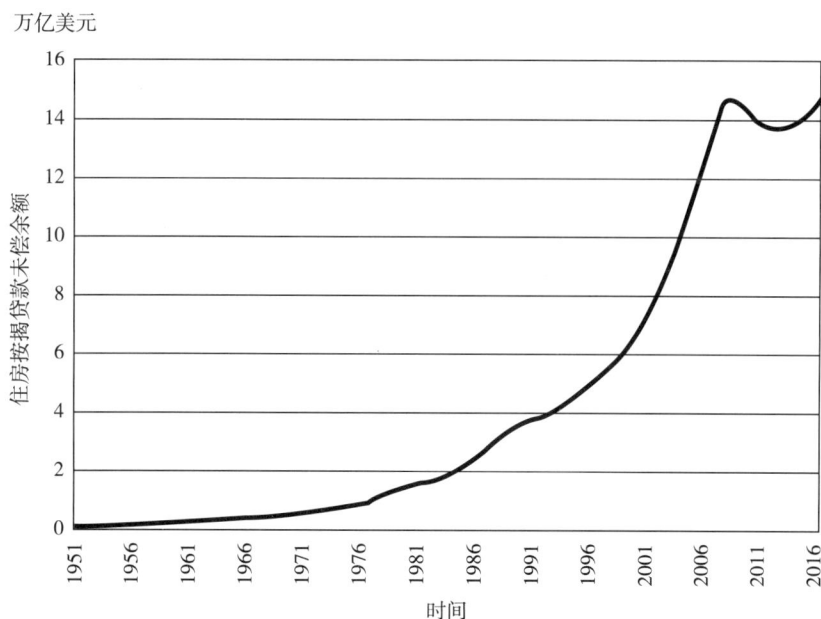

图 1.1　美国家庭债务

（资料来源：美国联邦储备委员会）

1.3 信用评分的历史

与长达五千年的信贷历史相比，信用评分的历史是从 20 世纪 50 年代才开始的。信用评分本质上是用借款人的贷款特征来将客户划分成好坏两类，即那些会违约的和不会违约的。最早从总体中区分群体的方法是由 Fisher（1936）提出的。他尝试用植物的尺寸来区分两种鸢尾花，还用头盖骨物理尺寸来区分人种起源。Durand（1941）首先提出可以用 Fisher 的方法来区分贷款客户的好坏。当时，他参与了美国经济研究局的一个研究项目，虽然其目的并不在于预测贷款客户的好坏。

20 世纪 30 年代，有些邮购公司引入积分系统来尝试解决信贷员决策不一致的问题（Weingartner，1966；Smalley 和 Sturdivant，1973）。二战开始后，所有的贷款机构和邮购公司都遭遇了信贷管理困境。它们的信贷员被征召入伍，有经验的信贷员严重缺乏。所以它们要求信贷员们把自己的经验法则记下来，形成信贷规则，以此决定给谁贷款（Johnson，1992）。其中，有些规则是积分系统已有的，而另一些规则是需要借款人满足额外的条件。这些规则后来被没有经验的信贷员用来进行信贷决策，这也就是最初的专家系统（expert systems）。

二战结束后不久，统计中的分类模型很快被用到自动化信贷决策中，这些统计模型也确实为信贷发展带来了很多好处。20 世纪 50 年代初，Bill Fair 和 Earl Isaac 在旧金山成立了第一家针对信贷行业的咨询公司，他们的客户主要是贷款机构、零售商店和邮购公司。

60 年代末，信用卡的出现使银行和发卡机构认识到了信用评分的重要作用。每天大量的信用卡申请使它们发现人工审批很不经济，应用信用评分的自动审批会在很大程度上节省人力资源。计算机技术的发展使自动审批成为可能。当贷款机构使用信用评分之后，它们也发现信用评分的效果比人工判断更好，违约率甚至下降了 50% 或更多。从当时 Myers 和 Forgy（1963）以及十年后 Churchill 等（1977）的报告中可以看到这一点。唯一的反对声音来自 Capon（1982）："信用评分的机械蛮力破坏了我们社会的传统。"他认为，信用评估应该更看重信用历史，贷款机构也需要解释为什么有些特征会被用到，而另外一些不会被用到。后来，1976 年美国通过的《平等信贷机会法》（*Equal Credit Opportunity Act*，1976）实际上标志着信用评分被完全接受。贷款机构不能在发放贷款时有歧视行为，除非这种区别对待是"在经验上和统计上有意义的"。历史上，立法者除了给法律从业者创造了大量工作岗位，很少真正给其他人创造多少长期就业机会，但是信用评分是个例外。我们看到其后三十年，对信用评分分析师的需求不断增长，到现在依然如此，而且从美国蔓延到全球。这一方面是因为消费信贷更适宜在人口较多的国家发展，如中国和印度，另一方面还因为新的消费信贷产品和形式出现，如 P2P（Peer - to - Peer）网络借贷。

从 20 世纪 80 年代开始，信用评分在信用卡业务中的成功运用也使银行把评分技术引入其他贷款产品，如住房贷款和个人贷款。在 80 年代末期，评分技术也被用于家庭贷款和小微企业贷款。90 年代，直销银行的发展使评分卡在提高广告宣传的响应率上也作出了贡献。事实上，这与西尔斯百货公司在 50 年代用评分技术选择给谁寄送邮购目录的做法异曲同工（Lewis, 1992）。计算机运行效率大幅提高后，我们也有其他更高级的方法来建评分卡。从 80 年代开始，逻辑回归登上历史舞台，成为评分人员的主要工具。近年来，一些数据挖掘技术如神经网络（Neural Networks）、支持向量机（Support Vector Machines）、随机森林（Random Forests）开始引领时代。现在，贷款机构都尝试在信用评分中应用大数据技术。

随着信用评分的广泛应用，它的作用也更加多元化。目前，贷款机构的目标正在从降低借款人在贷款产品中的违约率变成提高客户带来的利润率。不仅如此，评分卡最初的目的是估计违约风险，现如今已经发展成为可以评估响应（客户对宣传的反应）、使用（客户使用产品的可能性）、保留（客户在优惠期过后依然使用产品）、转移（客户转移到竞争对手）或提前还款的工具。评分卡还可以用于债务管理（决定逾期后的催收方式）和欺诈防范（预测是否存在欺诈行为）。

尽管如此，对信用评分影响最大的是 2000 年后的巴塞尔协议。因为信用分数可以转换成违约概率，信用评分成为金融机构计算资本金是否满足最低资本要求的主要工具。巴塞尔协议发展出了三个版本：巴塞尔协议 Ⅰ（1988）、巴塞尔协议 Ⅱ（2005）、巴塞尔协议 Ⅲ（2010）。巴塞尔协议决定了银行需要拿出多少资本用于覆盖客户在违约时由信用风险带来的损失。关于巴塞尔协议的要求和信用评分在其中发挥的作用，详见第 11 章。从巴塞尔协议 Ⅱ 开始，银行需要估计贷款组合中每一层的违约风险（Default Risk）。其中，零售贷款（包括个人消费贷款和中小企业贷款）的分析主要由行为评分来完成。巴塞尔协议促使评分卡的功能从对借款人的违约风险排序变为对违约风险的准确估计。这也改变了我们评估评分卡效果的方式，更强调评分卡的有效性，以及更关注在极端经济条件下的压力测试表现。

巴塞尔协议凸显了金融机构里评分卡和评分人员的重要性。经理和监管者们都需要懂得信用评分是如何运作的，以及如何评判它们的好坏。反思信用评分与 2008 年次贷危机的关系（详见第 12 章），信用评分的意义更加重大了。信用评分的发展已经离最初的邮购评分越来越远。现在著名的个人征信和信用咨询公司——益博睿（Experian）最开始是 GUS 零售集团的一部分，专门做邮购评分卡。2006 年，益博睿被剥离母公司上市，现在的市值已经是母公司的 10 倍。

很长一段时间，信用评分的相关文献都很少。行业的创始人之一 Ted Lewis 曾写过一部信用评分应用的手册（Lewis, 1992），信用评分的国际会议论文也在同年集结出版。Mays 从另一个角度写了一本信用评分的专著。McNab 和 Wynn（2000）以给从业人员的讲义为基础写了一本书。在本书第一版出版后，我们欣喜地看到了更多的信用评分专业书籍，包括 Mays（2004）、Siddiqi（2005）、Anderson（2007）、Finlay

（2008）和 Thomas（2009），以及介绍分类模型的参考书 Hand（1981）、Hand（1997）、Krzanowski 和 Hand（2009），还有学术期刊中针对分类模型的文献综述 Rosenberg 和 Gleit（1994）、Hand（1993）、Thomas（2000）、Thomas 等（2005）、Crook 等（2007）、Thomas（2010）。

1.4 信用评分原理

信用评分的理论基础是实用主义和经验主义。申请评分和行为评分的目的是预测风险而非解释风险。一直以来，我们主要用它来预测借款人在贷款产品上的违约风险，近年来也逐渐用它来预测客户对产品宣传的反应，预测客户对产品的使用行为，或用于预测客户的销户和流失行为。无论是哪种用途，最关键的一点在于信用评分是用来预测风险的，而不必强求预测模型去解释为什么一部分客户会违约，而其他客户没有违约。信用评分的强大之处也在于此，它是从经验数据中得到的结论。

所以，信用评分系统是基于过往客户的表现而建立的，我们抽取一部分近期提出申请且有表现结果的客户作为样本，假定他们与未来被评估的客户相似。如果缺少样本，例如作为新产品或只有较少客户使用过，那么我们只能把评分系统建立在小样本或者类似产品的样本上，但显然这样的模型效果不如建立在大量近期样本上的预测模型。用过往客户的数据来预测未来客户的违约，其实是假定违约风险不随时间变化。因此，早期的评分卡没有引入宏观经济变量或者时间依存变量（time - dependent characteristics）。后来，巴塞尔协议的要求，再加上 2008 年国际金融危机中暴露出来的评分卡的问题，都使评分人员意识到他们需要在模型中考虑经济变量。

信用评分的方法也被引入到企业破产风险预测中（Altman，1968）。虽然我们发现公司财务比例与破产存在某种联系，但是相比之下，公司的同质样本比个人的同质样本少很多，而且公司的财务数据容易被高管们操纵（会计中的技巧）。所以，企业信用评分模型的预测效果一般来说不如个人的模型效果好。

信用评分的经验主义表明任何有助于预测的借款人特征都可以被用到评分系统中，其中大部分与违约风险有很直观的联系。最有效的特征是与之前违约、逾期或其他贷款账户表现相关联的变量。另外一部分特征体现了客户的稳定性，如当前住址居住时长、当前工作时长等。还有一些特征表明客户金融账户的情况，如是否有现金（英国）或支票（美国）账户、是否有信用卡、账户年龄等。我们还会用到客户资源的描述，如住房条件、工作性质、配偶工作性质、子女数量、赡养老人数量等。我们没有必要去证明每个变量对风险的影响，变量只要能帮助预测，就可以被应用到预测模型中。还有一些未必真实的例子是，评分时使用了姓氏作为一个变量，因为姓氏可能象征了种族。同一地址先后住的不同的人可能在行为上有相似之处。在英国是否能使用这个数据还存在争议。但这些信息显然都能提高评分卡的效果，否则也就不会有争议了。

有些国家禁止在评分系统中使用种族、宗教、性别等变量（6.4 节还会详细探讨）。性别变量比较特殊，有些研究（如 Chandler 和 Ewert，1976）表明，如果允许使用性别变量，实际上会提高女性客户的接受率。例如，如果申请人为女性，同时其他变量显示她有兼职工作和微薄收入，这其实表明她有较强的还款意愿，且有收入来源，虽然从总体来看，兼职工作和微薄收入是负面影响因素。然而，立法者还是不允许使用性别变量，因为他们认为使用性别变量会歧视女性①。

还有一些变量，虽然法律没有明文禁止，但因为文化传统因素，也不适宜用来做预测。比如，不良的健康状况或过多的交通违章记录在数据上显示会增加违约风险，但贷款机构还是不会使用它们，怕遭到社会的反对。有些贷款机构使用客户是否曾在信用卡上购买信用保险（在失业的情况下赔付未偿余额）作为变量，因为有信用保险的客户在其他条件相似的情况下违约风险会上升。所以，在英国，信用保险对借款人而言是个大坑，好人买了它不起作用，反而多花了钱（其实是发卡机构的一个收入来源）；坏人买了它又降低了自己的信用分数（导致其申请通过率降低）。

20 世纪 80 年代，曾经有一场关于信用评分道德规范的讨论。正方有 Nevin 和 Churchill（1979）、Saunders（1985）；反方有 Capon（1982），他不赞同信用评分的原理和做法，认为传统的信用分析师和评估员的主观判断才是对的。正方其实看到了信用评分的优点，即能够最大限度地权衡风险与回报，也可以更有效地管理这个平衡，就像审批申请那样有效。他们认为信用评分可以减少信用调查的必要性。在征信机构的黑名单中检索向来是反欺诈的重要措施，那我们为什么不在征信机构查询信贷历史、验证地址的真实性呢？正方还支持由信用评分带来的决策一致性，他们认为这样既增加了账户的可得信息，也提高了贷款组合的质量。

反方反对的是信用评分的理论基础和方法论。他们批评信用评分无法就重要特征和还款表现之间的联系作出合理的解释。他们认为特征与结果之间的传导机制很复杂，中间有一些相关变量在起作用。其实我们也注意到，信用评分中有一些有意思的方法，如 4.8 节介绍的空间距离模型，实际上就在寻找这种传导链路。统计上被批评最多的是样本偏差问题，例如，训练样本没有包含之前被拒绝的那些客户、样本量不够大导致其不一定具有代表性；又如，被更改过系统决定的那部分样本如何处理。其他问题还有自变量之间的共线性，以及二元变量转换成连续变量等问题。Eisenbeis（1977，1978）在两篇文章中对这些问题进行了讨论。我们在信用评分的发展过程中不断尝试解决这些问题，已经解决了其中一些，其他没有得到解决的依然不妨碍我们使用信用评分进行信贷决策。

毋庸置疑的是，尽管评分系统受到争议与质疑，它还是被全世界各类贷款机构不断地应用于各式各样的贷款产品申请审批，最终结果是它们的风险回报有了显著提升。所以，实践是检验真理的唯一标准。虽然关于信用评分的辩论依然没有结束，但

---

① 这样实际上造成了女性更难获得贷款，虽然立法者的初衷是为了保护女性。——译者注

无数的事实表明，它所带来的信贷决策效率和效果的提升远远大于其理论基础的缺陷。

1.5 信用评分与数据挖掘

数据挖掘是对数据的探索和分析，找出数据中有价值的模式和关系。但是，就像挖矿一样，数据挖掘的成功是建立在知道在哪儿挖和挖什么的基础上的。这意味着我们是针对商业中的一个具体问题寻找有效信息。零售商和银行早就意识到了客户信息的重要性。商场卡和银行卡发明之后，随着互联网购物和移动支付的流行，这些机构有办法搜集客户交易的重要信息。另外，计算机技术的发展也使分析大量的交易数据成为可能。这是我们进入大数据时代的进步。大数据时代的数据源很丰富，不仅是交易数据，还有地理位置数据（告诉我们交易地点）、社交网络数据（告诉我们谁是朋友）等。新的竞争者、新的产品、更多的渠道（如互联网）意味着客户更容易将业务转移到对手公司。所以，各公司更有必要寻找客户并且了解客户。这也是公司愿意投入巨大资金建立数据仓库以存储客户信息和投入巨大人力去研发数据挖掘技术的原因。

毫不意外，当人们谈论主流的数据挖掘方法时，会发现那些方法也是信用评分的主要方法。Jost（1998）在关于数据挖掘的方法综述中就发现了这一点。基本的数据挖掘方法包括描述统计、变量降维、聚类分析和预测解释。一般的描述统计包括频率、均值、方差，以及交叉表格。将连续变量分组或分箱成离散的组也很有用，这就是我们在信用评分中所谓的粗分类（coarse classifying）（见6.7节）。为了找出重要变量，我们经常需要减少变量的数量，这是统计分析中的常规做法。此外，信用评分领域中的处理方法在其他数据挖掘应用场景下也很有效。对客户进行聚类也是一种数据挖掘方法，如把不同的目标客户或购买不同产品的客户分组。信用评分中我们也经常对不同客户根据其行为来分组，然后分层建立评分卡。这种对子群体分层的方法会使我们得到一系列评分卡，下文会予以详述。

本书也介绍了数据挖掘中的预测，如预测客户是否会回复邮件或下一年是否会购买某金融产品，因为这就是信用评分最初的应用场景。Jost（1998）指出，解释本来也是数据挖掘的作用之一，但是实践中很少在数据挖掘中得到令人满意的因果解释。在大多数情况下，分层分析显示的是某类人确实有某种特殊的行为，但却难以对此给出合乎情理的解释。Capon（1982）认为信用评分的缺点依然存在，因为我们难以解释为什么某类人就有这种行为。人类的行为很复杂，很多时候我们也只能找到人群与其对应的购买与还款行为之间的相关关系。

显然，数据挖掘把信用评分的精髓借鉴和应用到了更广的领域（Hooman 等，2016）。我们建议并且希望其他领域的数据挖掘人员学习和借鉴信用评分中的方法，因为在这里我们能看到如何扬长补短。于是，信用评分在一定程度上，甚至能被称作

"数据挖掘之母"。

1.6　信用分数的定义

本书的主题是信用评分，那么如果在第 1 章最后我们还不去定义什么是信用分数，就是我们的过失了。信用分数 $s(\mathbf{x})$ 是借款人特征 $\mathbf{x}$ 的任意组合，$\mathbf{X}$ 是特征（characteristic）的集合。信用分数是描述具有特征 $\mathbf{x}$ 的借款人在贷款上表现令人满意的概率的一个充分统计量（sufficient statistic）。我们借用 "Good" 的首字母 G 来表示"令人满意的表现"，借用 "Bad" 的首字母 B 来表示"不令人满意的表现"，$s(\mathbf{x})$ 有如下性质：

$$P(G\,|\,\mathbf{x}) = P(G\,|\,s(\mathbf{x})), \mathbf{x} \in \mathbf{X} \tag{1.1}$$

在大多数时候，坏的或不令人满意的表现就是借款人在一个确定时期内违约。巴塞尔协议用 D 来表示违约，ND 表示不违约。满足式（1.1）的分数称为恰当和充分的分数，本书中讨论的所有分数都是这类分数。

大多数分数与好人概率呈单调关系，即高分数的借款人的风险较低，低分数的借款人更可能是坏人。

我们还有一种特殊的分数，即对数比率分数：

$$s(\mathbf{x}) = \ln\!\left(\frac{P(G\,|\,\mathbf{x})}{P(B\,|\,\mathbf{x})}\right) \tag{1.2}$$

在第 3 章，评分卡的主流方法——逻辑回归得到的分数即对数比率分数。利用贝叶斯定理（Bayes' theorem），我们可以将对数比率分数拆分成两部分：

$$s(\mathbf{x}) = \ln\!\left(\frac{P(\mathbf{x}\,|\,G)p_G}{P(\mathbf{x}\,|\,B)p_B}\right) = \ln\!\left(\frac{p_G}{p_B}\right) + \ln\!\left(\frac{P(\mathbf{x}\,|\,G)}{P(\mathbf{x}\,|\,B)}\right) \tag{1.3}$$

其中，p_G 和 p_B 是总体里好人和坏人的比例。式（1.3）第一项是总体比率（population odds）的对数，第二项是证据权重（weights of evidence）。如果没有关于借款人的任何信息，那我们只有第一项即总体比率分数。当借款人特征已知时，他的得分根据证据权重项进行调整。

第2章　信用评分的实践

2.1　引言

本章从贷款机构的角度介绍评分的基本思路和操作。本章的很多内容会在其后的部分被反复提到。我们首先介绍在信用评分大规模使用之前，信用评估是如何进行的。然后，我们定义什么是评分卡，介绍评分卡是如何在贷款机构的运营中发挥作用的。我们还将介绍其他第三方机构，如征信机构和咨询机构是如何参与到这项事业中的。

看完本章，读者会对贷款机构的评分框架有一个概括性的认识，以便我们后面引入更多的评分方法、问题和挑战，使读者明白评分方法应用的场景，以及问题和挑战出现的原因。

2.2　信用评分在信用评估中的应用

在20世纪70年代的英国和美国，甚至到了90年代末，依然有部分贷款机构没有把信用评分用到消费信贷评估中。传统的信用评估主要依靠直觉，根据借款人的品质、还款能力、担保或抵押品来分析。这意味着潜在客户需要先存够足够资本或与银行有足够长时间的业务关系才能去找银行客户经理借钱。这时候，客户还要小心翼翼地提前预约，衣着光鲜亮丽，然后开口借钱。

接下来，银行客户经理要评估这项借款申请，除了看客户的业务关系长短，还要考虑客户还款的可能性，分析他收入的稳定性、个人的诚信品质，以及借款的用途，甚至还会向社区居委会或雇主索要独立推荐信。早期的银行客户经理一般是男性，他还要亲自拜访，眼见为实。最后，他会作出判断，通知客户申请结果。这个过程既漫长又主观。这其实挤压了信贷供给，因为潜在客户需要一段时间与贷款机构建立并维持关系。然而，在上述流程中，银行及其客户经理常常是风险厌恶型的。很多好的借款申请被拒绝了，进一步抑制了信贷供给。

银行客户经理们认为，承担这项工作需要多年的训练和经验。显然，他们又很难从错误中吸取教训，因为这套流程太谨慎了，以至于他们犯的错误很少。

这些缺陷存在了很多年，那到底是什么引起了变革？在20世纪80年代的美国和英国，信贷环境发生了诸多变化，例如：

● 银行业务重心调整。以前，银行业务重心放在标准大额贷款和企业贷款上；现在，消费贷款成为银行业务的重要增长点，虽然其份额依然很小，但重要性与日俱增。银行客户经理的素质参差不齐，因此银行无法控制其各个网点的业务质量，这导致后来出现了很多问题。在企业贷款方面，一贯的目标是避免损失。但是，在个人贷款方面，目标并非减少损失，而是增加利润。诚然，将损失限制在可控范围内也是必要的，但更合理的是给定一个明确的损失限度，然后视利润最大化为目标，提高放贷量。

● 银行调整了市场定位并且开始推广信贷产品。它们转换思维，反过来向未有过业务往来的客户推荐信贷产品，吸引他们提出申请。

● 信用卡申请显著增加。信用卡申请量大到有经验的银行客户经理和信贷评估员无法承受的地步，他们没有时间和精力对申请者逐个访谈。显然，有经验和能力的银行客户经理数量严重不足。另一方面，很多申请是从离网点很远的地方提出的，客户经理也没有办法去面谈。换言之，在互联网普及之前的很长一段时间，银行便开始不愿将其增长潜力限制在网点所在的地区。于是在 20 世纪 80 年代，世界上出现了个别机构远程办理业务，其中主要是英国和美国的机构，它们每天需要处理几千份申请。

● 信用卡交易授权需要一套快速和实时的处理机制。

● 新兴贷款机构进入。电信公司也给客户授信，允许他们每月底或每季度付一次账单，但这就要求电信公司能够分辨好客户和坏客户。公用公司也面临同样的情况，如水电气公司。还有其他一些公司也乘着信贷业发展的东风，或处在风口，认识到它们可以把客户看成借款人，提供消费分期服务，让顾客先买后付。

● 美国的《平等信贷机会法》（1976）和英国的一系列类似法律迫使贷款机构合规运营，这主要通过信用评分模型来实现。

● 除了业务考虑，贷款机构也希望保持信贷决策的一致性。显然，用模型来决策比人为决策更具有一致性。

于是，从 20 世纪 80 年代开始，信用评分开始流行，在更多的领域被更多的公司采用，但是有些贷款机构仍保持传统方式。这些贷款机构大多是一些没有能力采用新技术或不想扩大放贷规模的小公司，它们想保持那种手工技艺的格调，依旧凭借有经验的信贷经理进行重要的信贷决策。然而在巴塞尔协议实施后，消费贷款机构使用信用评分来进行信贷决策的必要性大大增加。

在消费信贷中，信用评分在信用卡业务中是最有用的，这是由于上文提到的信用卡申请量巨大、交易授权需要全天候实时进行，并且信用卡审批通过且发放后，信贷流程并非就此结束，后续不仅在交易授权上，还要在客户提升信用额度或升级、更新发卡时进行决策。

对于分期贷款，评分决策相对简单，也就是最开始的贷款审批，在某些情况下稍微复杂，需要考虑额外因素，如利率、抵押品、保证金、贷款条件等。但总的来讲还是一次性决策，因为一旦发放贷款，只要借款人按期偿还，以后也就没有什么需要决策的了。

对于账户透支，情况与信用卡类似，先要确定透支额度是多少。如果客户都在额度以内使用账户，那便万事大吉。如果其某笔交易超出了透支额度，银行就需要决定是否批准支付。同样，如果客户提出增加额度的申请，银行也需要决定是否批准。无论是信用卡额度还是账户透支额度，银行都需要定期复核，基于对一系列因素（主要是信用风险）的考量，对额度进行相应的调整。

在其他类型的贷款上，我们还需考虑其他因素，最主要的两个是产权归属和担保抵押。对融资租赁来说，客户在支付完物品本身（如汽车）最后一期费用前，他都没有物品的所有权。这显然对客户未来的还款有影响。从公司的角度来讲，未偿余额可以用收回物品的方式来补偿。这相比向法院提起诉讼、要求强制执行债务清偿而言更加简单有效。事先在贷款合同里约定好，比走司法程序快很多。对客户来说，逾期后退回物品也很简单。当然，实际操作并没有想象的那么简单。例如，假设消费者已经付了 36 期贷款中的 27 期，一旦违约，物品被收回但他又无权要求退款。又如，公司也会发现有时候物品的市值已小于贷款余额，收回物品后还得继续向客户催收。对一些流动性很好、移动性很强的物品，如汽车，我们很难把控资产的位置。公司会发现，要面对的不仅是分期业务那么简单，还有对二手物品定价的问题。

对住房按揭贷款，虽然借款人拥有产权，但其房产办理了法定抵押登记，防止他在贷款结清之前出售房产。这也使贷款机构有权在逾期恶化（或违约）时按照既定程序收回房产。在房贷上，关键的问题是收回的房产是否能够清偿债务。房价回落或者疏于修缮会使房产贬值。从借款人的角度来看，大多数情况下，借款人只有走投无路时才会逾期，因为他也想保住房子和家庭。若房屋被收回，借款人还得寄人篱下，首付也付诸东流，这对他来说都是很大的成本。

简单来讲，潜在客户提出贷款申请后，贷款机构对申请进行评估，分析风险。以前，银行客户经理主要依靠主观判断来认定风险是否在可接受的水平。有了评分方法后，贷款机构在一个公式里根据借款人的某些特征计算得分，计算结果是关于风险的一个数值。这个分数足够低的话，贷款申请得以通过。

在不同的贷款产品中，信用评分切入评估环节的形式各不相同。以个人贷款申请为例，申请表都是在纸质版上完成的，申请数据最终被输入计算机系统进行处理。这些申请数据会被转换成分数，但并不是所有申请表里的数据都会被用到。根据不同的目的，我们还会用到其他一些信息（如征信信息）来进行身份验证、数据验证或后续建模。在很多情况下，信用评分的结果是建议通过申请或拒绝申请。人为主观判断因素的比例被降低，除非人为主观判断能真正体现价值时才会被纳入是否放贷的考虑。

这里举一个简单的例子：假设我们有一个评分卡，包含四个变量（特征），即居住条件、年龄、贷款目的、现址居住时长（见表 2.1）。每个变量有四个可能取值（属性）。我们对每个属性赋予一个点数（权重）。加总所有属性得分，我们就能得到这个申请者的总分。这些点数可能是由我们在之后章节（第 3 章、第 4 章）中介绍的方法确定的。

表 2.1　简单评分卡

居住条件		年龄（岁）	
属性	得分	属性	得分
自有住房	30	18～25	5
租房	17	26～35	10
与父母同住	20	36～43	15
其他	0	>43	20
贷款目的		现址居住时长（年）	
属性	得分	属性	得分
买新车	31	<2	4
买二手车	9	2～5	9
房屋修缮	14	6～11	16
其他	0	>11	18

一个 20 岁、与父母同住、想借钱买二手车，同时在目前住址住了 2 年的申请者得到 43 分（5 + 20 + 9 + 9 = 43）。另一个 55 岁、住在自己房子里 17 年、想借钱给女儿办婚礼的申请者会得到 68 分（20 + 30 + 18 + 0 = 68）。

这里，我们并不说 55 岁的人比 18～25 岁的人多得 25 分。仅从年龄这个特征来看，这里确实有 15 分的差距。但是我们要意识到，特征之间是可能存在相关性的。55 岁的人显然更可能拥有自己的房产，我们也很难找到 55 岁依然和自己的父母住在一起的人。所以，我们会看到，年长的申请人，平均分很可能会高 25～30 分，甚至 35 分。

用这张简单的评分卡，我们能轻而易举地计算得分。一个 47 岁、租房、在当前住址住了 10 年、想借钱度假的申请者得到 53 分，另一个 25 岁、有自己的房产、在当前住址住了 2 年、想借钱买二手车的人也同样得到 53 分。同样地，一个 38 岁、与父母同住、在当前住址住了 18 个月、想借钱装修的人也得到 53 分。事实上，我们一共有七个组合可以得到 53 分，他们虽然各自情况都不一样，但对贷款机构来说代表了同样的风险水平。评分系统采用了补偿机制，即借款人的缺点可以用优点去弥补。

为了建立一个评分系统，我们还需要一个临界值才能作出是否接受申请的判断。设定好临界值后的执行很简单，但是设定恰当的临界值却不容易。这些内容将在第 6 章讨论。我们假定，在上面的例子中，合格分数是 50 分，也就是说总分在 50 分以上的申请会被推荐接受，无论在四个变量里的具体取值是多少（这和考试及格的情况是一样的）。

为了进行信用评估，贷款机构会搜集申请者的信息，有申请者提供的，有来自征信机构的，有来自申请者其他账户的。现在的征信报告一般是电子版，纸质版也存在

（在企业信贷中比较常见）。贷款机构用这些信息来计算分数，使用这个分数的方式有多种。我们会遇到以下几种情况：

- 一些贷款机构的策略很严格。总分大于等于临界值，申请通过；总分小于临界值，拒绝申请。

- 一些贷款机构的策略有变通。在分数段中设置一个移交段或灰色区域，如临界值上下5～10分的区间。落在灰色区域内的申请会被移交，然后进一步分析，这时可能进行人为评估或被要求客户提供额外资料。

- 有些贷款机构的政策规则会强行要求个别被接受的申请进入移交程序。例如，虽然申请人分数合格，但是征信记录里面显示有负面信息，如最近有违约行为。换句话说，此时不允许用申请中的优点自动弥补弱点。

- 还有的贷款机构设定了特别好和特别差的类别。当特别差的申请触发了流程中的某条规则后，无论其他方面表现如何，都会被直接拒绝。比如，有法院判决记录。这样做是为了节省处理时间，省去不必要的成本（如征信查询费）。在另一种极端情况下，有些客户的得分特别高，就算征信记录再差，也不至于将分数拉到临界值以下。这些就是特别好的申请。实践中，贷款机构有三个临界值，一个定义特别好，一个定义特别差，两者之间的临界值用来决定通过整个流程评估的申请结果。

- 很多贷款机构采用了风险定价或差异化定价。利率不是固定的，而是根据风险进行调整。在这种情况下，临界值也不是唯一的，而是有多个临界值。比如，我们可能有一个较高的临界值决定是否给客户升级产品，第二个临界值决定是否给客户提供低利率的标准产品，第三个临界值决定是否给客户提供标准利率的标准产品，第四个临界值决定是否给客户提供降级产品。这些关于风险定价的问题将在第13章中讨论。

以上讨论的内容，大多是把评分用在申请审批环节中。所以，有人直接称此为信用评分，而更准确的叫法是申请评分。评分方法还可以用在信贷周期的很多节点上。另一个重要的评分是行为评分，评估现存账户的风险。行为评分采用的数据大多是交易数据和表现数据（performance data）。这类数据不像申请评分那样是静态数据，而是随时间变化的。另外，我们还有催收评分（collection scoring），偶尔也会被看作行为评分的一种特殊形式，主要是对那些偏离正常轨道的账户进行评分。

在讨论后续内容之前，让我们想一想为什么贷款机构会用信用评分。理由大致可以分为四类，上文已经提到了一些，它们是：

- 提高风险管理水平；
- 降低成本；
- 提高客户服务质量；
- 符合监管要求。

不同贷款机构的侧重点不一样，所以贷款机构需要明确自身的评分目的。

2.3　需要的数据

我们需要的数据分为很多类。在表 2.2 中，我们给出了一些数据需求的例子。在信贷的场景中，大部分的数据会在多个目的中使用到。在第 6 章，我们会详细介绍评分卡建模流程，不过在这里，我们可以先从数据的角度来考虑。

表 2.2　收集数据的一些目的

目　的	数　据　举　例
了解客户	姓名、地址、生日
签署合同	姓名、地址、生日、贷款金额、还款计划、利率
处理申请	评分卡的特征
查询征信	姓名、地址、生日、历史地址
市场营销	活动代码、申请日期、申请渠道、贷款金额、性别、生日、地址
跨行转账	银行账号、开户行信息
建模开发	任何评分卡能够合法利用的信息（视国家法律而定）

在建立评分卡的时候，我们喜欢"广撒网"，先获取大量的数据。对申请评分来说，许多维度和片段的信息都可以用到建模中。有些数据是人口统计数据（demographic data），描述申请人的背景和生活方式。有些数据是财务数据，描述申请人的收入、开支、资产和负债。有些数据描述申请人的信贷历史，有些是与流程相关的数据，如表示申请的渠道。还有一些是与贷款相关的，如金额、条款、抵押、担保等。数据来源有申请人、贷款机构内部系统和征信局。当我们有了这些信息后，还能计算其他的衍生变量，如负债收入比率等。

进入大数据时代后，我们也经常把替代数据（alternative data）加入评分卡建模，如心理测评、社交网络和移动终端的数据。然而，在思考这些数据的预测能力之前，更大的不确定性在于我们还不清楚数据的可得性。

在第 6 章，我们会讨论如何处理这些数据。但无论如何，我们都需要描述不同维度特征的很多数据，从而有能力区分好坏。

建立行为评分卡和建立申请评分卡的原理是一样的，但行为评分中较少用到申请时的人口特征（特别是从来没有更新过的人口特征），更多地，我们关注近期的消费行为。

2.4　数据要求

很多书都讨论过数据分析对数据的要求，我们不再就此赘述。我们更愿意提出这里面值得关注的问题和对应的解决办法，然后让读者思考符合他们特定情境的实际问题。

2.4.1　数据可得性

关于数据可得性，其实存在很多问题，如征信数据被删除了或不可得。在很多国家，数据字段根据具体情况只保留一段特定的时期，不同的变量对应不同的时期。此外，数据更新可能不及时。简单举例：某人上周还款逾期，但只有等到月底才会上报到征信局。

另一方面，我们还会遇到大量的缺失数据。数据缺失的原因有：

- 客户填表时没有看到某个问题（也许是问卷或屏幕设计不合理）；
- 客户出于保密性考虑，不愿意提供答案；
- 客户认为真实答案可能会降低自己在贷款机构的评分，因此倾向于不提供答案；
- 档案合并的时候数据丢失；
- 信息在当下不可得，但是客户之后会提供；
- 用于市场营销的调研内容较少，某些问题没有提及；
- 问题不适用（如问一个房屋租客的房贷金额）；
- 问题答案的选项皆不适合客户的情况。

尽管有许多原因都会使我们必须面对数据缺失的问题，但多数情况并不暗示更大的风险，所以我们不能一概而论，在考虑数据缺失时要理解缺失是由什么原因引起的。

2.4.2　准确性和可靠性

在考虑数据准确性和可靠性时，我们先要明白所有数据都是历史数据。当采集到它们时，它们可能过时了，可能不准确了。有可能申请人填写申请后的当天或第二天就换了一份工作，拿到了更高的薪水，也有可能填表的第二天他的孩子就出生了，这并不代表他撒谎了。我们需要明白这一点，并且认识到有些数据是不会更新的，因此需要尽可能地使用准确和可靠的数据。这也是为什么我们更倾向于用征信局而非申请人提供的数据。当然，也有可能申请人确实撒谎了，这在某种意义上就是诈骗。

检查数据输入的准确性是一项具有挑战性的工作。老式的方法是双重输入，两个操作员独立输入数据，系统可以查找出那些不匹配的字段。第二个操作员有权限更正数据。这种人工操作方式显然成本很高，现在已经很少采用了。但双重输入的方式依然存在，如在设置邮箱账号和密码时，经常需要输入两次，防止出错。

数据一定是可靠的吗？我们有很多种验证和确认客户提供的数据的方法。我们可以向雇主确认他的收入，可以通过房管局确认其房屋产权。但这些验证方式成本高、耗时长，会延缓审批流程。这给了我们另一个使用征信数据的理由，因为征信数据是客户难以操控的，因此更可信。

2.4.3　数据使用规范

每个国家关于数据的规范各不相同。即便在有统一法律规定的欧盟，各国的具体实施操作也不尽相同，但国际上对数据保护的一般原则是一致的，包括数据的时效性和准确性，以及是否能被用作征信信息的要求。

在建立评分卡的时候，我们需要对敏感数据，如种族、国籍、宗教、性别等，保持谨慎的态度，每个国家的要求都不一样。在一些国家，所有这些都被禁止用于评分卡；在有些国家，有些敏感数据可以用到行为评分中，但不能用到申请评分中；而在另一些国家，连申请评分都可以使用这些敏感数据。当借贷对象从个人变为小微企业或是大企业时，这些要求又不适用了。这些规范对本书要讲的建模不会有什么影响，但是对模型的实际应用和评分卡在不同国家的发展有很大影响。

2.5　征信机构

征信局（或征信中心）在世界上很多国家都比较成熟，或者在不断发展和成熟的过程中，但它们的定位、采集数据的功能、服务的对象都不太一样。造成这些不同的原因有：

• 公司性质。在一些国家，征信局是国有的，即使有好几个征信局，但都是被国家垄断的。在另外一些国家，征信市场由几大公司占有，参与市场化竞争。例如，在英国和美国，三大征信机构瓜分了个人征信市场。

• 法律条款。制约征信业务的法律环境，特别是征信机构哪些能做、哪些不能做、什么时候能做的规定，各国不尽相同。在英国，限制征信局的主要法律之一是《数据保护法》（*Data Protection Act*）。在美国，与征信相关的关键法律是《信息自由法》（*Freedom of Information Act*）。这两个国家恰好代表了两个极端：一头是美国，只要没有充足理由去限制，信息就应该是可得的；另一头是英国，只要没有充足理由去披露，信息就不可得。

• 文化习俗。虽然欧盟各成员国对征信局的法律要求一样，但由于各地不同的历史渊源、先前案例和文化习俗，其具体阐释不尽相同，英国、西班牙和意大利对历史逾期的态度就是一个例子。在英国，信用账户过去三年的数据都是可见的，无论还款是否及时。在西班牙，征信局记录的只有负面信息，即只有逾期信息，一旦账户恢复正常（补交还款），历史逾期记录就消失了。在意大利，处理办法介于这两者之间：如果账户最坏达到了两期逾期，那逾期历史可见，一年后（12 期正常还款）消失；如果账户最坏达到了三期逾期，那逾期历史要等两年后（24 期正常还款）才会消失。尽管如此，这三个国家都接受欧盟统一的法律要求。

• 增值服务。征信局还经常提供一些增值服务，如提供征信查询记录、匹配错误记录和防欺诈黑名单。显然，这些记录越详细越好。大型征信局还可以提供申请审批服务。另一项被贷款机构经常使用的增值服务是征信分数。征信分数是征信局用上百万条申请和信贷历史样本建立的通用评分卡计算的分数。这对于没有能力建立自己评分卡的小型贷款机构，或是在产品推出时没有足够数据建模的贷款机构而言特别有用。征信分数还是评价借款人当前信用状况的重要依据，因为它综合了所有贷款机构的信息，也反映了最新贷款申请的结果（查询记录）。很多贷款机构，特别是为了信用卡资产组合，会每月批量查询持卡人的征信分数，然后依此评估逾期、超限或提额问题。

国际上，征信局有多种多样的工作方式。对于我们来说重要的是理解它们采用的是哪些数据和如何使用数据。

2.6　评分卡验证

在第6章，我们会介绍标准评分卡建模的各个方面，而它建立的基础是历史数据。这意味着我们需要等待贷款持续进行一段时间直到成熟，以便观察它们的表现。在使用评分卡前，我们还要对它进行验证。其中一项检查就是对比建模的样本与近期的样本是否有相似的分布。在一定范围内存在差异显然是合理的，这可能是产品设计、营销方式或竞争对手引起的。我们需要调查和理解这些区别。我们可以做一些必要的检查，还可以进行标准统计假设检验，看基于历史样本建立的评分卡是否依然有效。

2.7　申请表格

在2.3节的表2.2中，我们看到了申请评分的数据需求。显而易见的是，我们想从申请人那儿获得的数据越多，申请表就会越长。越长的申请表也就意味着表格被完成或提交的效率更低。所以，近年来的趋势是贷款机构进一步简化申请流程。

一种方式是我们用最少的数据，让申请表最短。但这往往导致后续建模困难。例如，如果我们不去采集银行账户年龄，就无法判断它是否能预测贷款人的未来表现，而这个数据实际上是有帮助的。另外一种方式是用替代数据源。征信局经常会有共享账户信息。例如，在英国，我们可以用某人在某地登记的选民地址时长来代替他住在该地址的时长。

2.8　撤销与人为干预

因为种种原因，信用评分推荐的决策并不总是最终决策。第一个可能的原因是申请人有权申诉。在英国，《信用评分指引》及其修正案（*Guide to Credit Scoring*，2000；*Addendum*，2008）鼓励贷款机构为申请人设置申诉渠道。贷款机构需要仔细研究申诉，并且纠正可能存在的错误，如申请数据输入错误、征信记录匹配错误，或简单的误解。第二个可能的原因是我们有机会让贷款机构设置一个灰色区间，这个区间是在最优临界值附近的一个移交分数段（referral band）。这样，在最优灰色区域上下的申请就能直接被拒绝或接受，而灰色区间里的申请需要进一步查看。

第三个可能的原因是，当我们为一个贷款产品建好评分卡后，需要作出接受或拒绝决策，这时我们需要更多地分析这个人，而不是这份申请。例如，如果有一份申请的分数很低，其大概率会被拒绝，但是我们又发现申请人的现金账户里有大量存款，他的家庭成员或商界联系又很有影响力。这些关系会带来很多利润，或者拒绝申请后会危及商务合作，那么我们会考虑更改拒绝结果，转而接受申请。在大公司里，这种情况很普遍，他们有很多大客户。当然，很多公司并没有相应的数据或系统来评估潜在利润或社交关系，特别是还要预测未来的情况。针对这个话题，我们不再展开，就此都可以写一本书，但我们希望读者明白这些情况不能被忽略。

第四个可能的原因是当前申请若是仅依据评分，是可以被接受的，但是由于之前的某些类似案例，贷款机构不想重蹈覆辙，所以拒绝了申请人的申请。

无论什么原因，撤销（overrides）还是会发生。撤销分为两个方向：一方面是被评分卡接受的申请最终被拒绝。这类申请的利润率大都不高，也不会对贷款组合产生大的影响，但会影响我们的评价评分模型。另一方面是评分卡拒绝的申请最终被接受了。这种情况相对更具风险，因为我们预测这些账户大概率会给我们带来损失，但被我们加入了贷款组合。它们一旦违约，对贷款组合的影响就会很明显。这个内容我们还会在"2.10 与信贷组合的关系"这一部分继续展开。

2.9　监测和跟踪

虽然监测与跟踪的内容我们会在第9章中详细介绍，但也不妨先在这里建立起一些基本的印象。

很多业界人士经常把"监测"（monitoring）与"跟踪"（tracking）两个术语混用，认为它们的意思几乎一致。还有人认为它们两个就是一个词。然而，我们在这里要对它们进行区分。监测是被动的，这好比一个交通观察员坐在路边，拿一张纸记录某个时间区间内路过的车辆数量，或者像夜店门口的保安，对进入夜店的人计数，防止超过最大容量。跟踪则是主动的，这好比对猎物的跟踪一直持续到它被抓住或者它的窝被发现。

在信用评分的情景下，监测一个评分卡是指一系列检查当前申请和现有账户的活动，看它们与基准（benchmark）是否偏离太多，基准通常是训练样本。跟踪则是跟随特定的一批账户，看它们如何表现，也看评分卡预测的表现。

大部分的监测活动是从贷款决定作出之后随即展开的。这其中也包括一系列的预报（forecast），如拨备（provisions）、流失（attrition）、核销（write-offs）等。这些预报在申请完成时就可以作出，因为我们知道这批账户的质量。

跟踪则需要等待一些行为出现后才能进行。一批账户的全生命周期内有多个时点可以跟踪。我们可以判断这批账户的表现是否与预期一致。如果我们在早期发现它们表现比较糟糕，那我们可以进行纠正以减少损失，还可以调整审批流程和策略，防止放入更多的低质客户。如果我们发现账户表现比预想的好，那我们可以适度降低门槛，接受更多客户，提高利润。

2.10　与信贷组合的关系

前文也提到了，为了作出贷款决策，我们会考虑申请人其他的账户信息，因为它们都是和信用相关的。例如，如果客户已有一张信用卡，现在来申请个人贷款，我们很可能会把信用卡账户的信息作为衡量客户关系和客户利润的重要依据。类似地，如果客户来申请个人贷款，同时又有房贷账户或存款，道理是一样的。我们考虑申请人其他账户的另一个原因是很多机构需要限制客户的贷款总额，也有一些机构会区分有抵押贷款和无抵押贷款，从而对某类贷款进行限制。有时我们拒绝一个申请仅仅是因为内部额度不允许，不能让个人的负债超过限制。这也是撤销的原因之一。

这里存在一个问题，即我们如何定义客户和客户关系范围。我们也许会因为一个小会计公司经常推荐来新客户而决定向这家会计公司贷款，我们也许会因为客户的家庭成员正在考虑转移账户或业务而拒绝给他贷款。当我们考虑的范围超出贷款产品本身，而在客户层面思考时，很多问题就会出现，业务中的情况非常复杂。当然，总的思路是实现利润最大化。

2.11　评分人员

直到 20 世纪 80 年代中期，贷款机构想要建立评分卡，都会去找专业的建模公司，签订合同定制一个或一套评分卡。贷款机构提供一部分样本数据，由建模人员带回公司建模。当时市场上的专业建模人员很少，他们的服务很有价值。他们的大型计算机有足够空间来进行海量计算。通常，建模团队都和征信局有联系，或者是归属征信局集团的子公司。

现在，市场上依然有专业开发评分模型的信用评分公司，它们还会对策略和执行提出建议，甚至提供监测和跟踪服务，但需要贷款机构定期提供账户数据和表现。

外部建模的好处包括：

- 专业公司与征信局的合作关系密切；
- 征信信息的变化能及时加入模型；
- 为大量客户建模能发现行业中共同的规律，结果更好。

当然，大的贷款机构都有自己的建模分析团队，这样成本更低。越发便宜的系统和越发强大的算力使更多公司能够在内部进行模型开发。除成本低以外，内部团队还能对数据有更好的理解，也能更好地应对挑战。

也许正因如此，信用评分公司已经转换了工作方式，它们更开放，提供算法，更愿意合作，也更愿意接受客户的建议；还有一些公司不直接参与开发，而是作为顾问为内部开发团队提供专业咨询建议。这些合作方式都能提供更好的评分卡，实施的困难更小，客户也更容易理解和接受。

母同住和其他。不同的贷款机构设置的属性组合不同，它们也可以设成自有住房无按揭、自有住房有按揭、租房无装修、租房有装修、二手租房、移动住房、与父母同住、与他人同住和其他。我们一般不把特征和属性混用。

回到贷款审批决策上来，设 A 是申请变量 $\mathbf{X} = (X_1, X_2, \cdots, X_p)$ 的可能值的集合，也就是申请表中所有可能的答案。我们的目标是找到一个规则，把集合 A 划分成 A_G 和 A_B。申请人的答案在 A_G 中的就是好人，贷款机构将接受他们；答案在 A_B 中的就是坏人，拒绝他们可以减少贷款机构的损失。这时，我们会承受两种损失，对应两种决策错误：一种是把好人当成坏人而拒绝了他，这时会损失潜在的利息，假定期望利润对所有申请者都相同，设为 L；另一种是把坏人当成好人而接受了他，后来他违约了，造成了坏账，同样地，我们假定期望损失相同，设为 D。再假定 p_G 是申请人总体中好人的比例，p_B 是申请人总体中坏人的比例。

假设申请人的特征包含有限个离散的属性，那么集合 A 也是有限的，属性 $\mathbf{x}$ 的数量也是有限的。这相当于申请表只有有限种不同的填法。

设 $p(\mathbf{x} \mid G)$ 是好人具有属性 $\mathbf{x}$ 的概率，那这个条件概率等于：

$$p(\mathbf{x} \mid G) = \frac{\text{申请人是好人且具有属性 } \mathbf{x} \text{ 的概率}}{\text{申请人是好人的概率}} \tag{3.1}$$

同样地，$p(\mathbf{x} \mid B)$ 是坏人具有属性 $\mathbf{x}$ 的概率。

如果 $p(G \mid \mathbf{x})$ 是具有属性 $\mathbf{x}$ 的人是好人的概率，那么

$$p(G \mid \mathbf{x}) = \frac{\text{申请人具有属性 } \mathbf{x} \text{ 且是好人的概率}}{\text{申请人具有属性 } \mathbf{x} \text{ 的概率}} \tag{3.2}$$

如果 $p(\mathbf{x})$ 是申请人具有属性 $\mathbf{x}$ 的概率，那么式（3.1）和式（3.2）可以重新写。申请人具有属性 $\mathbf{x}$ 且是好人的概率：

$$p(G \mid \mathbf{x})p(\mathbf{x}) = p(\mathbf{x} \mid G)p_G \tag{3.3}$$

应用贝叶斯定理，我们有：

具有属性 $\mathbf{x}$ 的人是好人的概率是

$$p(G \mid \mathbf{x}) = \frac{p(\mathbf{x} \mid G)p_G}{p(\mathbf{x})} \tag{3.4}$$

同理，具有属性 $\mathbf{x}$ 的人是坏人的概率是

$$p(B \mid \mathbf{x}) = \frac{p(\mathbf{x} \mid B)p_B}{p(\mathbf{x})} \tag{3.5}$$

由式（3.4）和式（3.5）得到

$$\frac{p(G \mid \mathbf{x})}{p(B \mid \mathbf{x})} = \frac{p(\mathbf{x} \mid G)p_G}{p(\mathbf{x} \mid B)p_B} \tag{3.6}$$

那么，分数 $s(\mathbf{x})$ 是可以用来计算条件概率 $p(G \mid \mathbf{x})$ 的一个充分统计量。与其记录某申请人的所有属性值，不如只记录 $s(\mathbf{x})$，即对分数 s，有 $p(G \mid \mathbf{x}) = p(G \mid s(\mathbf{x}))$。

一个常用的分数是对数比率分数（log odds score）：

$$s(\mathbf{x}) = \ln\left(\frac{p(G \mid \mathbf{x})}{p(B \mid \mathbf{x})}\right) = \ln\left(\frac{p_G p(\mathbf{x} \mid G)}{p_B p(\mathbf{x} \mid B)}\right) = \ln\left(\frac{p_G}{p_B}\right) + \ln\left(\frac{p(\mathbf{x} \mid G)}{p(\mathbf{x} \mid B)}\right) \tag{3.7}$$

或写作 $s(\mathbf{x}) = s_{pop} + \mathrm{woe}(\mathbf{x})$。

在式 (3.7) 中，$\ln\left(\dfrac{p(\mathbf{x} \mid G)}{p(\mathbf{x} \mid B)}\right)$ 被称为属性的证据权重。$\mathrm{woe}(\mathbf{x}) = 0$ 意味着该属性对借款人是好人的概率没有影响。如果证据权重为正数，那么该属性能增加好人的概率；如果证据权重为负数，则降低好人概率。$\ln(p_G/p_B)$ 称为总体比率，s_{pop} 是一个总体上基于好人和坏人比例得到的分数，与个体属性无关。$p(G \mid \mathbf{x})$ 取值范围为 $0 \sim 1$，$s(\mathbf{x})$ 取值范围为 $-\infty \sim +\infty$。分数越大，好人的概率越大。

朴素贝叶斯方法假定变量 X_i 之间相互独立，对 $\mathbf{x} = (x_1, x_2, \cdots, x_p)$，那么

$$p(\mathbf{x} \mid G) = p(x_1 \mid G)p(x_2 \mid G) \cdots p(x_p \mid G)$$
$$p(\mathbf{x} \mid B) = p(x_1 \mid B)p(x_2 \mid B) \cdots p(x_p \mid B) \tag{3.8}$$

因此，对数比率评分卡变为

$$s(\mathbf{x}) = \ln\left(\frac{p(G \mid \mathbf{x})}{p(B \mid \mathbf{x})}\right) = \ln\left(\frac{p_G p(\mathbf{x} \mid G)}{p_B p(\mathbf{x} \mid B)}\right)$$
$$= \ln\left(\frac{p_G}{p_B}\right) + \ln\left(\frac{p(x_1 \mid G)}{p(x_1 \mid B)}\right) + \ln\left(\frac{p(x_2 \mid G)}{p(x_2 \mid B)}\right) + \cdots + \ln\left(\frac{p(x_p \mid G)}{p(x_p \mid B)}\right) \tag{3.9}$$

所以，$s(\mathbf{x}) = s_{pop} + \mathrm{woe}(x_1) + \mathrm{woe}(x_2) + \cdots + \mathrm{woe}(x_p)$。

式 (3.9) 显示的评分卡原理是总体比率加上根据不同的属性组合来调整的证据权重。显然，特征之间不是相互独立的，在使用本章之后要介绍的几个模型（如逻辑回归）时，需要对各证据权重进行调整，反映它们的相关性。

我们来看朴素贝叶斯评分卡是如何计算的。以表 3.1 中的训练样本为例，把式 (3.9) 中所需的各项计算出来：

$$s_{pop} = \ln(900/100) = 2.20$$

$$\mathrm{woe}(30-) = \ln\left(\frac{300/900}{50/100}\right) = \ln(2/3) = -0.41$$

$$\mathrm{woe}(30+) = \ln\left(\frac{600/900}{50/100}\right) = \ln(4/3) = 0.29$$

$$\mathrm{woe}(\text{有房}) = \ln\left(\frac{600/900}{20/100}\right) = \ln(10/3) = 1.20 \tag{3.10}$$

$$\mathrm{woe}(\text{无房}) = \ln\left(\frac{300/900}{80/100}\right) = \ln(5/12) = -0.88$$

$$s(\mathbf{x}) = s_{pop} + \mathrm{woe}(x_1) + \mathrm{woe}(x_2)$$

表 3.1　朴素贝叶斯的例子

年龄	有房		无房		合计	
	好人	坏人	好人	坏人	好人	坏人
<30	100	10	200	40	300	50
≥30	500	10	100	40	600	50
合计	600	20	300	80	900	100

那么，对一个35岁、自有住房的人来说，他的得分是 $2.20 + 0.29 + 1.20 = 3.69$。通常，评分人员会对这个分数进行一个线性变换，如 $100s(\mathbf{x}) + 350$，使大众更容易理解。

3.3 线性回归

线性回归是历史上用来建立评分卡的第一种方法，我们也用它来对特征进行快速降维，得到有预测能力的特征组合。我们建立评分卡的三个主要目的，在线性回归中都能得到体现。

3.3.1 最小化成本的决策理论

第一个方法是在申请评分（或行为评分）中如何评判评分卡的效果。对接受/拒绝决策（或提额决策），我们会有两种成本：第一种是把好人判定为坏人，那么拒绝他们会损失好人带来的潜在利润 L；第二种是把坏人判定为好人，接受他们会带来违约损失 D。所以，每个申请者的期望成本是由接受了似好人属性 A_G 和拒绝了似坏人属性 A_B 两部分构成的：

$$L\sum_{x \in A_B} p(\mathbf{x} \mid G)p_G + D\sum_{x \in A_G} p(\mathbf{x} \mid B)p_B = L\sum_{x \in A_B} p(G \mid \mathbf{x})p(\mathbf{x}) + D\sum_{x \in A_G} p(B \mid \mathbf{x})p(\mathbf{x})$$

$$(3.11)$$

那么，最小化期望成本变成最直接的目标。考虑把具有属性 $\mathbf{x} = (x_1, x_2, \cdots, x_p)$ 的人划进 A_G 和 A_B 的成本。如果把他划进 A_G，只有当他是坏人时产生成本，此时期望损失为 $Dp(\mathbf{x} \mid B)p_B$；如果把他划进 A_B，只有当 $\mathbf{x}$ 是好人时产生成本，此时期望损失为 $Lp(\mathbf{x} \mid G)p_G$。当 $Dp(\mathbf{x} \mid B)p_B \leqslant Lp(\mathbf{x} \mid G)p_G$ 时，$\mathbf{x}$ 应被划进 A_G，决策规则便是最小化期望成本：

$$A_G = \{\mathbf{x} \mid Dp(\mathbf{x} \mid B)p_B \leqslant Lp(\mathbf{x} \mid G)p_G\} = \{\mathbf{x} \mid D/L \leqslant (p(\mathbf{x} \mid G)p_G)/(p(\mathbf{x} \mid B)p_B)\}$$
$$= \{\mathbf{x} \mid D/L \leqslant (p(G \mid \mathbf{x})/p(B \mid \mathbf{x})\} \quad (3.12)$$

最后的转换由式（3.6）而来。

有人指出，上面的规则中，成本 D 和 L 可能都是未知的。所以，与其最小化期望成本，不如在控制某一类错误的同时，最小化另一类错误的概率。在信贷审批中，一个合理的做法是将接受率保持在某个固定的合理水平上，同时最小化违约水平。也就是说，拒绝好人的概率需要在某个固定水平上。

假设这个接受率水平为 a，那么，A_G 需要满足

$$\sum_{x \in A_G} p(\mathbf{x}) = \sum_{x \in A_G} p(\mathbf{x} \mid G)p_G + \sum_{x \in A_G} p(\mathbf{x} \mid B)p_B = a \quad (3.13)$$

同时，使 $\sum_{x \in A_G} p(\mathbf{x} \mid B)p_B$ 最小。

如果我们定义对 $\mathbf{x} \in A$，$b(\mathbf{x}) = p(\mathbf{x} \mid B)p_B$，那么要想找到集合 A_G，我们需要

$$\min \sum_{x \in A_G} b(\mathbf{x}) = \sum_{x \in A_G} p(\mathbf{x} \mid B) p_B，满足 \sum_{x \in A_G} p(\mathbf{x}) = a \tag{3.14}$$

利用拉格朗日乘数（Lagrange Multipliers），或者贪婪原理（Greedy Principle），把 $\mathbf{x}$ 划进 A_G，使 $b(\mathbf{x})/p(\mathbf{x})$ 减小，我们可以看出，AG 是满足 $b(\mathbf{x})/p(\mathbf{x}) \leq c$ 的所有 $\mathbf{x}$ 的集合，其中 c 是我们选择 $p(\mathbf{x})$ 之和满足限制条件 a 的临界值。所以

$$A_G = \left\{ \mathbf{x} \left| \frac{b(\mathbf{x})}{p(\mathbf{x})} \leq c \right. \right\} = \left\{ \mathbf{x} \left| \frac{p(\mathbf{x} \mid B) p_B}{p(\mathbf{x} \mid B) p_B + p(\mathbf{x} \mid G) p_G} \leq c \right. \right\} = \left\{ \mathbf{x} \left| \frac{1-c}{c} \leq \frac{p(\mathbf{x} \mid G) p_G}{p(\mathbf{x} \mid B) p_B} \right. \right\} \tag{3.15}$$

其中，第二个不等式是 $p(\mathbf{x})$ 和 $b(\mathbf{x})$ 根据定义展开的。在这个限制条件下的决策规则实际上与式（3.12）一致。

我们重复这个分析过程，可以把离散随机变量扩展到连续变量上。唯一不同的是把 $p(\mathbf{x} \mid G)$ 和 $p(\mathbf{x} \mid B)$ 用 $f(\mathbf{x} \mid G)$ 和 $f(\mathbf{x} \mid B)$ 替换，把连加符号变成积分。那么，把集合 A 分成 A_G 和 A_B，只接受 A_G 的那些个体，期望成本变为

$$L \int_{x \in A_B} f(\mathbf{x} \mid G) p_G dx + D \int_{x \in A_G} f(\mathbf{x} \mid B) p_B dx \tag{3.16}$$

最小化的决策规则类似式（3.12）：

$$A_G = \left\{ \mathbf{x} \mid D f(\mathbf{x} \mid B) p_B \leq L f(\mathbf{x} \mid G) p_G \right\} = \left\{ \mathbf{x} \left| \frac{D p_B}{L p_G} \leq \frac{f(\mathbf{x} \mid G)}{f(\mathbf{x} \mid B)} \right. \right\} \tag{3.17}$$

3.3.2　同一协方差矩阵的多元正态分布

假设第 p 个特征（变量）在好人和坏人中的分布都服从多元正态分布（multivariate normal distributions）。如果 $\mathbf{X} = (X_1, X_2, \cdots, X_p)$ 是申请者的特征向量，用 μ_G 和 μ_B 分别表示好人和坏人中的均值向量，用 Σ 来表示多元分布的协方差矩阵，那么 $E(X_i \mid G) = \mu_{G,i}, E(X_i \mid B) = \mu_{B,i}, E(X_i X_j \mid G) = E(X_i X_j \mid B) = \Sigma_{ij}$。

相应的好人概率密度函数是

$$f(\mathbf{x} \mid G) = (2\pi)^{-p/2} (\det \Sigma)^{-\frac{1}{2}} \exp\left(\frac{-(\mathbf{x} - \mu_G) \Sigma^{-1} (\mathbf{x} - \mu_G)^T}{2} \right) \tag{3.18}$$

坏人概率密度函数的形式是一样的。其中，$(\mathbf{x} - \mu_G)$ 是 1 行 p 列的行向量，$(\mathbf{x} - \mu_G)^T$ 是其转置列向量。由式（3.17），我们得到 A_G 满足

$$\frac{f(\mathbf{x} \mid G)}{f(\mathbf{x} \mid B)} \geq \frac{D p_B}{L p_G} \Rightarrow \mathbf{x} \cdot \Sigma^{-1} \cdot (\mu_G - \mu_B)^T \geq \frac{\mu_G \cdot \Sigma^{-1} \cdot \mu_G^T - \mu_B \cdot \Sigma^{-1} \cdot \mu_B^T}{2} + \ln\left(\frac{D p_B}{L p_G} \right) \tag{3.19}$$

式（3.19）的左边是变量值的加权平均，即 $x_1 \omega_1 + x_2 \omega_2 + \cdots + x_p \omega_p$，右边是个常数。那么，式（3.19）其实就是一个线性评分规则，也就是我们之后要讲的判别分析。

上面的分析假定我们知道分布的均值和协方差，然而事实并非如此。一种比较好的办法是用估计来代替，设样本均值是 $\mathbf{m}_G$ 和 $\mathbf{m}_B$，样本协方差矩阵是 $\mathbf{S}$，那么决策规则

式（3.19）变成

$$\mathbf{x} \cdot \mathbf{S}^{-1} \cdot (\mathbf{m}_G - \mathbf{m}_B)^T \geqslant \frac{\mathbf{m}_G \cdot \mathbf{S}^{-1} \cdot \mathbf{m}_G^T - \mathbf{m}_B \cdot \mathbf{S}^{-1} \cdot \mathbf{m}_B^T}{2} + \ln\left(\frac{Dp_B}{Lp_G}\right) \quad (3.20)$$

式（3.20）右边是个常数，那么满足如下条件时，我们认定某申请者是好人：

$$\mathbf{x} \cdot \mathbf{S}^{-1} \cdot (\mathbf{m}_G - \mathbf{m}_B)^T > 常数$$

3.3.3　不同协方差矩阵的多元正态分布

上文的分析中，明显不合理的地方是好人和坏人总体具有相同的协方差矩阵，如果我们用 Σ_G 和 Σ_B 来分别表示两个协方差矩阵，式（3.19）变为

$$\frac{f(\mathbf{x} \mid G)}{f(\mathbf{x} \mid B)} \geqslant \frac{Dp_B}{Lp_G}$$

$$\Rightarrow \exp\left\{ -\frac{1}{2}\left[(\mathbf{x} - \mu_G)\, \Sigma_G^{-1}\, (\mathbf{x} - \mu_G)^T - (\mathbf{x} - \mu_B)\, \Sigma_B^{-1}\, (\mathbf{x} - \mu_B)^T \right] \right\} \geqslant \frac{Dp_B}{Lp_G}$$

$$\Rightarrow \mathbf{x}\,(\Sigma_G^{-1} - \Sigma_B^{-1})\, \mathbf{x}^T + 2\mathbf{x} \cdot (\Sigma_G^{-1}\mu_G^T - \Sigma_B^{-1}\mu_B^T) \geqslant$$

$$(\mu_G\, \Sigma_G^{-1}\mu_G^T + \mu_B\, \Sigma_B^{-1}\mu_B^T) + 2\ln\left(\frac{Dp_B}{Lp_G}\right) \quad (3.21)$$

不等式左边是 $\mathbf{x} = (x_1, x_2, \cdots, x_p)$ 的二次项。这是个一般化的决策规则，我们期待它比线性规则更好。但相较于一个 Σ，我们需要分别估计 Σ_G 和 Σ_B 中的参数，参数数量是原来的两倍。参数估计带来的额外误差使二次决策规则相比线性规则更不稳健。在大多数情况下，不值得为了提升一点轻微的准确度如此做。在 Reichert 等（1983）的文献中，他们也比较并证明了这一点。

3.3.4　分类问题

Fisher（1936）在最初的研究中，引入线性判别分析是为了在一组特征中找到那些最能区分两类样本的特征组合。当时的两类样本是植物物种，特征是各种物理测量值。当然，我们也可以用这个方法来解决医学中的问题，将不同的治疗方案作为特征，将个体受伤后的存活状态作为结果。在信用评分中，贷款机构已经定义了好人和坏人两类人，特征即申请表和征信局里的信息。

设 $Y = \omega_1 X_1 + \omega_2 X_2 + \cdots + \omega_p X_p$ 是特征 $\mathbf{X} = (X_1, X_2, \cdots, X_p)$ 的任意线性组合。一个测量区分度的指标是好人组和坏人组在 Y 均值上的差。我们考虑 $E(Y \mid G)$ 与 $E(Y \mid B)$ 的差，选择合适的 ω_i 使得在 $\sum_i \omega_i = 1$ 的情况下，这个差最大。然而，这个思路将问题看得过于简单，如在图 3.1 中，上下两组均值间距离相等。图 3.1 中显示的是如果只看两组均值，实际上，好人和坏人也可以离得很近。

B B	B G	B	G		B	G	B		G		GG

| 坏人组均值 | | | | | | 好人组均值 | | | | | |

B B	B	B B	B			G G	G	GG	GG		G

| 坏人组均值 | | | | | | 好人组均值 | | | | | |

图 3.1 均值相同但分布不同的情况

Fisher 建议如果我们假定两组人有共同的方差，那么更合理的区分度测度是

$$M = \text{两组样本均值的距离} / (\text{样本方差之和})^{\frac{1}{2}}$$

分母取方差的平方根，与分子单位一致，不受单位选择的影响。把变量 Y 变成 cY，M 不变。

假设好样本、坏样本均值分别是 $\mathbf{m}_G$ 和 $\mathbf{m}_B$，样本协方差矩阵是 $\mathbf{S}$，$Y = \omega_1 X_1 + \omega_2 X_2 + \cdots + \omega_p X_p$，其中 $\mathbf{w} = \mathbf{w}_1$，$\mathbf{w}_2$，$\cdots$，$\mathbf{w}_i$，相应的 M 变为

$$M = \mathbf{w}^T \cdot \frac{\mathbf{m}_G - \mathbf{m}_B}{(\mathbf{w}^T \cdot \mathbf{S} \cdot \mathbf{w})^{\frac{1}{2}}} \tag{3.22}$$

这里，$E(Y|G) = \mathbf{w} \cdot \mathbf{m}_G^T$，$E(Y|B) = \mathbf{w} \cdot \mathbf{m}_B^T$，$\text{Var}(Y) = \mathbf{w} \cdot \mathbf{S} \cdot \mathbf{w}^T$。对 $\mathbf{w}$ 求导后令方程等于 0，我们可以得到当

$$\frac{\mathbf{m}_G - \mathbf{m}_B}{(\mathbf{w} \cdot \mathbf{S} \cdot \mathbf{w}^T)^{\frac{1}{2}}} - \frac{[\mathbf{w} \cdot (\mathbf{m}_G - \mathbf{m}_B)^T](\mathbf{S}\mathbf{w}^T)}{(\mathbf{w} \cdot \mathbf{S} \cdot \mathbf{w}^T)^{\frac{3}{2}}} = 0$$

$$(\mathbf{m}_G - \mathbf{m}_B)(\mathbf{w} \cdot \mathbf{S} \cdot \mathbf{w}^T) = (\mathbf{S}\mathbf{w}^T)[\mathbf{w} \cdot (\mathbf{m}_G - \mathbf{m}_B)^T] \tag{3.23}$$

时，M 最大。

这实际上就是在寻找一个极值点。求导后的第二项是一个负值，这样可以保证找到 M 的最大值。因为 $(\mathbf{w} \cdot \mathbf{S} \cdot \mathbf{w}^T) / [\mathbf{w} \cdot (\mathbf{m}_G - \mathbf{m}_B)^T]$ 是一个标量，用 λ 表示，那么有

$$\mathbf{w}^T \propto \mathbf{S}^{-1}(\mathbf{m}_G - \mathbf{m}_B)^T \tag{3.24}$$

这个权重与式（3.20）中得到的一样，但这里没有正态性假设。这就是对好与坏两组人的最佳区分规则，与它们的分布无关，因为距离测度 M 只和分布的均值方差有关，只要分布的均值和方差一样，区分规则就一样。

图 3.2 形象展示了评分卡式（3.24）的原理。通过 $\mathbf{S}^{-1}$ 把两组样本标准化，在各个方向上均匀分散，$\mathbf{w}$ 即标准化后两组中心的连线。$\mathbf{w} \cdot \mathbf{x}^T = c$ 是垂直于它的直线。临界值是中心点连线的中点。

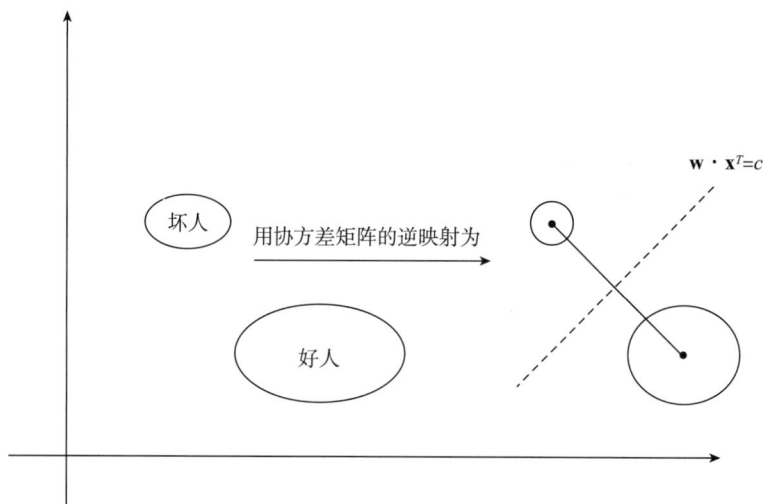

图 3.2 线性评分卡

3.3.5 判别分析

信用评分的第三个方法是线性判别函数，它也是一种线性回归。在线性回归中，我们试图找到特征的最优线性组合：

$$\omega_0 + \omega_1 X_1 + \omega_2 X_2 + \cdots + \omega_p X_p = \mathbf{w}^* \cdot \mathbf{X}^{*T}$$

其中，$\mathbf{w}^* = (\omega_0, \omega_1, \omega_2, \cdots, \omega_p)$，$\mathbf{X}^* = (1, X_1, X_2, \cdots, X_p)$。这样可以预测违约概率。设 p_i 是申请人 i 不违约的概率，我们想找到系数 $\mathbf{w}^*$，去接近

$$p_i = \omega_0 + x_{i1}\omega_1 + x_{i2}\omega_2 + \cdots + x_{ip}\omega_p \quad \text{对所有 } i \tag{3.25}$$

假设 n_G 是样本中好人的数量，为了方便，我们不妨设样本中前 n_G 个人是好人，所以对 $i = 1, \cdots, n_G$，有 $p_i = 1$。剩下的 n_B 个人是坏人，编号 $i = n_G + 1, \cdots, n_G + n_B$，他们的 $p_i = 0$，且有 $n_G + n_B = n$。

在线性回归中，我们选择系数 $\mathbf{w}^* = (\omega_0, \omega_1, \omega_2, \cdots, \omega_p)$，使式（3.25）左右两边的最小均方误差最小，这相当于最小化

$$\sum_{i=1}^{n_G} \left(1 - \sum_{j=0}^{m} \omega_j x_{ij}\right)^2 + \sum_{i=n_G+1}^{n_G+n_B} \left(\sum_{j=0}^{m} \omega_j x_{ij}\right)^2 \tag{3.26}$$

用向量来表示式（3.25），我们有

$$\begin{pmatrix} 1 & \mathbf{X}_G \\ 1 & \mathbf{X}_B \end{pmatrix}\begin{pmatrix} \omega_0 \\ \mathbf{w} \end{pmatrix} = \begin{pmatrix} \mathbf{1}_G \\ \mathbf{0} \end{pmatrix} \quad \text{或} \quad \mathbf{Y}\,\mathbf{w}^T = \mathbf{b}^T \tag{3.27}$$

其中，

$$\mathbf{Y} = \begin{pmatrix} \mathbf{1}_G & \mathbf{X}_G \\ \mathbf{1}_B & \mathbf{X}_B \end{pmatrix}$$

是 n 行 $p + 1$ 列的矩阵；

$$\mathbf{X}_G = \begin{pmatrix} x_{11} & \cdots & x_{1p} \\ x_{21} & \cdots & x_{2p} \\ \vdots & & \vdots \\ x_{n_c1} & \cdots & x_{n_cp} \end{pmatrix}$$

是 n_G 行 p 列的矩阵；

$$\mathbf{X}_B = \begin{pmatrix} x_{n_c+11} & \cdots & x_{n_c+1p} \\ \vdots & & \vdots \\ x_{n_c+n_B1} & \cdots & x_{n_c+n_Bp} \end{pmatrix}$$

是 n_B 行 p 列的矩阵；

$\mathbf{b}^{\mathrm{T}} = \begin{pmatrix} \mathbf{1}_G \\ \mathbf{0} \end{pmatrix}$，是 $\mathbf{1}_G$（或 $\mathbf{1}_B$）单位向量。

确定式（3.26）中系数的方法是

$$\min\ (\mathbf{Y}\,\mathbf{w}^T - \mathbf{b}^T)^T(\mathbf{Y}\,\mathbf{w}^T - \mathbf{b}^T) \tag{3.28}$$

对 $\mathbf{w}$ 求导后令方程等于 0，相当于

$$\mathbf{Y}^T(\mathbf{Y}\,\mathbf{w}^T - \mathbf{b}^T) = \mathbf{0} \ 或\ \mathbf{Y}^T\mathbf{Y}\,\mathbf{w}^T = \mathbf{Y}^T\,\mathbf{b}^T \tag{3.29}$$

其中，

$$\mathbf{Y}^T\,\mathbf{b}^T = \begin{pmatrix} 1 & 1 \\ \mathbf{X}_G & \mathbf{X}_B \end{pmatrix}\begin{pmatrix} \mathbf{1}_G \\ \mathbf{0} \end{pmatrix} = \begin{pmatrix} n_G \\ n_G\,\mathbf{m}_G \end{pmatrix}$$

$$\mathbf{Y}^T\mathbf{Y} = \begin{pmatrix} 1 & 1 \\ \mathbf{X}_G & \mathbf{X}_B \end{pmatrix}\begin{pmatrix} 1 & \mathbf{X}_G \\ 1 & \mathbf{X}_B \end{pmatrix} = \begin{pmatrix} n & n_G\,\mathbf{m}_G + n_B\,\mathbf{m}_B \\ n_G\,\mathbf{m}_G^T + n_B\,\mathbf{m}_B^T & \mathbf{X}_G^T\mathbf{X}_G + \mathbf{X}_B^T\mathbf{X}_B \end{pmatrix}。$$

为了解释方便，我们认为样本期望即真实期望，我们有

$$\mathbf{X}_G^T\mathbf{X}_G + \mathbf{X}_B^T\mathbf{X}_B = nE\{X_iX_j\} = nCov(X_i,X_j) + n_G\,\mathbf{m}_G\,\mathbf{m}_G^T + n_B\,\mathbf{m}_B\,\mathbf{m}_B^T \tag{3.30}$$

如果 $\mathbf{S}$ 是样本协方差矩阵，那么

$$\mathbf{X}_G^T\mathbf{X}_G + \mathbf{X}_B^T\mathbf{X}_B = n\mathbf{S} + n_G\,\mathbf{m}_G\,\mathbf{m}_G^T + n_B\,\mathbf{m}_B\,\mathbf{m}_B^T \tag{3.31}$$

展开式（3.29），代入式（3.31）得到

$$n\omega_0 + (n_G\,\mathbf{m}_G + n_B\,\mathbf{m}_B)\,\mathbf{w}^T = n_G$$

$$(n_G\,\mathbf{m}_G^T + n_B\,\mathbf{m}_B^T)\omega_0 + (n\mathbf{S} + n_G\,\mathbf{m}_G\,\mathbf{m}_G^T + n_B\,\mathbf{m}_B\,\mathbf{m}_B^T)\,\mathbf{w}^T = n_G\,\mathbf{m}_G^T \tag{3.32}$$

将第一个等式代入第二个等式，那么

$$(n_G\,\mathbf{m}_G^T + n_B\,\mathbf{m}_B^T)[n_G - (n_G\,\mathbf{m}_G + n_B\,\mathbf{m}_B)\,\mathbf{w}^T]/n +$$

$$(n_G\,\mathbf{m}_G\,\mathbf{m}_G^T + n_B\,\mathbf{m}_B\,\mathbf{m}_B^T)\,\mathbf{w}^T + n\mathbf{S}\,\mathbf{w}^T = n_G\,\mathbf{m}_G^T$$

$$\Rightarrow \mathbf{S}\,\mathbf{w}^T = c\,(\mathbf{m}_G - \mathbf{m}_B)^T \tag{3.33}$$

式（3.33）中的 $\mathbf{w} = (\omega_1, \omega_2, \cdots, \omega_p)$ 是线性回归中的最佳系数也就是式（3.24）中的 $\mathbf{w}$，因此被称为线性判别函数。这也说明我们可以用线性回归的最小二乘法来建立信用评分卡。

在回归方程（3.25）中，我们假设将左边的值在申请人是好人时设为 1，是坏人

时设为0。这样，我们可以得到一系列的常数，记为 $\mathbf{w}\,(\mathbf{1}\,,\,\mathbf{0}\,)^{*}$。如果有人不想用 1/0 来表示好人坏人，而是用 a 和 b，那回归系数 $\mathbf{w}\,(\mathbf{g},\mathbf{b}\,)^{*}$ 只差一个常数项 ω_0，因为

$$\mathbf{w}\,(\mathbf{a},\mathbf{b}\,)^{*} = b + (g - b)\,\mathbf{w}\,(\mathbf{1},\mathbf{0}\,)^{*} \tag{3.34}$$

3.4 逻辑回归

线性判别，包括线性回归，都有一个明显的缺点。在式（3.25）中，等式右边的取值范围是从 $-\infty$ 到 $+\infty$，但左边却是一个概率，表示申请人是好人或坏人的概率，取值为 0～1。如果左边是概率 p_i 的函数，可以取更多的值更好。但是，对于一般回归来讲，预测值显然可以小于0或大于1。对数比率函数刚好能解决这个问题，因此逻辑回归被提出了，Wiginton（1980）是率先把逻辑回归引入信用评分的人之一。在逻辑回归中，对数比率等于特征的线性组合，即

$$s(\mathbf{x}) = \ln\left(\frac{p}{1-p}\right) = \omega_0 + \omega_1 x_1 + \omega_2 x_2 + \cdots + \omega_p x_p = \mathbf{w} \cdot \mathbf{x}^T \tag{3.35}$$

因为 $\dfrac{p}{1-p}$ 的取值是从0 到 ∞，$\ln\left(\dfrac{p}{1-p}\right)$ 的范围是从 $-\infty$ 到 $+\infty$。两边取对数，得到如下等式：

$$p = \frac{e^{\mathbf{w} \cdot \mathbf{x}}}{1 + e^{\mathbf{w} \cdot \mathbf{x}}} \tag{3.36}$$

这就是逻辑变换。有意思的是，如果好人、坏人的各个特征符合多元正态分布的话（3.3 节中的假设），用它们建立的线性回归评分卡也就是一个对数比率评分卡。如果用 $\boldsymbol{\mu}_G$ 和 $\boldsymbol{\mu}_B$ 分别表示特征向量 $\mathbf{X}$ 在好人组和坏人组的均值向量，Σ 表示它们的共同协方差，那么 $E(X_i \mid G) = m_{G,i}, E(X_i \mid B) = m_{B,i}, E(X_i X_j \mid G) = E(X_i X_j \mid B) = \Sigma_{ij}$。

对应的密度函数如式（3.18）所示。

$$f(\mathbf{x} \mid G) = (2\pi)^{-\frac{p}{2}} (\det \Sigma)^{-\frac{1}{2}} \exp\left(\frac{-(\mathbf{x} - \mathbf{m}_G)\,\Sigma^{-1}\,(\mathbf{x} - \mathbf{m}_G)^T}{2}\right) \tag{3.37}$$

其中，$(\mathbf{x} - \mathbf{m}_G)$ 是一个 m 列的行向量，$(\mathbf{x} - \mathbf{m}_G)^T$ 是其转置。用 p_G 和 p_B 表示总体中的好人比例和坏人比例，那么具有属性 $\mathbf{x}_i$ 的某客户 i 的对数比率分数是

$$s(\mathbf{x}) = \ln\left(\frac{p}{1-p}\right) = \ln\left(\frac{p_G f\,(\mathbf{x} \mid G)}{p_B f\,(\mathbf{x} \mid B)}\right)$$

$$= \mathbf{x}\,\Sigma^{-1}2\,(\mathbf{m}_B - \mathbf{m}_G)^T + (\mathbf{m}_G\,\Sigma^{-1}\,\mathbf{m}_G^T + \mathbf{m}_B\,\Sigma^{-1}\,\mathbf{m}_B^T) + \ln\left(\frac{p_G}{p_B}\right) \tag{3.38}$$

最后的表达式实际上是一个线性组合公式：$a + \sum_j b_j x_j = a + b s^*(\mathbf{x})$，其中 $s^*(\mathbf{x})$ 是线性回归得到的分数，$s(\mathbf{x}) = a + \sum_j b_j x_j = a + b s^*(\mathbf{x})$，其中，$s^*(\mathbf{x})$ 是实际分数，$s(\mathbf{x})$ 是对数比率分数。所以，在这种情况下，线性回归模型是对数比率分数的线性变换。

逻辑回归最初遇到的困难是无法用最小二乘法（Ordinary Least Squares）来估计参

数 **w**。我们只好用最大似然法（Maximum Likelihood）来估计。这就需要用到 Newton – Raphson 方法来求方程的数值解。现代计算机能处理大样本和大数据，这完全不是问题。

　　然而，令人惊讶的是，在做分类时，相比对分布有限制的线性回归来说，虽然逻辑回归在理论上更有优势，但是我们的比较实验发现，使用同样的数据，两种方法的分类结果没有明显区别。二者的区别在于，线性回归拟合 p，而逻辑回归拟合 $\ln[p/(1-p)]$。如图 3.3 所示，把 p 和 $\ln[p/(1-p)]$ 的图像放到一起，在 p 远离 0 或 1 的范围中，它们的值很接近。在信用评分卡中，两种方法的分数非常接近，除了违约概率非常高或非常低的人群。而这两类人群分数本身就会特别大或特别小，容易识别。在 $p = 0.5$ 附近即容易犯错误的区间，两条曲线很接近。这种趋势实际上也解释了为什么模型与模型之间的差异没有想象的那么大。

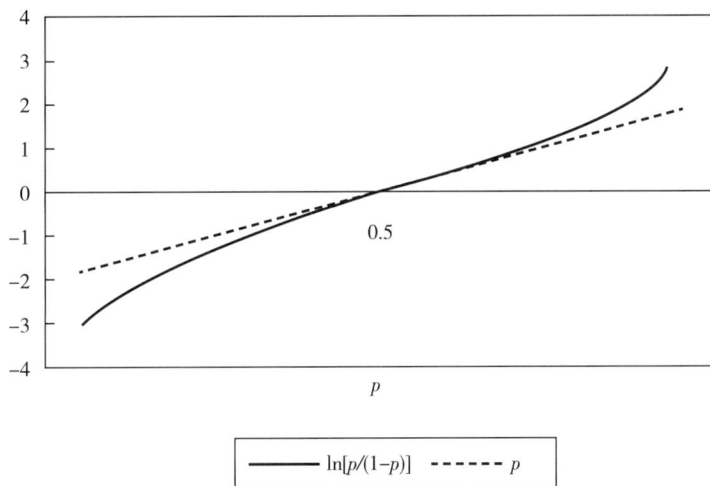

图 3.3　逻辑回归和线性回归的图像

3.5　非线性方法

　　在信用评分中，我们还有另外两种非线性方法，第一种是由 Grablowsky 和 Talley（1981）引入的 probit 函数。在 probit 模型中，$N(x)$ 是累积正态分布函数：

$$N(x) = \frac{1}{\sqrt{2\pi}} \int_{-\infty}^{x} e^{-y^2/2} dy$$

我们的目标是用特征的线性组合来估计 $N^{-1}(p_i)$，所以

$$N^{-1}(p_i) = \mathbf{w} \cdot \mathbf{x}_i^T = \omega_0 + \omega_1 x_{i1} + \omega_2 x_{i2} + \cdots + \omega_p x_{ip} \tag{3.39}$$

类似地，p_i 的取值范围是 $(0, 1)$，$N^{-1}(p_i)$ 的范围是 $(-\infty, +\infty)$，符合线性回归的特点。probit 模型可以通过测算对象的分数 s 来理解：

$$s = \mathbf{w} \cdot \mathbf{X}^T = \omega_1 X_1 + \omega_2 X_2 + \cdots + \omega_p X_p \tag{3.40}$$

s 是申请人的"好人度"的测度。申请人是好人还是坏人，取决于他的分数 s 是

否大于临界值 c。如果我们不设定 c 的固定值，而是将 c 看作服从标准正态分布的随机变量，那么申请人是好人的概率由式（3.39）给出。在逻辑回归中，我们用最大似然法来估计 $\mathbf{w}$，同样地，我们也需要用最大似然法来估计 probit 回归中的参数。有些情况下，迭代过程不会收敛，我们需要尝试其他的迭代方法（非 Newton 法）。

我们要介绍的另一种方法是经济学中常见的 tobit 模型。tobit 转换是假定 p_i 满足

$$p_i = \max\{\mathbf{w} \cdot \mathbf{x}_i^T, 0\} = \max\{\omega_0 + \omega_1 x_{i1} + \cdots + \omega_p x_{ip}, 0\} \quad (3.41)$$

这里，我们实际上是通过限制式（3.25）的右边为正，来处理线性回归中两侧极限值不匹配的问题。在经济学中，有些变量只有当它为正的时候我们才对它感兴趣。这里 tobit 回归完全可以解决我们的问题，并且在标准统计分析软件中都有。在信贷场景中，如果负债是收入和利率的函数，用 g 表示。对负债回归，我们显然要求负债不能为负，这样 tobit 回归就能发挥作用了。

我们还可以同时限制上限和下限，这样更适合信用评分，即限定在 ［0，1］ 的闭区间中，这也就是双重限制 probit 模型：

$$p_i = \min\{1, \max\{\mathbf{w} \cdot \mathbf{x}_i^T, 0\}\} \quad (3.42)$$

但是，在实际应用中，两种非线性方法 probit 和 tobit 回归一直没有受到评分人员的青睐。原因是我们更想去提高模糊人群，即处在临界值周围的借款申请人的违约预测准确性，而非去判断一个明显是坏人的人的预测违约概率是计算多了还是计算少了 0.05。值得注意的是，很多统计方法都试图将错误最小化。一些极端个案会显著影响参数估计，改变模糊人群的分类结果。因此，我们建议使用两阶段模型，在第一阶段我们预测他属于哪一部分，在第二阶段我们再集中提高预测效果。

3.6　最大化散度

建立评分卡，还有一种思路是把好人分数和坏人分数尽量分开。这种思想在 Fisher 的线性回归方法中已经得到体现，即最大化协方差矩阵转换后的好人分数均值与坏人分数均值的距离。在第 8 章，我们介绍评分卡的评价方法时，散度是其中一个测度。因此，最大化散度也能用来建立评分卡，这是一个非线性优化问题。

我们定义好人分数的密度函数（density function）是 $p(s \mid G)$，坏人对应的是 $p(s \mid B)$，那么散度是

$$D = \int_S [p(s \mid G) - p(s \mid B)] \ln\left(\frac{p(s \mid G)}{p(s \mid B)}\right) ds = \int_S [p(s \mid G) - p(s \mid B)] \text{woe}(s) ds$$

$$(3.43)$$

其中，$\text{woe}(s)$ 是 3.2 节中定义的证据权重。如果分数是离散的，式（3.43）的离散版本为

$$D = \sum_S [p(s \mid G) - p(s \mid B)] \ln\left(\frac{p(s \mid G)}{p(s \mid B)}\right) \quad (3.44)$$

如果模型建立在数据集 $\mathbf{X}$ 基础上，$\mathbf{X}$ 包含属性值 $a_1, a_2, \cdots, a_r$。评分卡 $s(c)$ 由属性乘以对应系数 $c_0, c_1, c_2, \cdots, c_r$ 得到。所以，对一个具有特征 $x_1, x_2, \cdots, x_r$ 的人来说，如果有属性值 a_i，那么 $x_i = 1$；如果没有，$x_i = 0$。所以

$$s(x) = c_0 + c_1 x_1 + c_2 x_2 + \cdots + c_r x_r \qquad (3.45)$$

对这样一个评分卡，其散度是

$$D = \sum_s \left[p(s(c) = s \mid G) - p(s(c) = s \mid B) \right] \ln \left(\frac{p(s(c) = s \mid G)}{p(s(c) = s \mid B)} \right) \qquad (3.46)$$

通过调整 c 的值，求出 D 的最大值，这是个非线性求最优解的问题。标准方法如 Newton–Raphson 法等可得极大值。需要小心的是，大部分数值求解只能得到局部最优（local maxima），而我们实际上是想找全局最优（global maxima）。

3.7　分类树

分类树是另一种分类方法，它还有一个不常见的名字，叫作递归分割法（Recursive Partitioning Algorithms）。它的流程是按照申请表中的问题及答案，不断地把样本分成更小的子集，在最后的子集上按照两类结果的比例分为好人集还是坏人集。这个思想最早由 Breiman 等（1984）在著作中提出，用于解决一般分类问题。这个思想同样被引入人工智能，基于此，还有不少计算机软件分析包专门用来分类。虽然软件包的名字各不相同，如 CHAID 和 C5，但基本步骤是一样的。

我们把最原始的申请者集合 A 分成两个子集，相较于集合 A，两个子集的好人比例相差越大越好。继续向下分，下一次的两个子集也要在好人比例差别上比上一级的集合进一步扩大。不断重复这个过程。

这也是这个算法被叫作递归分割法的原因。当满足终节点条件时，某个分支上的划分将在这个节点结束。在每个终节点，我们都可以对这个步骤的结果作出分类，标记为 A_G 和 A_B。整个过程和算法可以用一棵树来形象展示，如图 3.4 所示。

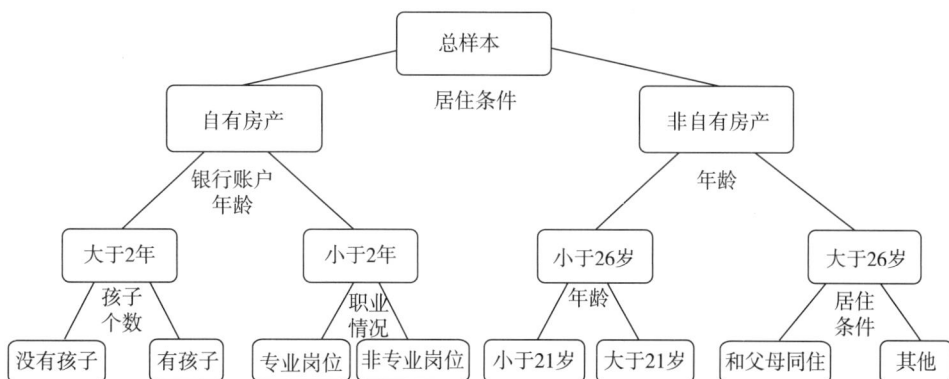

图 3.4　分类树

在这个决策树过程中，我们有三个规则：

- 分裂规则——确定划分子集的规则；
- 停止规则——确定集合是否为终节点；
- 分类规则——确定终节点的好坏标签。

分类规则是最简单的，如果终节点集合里面大部分是好人，那么它的标签就是好人。另外的规则还有最小化错误分类成本（minimize the cost of misclassification）。如果 D 是坏人被错分为好人带来的坏账损失，L 是好人被错分为坏人带来的利润损失，那么当节点中好坏比例超过 D/L 时，我们将其判定为好人集，此时错误分类成本最小。

最简单的分裂规则是，我们查看某一步划分结果，按照某测度进行评判，测试所有特征在这个点上的表现，选择其中的最优分裂方式。对连续特征来说，X_i 是样本 i 上的值，测试所有可能分界值 c，划分成两个子集 $\{x_i < c\}$ 和 $\{x_i \geq c\}$，我们就能找到在这个测度下最好的 c。对分类特征来说，尝试所有可能的属性组合方式，然后找到使测度最优的那一种。例如，我们按照好坏比率，把分类特征的各属性从小到大排列，很容易找到最佳分裂方式。问题是这个测度到底是什么。最常用的是 KS 值（Kolmogorov – Smirnov），以及其他至少四个测度指标：不纯指数（impurity index）、基尼指数（Gini index）、熵增指数（entropy index）、半平方和（half sum of squares）。我们在下文的简单例子中一一尝试这几个测度。

【例 3.1】

表 3.2 中统计了好人和坏人数量，以及他们的住房条件特征，包含三个属性。我们应该如何用分类树对这个特征进行划分？

表 3.2 最佳分裂方式的计算方法

居住状态	自有住房	租房	与父母同住
好人数量	1000	400	80
坏人数量	200	200	120
好坏比率	5 : 1	2 : 1	0.67 : 1

3.7.1 KS 统计量

对连续特征 X_i，我们定义 $P(s \mid G)$ 是当 X_i 为好人时的累积分布函数（cumulative distribution function），坏人相应地是 $P(s \mid B)$。假设坏人在 X_i 值偏小的范围内更密集，按照之前定义的错误分类成本 D 和 L，分裂规则是选择分界值 c，使得下式最小：

$$LP(c \mid G)p_G + D(1 - F(c \mid B))p_B \tag{3.47}$$

如果 $Lp_G = Dp_B$，那么上面要找到的最小值与图 3.5 两个分布中的 KS 距离定义一样，即 $P(c \mid G) + (1 - F(c \mid B))$ 的最小化等同于 $|F(c \mid B) - F(c \mid G)|$ 的最大化。

如果我们把划分好的两个子集用左边的 L 集和右边的 R 集来表示，这相当于找寻 $p(L \mid B) - p(L \mid G)$ 的最大值，其中 $p(L \mid B)$ 和 $p(L \mid G)$ 是坏人和好人出现在左集中的概率（同理，$F(c \mid G)$ 是连续版本）。根据贝叶斯定理，$p(L \mid B) = p(B \mid L)p(L)/p(B)$。

那么，对离散和连续特征的 KS 测度标准变为找到一个划分左右两个子集的方式，使得 KS 最大。

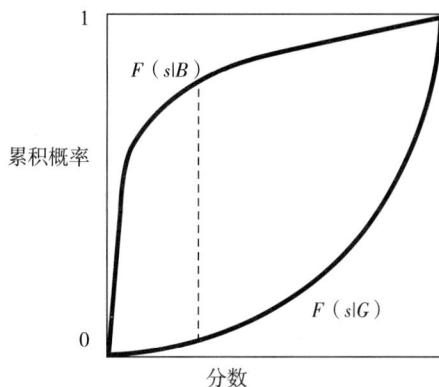

图 3.5　KS 统计量

$$\mathrm{KS} = \left| p(L\mid B) - p(L\mid G) \right| = \left| \frac{p(B\mid L)}{p(B)} - \frac{p(G\mid L)}{p(G)} \right| p(L) \tag{3.48}$$

从例 3.1 的好坏比率可以看出，我们有两种划分方式："与父母同住"是一组，"自有住房"和"租房"是另一组；"与父母同住"和"租房"是一组，"自有住房"是另一组。

第一种方式：

$$p(L\mid B) = \frac{120}{520} = 0.231, p(L\mid G) = \frac{80}{1480} = 0.054, \mathrm{KS} = 0.177$$

第二种方式：

$$p(L\mid B) = \frac{320}{520} = 0.615, p(L\mid G) = \frac{480}{1480} = 0.324, \mathrm{KS} = 0.291$$

最佳划分方式是第二种。

3.7.2　不纯指数

不纯指数描述一个分类树中某节点 V 不纯净的程度，这里的"纯净"代表这个节点里的样本来自某一个类别。如果我们还是划分成两个子集：左集 L 和右集 R，用 $p(L)$ 和 $p(R)$ 分别表示进入左集和右集的比例。我们用不纯指数的变化表示分裂的效果：

$$\Delta i(v) = i(V) - p(L)i(L) - p(R)i(R) \tag{3.49}$$

这个差值越大，表示不纯指数变化越大，也就是子集更纯净。这就是我们想要的。将式（3.49）最大化，相当于 $p(L)i(L) + p(R)i(R)$ 最小化。显然，如果差值不为正，我们没有必要进行分裂。

最直接的不纯指数的定义是节点里数量更少的那部分所占的比例，用 $i(V)$ 表示，那么

$$i(v) = p(G\mid V) \quad 如果 p(G\mid V) \leq 0.5;$$

$$i(v) = p(B \mid V) \quad 如果\ p(B \mid V) < 0.5 \tag{3.50}$$

应用到例 3.1 上，我们进行如下计算来确定最近划分方式：

第一种方式：

$$i(V) = \frac{520}{2000} = 0.26,\ p(L) = \frac{200}{2000} = 0.1,\ i(L) = \frac{80}{200} = 0.4$$

$$p(R) = \frac{1800}{2000} = 0.9,\ i(R) = \frac{400}{1800} = 0.22$$

$$\Delta i(v) = 0.26 - 0.1(0.4) - 0.9(0.22) = 0.02$$

第二种方式：

$$i(V) = \frac{520}{2000} = 0.26,\ p(L) = \frac{800}{2000} = 0.4,\ i(L) = \frac{320}{800} = 0.4$$

$$p(R) = \frac{1200}{2000} = 0.6,\ i(R) = \frac{200}{1200} = 0.167$$

$$\Delta i(v) = 0.26 - 0.4(0.4) - 0.6(0.167) = 0$$

结果显示，第一种划分方式更好。

虽然这种方法看起来很好，但其实有迷惑性。$\Delta i(v)$ 在第二种分裂方式中是 0，因为坏人在节点 V、L、R 里都是少数。在三个节点的少数类别均为同一类的情况下就会出现这种结果，这在信贷场景里非常普遍。因此，许多分裂方式的结果都是 0 的情况经常出现，也就无法评判哪种方式更好。另外，Breiman 等（1984）给出了 400 个好人和 400 个坏人的例子。一种分裂方式分成两个子集，L 里有 300 个好人和 100 个坏人，R 里有 100 个好人和 300 个坏人。另一种方式分成两个子集，L 里有 200 个好人，R 里有 200 个好人和 400 个坏人。这两种方式的 $\Delta i(v)$ 一样，但是大部分人会认为，第二种方式里有一个纯好人组，因此是更好的分裂方式。所以，我们其实需要一个指数，可以对这种更纯的节点进行正反馈。

3.7.3 基尼指数

与不纯指数的线性关系不同，基尼指数是二次的（quadratic），也更加重视更纯的节点。如果把 $i(V)$ 用 $i(V) = p(G \mid V)p(B \mid V)$ 表示，那么基尼指数的定义是

$$GI = p(G \mid V)p(B \mid V) - p(L)p(G \mid L)p(B \mid L) - p(R)p(G \mid R)p(B \mid R) \tag{3.51}$$

对例 3.1，我们有

第一种方式：

$$i(V) = \left(\frac{1480}{2000}\right)\left(\frac{520}{2000}\right) = 0.1924$$

$$p(L) = \frac{200}{2000} = 0.1,\ i(L) = \left(\frac{80}{200}\right)\left(\frac{120}{200}\right) = 0.24$$

$$p(R) = \frac{1800}{2000} = 0.9,\ i(R) = \left(\frac{400}{1800}\right)\left(\frac{1400}{1800}\right) = 0.1728$$

$$\Delta i(v) = 0.1924 - 0.1(0.24) - 0.9(0.1728) = 0.01288$$

第二种方式：

$$i(V) = \left(\frac{520}{2000}\right)\left(\frac{1480}{2000}\right) = 0.1924$$

$$p(L) = \frac{800}{2000} = 0.4, \quad i(L) = \left(\frac{320}{800}\right)\left(\frac{480}{800}\right) = 0.24$$

$$p(R) = \frac{1200}{2000} = 0.6, \quad i(R) = \left(\frac{200}{1200}\right)\left(\frac{1000}{1200}\right) = 0.1389$$

$$\Delta i(v) = 0.1924 - 0.4\ (0.24) - 0.6\ (0.1389) = 0.01306$$

根据基尼指数，第二种划分方式更好。

3.7.4　熵增指数

另一个非线性指数是熵增指数，定义为

$$i(v) = -p(G|v)\ln(p(G|v)) - p(B|v)\ln(p(B|v)) \tag{3.52}$$

这里的熵是指信息熵，从名字也可以看出，它和物理学里面的熵（entropy）有关系，表示分裂时节点中好人和坏人信息量的多少。它也可以测量一个节点里到底有多少种不同的划分好人和坏人的方式。这和第 8 章里要介绍的信息值有关系。

用它来计算例 3.1，我们得到

第一种方式：

$$i(V) = -\left(\frac{520}{2000}\right)\ln\left(\frac{520}{2000}\right) - \left(\frac{1480}{2000}\right)\ln\left(\frac{1480}{2000}\right) = 0.573$$

$$p(L) = \frac{200}{2000} = 0.1, \quad i(L) = -\left(\frac{80}{200}\right)\ln\left(\frac{80}{200}\right) - \left(\frac{120}{200}\right)\ln\left(\frac{120}{200}\right) = 0.673$$

$$p(R) = \frac{1800}{2000} = 0.9, \quad i(R) = -\left(\frac{400}{1800}\right)\ln\left(\frac{400}{1800}\right) - \left(\frac{1400}{1800}\right)\ln\left(\frac{1400}{1800}\right) = 0.530$$

$$\Delta i(v) = 0.573 - 0.1\ (0.673) - 0.9\ (0.530) = 0.0287$$

第二种方式：

$$i(V) = -\left(\frac{520}{2000}\right)\ln\left(\frac{520}{2000}\right) - \left(\frac{1480}{2000}\right)\ln\left(\frac{1480}{2000}\right) = 0.573$$

$$p(L) = \frac{800}{2000} = 0.4, \quad i(L) = -\left(\frac{320}{800}\right)\ln\left(\frac{320}{800}\right) - \left(\frac{480}{800}\right)\ln\left(\frac{480}{800}\right) = 0.673$$

$$p(R) = \frac{1200}{2000} = 0.6, \quad i(R) = -\left(\frac{200}{1200}\right)\ln\left(\frac{200}{1200}\right) - \left(\frac{1000}{1200}\right)\ln\left(\frac{1000}{1200}\right) = 0.451$$

$$\Delta i(v) = 0.573 - 0.4\ (0.673) - 0.6\ (0.451) = 0.0332$$

熵增指数表明，第二种方式更好。

最后一个我们要讲的测度并非一个指数，而是来自卡方分布的内容，用于判断两个子节点里好人比例是否一样。在卡方统计量里，如果 Chi 很大，我们通常拒绝原假设，即两个好人比例一样。卡方值越大，两个子集里的好人比例越可能不相同，从而在一定程度上反映了两个子集的差异更大。这也就是我们希望通过划分所达到的目的。接下来我们介绍半平方和。

3.7.5 半平方和

我们用 $n(L)$ 和 $n(R)$ 分别表示左右两个节点里样本的数量，最大化卡方值：

$$\text{Chi} = n(L)n(R) - \frac{[p(G\,|\,L) - p(G\,|\,R)]^2}{n(L) + n(R)} \qquad (3.53)$$

应用例 3.1 的数据，我们有

第一种方式：

$$n(L) = 200, p(G\,|\,L) = \frac{80}{200} = 0.4$$

$$n(R) = 1800, p(G\,|\,R) = \frac{1400}{1800} = 0.777$$

$$\text{Chi} = 25.69$$

第二种方式：

$$n(L) = 800, p(G\,|\,L) = \frac{480}{800} = 0.6$$

$$n(R) = 1200, p(G\,|\,R) = \frac{100}{1200} = 0.833$$

$$\text{Chi} = 26.13$$

当"与父母同住"和"租房"合并在一起时，半平方和表明，第二种方式更好。读者可以自行设计样本，尝试不同的组合方式。

我们还有一些其他的分裂方法。Breiman 等（1984）介绍了并非只看下一次分裂结果的方法，如考虑分裂几代过后的结果。这不仅考虑了当前分裂即时的改善效果，还考虑了分裂的长期策略。决策树一般会在不同层使用不同的特征，同一层因为子集不同也会出现不同的特征，如图 3.4 所示。这样，决策树实际上还能捕捉到特征与风险的非线性关系。

虽然我们之前提到了要适时停止树的生长，确定某个节点为终节点（terminal node），但实际上，我们是在讨论停止规则和剪枝规则。一般而言，最初的树都会太大，需要经过剪枝得到一棵稳健的树。如果某棵树的每个终节点里只有一个训练样本，那么它将是一个非常糟糕的分类模型，无法在其他数据集中使用。因此，我们认定一个节点为终节点只有两个原因：一是某个节点中的样本数量太少，通常当节点中样本数小于 10 时，没必要继续分裂。二是分裂测度的值在继续分裂成子节点后与当前节点值相比几乎没有什么变化，那么不如保持现状，在当前节点划分好坏类别。注意：这里的"几乎没有什么变化"需要定义准确，一般来讲，这是指测度之差小于某个事先确定的水平 β。

如果已有一棵过大的树，那我们可以砍掉一些分支部分，也叫作剪枝（pruning）。最好的办法是基于一个之前没有用过的保留样本，用它来计算各种剪枝带来的期望损失。我们用 T 来表示一棵分类树，T_G 或 T_B 是被划分成好人或坏人的集合。设 $p(t,B)$ 或 $p(t,G)$ 是保留样本中节点 t 被划分成坏人或好人的比例。期望损失是

$$r(T) = \sum_{t \in T_G} Dp(t,B) + \sum_{t \in T_B} Lp(t,G) \tag{3.54}$$

如果 $n(T)$ 是树 T 的节点数量，定义 $c(T) = r(T) + dn(T)$，即对 T 的所有子树集合，找到其中的一棵 T^*，使 $c(T)$ 最小。如果 $d = 0$，我们会得到最初未经剪枝的树，如果 d 变得足够大，这棵树最终会只有一个节点。所以，d 决定了树的大小。

在过去几十年中，有些分类树发展出了几种不同的算法，其中一种是随机森林，我们将在本书 4.10.1 节中介绍。

逻辑树也是其中的一种，它把决策树和逻辑回归结合起来，在每个节点都进行逻辑回归。在信用评分中，这就像客户分层，在每层都建立一个逻辑回归评分卡。Chen 和 Loh（2004）介绍了原理，也给出了代码。逻辑树与其他模型的对比研究可以参见 Bijak 和 Thomas（2015）。

3.8 多项判别

有些时候，在信用评分中，我们需要把申请人划分成两类以上的人群。我们需要小心的是，这些类别很可能来自公司的策略或决策。例如，对一个新客户有三种结果：接受、拒绝和人工审核。有些公司把客户分成希望接受的客户（好人）、不想接受的客户（坏人），以及不想接受的客户（不使用产品，因此不会带来利润的人）。在美国，客户可以违约，也可以申请个人破产保护。这样，历史借款人就有好人、坏人、破产者三种，其中破产者的特征与其他两者不同。

如果我们想把总体分成几类，之前介绍的大部分方法经过合适的变化依然适用。这样，我们也可以运用以下步骤，把决策过程变成线性回归。

设 $c(i,j)$ 是把类 j 里的人划分到类 i 的误分类成本，p_j 是类 j 占总体的比例，$p(\mathbf{x}|j)$ 是类 j 里具有属性 $\mathbf{x}$ 的概率（与 3.2 节中的 $p(\mathbf{x}|G)$ 类似）。那么，具有属性 $\mathbf{x}$ 的申请者属于类 j 的概率 $p(j|\mathbf{x})$ 满足：

$$p(j|\mathbf{x}) = \frac{p_j p(\mathbf{x}|j)}{\sum_i [p_i p(\mathbf{x}|i)]} \tag{3.55}$$

为了最小化期望损失，我们会把具有属性 $\mathbf{x}$ 的申请者划分到满足下列不等式的类 i 里：

$$\sum_j [c(i,j)p_j p(\mathbf{x}|j)] < \sum_j c[(k,j)p_j p(\mathbf{x}|j)] \quad 对所有 k 成立，且 k \neq i \tag{3.56}$$

类似地，我们可以把逻辑回归拓展到多类判别中，将式（3.36）里的概率理解成属于某类的概率和不属于该类的概率。虽然这些多项统计方法已经发展得很好了，但它们在信用评分中的应用并不多。

第4章 信用评分的其他方法

4.1 引言

传统的评分卡建模思路都是对过去的客户样本进行统计分析，然后根据这个分析结果决定他们或新客户的风险是否可以接受。这些都是参数方法（parametric approach）。我们也可以用非统计或非参数方法（nonparametric approach）来解决同样的问题。在过去 40 年中，非参数方法被广泛用来解决所有的分类问题。但在 20 世纪 80 年代，行业中都非常盛行统计方法，后来人们开始意识到其实也可以用线性规划找到能够区分好坏特征变量的线性组合（Freed 和 Glover，1981）。线性规划方法的目标函数是最小化两种错误分类之和，或最小化其中最大的错误数量。我们会在 4.2 节里介绍它。如果我们把错误分类数量当作拟合优度（goodness of fit），那么还需要在线性规划里引入整数变量，也就是 4.3 节中的整数规划。

20 世纪 80 年代，一种新颖的人工智能方法突然出现，被用来解决分类问题，到现在还在迅速发展，它就是"神经网络"。神经网络能够把相关的变量作为输入（input），与输出类别（class）建立一种高度非线性的关系。我们有一组相互联系的处理单元（processing unit），它们每一个都经过非线性变换得到一个非线性信号（signal）。通过这种转换，变量都被映射到一个高维特征空间（feature space），在高维特征空间中用一个线性分类器不断地对此进行学习优化。这套系统包含一系列的数据，每个样本都有一组输入信号及其对应的输出信号。这套系统就从这些数据中学习如何通过调整每个处理单元与输出对应的输入信号，来重现原来的输入与输出信号间的关系。如果输入信号是客户的特征，而输出信号是其信用的好坏，我们则认为这套系统就是一个信用评分的模型。我们将在 4.4 节中介绍神经网络评分卡。

20 世纪 90 年代，一种新的方法——支持向量机出现了，它能把变量映射到无限维的特征空间里。这是 4.5 节的内容。神经网络和支持向量机都在信用评分中使用，前者还用于欺诈评分（fraud scoring）。然而，这两种方法的可解释性都不好，因为高维空间使变量间的关系变得很复杂。在申请评分中，因为贷款机构需要向客户反馈拒绝其贷款申请的理由，所以后来人们提出了一些从神经网络和支持向量机中提取可解释的决策规则的方法，我们将在 4.6 节中介绍。

我们还可以从优化问题的角度来开发评分卡。如果有一系列参数，也就是给每个属性值的点数，与一个测量一组属性和参数表现的指标，比如错误分类数量。在过去十年，我们也提出了一些解决此类问题的通用方法，如模拟退火法（Simulated Annealing）、禁忌搜索法（Tabu Search）和遗传算法（Genetic Algorithms，GA）。其中，遗传算法已在一些信用评分行业中试点应用。这些内容将在 4.7 节中介绍。

另一种分类方法是在特征空间中寻找与新的待判样本相似但已知好坏结果的案例。这就是最近邻算法（Nearest Neighbors），我们将在 4.8 节中介绍。

在上一章中，我们介绍了朴素贝叶斯方法。如果我们有一些变量，已知其相互之间存在因果关系，或者至少存在概率关系，无论是时序的还是非时序的，那么我们都可以用这个信息来选择那些与好人或坏人概率有关的变量，也可以确定无关的变量。贝叶斯网络（Bayesian Networks）就是这种描述大量变量联合概率分布的方法，关系网络由一些表示关系的有向线段来表示，朴素贝叶斯方法是其中的特例。贝叶斯网络也可以被应用于信用评分，我们将在 4.9 节中讨论。

所有的分类方法都是建立在训练样本上的。但是，样本的随机性会导致不同的参数估计，其中有些分类方法对抽样比较敏感。为了减少这个影响，或者说减少样本偏差，我们可以把不同的分类方法对同一样本的预测结果结合起来，这就是 4.10 节要介绍的集成算法（ensemble methods）。在这一节中，我们还会解释样本不平衡带来的影响及其解决办法，好坏样本的极度不平衡经常会导致少数派类别数量在预测时被低估。显然，坏人在现实情况中就是少数派，而贷款机构最在意的就是正确地找出坏人，因此解决样本不平衡问题在实践中十分重要。

最后，我们会比较传统方法和新颖方法的准确性。

4.2　线性规划

Mangasarian（1965）是首个提出可以用线性规划（Linear Programming）来解决分类问题的人。这个分类问题是指如何使用一个超平面，也就是线性判别函数，来准确划分两个类别。Freed 和 Glover（1981）、Hand（1981）认为线性规划还能应用于非线性的分类问题，只要把目标函数设为最小化误差和（Minimization of the Sum of Absolute Errors，MSAE）或最小化最大误差（Minimization of the Maximum Error，MME）。

回忆一下，在贷款机构做决定时，是要把一组申请变量 $\mathbf{X} = (X_1, X_2, \cdots, X_p)$ 的集合 A，划分成好人的答案集合 A_G 和坏人的答案集合 A_B。如果我们有 n 个申请人样本，其中好人有 n_G 个，不妨设前 n_G 个是好人，剩下的 n_B 个是坏人，编号是 $i = n_G + 1, \cdots, n_G + n_B$。假定申请人 i 有对应特征 $\mathbf{X} = (X_1, X_2, \cdots, X_p)$ 的属性值 $(x_{i1}, x_{i2}, \cdots, x_{ip})$，我们想确定权重或点数 $(\omega_1, \omega_2, \cdots, \omega_p)$，使得好人 $\omega_1 X_1 + \omega_2 X_2 + \cdots + \omega_p X_p$ 的值大于临界值 c，坏人的值小于 c。如果申请变量都被转换成了二元虚拟变量，那么权重 $\mathbf{w}$ 就相当于每个人在申请表上每个问题的得分。

通常情况下，我们无法完美地区分好人和坏人，于是我们引入非负变量 a_i，即错误分类样本的分数与临界值的差。如果申请人 i 是好人，那么我们要求 $\omega_1 x_{i1} + \omega_2 x_{i2} + \cdots + \omega_p x_{ip} \geq c - a_i$；如果申请人 j 是坏人，那么我们要求 $\omega_1 x_{j1} + \omega_2 x_{j2} + \cdots + \omega_p x_{jp} \leq c + a_j$。为了找到 $(\omega_1, \omega_2, \cdots, \omega_p)$，使得残差绝对值之和（Minimization of the Sum of Deviations，MSD）最小，我们需要解线性规划问题：

$$\min \ a_1 + a_2 + \cdots + a_{n_G + n_B}$$
$$s.t. \ \omega_1 x_{i1} + \omega_2 x_{i2} + \cdots + \omega_p x_{ip} \geq c - a_i, \quad 1 \leq i \leq n_G$$
$$\omega_1 x_{i1} + \omega_2 x_{i2} + \cdots + \omega_p x_{ip} \leq c + a_i, \quad n_G + 1 \leq i \leq n_G + n_B$$
$$a_i \geq 0, 1 \leq i \leq n_G + n_B \tag{4.1}$$

如果想要最大距离最小，我们把误差设为相等的一个常数，并使它最小，即

$$\min \ a$$
$$s.t. \ \omega_1 x_{i1} + \omega_2 x_{i2} + \cdots + \omega_p x_{ip} \geq c - a, \quad 1 \leq i \leq n_G$$
$$\omega_1 x_{i1} + \omega_2 x_{i2} + \cdots + \omega_p x_{ip} \leq c + a, \quad n_G + 1 \leq i \leq n_G + n_B$$
$$a \geq 0 \tag{4.2}$$

线性规划评分卡相较于统计方法的优点之一是如果想考虑某个规则，就可以在线性规划中引入一个限制条件来表达它。例如，如果用二元变量 X_1 来表示年龄在 25 岁以下，用二元变量 X_2 来表示年龄在 65 岁以上，而我们想要给 65 岁以上的人更高的分数，那么只需要在式（4.1）或式（4.2）中加一个限制条件：$\omega_2 \geq \omega_1$。类似地，如果我们认为申请表中的变量 $(X_1, \cdots, X_s)$ 比征信局的变量 $(X_{s+1}, \cdots, X_p)$ 更重要，那么我们可以加入限制条件：

$$\omega_1 x_{i1} + \omega_2 x_{i2} + \cdots + \omega_s x_{is} \geq \omega_{s+1} x_{is+1} + \omega_{s+2} x_{is+2} + \cdots + \omega_p x_{ip} \quad \forall i \tag{4.3}$$

有一点值得注意：由于线性规划不能处理严格的不等式，在方程里面，我们要求好人分数大于或等于临界分数，坏人分数小于或等于临界分数。也就是说，如果可以自由选择临界分数和权重，我们总能找到线性规划方程的平凡解（零解）（trivial solution），即临界分数和权重都等于零。在这样的情况下，所有人的分数都精准地等于临界值。这显然不是我们想要的。解决办法之一是设定临界分数非零，比如等于 1。但是，Freed 和 Glover（1981）指出这样也不对，而是应该解两个规划问题：一个临界值为正，一个临界值为负。我们来看有一个变量 X_1 和三个申请者样本的两个例子。

【例 4.1】

在图 4.1（a）中，两个好人的属性值是 1 和 2，坏人的属性值是 0。如果临界值设定为 1，那么 $\omega_1 = 1$，此时没有错误。

B	G	G		G	G	B
0	1	2		0	1	2
	（a）				（b）	

图 4.1　线性规划的两种情况

对图 4.1（b），求解 MSD 最小的线性规划问题是

$\min a_1 + a_2 + a_3$

$s.t.\ 2\omega \leq 1 + a_1,\ \omega \geq 1 - a_2,\ 0 \geq 1 - a_3$

当 $\omega = \dfrac{1}{2}$、$a_1 = 0$、$a_2 = 0.5$、$a_3 = 1$ 时有最优解，总错误分数为 1.5。

如果我们允许临界值为负，将其设为 -1，MSD 最小化问题是

$\min a_1 + a_2 + a_3$

$s.t.\ 2\omega \leq -1 + a_1,\ \omega \geq -1 - a_2,\ 0 \geq -1 - a_3$

当 $\omega = -\dfrac{1}{2}$ 时，得到最优解，错误分数为 0。

但是，如果我们把图 4.1（a）里的临界值设为 -1，当 $\omega = -\dfrac{1}{2}$ 时，最优解的错误分数为 1。

在以上例子中，我们想要说明的问题是，如果好人在一般情况下的属性值比坏人高，那么我们倾向于正的权重和临界值。相反，如果好人在一般情况下的属性值比坏人低，那么要使好人的分数依然比坏人的分数高，我们需要保持权重 ω_j 为负。这样所有的分数都是负分，临界值也是负数。

在确定临界分数时还存在一个问题，即理想的临界值是零。这意味着线性规划的解经过线性变换并非不变。我们其实希望最优解具有线性变换不变性，即对某特征的每个属性值加上一个常数，如果评分卡的权重不变，分类结果也不变。然而，线性规划并非如此，我们来看下面的例子。

【例 4.2】

我们有两个变量 (X_1, X_2)，三个好人的属性值分别为 $(1,1)$、$(1,-1)$ 和 $(-1,1)$，三个坏人的属性值分别为 $(0,0)$、$(-1,-1)$ 和 $(0.5,0.5)$。如果我们使残差和最小，设临界值 $\omega_1 X_1 + \omega_2 X_2 = 1$。对称来看，我们假定临界线需要经过点 $(1,-1)$，其形式为 $(c+1)X_1 + cX_2 = 1$（见图 4.2）。如果 $0.5 < c$，对点 $(-1,1)$ 误差是 2，对点 $(0.5,0.5)$ 误差是 $c - 0.5$。当评分卡确定为 $1.5X_1 + 0.5X_2$ 时，误差最小值为 2。

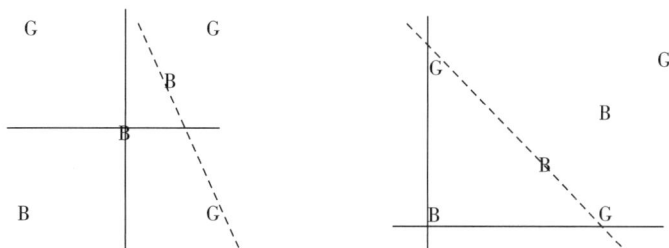

图 4.2　例 4.2 中的点

如果我们把所有属性的得分加 1，那么我们有好人属性值 $(2,2)$、$(2,0)$、$(0,2)$，坏人属性值 $(1,1)$、$(0,0)$、$(1.5,1.5)$。这样，MSD 最小的最佳划分是 $0.5X_1 + 0.5X_2 = 1$，误差最小值为 0.5。

我们对方程进行一些修改，可以克服这些问题。例如，把式（4.1）里的限制条

件改为

$$\omega_1 x_{i1} + \omega_2 x_{i2} + \cdots + \omega_p x_{ip} \leqslant c - e + a_i, n_G + 1 \leqslant i \leqslant n_G + n_B \qquad (4.4)$$

这样，两个区域之间有一个分界。随之而来的问题是如何确定这个分界里面的点的划分。当好人和坏人在特征均值上明显不同的时候，加一个限制条件，一般是

$$\sum_{j=1}^{p} \left(n_B \sum_{i=1}^{n_G} x_{ij} - \sum_{i=n_G+1}^{n_G+n_B} x_{ij} \right) \omega_j = 1 \qquad (4.5)$$

由此，Freed 和 Glover（1981）提出了一个最一般化的线性规划方程组。其中，a_i 表示外生误差，因此等式不满足。e_i 表示内生误差，是分类正确的样本与临界线的距离。他们提出了最大内生误差和外生误差加权组合以及内生误差与外生误差绝对值之和的目标函数，表述为如下线性规划问题：

$$\min k_0 a_0 - l_0 b_0 + \sum_{i=1}^{n_G+n_B} k_i a_i + \sum_{i=1}^{n_G+n_B} l_i b_i$$

$$s.t. \ \omega_1 x_{i1} + \omega_2 x_{i2} + \cdots + \omega_p x_{ip} \geqslant c - a_0 - a_i + e_0 + e_i, 1 \leqslant i \leqslant n_G$$

$$\omega_1 x_{i1} + \omega_2 x_{i2} + \cdots + \omega_p x_{ip} \leqslant c + a_0 + a_i - e_0 - e_i, n_G + 1 \leqslant i \leqslant n_G + n_B$$

$$\sum_{j=1}^{p} \left(n_B \sum_{i=1}^{n_G} x_{ij} - n_G \sum_{i=n_G+1}^{n_G+n_B} x_{ij} \right) \omega_j = 1, a_i, e_i \geqslant 0, 0 \leqslant i \leqslant n_G + n_B \qquad (4.6)$$

这个问题的解一定是非平凡解，同时满足线性变换的不变性。

对线性规划的常规批评是因为它缺乏统计含义，我们无法得知参数估计的统计显著性。Ziari 等（1997）建议可以用折刀法（Jackknife）或自展法（Bootstrap）来重复抽样。这两种方法都假定线性规划中的样本能够代表申请人总体。从原样本集里重复抽样得到一个子集，每个子集都能得到不同的参数估计。这些估计的分布能够反映从全样本中得到的估计的分布信息。在折刀法中，剔除 t 个申请人的子集后的样本用来求解线性规划（一般地，$t = 1$）。重复这个过程，可以得到参数的多个估计。在自展法中，我们从原样本集中进行有放回重复抽样，得到 $n = n_G + n_B$ 个样本，每次线性规划都建立在数量相同的子样本上，重复多次后，参数的均值和标准差将会近似等于原参数估计的均值和标准差。关于折刀法和自展法的更多细节，请参见 8.4 节。

相对于线性规划，线性回归有一个优势是可以每次选择一个最有效的变量加入评分卡，很多统计软件包都能实现向前（forward）逐步回归。这使我们可以建立"干净又有效"（lean and mean）的模型，比如我们可以限定只用最有用的 m 个特征，那么回归方程就会去找那 m 个判别能力最强的特征。Nath 和 Jones（1988）的研究表明，利用折刀法也可以在线性规划中找出 m 个最有效的特征。不过，这显然增加了线性规划需要的求解次数。

Erenguc 和 Koëhler（1990）、Nath 等（1992）的研究对比了线性规划和线性回归在分类问题上的表现，但遗憾的是没有使用信贷数据。他们的结论是线性规划的效果不错，但并没有胜过线性回归的表现。

4.3　整数规划

线性规划模型是去最小化错误分类样本分数的误差，而更实际的一个问题是最小化错误分类的数量，或者错误分类的成本 D 或 L，前者是将坏人划分为好人的成本，后者是将好人划分为坏人的成本。在这些标准下，我们同样能使用线性规划来建立评分卡，但其中有些变量需要是整数，这便称为整数规划。Erenguc 和 Koëhler（1990）给出了一个这样的模型：

$$\min L(d_1 + \cdots + d_{n_G}) + D(d_{n_{G+1}} + \cdots + d_{n_{G+B}})$$
$$s.t.\ \omega_1 x_{i1} + \omega_2 x_{i2} + \cdots + \omega_p x_{ip} \geq c - Md_i,\ 1 \leq i \leq n_G$$
$$\omega_1 x_{i1} + \omega_2 x_{i2} + \cdots + \omega_p x_{ip} \leq c + Md_i,\ n_G + 1 \leq i \leq n_G + n_B$$
$$0 \leq d_i \leq 1,\ d_i\ 是整数 \tag{4.7}$$

其中，$d_i = 1$ 表示样本 i 被错误分类，0 表示没有被错分。同样地，对式（4.7），我们有平凡解 $c = 0$，$\omega_j = 0$，$j = 1, \cdots, p$。所以，我们还得加上一般化条件：

$$\sum_{j=1}^{J}(s_j^+ + s_j^-) = 1$$
$$0 \leq s_j^+, s_j^- \leq 1 \text{、} s_j^+ \text{、} s_j^-\ 是整数,\ j = 1, \cdots, p$$
$$-1 + 2s_j \leq \omega_j \leq 1 - 2s_j,\ j = 1, \cdots, p \tag{4.8}$$

这组限制条件要求 s_j^+ 或 s_j^- 等于 1，对应的 ω_j 要么大于 1，要么小于 -1（相当于要求 c 为正或者负）。这类似于要求 $\sum_{j=1}^{p} \omega_j = 1$ 和 c 为 $+1$ 或 -1。

Joachimsthaler 和 Stam（1990）及 Erenguc 和 Koëhler（1990）都发现整数规划式（4.7）的分类比线性规划更准确。但是，它有两个很大的缺点：一是与线性规划求解相比，它需要更长的时间，所以只能处理大约几百个小样本；二是对训练样本上同样的错误分类数量有好几个最优解，但它们在保留样本上的表现却差别很大。

整数规划求解在计算上很复杂，以至于很难将它应用在信用评分中。也有学者建议采用分支定界法（branch-and-bound），按照分类问题的结构来加快求解速度（Rubin, 1997; Duarte 和 Stam, 1997）。但是，即使这样，仍只能处理 500 或更少的样本量。

还有学者在式（4.7）中加入额外的限制条件和目标函数，确保在训练样本和保留样本上的分类同样稳健。Pavur 等（1997）建议加入好坏人群平均分数距离最大化的目标，Bajgier 和 Hill（1982）建议同时最小化外生误差之和与错误分类数量。Rubin（1990）加入了第二个目标——最大化最小内生误差，即正确分类样本与临界线的距离。

之前谈到的整数规划都是为了最小化错误分类数量，它也可以用来求解线性规划里错误分类绝对值之和的两个问题，包括解决平凡解问题权重不变性的问题。在式（4.7）中加入式（4.8）就能克服这个难点，同样适用于 MSD 和 MMD 问题。对 MSD

的整数规划问题如下（Glen，2000）：

$$\min a_1 + a_2 + \cdots + a_{n_c + n_B}$$

$$s.t.\ (\omega_1^+ - \omega_1^-)x_{i1} + (\omega_2^+ - \omega_2^-)x_{i2} + \cdots + (\omega_{ip}^+ - \omega_{ip}^-) \geq c - a_i, 1 \leq i \leq n_G$$

$$(\omega_1^+ - \omega_1^-)x_{i1} + (\omega_2^+ - \omega_2^-)x_{i2} + \cdots + (\omega_{ip}^+ - \omega_{ip}^-) \leq c + a_i, n_G + 1 \leq i \leq n_G + n_B$$

$$(\omega_1^+ - \omega_1^-) + (\omega_2^+ - \omega_2^-) + \cdots + (\omega_{ip}^+ - \omega_{ip}^-) = 1$$

$$cs_j^* \leq \omega_j^+ \leq s_j^+, j = 1, \cdots, p$$

$$cs_j \leq \omega_j^- \leq s_j^-, j = 1, \cdots, p$$

$$s_j^+ + s_j^- \leq 1 \tag{4.9}$$

其中，ω_j^+、$\omega_j^- \geq 0, 0 \leq s_j^+, s_j^- \leq 1$，$s_j^+$、$s_j^-$ 为整数，$j = 1, \cdots, p$，c 是小于 1 的正数。

这些条件要求 ω_j^+、ω_j^- 最多一个为正，部分 $\omega_j^\pm$ 非零。这与式（4.8）的结果一样。加入了额外 $2p$ 个整数后可以保证非平凡解，结果具有不变性。

在线性规划里如何找出 m 个最有效的特征也是一个难题。我们可以用上文提到的折刀法来解决。现在整数规划式（4.9）同样可用于 m 个有效特征的最优评分卡。我们只需要加入一个限制条件：

$$\sum_{j=1}^{p} (s_j^+ + s_j^-) = m \tag{4.10}$$

这个条件保证了权重 ω_j^+、ω_j^- 中只有 m 个正数，所以有 m 个特征非零。我们可以调整 m 的值，不断求解规划问题，观察当 m 个变量进入模型后，哪个特征还可以入选。这里的一个技术难题是，当已经找到 m 个变量的最优解后，去尝试 $m + 1$ 个变量时，有些变量会退出，有些会加入，凑成 $m + 1$。我们的解决办法是，找到所有 m 个变量的最优解，满足式（4.9）和式（4.10），其中非零特征是 $C_1 = \{i_1, i_2, \cdots, i_m\}$，加入限制条件：

$$\sum_{j \in C_1} (s_j^+ + s_j^-) \leq m - 1$$

再求解一次。这时会得到一个新的解。查看目标值是否有变化。如果没有，那么这个解就是唯一解；如果有变化，那么重复这个过程，直到找到所有最优解。

4.4　神经网络

神经网络（Neural Networks，NN）最初被提出是用来模拟人类大脑交流和处理信息。在大脑里，大量树突（dentrite）把电信号传到神经元（neuron），神经元把电信号转换为脉冲信号，通过轴突（axon）发送到突触（synapse），突触会结合各个神经元传来的信息。人类大脑大约有 100 亿个神经元（Shepherd 和 Koch，1990）。打个比方：神经网络也由大量的输入（变量）组成，每个变量乘以一个权重，相当于树突。这些结果在神经元上被加总转换，变成下一个神经元的输入变量。

4.4.1　单层神经网络

单层神经网络的结构就像我们刚才描述的那样，只是最后不需要把前一个神经元的输出当作后一个神经元的输入，而直接作为分值，用来判定一个样本是好人还是坏人。单层神经网络如图 4.3 所示。

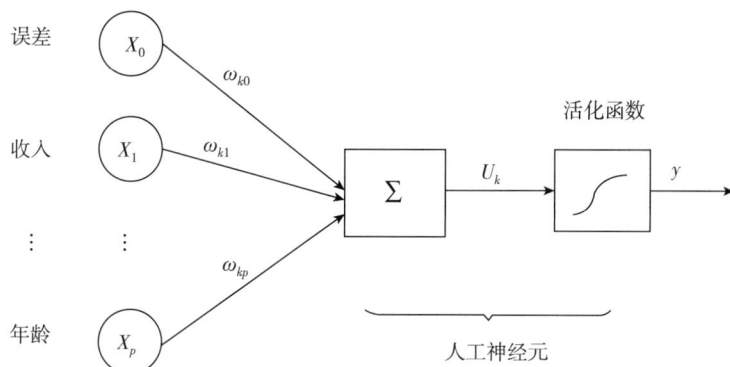

图 4.3　单层神经网络

我们也可以用代数来表达这个原理：

$$u_k = \omega_{k0} x_0 + \omega_{k1} x_1 + \cdots + \omega_{kp} x_p = \sum_{q=0}^{p} \omega_{kq} x_q \tag{4.11}$$

$$y_k = F(u_k) \tag{4.12}$$

其中，$x_1, \cdots, x_p$ 是变量，即申请人的特征。每个变量有一个具体取值，也就是"信号"。权重（突触的权重）如果为正，称为刺激性的（excitatory），因为它会增加相应变量的值；如果为负，称为抑制性的（inhibitory），因为它会减少正变量的效果。注意：权重的下标记为 (k, p)，k 表示起作用的那个神经元，p 表示起作用的变量。在单层神经网络里，因为我们只有一个神经元，$k = 1$。另外，注意：在式（4.11）求和中，我们从 0 开始，多了一项 $\omega_{k0} x_0$，通常这被称为误差或常数项，使 u_k 的值增加或减少一个常数单位。

接下来，我们通过一个活化函数（activation function，或称为激活函数、转化函数、压缩函数）把 u_k 的值进行转换。早期的神经网络中，这个函数通常是线性的，大大限制了神经网络的应用场景。其他一些常用的活化函数包括阈值函数和逻辑函数。

阈值函数：

$$\begin{aligned} F(u) &= 1, 如果\ u \geq 0 \\ F(u) &= 0, 如果\ u < 0 \end{aligned} \tag{4.13}$$

这表示如果 u 大于等于零，输出的值为 1，否则为零。

逻辑函数：

$$F(u) = \frac{1}{1 + e^{-au}} \tag{4.14}$$

两种函数如图 4.4 所示。逻辑函数中的 a 决定了曲线的斜率。两个函数都将输出结果限定为（0，1）。有时候，我们也使用双曲正切函数 $F(u) = \tanh(u)$，把输出放大到（-1，+1）。

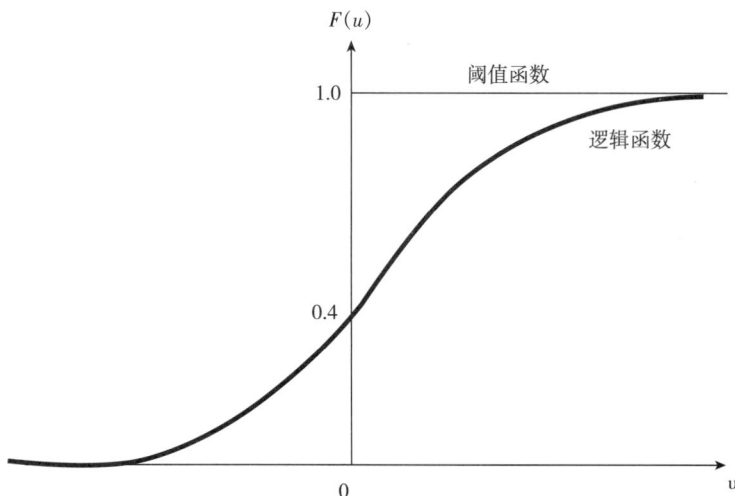

图 4.4　阈值函数与逻辑函数

利用属性权重及活化函数，在式（4.11）中代入申请者的特征值，得到式（4.12）的 y_k，将其与临界值比较，即可判断是否接受他的申请。

由一个神经元和一个阈值函数组成的模型叫作一个感知器（perceptron）。Rosenblatt（1958，1960）发现，一个只由两个信号（变量）决定的二分类问题，可以用一根直线进行划分，样本落在直线的某一侧（如果是 p 个信号，则是一个超平面来划分）。他的算法是去寻找合适的权重。但是，Minsky 和 Papert（1969）指出，在样本线性不可分时，感知器无法工作。

1986 年，Rumelhart 等（1986）的研究表明，用多层网络（Multiplelayer Networks）和非线性活化函数（nonlinear activation functions）的神经网络可以处理线性不可分的样本。大约同时，Rumelhart 和 McClelland（1986）、Parker（1982）、LeCun（1985）都提出了用反向传播法来估计神经网络中的权重。这也是我们接下来要介绍的最常用的神经网络模型。

4.4.2　多层感知器

多层感知器由一层信号输入层、一层信号输出层和它们之间的许多隐藏层（神经元）构成。每个隐藏层中的神经元受到来自不同输入与不同权重的加权作用。每个神经元的输出也会传递到下一个隐藏层的神经元上（如果有下一层的话）。输出层上的每个神经元的值将与临界值比较，以确定神经元的类别。一个三层的神经网络如图 4.5 所示。

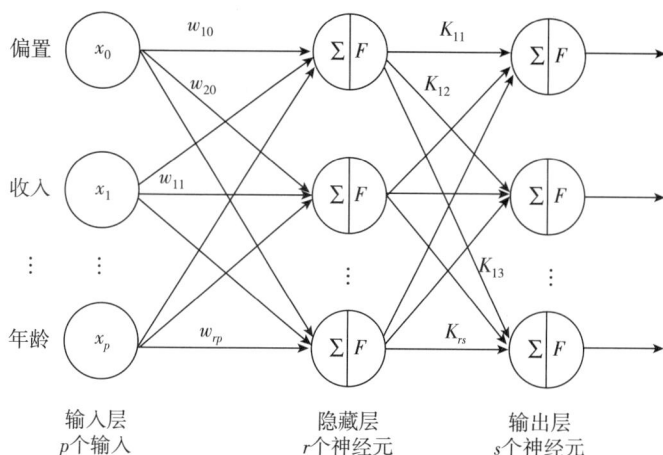

偏置　x_0　w_{10}

收入　x_1　w_{11}

年龄　x_p　w_{rp}

K_{11}　K_{12}　K_{13}　K_{rs}

输入层　　　　隐藏层　　　　输出层
p 个输入　　　r 个神经元　　s 个神经元

图 4.5　多层感知器

我们用数学来对这个多层感知器进行拓展。针对图 4.5，我们有式（4.11）和式（4.12）的拓展公式：

$$y_k = F_1 \left(\sum_{q=0}^{p} w_{kq} x_q \right) \tag{4.15}$$

其中，我们用 F 的下标 1 来表示输入层后的第一层隐藏层。$y_k(k = 1, \cdots, r)$ 是第一个隐藏层的输出。因为上一层的输出是下一层的输入，记为

$$z_v = F_2 \left(\sum_{k=1}^{r} K_{vk} y_k \right) = F_2 \left(\sum_{k=1}^{r} K_{vk} \left(F_1 \left(\sum_{q=0}^{p} w_{kq} x_q \right) \right) \right) \tag{4.16}$$

其中，z_v 是输出层中神经元 v 的输出值，$v = 1, \cdots, s$，F_2 是输出层的活化函数，K_{vk} 适用于第 y_k 层连接隐藏层上神经元 k 和输出层上神经元 v 通路的权重。

对权重向量的计算过程就是训练模型的过程。我们有多种方法，其中最常用的是反向传播法（Backpropagation）。对每一个样本，已知输入和输出变量的类别，将其不断加入网络，调整权重，使误差函数最小。

4.4.3　向前传播

最开始，所有权重都被设置为相同的某个随机值。选择一个样本，用它的输入值 x_p 计算输出值 z_v，o_v 已知。这是向前传播（Forward Propagation）的过程。向后传播（Backward Propagation）是把误差从后往前按照权重贡献反推到网络中，调整权重的值以减少这条路径的误差。然后，加载第二个样本，重复向前和向后的传播过程。继续加载直到加载完所有样本，称为一次遍历（epoch）。整个过程还会被重复很多次，直到达到停止条件。

每个权重的影响变化是误差项相对于这个权重的偏微分。我们这样来理解这个过程。对训练样本 t，定义误差项 $e_v(t)$：

$$e_v(t) = o_v(t) - y_v(t) \tag{4.17}$$

其中，$o_v(t)$ 是样本 t 在神经元 v 上的观测结果，$y_v(t)$ 是预测结果。我们的目标是找到

一列权重, 使所有训练样本上的平均误差最小。每层上的平均误差为

$$E(t) = 0.5 \sum_{v=1}^{s} e_v^2(t) \tag{4.18}$$

其中, s 是输出层上的神经元数量。对所有样本的平均误差为

$$E_{mean}(t) = \frac{1}{N} \sum_{t=1}^{N} E(t) \tag{4.19}$$

其中, N 是样本数量。

对任意一层 (c) 上的某神经元 v, 重写式 (4.11) 和式 (4.12), 把输入层的第一个神经元公式拓展到一般情况, 有

$$u_v^{[c]} = \sum_{k=0}^{r} w_{vk} y_k^{[c-1]} \tag{4.20}$$

$$y_v^{[c]} = F(u_v^{[c]}) \tag{4.21}$$

对 $E(t)$, 对 w_{vk} 求偏导, 根据乘法法则, 有

$$\frac{\partial E(t)}{\partial \omega_{vk}(t)} = \frac{\partial E(t)}{\partial e_v(t)} \cdot \frac{\partial e_v(t)}{\partial y_v(t)} \cdot \frac{\partial y_v(t)}{\partial u_v(t)} \cdot \frac{\partial u_v(t)}{\partial \omega_{vk}(t)} \tag{4.22}$$

由式 (4.18) 得到

$$\frac{\partial E(t)}{\partial e_v(t)} = e_v(t) \tag{4.23}$$

由式 (4.17) 得到

$$\frac{\partial e_v(t)}{\partial y_v(t)} = -1 \tag{4.24}$$

由式 (4.21) 得到

$$\frac{\partial y_v(t)}{\partial u_v(t)} = F'(u_v(t)) \tag{4.25}$$

由式 (4.20) 得到

$$\frac{\partial u_v(t)}{\partial \omega_{vk}(t)} = y_k(t) \tag{4.26}$$

替换后, 有

$$\frac{\partial E(t)}{\partial \omega_{vk}(t)} = -e_v(t) \cdot F'(u_v(t)) \cdot y_k(t) \tag{4.27}$$

在向前传播与向后传播后的变化是

$$\Delta\omega_{vk}(t) = -\eta \frac{\partial E(t)}{\partial \omega_{vk}(t)} = \eta \delta_v(t) y_k(t) \tag{4.28}$$

其中, $\delta_v(t) = e_v(t) F'(u_v(t))$。常数 η 称为训练率系数 (training rate coefficient), 可以用来调节权重变化 ω 的快慢。η 值越小, 准确率越高, 但训练时间越长。

式 (4.28) 称为 delta 法则 (Widrow – Hoff 法则)。这条法则是否执行, 取决于神经元 v 是在输出层还是隐藏层。如果是在输出层, e_v 直接可以观测到, 因为我们已知样本的好坏结果 o_v 和预测的结果 y_v; 如果是在隐藏层, e_v 或 o_v 其一不可观测。此时,

我们依然使用式（4.28），只是用另一种方式计算 $\delta_v(t)$，即对每个输出层上的神经元计算 δ，用 δ 乘以从上一层连接到每个神经元的权重，对上一层的神经元乘积和进行加总。图 4.6 展示了隐藏层和输出层上各有两个神经元的计算过程。

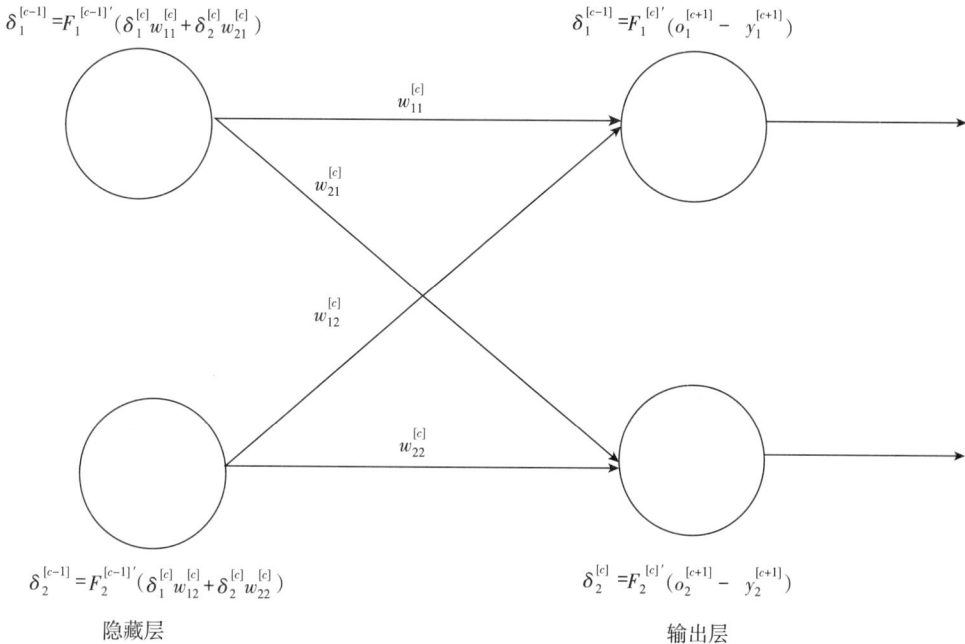

$$\delta_1^{[c-1]} = F_1^{[c-1]'}(\delta_1^{[c]} w_{11}^{[c]} + \delta_2^{[c]} w_{21}^{[c]})$$

$$\delta_1^{[c-1]} = F_1^{[c]'}(o_1^{[c+1]} - y_1^{[c+1]})$$

$$w_{11}^{[c]}$$
$$w_{21}^{[c]}$$
$$w_{12}^{[c]}$$
$$w_{22}^{[c]}$$

$$\delta_2^{[c-1]} = F_2^{[c-1]'}(\delta_1^{[c]} w_{12}^{[c]} + \delta_2^{[c]} w_{22}^{[c]})$$

$$\delta_2^{[c]} = F_2^{[c]'}(o_2^{[c+1]} - y_2^{[c+1]})$$

隐藏层　　　　　　　　　　　　　　　输出层

图 4.6　反向传播

对一般情况：

$$\delta_k^{[c-1]} = F_k^{'[c-1]} \sum_{v=1}^{s} \delta_v^{[c]} \omega_{vk}^{[c]} \tag{4.29}$$

对任一隐藏层上的神经元反向计算 δ，根据连接的权重，计算上一层上所有的神经元，加权求和得到 δ。以此类推，不断重复一层一层计算，直到回到输入层。

对每条路径上的权重变化，上一层是 $[c-1]$，下标是 k；下一层是 $[c]$，下标是 v。所以，由式（4.28）和式（4.29），得出：

$$\Delta w_{vk} = \eta \delta_v^{[c]} y_k^{[c-1]} \tag{4.30}$$

通常，我们对这个变化再加一个动量项 $\alpha \Delta w_{vk}(t-1)$：

$$\Delta w_{vk}(t) = \alpha \Delta w_{vk}(t-1) + \eta \delta_v^{[c]} y_k^{[c-1]} \tag{4.31}$$

这被称为"一般变化法则"（generalized delta rule），式（4.30）是当 $\alpha = 0$ 时式（4.31）的特殊情况。动量项可以加速 w 的收敛过程，减少计算时候的波动，也就是在连续迭代中因为误差表面在权重空间上经常遇到局部最优而产生的不断变大或变小的过程。Haykin（1999）发现，要想权重收敛，需要把 α 的值设定为（-1，$+1$）。实践中，我们一般设为 $0 < \alpha < 1$。

向后传播法是一个梯度下降法（Gradient Descent Method）。直观上，如果我们考虑两个输入信号的情况，如图 4.7 所示，误差 E 可以在理想化的表面 A、B、C、D 上变化，它是权重向量的函数。我们的目标是找到权重向量 w^*，使误差在 E 点达到最小。最初的权重设置 w_a 在样本 1 上通过向前传播造成的误差在 F 点。在向后传播的过程中，权重变为 w_b，造成的误差在 G 点，使从 F 点移动到 G 点的算法实际上是变化方向朝着 E 点梯度下降最大的那个方向。在现实中，A、B、C、D 的表面有很多凸起和褶皱（bumps and wrinkles），造成很多局部的最大值和最小值（maxima and minima）。为了寻找误差最小值，我们将误差表面相对于权重的一阶导数设为 0。这个算法会在这个一阶导数达到 0 的时候停止。然而，这会花很长的时间，也需要对导数本身的理解。更实用的办法是，我们在 $E_{mean}(w)$ 的变化足够小的时候，如相邻的两次遍历间变化小于 0.01 时，停止运算。

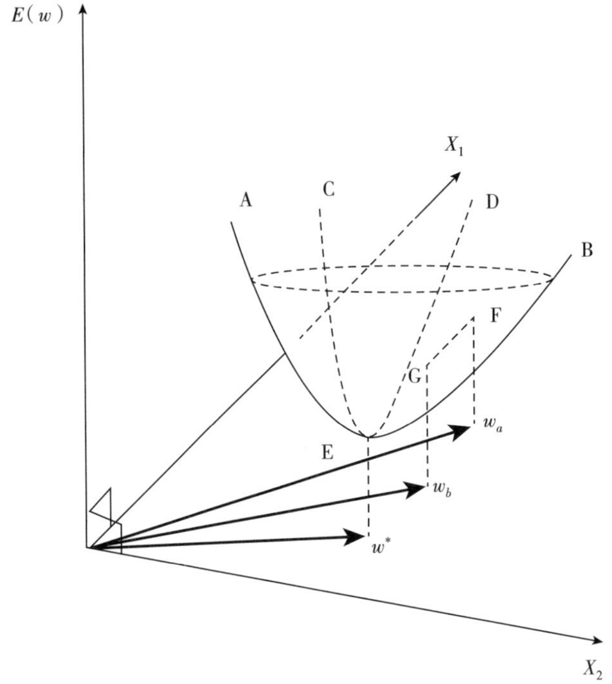

图 4.7　反向传播和误差曲面

4.4.4　网络结构

在构建神经网络的时候，分析师需要确定一些模型参数。这些参数包括隐藏层的层数、每个隐藏层的神经元数量、误差函数等，目前我们只用了式（4.17）和式（4.18）。我们集中讨论隐藏层的层数。

首先，我们需要明白为什么要有隐藏层。如果只有一层结构，我们只能进行线性可分的分类。当我们有隐藏层和非线性活化函数后，神经网络可以正确地划分线性不可分的类别。由于隐藏层的存在，我们把输入和输出间的复杂非线性关系通过隐藏空间进行转换，也就是说隐藏层能提取数据中的信息。具体来说，在网络中引入一层非线性隐藏层能够计算出临界值之上或之下的一个值，处于输入变量的凸区域内。引入

第二层隐藏层可以让这些凸区域联合起来,最终构造出不凸或分离的区域。Hand
(1997)评论指出,正因如此,理论上我们只需要两个隐藏层就能够解决所有问题了。

引入隐藏层和非线性活化函数的效果可以用"XOR 问题"来描述。考虑两个输
入变量,取值为 0 或 1。类别 A 的属性值只能是 $x_1 = 0$ 和 $x_2 = 0$,或 $x_1 = 1$ 和 $x_2 = 1$;
类别 B 的属性值只能是 $x_1 = 1$ 和 $x_2 = 0$,或 $x_1 = 0$ 和 $x_2 = 1$。在图 4.8 中,我们把这
四种情况标注在 x_1 和 x_2 坐标轴上。我们看到没有哪根直线能够区分它们。但是,如
果对 x_1 和 x_2 加权,进行非线性转换得到 y_1 和 y_2,那是有可能用一根直线区分 y_1 和 y_2
的类别的。隐藏层就包含了对输入加权求和的非线性转换。例如,如果权重都是 +1,
分别偏移常数 $-3/2$ 和 $-1/2$,我们有

$$u_1 = x_1 + x_2 - 3/2$$
$$u_2 = x_1 + x_2 - 1/2$$

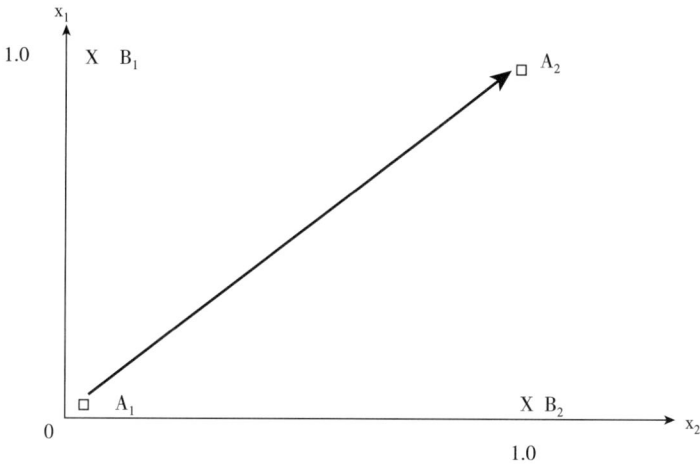

图 4.8 XOR 问题

我们用活化函数进行转换:

$$u_1 < 0 \Rightarrow y_1 = 0$$
$$u_1 \geqslant 0 \Rightarrow y_1 = 1$$
$$u_1 < 0 \Rightarrow y_2 = 0$$
$$u_1 \geqslant 0 \Rightarrow y_2 = 1$$

这样,四个样本点在图 4.9 中有新的位置。类别 A 的样本原 (x_1, x_2) 值是 $(0,0)$
和 $(1,1)$,现在变成 (y_1, y_2) 的值 $(0,0)$ 和 $(1,1)$;类别 B 的样本原 (x_1, x_2) 值是
$(0,1)$ 和 $(1,0)$,现在在 y 空间里是 $(0,1)$ 和 $(0,1)$。现在,一条直线就可以把它们划
分开,这根直线代表的就是输出层。但是,在实践中,我们有时需要多于两个隐
藏层。

另外,我们还需要决定每层里面需要多少个神经元。尽管在训练之前无法得知最优
数量,但是一些启发式的探索(heuristics)可以为我们提供指导(Garson, 1998)。

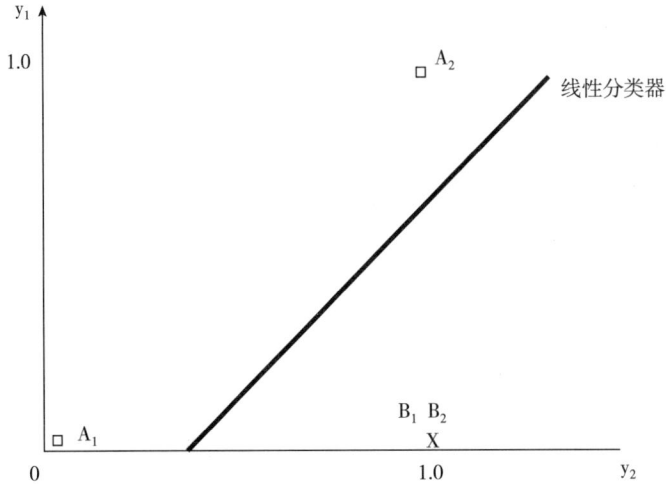

图 4.9 转换后的问题

4.4.5 分类和误差函数

在信用评分中，我们经常需要把个体划分为离散的类：好人和坏人，或者好人（good）、差人（poor）和坏人（bad）（Desai 等，1997）。原则上，如果我们要划分成 Z 个类别，就需要多层感知器的 Z 个输出。根据 White（1989）、Richard 和 Lipman（1991）的研究结果，依据向后传播法，按照式（4.19）最小化的目标，通过有限独立样本和独立同分布的变量训练得到训练的多层感知器，可以渐进地得到类别的后验概率（posterior probabilities）近似值（Haykin，1999；Bishop，1995）。所以，给定一个满足这些条件的训练数据集，采用一种决策规则，即比较某类别的样本在输出层上的输出值 $F_g(\mathbf{x})$ 与另一类别的样本在输出层上的输出值 $F_h(\mathbf{x})$ 的大小，可以判定一个样本属于某个类 C_g（$g = 1, \cdots, Z$）。这个规则写为

$$F_g(\mathbf{x}) > F_h(\mathbf{x}), g \neq h \tag{4.32}$$

尽管如此，式（4.19）中的误差函数并非一定是分类问题最好的误差函数。由网络整体的权重和函数生成的一组输出值 o_v，是由它们自己加上正态分布的噪声决定按照最大似然值构建的误差函数。然而，在分类问题中，输出值是二元变量，即样本属于或不属于某类。

除了式（4.19），我们还能构建另一个误差函数。假设我们有一个网络，每个类别 g 有一个输出 y_{vg}。给定输入向量 $\mathbf{x(t)}$，我们有输出值的概率 y_g，它们的概率分布是

$$p(\mathbf{o(t)} \mid \mathbf{x(t)}) = \prod_{g=1}^{Z} (y_g^t)^{o_g^t} \tag{4.33}$$

构建似然函数，两边取对数，再乘以 -1，我们有

$$E_2 = - \sum_t \sum_{g=1}^{Z} o_g^t \ln y_g^t \tag{4.34}$$

这就是相对熵的标准（Relative Entropy Criterion）。

因为 y_v 的值被理解成概率，它们需要满足以下性质：$0 \leqslant y_{vk} \leqslant 1$ 及 $\sum\limits_{g=1}^{Z} y_{vg} = 1$。为了得到它，我们常用活化函数：

$$y_g = \frac{e^{u_g}}{\sum\limits_{g=1}^{Z} e^{u_g}} \tag{4.35}$$

这个误差函数和活化函数在 Desai 等（1997）的论文中被用到，它们比较了逻辑回归、判别分析和神经网络的分类结果。

4.5　支持向量机

与神经网络一样，支持向量机（Support Vector Machine，SVM）也是把输入空间映射到高维特征空间里面，然后进行线性划分。支持向量机最早由 Vapnik（1995，1998）提出。考虑一个包含 N 个样本的训练集 $\{x_i, y_i\}_{i=1}^{N}$，x_i 是样本 i 在 p 个特征上的列向量值。如果样本是坏人，$y_i = -1$；如果样本是好人，$y_i = +1$。在图 4.10 中，我们用圆圈表示好人，叉号表示坏人。

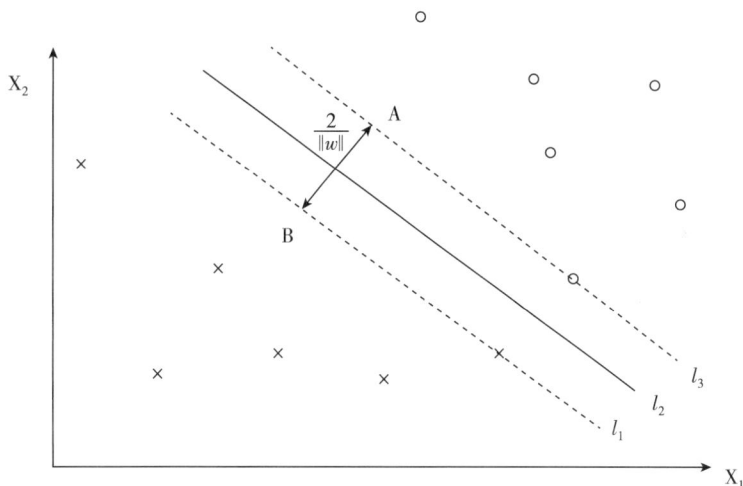

图 4.10　可区分类别的支持向量

现在，我们想用线性分类器来划分一个新样本。考虑直线 l_2，将它上下平移至 l_1 和 l_3 的位置，直到刚好碰到每类里面的一个点，分别用 A 和 B 来表示这两个点。按照刚才的定义，l_1、l_2 和 l_3 的直线方程分别是

$$\mathbf{w}^T\mathbf{x} + b = -1 \tag{4.36}$$

$$\mathbf{w}^T\mathbf{x} + b = 0 \tag{4.37}$$

$$\mathbf{w}^T\mathbf{x} + b = +1 \tag{4.38}$$

其中，$\mathbf{w}$ 是需要估计的 p 维参数列向量；b 称为补偿（offset）或常数，也需要估计。于是，如果我们已知 $\mathbf{w}$ 和 b，就可以利用 $\mathbf{w}^T\mathbf{x}_i + b$ 的符号来判定新样本属于哪一类。每个向量 $\mathbf{x}_i$ 中都有 p 个元素，所以上面三个方程构成了三个超平面。SVM 的原理是找到参

数，使最近的点到超平面式（4.37）的垂直距离最大，此时分类器达到最优。这个最大距离称为间隔（margin），在虚线上的点构成支持向量（support vectors）。

设 l_1 到 l_3 的垂直距离为 $\lambda\mathbf{w}$，$\mathbf{w}$ 是 p 维列向量，λ 是标量。我们把距离写为

$$\|\mathbf{x}_A - \mathbf{x}_B\| = \|\lambda\mathbf{w}\| \tag{4.39}$$

这里的距离是欧几里得距离（Euclidean Distance，以下简称欧氏距离）：

$$\|\lambda\mathbf{w}\| = \lambda\sqrt{(x_{1A}-x_{1B})^2 + (x_{2A}-x_{2B})^2} = \lambda\sqrt{\mathbf{w}\cdot\mathbf{w}}$$

将式（4.39）代入式（4.36）并整理，我们有 $\lambda = \dfrac{2}{\|\mathbf{w}\|^2}$，在式（4.38）中替换它，我们看到间隔 $\|x_A - x_B\| = \dfrac{2}{\|\mathbf{w}\|}$。一般来讲，每个类的点与支持向量都有一定的距离，我们重写式（4.36）至式（4.38），$y_i(\mathbf{w}^T\mathbf{x}_i + b) - 1 \geq 0$。现在，问题变成了求满足限制条件的间隔的逆的最小化问题：

$$\min_{\mathbf{w},b} \frac{1}{2}\|\mathbf{w}\|^2$$
$$s.t.\ y_j(\mathbf{w}^T\mathbf{x}_j + b) - 1 \geq 0 \tag{4.40}$$

这是最原始的问题。因为式（4.40）连续可微，我们用拉格朗日乘数法找到 $\mathbf{w}$ 和 b 的最优解。拉格朗日函数写作

$$L_p = \frac{1}{2}\|\mathbf{w}\|^2 - \alpha_1[y_1(\mathbf{w}^T\mathbf{x}_1 + b) - 1] - \cdots - \alpha_N[y_N(\mathbf{w}^T\mathbf{x}_N + b) - 1]$$
$$= \frac{1}{2}\|\mathbf{w}\|^2 - \sum_{i=1}^{N}\alpha_i[y_i(\mathbf{w}^T\mathbf{x}_i + b) - 1] \tag{4.41}$$

其中，α_i 是样本 i 的拉格朗日乘数，$\alpha_i \geq 0$。这个优化问题的解即鞍点（saddle point）。

$$\max_{\alpha}\ \min_{\mathbf{w},b} L_p \tag{4.42}$$

这个最小化问题的一阶条件是

$$\frac{\partial L_p}{\partial \mathbf{w}} = \mathbf{w} - \sum_{i=1}^{N}\alpha_i y_i \mathbf{x}_i = 0 \Rightarrow \mathbf{w} = \sum_{i=1}^{N}\alpha_i y_i \mathbf{x}_i$$
$$\frac{\partial L_p}{\partial b} = \sum_{i=1}^{N}a_i y_i = 0 \tag{4.43}$$

将式（4.43）代入式（4.42），我们有满足式（4.43）条件的优化问题 $\max_{\alpha} L_p$。我们对 L_p 关于 α_i 求微分，α_i 不为 0 的那些样本构成支持向量。用式（4.43）的 $\mathbf{w}$ 替换式（4.39），我们有最优超平面（optimal hyperplane）$y_i = \mathrm{sign}(\sum_{i=1}^{N}\alpha_i y_i x_i^T + b)$。

显而易见，我们更容易求解以上问题的对偶问题。将式（4.41）展开：

$$L_p = \frac{1}{2}\mathbf{w}^T\mathbf{w} - \sum_{i=1}^{N}\alpha_i y_i \mathbf{w}^T\mathbf{x}_i - b\sum_{i=1}^{N}\alpha_i y_i + \sum_{i=1}^{N}\alpha_i \tag{4.44}$$

由式（4.43），我们知道式（4.44）中的第三项为 0。用 $\mathbf{w}^T$ 自左乘式（4.43），我们得到 $\mathbf{w}^T\mathbf{w} = \sum_{i=1}^{N}\alpha_i y_i \mathbf{w}^T\mathbf{x}_i$ 代入式（4.44），我们有对偶问题：

$$\max_{\alpha} L_D = \sum_{i=1}^{N} \alpha_i - \frac{1}{2} \sum_{i=1}^{N} \alpha_i y_i \mathbf{w}^T \mathbf{x}_i = \sum_{i=1}^{N} \alpha_i - \frac{1}{2} \sum_{i=1}^{N} \sum_{j=1}^{N} \alpha_i \alpha_j y_i y_j \mathbf{x}_i^T \mathbf{x}_j$$
$$(4.45)$$
$$s.t. \qquad \sum_{i=1}^{N} \alpha_i y_i = 0$$

现实中，两个类别一般不是线性可分的，图 4.11 展示的是更真实的情况。

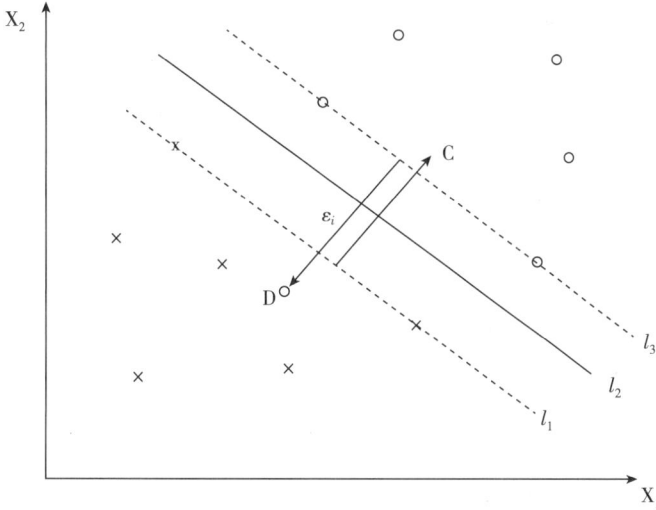

图 4.11　不可区分的支持向量

图 4.11 中，C 点和 D 点在线性分类器两侧错误的位置。考虑错误分类，我们在支持超平面方程中加入松弛变量（slack variable），松弛变量测量样本 i 到其支持超平面的欧氏距离。所以，对 C 点，我们有 $\mathbf{w}^T \mathbf{x}_i + b = -1 + \varepsilon_i$；对 D 点，我们有 $\mathbf{w}^T \mathbf{x}_i + b = +1 - \varepsilon_i$，其中 $\varepsilon_i \geq 0$。原始问题重写为

$$\min_{w,b} \frac{1}{2} \| \mathbf{w} \|^2 + c \sum_{i=1}^{N} \varepsilon_i$$
$$(4.46)$$
$$s.t. \quad y_i(\mathbf{w}^T \mathbf{x}_i + b - 1 + \varepsilon_i) \geq 0$$

其中，c 是正则化（regularization）参数，需要建模人员调优得到。

这个问题的对偶问题的构建方式与式（4.40）类似。我们写出拉格朗日函数，相对 $\mathbf{w}$ 和 b，以及 ε_i 求偏导，代入式（4.46），我们能得到与式（4.45）类似的对偶问题，只是这里拉格朗日乘数的限制条件变为 $0 \leq \alpha_i \leq c, i = 1, \cdots, N$。

在图 4.10 和图 4.11 中，我们用线性分类器划分样本点。但很多时候，两类点相互混合在一起，线性分类器也不好区分它们。此时，SVM 与神经网络一样，把特征映射到高维空间里，再用线性分类器划分，由这些样本特征计算得到的值反推回输入空间。这个过程依赖 Cover 定理（Cover, 1965），它的含义是如果我们在多维输入空间中有非线性可分的点，当把它们映射到新的特征空间时，我们有很大概率可以用线性分类器区分它们，前提是特征空间的维度够高，转换也得是非线性的。

我们来看看超平面如果不写作式（4.37），而是

$$\sum_{p=0}^{P} \mathbf{w}_p \varphi(\mathbf{x}) = 0 \text{ 或 } \mathbf{w}^T \varphi(\mathbf{x}) = 0 \quad (4.47)$$

其中，$\varphi(\mathbf{x}) = [\varphi_0(\mathbf{x}), \cdots, \varphi_p(\mathbf{x})]$。注意：我们用 $\mathbf{w}^T \varphi(\mathbf{x})$ 代替了 $\mathbf{w}^T \mathbf{x}$，$\varphi(\mathbf{x})$ 是 p 个特征函数。$\varphi(\mathbf{x})$ 在特征空间里。对每个样本，我们把它在输入空间中的属性值通过非线性转换映射到高维特征空间里。

用 $\varphi(\mathbf{x}_i)$ 替换式（4.43）里的 $\mathbf{x}_i$，代入式（4.47），我们有

$$\sum_{i=1}^{N} \alpha_i y_i \varphi^T(\mathbf{x}_i)\varphi(\mathbf{x}) = 0 \text{ 或 } \sum \alpha_i y_i K(\mathbf{x}, \mathbf{x}_i) = 0 \quad (4.48)$$

其中，$K(\mathbf{x}, \mathbf{x}_i)$ 也就是 $\varphi(\mathbf{x}_i)\varphi(\mathbf{x})$，称为核（kernel）。式（4.48）表明，我们可以直接引入内积核（inner product kernel），而不需要将其在高维特征空间中展开，这样更方便。

利用式（4.48），我们把对偶问题写作

$$\max_{\alpha_i} \frac{1}{2} \sum_{i=1}^{N} \sum_{j=1}^{N} \alpha_i \alpha_j y_i y_j K(x_i x_j) + \sum_{i=1}^{N} \alpha_i$$

$$s.t. \sum_{i=1}^{N} \alpha_i y_i = 0, 0 \leqslant \alpha_i \leqslant c$$

用下面的超平面方程，我们就可以判定一个新样本的类别：

$$\hat{y} = \text{sign}\left(\sum_{i=1}^{N} \alpha_i y_i K(\mathbf{x}_i, \mathbf{x}_j) + b \right)$$

这里的核函数需要满足 Mercer 条件（Mercer，1909）。满足这个条件的核包括：

多项核函数 $K(\mathbf{x}_i, \mathbf{x}_j) = (\theta + \mathbf{x}_i^T \mathbf{x}_j)^d$，$d$ 和 θ 是事先确定的超参数；

径向基核函数 $K(\mathbf{x}_i, \mathbf{x}_j) = \exp(-\frac{1}{2\sigma^2} \|\mathbf{x}_i - \mathbf{x}_j\|^2)$，$\sigma$ 是超参数；

多层感知器核函数 $K(\mathbf{x}_i, \mathbf{x}_j) = \tanh(\delta_1 \mathbf{x}_i^T \mathbf{x}_j + \delta_2)$，$\delta_1$ 和 δ_2 需要在限制范围内选定；

线性核函数 $K(\mathbf{x}_i, \mathbf{x}_j) = \mathbf{x}_i^T \cdot \mathbf{x}_j$。

在用 SVM 解决分类问题时，我们需要注意几点：首先，参数 c 以及核函数里面的参数等都需要由建模人员调优确定。这通常是用除了训练样本和测试样本的调参样本（也称燃烧 burn-in 样本）来进行的。其次，在使用非线性核函数时，因为映射过程非线性，我们无法得到一个评分方程。这使我们难以给出拒绝申请的理由。尽管如此，我们也有一些办法来评估某个特征的重要性，请参见 Bellotti 和 Crook（2009）。

4.6 规则提取

4.6.1 一般标准

就算我们只有一个隐藏层和一个输出层，隐藏层中也只有几个神经元，隐含在神经网络中的预测方程也是非常复杂的，每个特征的权重都难以确定。因此，神经网络也被俗称为"黑箱"。SVM 用核函数把输入变量映射到高维空间同样是"黑箱"。在

信用评分里，这意味着如果决策是根据这类黑箱算法得到的分数作出的，我们几乎无法给出贷款申请被拒绝的原因。

从 20 世纪 80 年代开始，学者也提出了很多可以从训练好的神经网络或 SVM 中提取决策规则的方法。这种提取方法是为了生成容易让专家比如信用评分者理解的有代表性的规则，同时能表达分类方法的原理。

Andrews 等（1995）从五个方面来描述针对神经网络的规则提取要求。

- 表达力。我们能提取的规则很多，但它们的表达力不一样。首先，我们最喜欢布尔逻辑运算规则（Boolean Symbolic Logic Rules），它的形式是 "if…then"，例如 "if $X_1 = x_1$ and $X_2 = x_2$, then $class = 1$"。其次，我们可以用模糊逻辑表达（Fuzzy Logic Statement），例如 "if X_1 的值较小，and X_2 的值较大，then $class = 1$"。最后，我们还有 "M of N" 规则，例如 "if 至少/刚好/最多 N 个条件中的 M 个条件满足，then $class = 1$"。

- 半透性。这是在形容提取规则与神经网络结构之间的关系。总体来看，在许多文献中，学者把提取方法分为三类。

（1）分解法（Decompositional Techniques）。这种方法从每一层的每一个神经元上的输入和输出之间的二元逻辑提取规则，再将所有规则综合起来。例如，给式（4.11）和式（4.12）加上一个阈值活化函数（4.13）。如果这是多层感知器的一部分，还可以用分解法去找权重的子集，参见 Huang 和 Xing（2002）的论文。

（2）教学法（Pedagogical Techniques）。这种方法基于分析师建立的一条简化规则模拟原来神经网络的预测，然后利用训练集和模拟样本，用神经网络生成模拟样本的预测结果，从中导出一系列的简单规则，尽量接近神经网络的预测结果。当然，这里涉及准确性和复杂性的权衡。

（3）折中法（Eclectic Techniques）。这种方法是以上两种方法的结合。

- 特殊性。特殊性指的是特定的提取规则是否仅适用于某些特定的神经网络。

- 有效性。有效性指的是提取规则对预测结果的解释能力。我们有四个标准：一是预测新样本类别的准确性；二是还原度，描述规则预测结果与神经网络预测结果的相似度；三是当用不同的训练样本时，提取规则能够有同样的预测结果；四是规则集里规则的数量和先例的数量是否足够广泛涵盖各种情况。

- 复杂性。我们更青睐简单而高效的规则。

Craven 和 Shavlik（1996）也提出了评价规则提取方法的五个标准：（1）还原性；（2）准确性；（3）可读性，容易被人理解；（4）扩展性，可以容纳和扩展到更多的输入和样本；（5）一般性，是否需要专家经验或限制网络结构。这些标准同样适用于 SVM。

现在我们有很多提取规则的方法，Martens 等（2008）列举了 20 种，后来更多方法被提出。其中，分解法的例子有 NeuroLinear（Setiono 和 Liu，1997）、SUBSET（Fu，1994）、Re - RX（Setiono 等，2008）、LORE（Chorowski 和 Zuranda，2011）、KBANN（Towell 等，1990）和 TOPGEN（Opitz 和 Shavlik，1995），教学法有 CART（Breiman

等，1984）、TREPAN（Craven 等，1996）、ORSE（Etchells 和 Lisboa，2006）和 Rx –
REN（Augasta 和 Kathirvalavakumar，2012），折中法有 REAL（Craven 和 Shavlik，
1994）、DECDEC（Tickle 等，1994）和 REX CGA（Hruschka 和 Ebecken，2006）。

Augasta 和 Kathirvalavakumar（2012）指出，分解法的缺点是规则过于复杂，需要
很多先例，相较之下，教学法的提取速度快，准确性却略差。

4.6.2 神经网络的规则提取

在过去的研究文献中，只有几种规则提取法用在了基于信贷数据的神经网络上，
下面我们来介绍一下。

1. NeuroRule（Setiono 和 Liu，1997）

这个方法一共有四步，建立在三层神经网络上。第一步，我们用数据训练隐藏层
里的大量神经元。每次遍历更新权重，使错误分类函数最小，同时使不重要的特征权
重趋近于零。第二步，对网络进行剪枝，去掉权重比较小的弧。第三步，把活化函数
式（4.12）离散化。把与活化函数值相近的训练样本放在一起，形成聚类，用均值代
替这个聚类中的样本的值。第四步，提取规则。对每个隐藏层上的神经元，选择剪枝
过后保留的弧和输入。每个聚类有一个类标签。提取关于输入和类标签的规则。合并
从输入层到隐藏层的规则，以及从隐藏层到输出层的规则。

2. TREPAN（Craven 和 Shavlik，1994）

这个教学法同时利用训练样本和模拟样本，首先用原网络预测类别标签，然后生
成一棵关于输入和标签的分类树。因为可以模拟生成新样本，树的枝叶上都会有充足
的样本，以保持树的稳健性。在树的每层节点分叉的时候，TREPAN 都用 "M of N"
规则来确定如何分裂。

3. Nefclas（Nauck，2000）

这个方法也是建立在三层神经网络上的，但它的权重和活化函数都是模糊的，来
自模糊集（fuzzy set）。例如，对两个输入 X_1 和 X_2，这个规则可能是 "if $x_1 \in S_1$ and
$x_2 \in S_2$, then $class = 1$"，这里 S_1 和 S_2 类似于 "至少 k_1" 或 "小于 k_2" 的模糊集。从
每个输入开始，同样的模糊条件连接输入层和隐藏层上的神经元。

4. Re – RX（Setiono 等，2008）

这个方法的第一步是训练网络和剪枝。第二步是用剪枝后的网络，确定训练样本
中正确划分的样本集 S。如果剪枝后的网络中不包含离散特征，那么我们用连续特征、
某个统计或机器学习方法（如 SVM）和样本集来估计超平面。如果剪枝后的网络中包
含离散特征，那就只用离散特征和分类树方法来提取规则。如果分类树上的某节点错
误率还是较高，而节点样本数量又足够，我们还可以继续往下分，如果有离散特征就
用分类树，如果没有就用超平面。它的子集相当于不断重复构建网络、剪枝和重复上
面的过程。原则上，在原剪枝后的网络中的样本都能被正确分类时，这个过程停止。

5. NeuroLinear（Setiono 和 Liu，1997）

与上一个方法类似，这个方法也有构建网络和剪枝的过程，对隐藏层的活化函数离散化，每个离散值都能生成一条从输入层到隐藏层的规则。同理，也可以生成一条从隐藏层到输出层的规则。最后，合并两个规则集。

Setiono 等（2008）基于三个信贷数据集，比较了这些方法的准确性和复杂性：一个是德国的公开数据，另外两个是来自比荷卢经济联盟金融机构的数据，分别有 666个、2082 个和 4793 个样本。他们发现，Re - RX 和 NeuroRule、NeuroLinear 相当，在总体正确率上最高，TREPAN 和 Nefclas 靠后。在最大的数据集上，Re - RX 的规则比其他方法更复杂，它生产了 67 条规则，而 NeuroRule 只有 7 条规则，NeuroLinear 只有2 条规则，Nefclas 的模糊规则有 14 条，TREPAN 的分支规则有 11 条。

4.6.3　支持向量机的规则提取

有些规则提取的方法是只针对 SVM 提出的，例如 SVM + Prototypes（Nuñez 等，2002），还有 Barakat 和 Diederich（2005）、Fung 等（2005）、Martens 等（2009），以及 Zhang 等（2005）等提出的方法。也有一部分为神经网络设计的方法同样适用于SVM，具体参见 Martens 等（2009）和 Diederich（2008）的评述。

规则提取法在信贷数据上的应用不多，其中一个是 Martens 等（2009），我们在这里简要介绍一下。Martens 等（2009）提出了一个叫作 ALBA（Active Learning - Based Approach to SVM Rule Extraction）的模型，在支持向量附近生成额外的模拟样本，利用 SVM 来确定它们的类别，然后在训练样本和模拟样本上使用规则提取法。Martens 等（2009）比较来自两个规则提取法的 ALBA 模型的表现，以及其他一些增加或减少样本量的方法的表现。他们用这些方法分别预测训练样本、虚拟样本、随机生成样本上 SVM 给出的标签。对每一组，他们都用了两个规则提取法：决策树 C4.5 和RIPPER（Repeated Incremental Pruning to Produce Error Reduction）（Cohen，1995）。他们把这些方法在七个数据集上试验，其中两个是上节提到的信贷数据。结果发现，ALBA 模型能够在大部分数据集（含两个信贷数据集）上有更好的预测准确性，同时还原性也更好。有兴趣的读者可以查阅他们的论文，了解模型细节。

4.7　遗传算法

4.7.1　遗传算法

简单来说，遗传算法（Genetic Algorithm，GA）是一套系统搜索方法，是指在潜在解（potential sulotions）总体中，更大机会地保留与被解决问题真实解更接近的备选解（candidate solutions）。遗传算法首先由 Holland（1975）提出，与达尔文的自然选择原理（Darwin，1859）类似。

假设在信用评分场景中，我们要计算下面式子中的参数 $a_1, a_2, \cdots, a_p, b_1, b_2, \cdots,$ b_p, c：

$$f(x_i) = a_1 x_{i1}^{b_1} + a_2 x_{i2}^{b_2} + \cdots + a_p x_{ip}^{b_p} + c \quad (4.49)$$

其中，$x_{i1}, \cdots, x_{ip}$ 是申请人 i 的特征属性值。

参数估计完后，我们就能依照 $f(x_i)$ 是大于 0 还是小于 0 来判定申请人的好坏。

遗传算法的流程如图 4.12 所示。首先确定 a、b 和 c 的备选值总体。例如，a 的值可能是从 -1000 到 $+1000$，b 的取值范围是 $0 \sim 6$，等等。算法流程中，每个备选值都用二元值来表示，可行解包含一组 $a_1, a_2, \cdots, a_p, b_1, b_2, \cdots, b_p$ 和 c 的 $\{0,1\}$ 值。

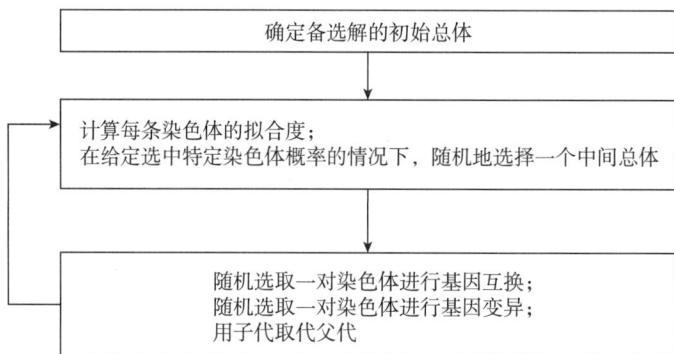

图 4.12　遗传算法的程序步骤

这里我们需要引入一些术语。一组 0/1 被称为一个字符串（string）或"染色体"（chromosome）。一个字符串中有很多特征（feature）或"基因"（gene），每个特征或基因都有其具体的属性值，或"等位基因"（allele，基因序列的各种变化形式）。那么，上述信用评分方程的一个解是由一串等位基因（0/1）集合组成的，每个集合构成一个基因（一个特征，如居住时长等）的具体表达，一排基因构成了一条染色体。

在第二阶段，选择一些备选解作为中间总体（intermediate population），可以随机选择，也可以依赖分析师的经验。在选择中间总体时，我们要计算每个备选解在原总体中的表现，通常用拟合度来衡量。在信用评分中，拟合度可以是总体分类正确率。j 用来表示某个具体的解。我们想比较不同的解的表现 f_j，显然 f_j 值取决于选用的拟合度函数。我们用正态拟合函数（normalized fitness function）p_j 来对各表现值标准化：

$$p_j = \frac{f_j}{\sum_{j=1}^{n_{pop}} f_j} \quad (4.50)$$

其中，n_{pop} 是总体中备选解的数量。中间总体由从初始总体中随机选择的字符串构成，p_j 是字符串被选中的概率。这就像转动一个轮盘（roulette），圆周面积对应了每个字符串被选中的概率 p_j，整个轮盘被旋转的次数为 n_{pop} 次。

第二阶段过后，我们得到了一个中间总体，它由初始总体的部分样本构成，没有新的字符串生成。在第三阶段，我们要生成新的字符串。从中间总体中选出一定数量的解，加上基因操作（genetic operator）。基因操作是一套改变某个或某对字符串上的某些等位基因值的方法。我们有两种基因操作方式：基因互换（crossover）和基因突变（mutation）。每个染色体都有同样的概率 p_c 发生基因互换，由建模人员决定。重复生成多个随机数字 r，如果第 k 个生成的随机数值 r 小于 p_c，那么，第 k 个染色体被选中。

基因互换时，字符串上从左至右前 n 个（或后 n 个）字节与另一个字符串的前 n 个（或后 n 个）字节交换。n 也是随机选取的。例如，在下面的两个父染色体中，后五位字节发生了交换，生成了两个子染色体。

$$0110 \mid 11000 \rightarrow 011010110$$
$$1100 \mid 10110 \rightarrow 110011000$$

子染色体替换总体中的父染色体。

基因突变时，一个染色体上的元素被随机选中并翻转，例如把 0 改为 1，或把 1 改为 0。建模人员确定元素被选中的概率 p_m，任何元素均有可能发生突变。

被选中的染色体，包括发生互换或突变的子染色体，将会构成一个新的总体。第二步和第三步会被重复一定的次数。

建模人员需要确定的参数是总体中备选解的数量、互换和突变的概率（期望数量）与世代数量（迭代次数）。Michalewicz（1996）建议用启发式搜索，尝试设置参数总体数量 $50 \sim 100$，p_c 为 $0.65 \sim 1.00$，p_m 为 $0.001 \sim 0.01$。Albright（1994）在应用遗传算法建立征信局通用评分卡时，用到的参数分别如下：总体解数量为 100，迭代 450 次，p_c 为 0.75 左右，p_m 为 0.05 左右。

式（4.49）是文献中用到的评分函数的一个例子。一般文献中探讨的细节不多，有一篇用了另一个函数，并给出了细节（Yobas 等，2000）。我们用下面的染色体来展示。

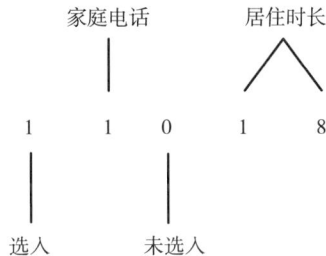

每个基因由两部分构成。第一部分是单字节，代表这个变量是否进入分类规则（1 是选入，0 是未选入）。第二部分是变量的值（对二元变量）或变量的范围（对连续变量）。如果某个样本满足染色体代表的条件，那么他被预测成好人，否则是坏人。上图中，染色体展示的判定条件是申请者有电话。居住时长并不是一个分类条件，因为前面的入选标记显示为 0。如果这个标记是 1，那么居住时长就是与预测相关的变量，判定条件就变成"如果申请者有电话，在某地址居住时长为 $1 \sim 8$ 年，那么他就是一个好人"。

接下来我们讲解一下字符串里某些部分相似的值是如何加速优化求解过程的，我们也能从中理解遗传算法是怎么工作的。举个具体的例子：我们想要用遗传算法找到使 $y = -0.5x^2 + 4x + 100$ 最大化的 x。简单求导解方程，我们知道答案是 4。

我们假设备选总体是从 0 到 15 的整数。我们随机选 4 个备选解，如表 4.1 所示。表 4.1 中，离 0 最远的字符串有最大的相对拟合度 p_j。

表 4.1 遗传算法的备选解

染色体编号	染色体	x（十进制）	y（拟合度）	p_j
1	1 0 1 0	10	90	0.2412
2	0 1 1 1	7	103.5	0.2775
3	1 1 0 0	12	76	0.1930
4	0 0 1 1	3	107.5	0.2882

模式（schema）是由 Holland（1968）首次提出用来描述字符串特定位置的值的模板。如果我们用星号（＊）代表"无论这个值是多少"，那么字符串 2 和字符串 4 都有模式 0＊＊1，但字符串 1 和字符串 3 没有。字符串的相似度可以表明遗传算法能向最优解进化的原因。

注意：每个字符串都是 2^l 的模式（取值 0/1/＊），一共有 l 个字节。如果总体中有 n 个字符串，考虑到相同模式的个数可能不同，我们可能会有 $2^l \sim n2^l$ 个不同的模式。

现在，我们来考虑创建一个包含期望数量模式的新总体的结果。我们接下来展示当新的子代产生时，在一定数量的总体中，与字符串更匹配的模式的预期数量会增加。这样一来，拟合更好的模式会在总体中占优。

设总体中有 n_{pop} 个字符串。在 $t+1$ 时刻，与模式 s 匹配的期望数量是

（t 时刻与模式 s 匹配的字符串数量）×（匹配模式 s 的字符串被选中的概率）

$$(4.51)$$

我们用 $m(s,t)$ 表示在 t 时刻匹配模式 s 的字符串数量，即第一项。在式（4.50）中，字符串 j 被选中的概率 p_j 是用字符串的拟合度除以总体中所有字符串的总拟合度。所以，匹配模式 s 的字符串被选中的概率等于匹配模式 s 的字符串的平均拟合度除以总体所有字符串的平均拟合度，总体中所有字符串的总拟合度为

$$\frac{f(s,t)}{\sum_{j=1}^{n_{pop}} f_j} \qquad (4.52)$$

其中，$f(s,t)$ 是 t 时刻匹配模式 s 的字符串的平均拟合度。最后，选择次数就是总体数量，代入式（4.51），有

$$m(s,t+1) = m(s,t) \cdot \frac{f(s,t)}{\sum_{j=1}^{n_{pop}} f_j} \cdot n_{pop} \qquad (4.53)$$

其中，$m(s,t+1)$ 是 $t+1$ 时刻匹配模式 s 的字符串的期望数量。把 $\sum_{j=1}^{n_{pop}} f_j / n_{pop}$ 记为 $\bar{f}$，即总体所有字符串的平均拟合度。重写式（4.53）：

$$m(s,t+1) = m(s,t) \cdot \frac{f(s,t)}{\bar{f}} \qquad (4.54)$$

式（4.54）表明，当新的子代产生时，如果模式 s 的平均拟合度大于总体平均拟合度，总体中字符串的期望数量将上升，反之则会减少。为了证明以上推论，我们假定 $f(s,t) = (1+k)\bar{f}$，即模式平均拟合度是 $\bar{f}$ 的一个固定比例，且大于 $\bar{f}$。根据式（4.54），$m(s,1) = m(s,0)(1+k)$，$m(s,2) = m(s,1)(1+k) = m(s,0)(1+k)^2$，且一般来说，$m(s,t+1) = m(s,0)(1+k)^{(1+t)}$。

我们在式（4.54）中加入互换和突变。这里，我们需要定义模式的次序（order）和长度（length）。模式 H 的次序用 O(H) 来表示，是模式中固定位数的数量。长度是模式第一个固定位置与最后一个固定位置之差。例如，在模式 10 * * * * * 1 * 中，次序是 3，长度是 7 - 1 = 6。

我们来看基因互换。考虑两个模式：

$$s_1:\quad 1\quad 1\quad *\quad *\quad *\quad *\quad *\quad 0\quad 1$$

$$s_2:\quad *\quad *\quad *\quad 1\quad 1\quad *\quad *\quad *\quad *$$

因为互换点是随机选取的，且被选中的机会是相同的，并假定基因操作互换了字符串最后四位字节，所以相比 s_2，互换更容易毁掉 s_1。因为 s_2 最后四位是"无所谓"，用任何字符串代替后，它的子代依然是模式 s_2。相比之下，某字符串最后两位是 01 字节，被选中后就会替换模式 s_1。s_1 和 s_2 的不同点就在于长度不一样，前者是 8（9 - 1），后者是 1（5 - 4）。

这表明，模式的长度越大，越容易被毁灭。更具体地来说，如果互换位置是在 $(L-1)$ 个位置中来选，某模式被毁灭的概率是 $\delta/(L-1)$，其存活概率是

$$1 - \left(\frac{\delta}{L-1}\right) \tag{4.55}$$

给定某字符串被选中互换的概率 p_c，那么它存活的概率应当被修正为 $1 - p_c\left(\frac{\delta}{L-1}\right)$。当然，也有可能虽然模式中有 0/1 值，但是在互换后，子代的两个字符串依然能匹配。比如，两个字符串都像上例中的 s_1，开头是 11，结尾是 01，只要互换的部分在中间，子代依然可以匹配 s_1。这样，我们认为存活概率至少是 $1 - p_c\left(\frac{\delta}{L-1}\right)$。

现在，我们在式（4.54）中继续加入基因互换。$m(s,t+1)$ 是子代中匹配模式 s 的字符串的期望数量。式（4.54）只负责选择。当我们还需要互换的时候，$m(s,t+1)$ 应该是父代中的期望数量乘以存活概率。加入刚刚讲的"至少"，以大于等于进行表达，我们有

$$m(s,t+1) \geqslant m(s,t) \cdot \frac{f(s,t)}{\bar{f}} \cdot \left(1 - \left(\frac{p_c\delta}{L-1}\right)\right) \tag{4.56}$$

给定字符长度 $(L-1)$、模式长度 δ 和互换被选中概率 p_c，式（4.54）依然成立。当然，我们还可以说，在下一代中，匹配模式 s 的字符串的期望数量会因为互换概率的减少或由于字符串长度减小而增加。

式（4.56）还可以继续考虑突变的情况，进行修改完善。有兴趣的读者可以参考遗传算法的文献，如 Goldberg（1989）。直观理解，当模式的次序增加时，给定某字节被翻转的概率，下一代中匹配某模式的字符串数量会降低，因为某个固定字节的值被翻转的概率更大，子代也就不能匹配了。

上一段对式（4.56）的修改使我们可以看到这个规律：匹配模式的字符串的数量在平均拟合度以上时，更短的模式长度和更小的次序，会指数性地提高给定数量子代生成的数量。这就是 Schemata 定理（Schemata Theorem）。

4.7.2 基因规划

基因规划（Genetic Programming，GP）是把遗传算法的过程应用到一系列的函数上。基因程序可以用树形结构来表达，每个内部节点都代表一个方程，每片树叶包含常数或变量。函数中包含算术符号（+，−，×，÷）、标准函数［log（·）、exp（·）等］、条件陈述（IF…THEN）、逻辑运算（AND、OR 等）。这棵树靠函数连接在一起，函数连接了节点和树叶。图 4.13 是基因规划的示意图，这里面代表的函数是 $f(X_1,X_2,X_3)=(X_1-2)+(X_2 \times X_3)$。这个方程就可以用来对新样本做判定，规则是如果 $f(X_1,X_2,X_3)>0$，样本类别是 1；如果 $f(X_1,X_2,X_3) \leq 0$，样本类别是 2。

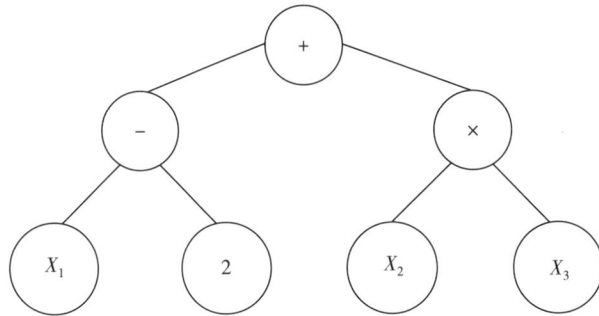

图 4.13　基因规划的例子

训练基因规划模型遵循遗传算法中基因互换和突变的过程。拟合函数定义为一个表示分类准确性的函数。节点的内容需要被阐明，可能是随机的。互换过程即把父节点以下的树的一部分，与另一个父节点下的部分交换，得到树的后代——子树。突变过程是随机选择一个节点，替换为刚刚生成的子树。这里，我们推荐把连续变量离散化，使训练效率更高（Ong 等，2005）。然而，离散化的过程会损失一些信息。

4.8　最近邻法

最近邻法（Nearest Neighbor）是一个典型的非参数法，最早由 Fix 和 Hodges（1951）提出，用来解决分类问题，后来被 Chatterjee 和 Barcun（1970）、Henley 和 Hand（1996）先后用到信用评分中。它的原理是在申请数据空间里用一个测量

（metric）来度量两个样本之间的距离。如果已有过去申请者的样本作为参考，新样本就可以按照周围邻居的类别来判定好坏，而邻居的类别是由与他相邻的最近 k 个人中的好坏比例来确定的。

这个方法中有三个关键问题：一是距离测量，二是最相邻的邻居的数量 k，三是好人比例达到多少可以判定类别是好人。最后一个问题最简单的答案是：大多数邻居是好人，这个申请者就是好人，否则是坏人。但是，在 4.2 节中，我们知道，违约损失 D 和利润损失 L 不对称，在邻居中好人比例达到 $D/(D+L)$ 时判定为好人更合适。在这个人是好人的概率等于周围邻居的好人比例时，使用这个标准能减少期望损失。

选择距离测量的标准很关键。Fukanaga 和 Flick（1984）定义了距离的一般形式：

$$d(\mathbf{x}_1,\mathbf{x}_2) = \left[(\mathbf{x}_1,\mathbf{x}_2)^T \mathbf{A}(\mathbf{x}_1)(\mathbf{x}_1 - \mathbf{x}_2) \right]^{\frac{1}{2}} \tag{4.57}$$

其中，$\mathbf{A}(\mathbf{x})$ 是 $p \times p$ 的对称正定矩阵（Symmetric Positive Definite Matrix），如果它依赖于 $\mathbf{x}$，我们说 $\mathbf{A}(\mathbf{x})$ 是局部测量（local metric）；如果它不依赖于 $\mathbf{x}$，我们说 $\mathbf{A}(\mathbf{x})$ 是全局测量（global metric）。局部测量的缺点是它只会选择部分特征，从整体上是不全面的，所以大多数学家用全局测量。Henley 和 Hand（1996）的论文全面评述了最近邻法在信用评分中的应用，他们的测量是欧氏距离与好坏最优区分方向的结合。后者可以来自 Fisher 的线性判别分析（见 3.3 节）。所以，如果 $\mathbf{w}$ 是定义这个方向的 p 维向量，由式（3.24）给出，Henley 和 Hand 建议的测量是

$$d(\mathbf{x}_1,\mathbf{x}_2) = \left[(\mathbf{x}_1,\mathbf{x}_2)^T (\mathbf{I} + D\mathbf{w} \cdot \mathbf{w}^T)(\mathbf{x}_1 - \mathbf{x}_2) \right]^{\frac{1}{2}} \tag{4.58}$$

其中，$\mathbf{I}$ 是单位矩阵。Henley 和 Hand 进行了大量的实验，寻找最好的 D。他们也尝试不同的 k，想选出最优的 k。虽然结果的差别不大，但 D 的范围最好为 1.4 ~ 1.8，而 k 的取值显然取决于样本量，有时 k 相差一个单位，结果就会有明显变化。在图 4.14 中，给定接受率不变，k 从 100 变到 1000（样本量为 3000），我们没有看到坏人被错误划分的比例有太大的变化。为了防止选到局部较差的 k，我们可以将 k 平滑化，从一个分布中来选。对每个新的样本点，我们有不同数量的最近邻居。当然，不考虑这些细节，我们一样能够得到较好的结果。

最近邻法相比线性回归和逻辑回归，在信用评分中用得不多，但它有一些在实践中很有吸引力的优点。我们可以用它来更新训练样本，剔除存在已久的样本，加入新样本。这样，我们就不用因为总体变化而定期更新评分系统，虽然式（4.58）中的距离 d 还是要重新计算，因为总体偏移了。以前我们需要大量的计算和比较找出 k 个最近邻，而现代计算机可以在几秒钟内算出来，计算方面的担忧已不成问题。然而，在第一步选定距离测量方法时，其难度相当于选择合适的回归方程，导致很多人在一开始就遭遇瓶颈，而后直接选用传统评分卡。与分类树遇到的问题类似，最近邻法也无法为申请人的特征计算出一个分数，使客户心里有数，明白评分系统到底是如何工作的。

同样，监测这个模型的表现也几乎不可能。我们如何知道原来的测量方式已经不合适了？在 6.12 节，我们针对回归模型有一系列的办法，但它们不适用于最近邻法。

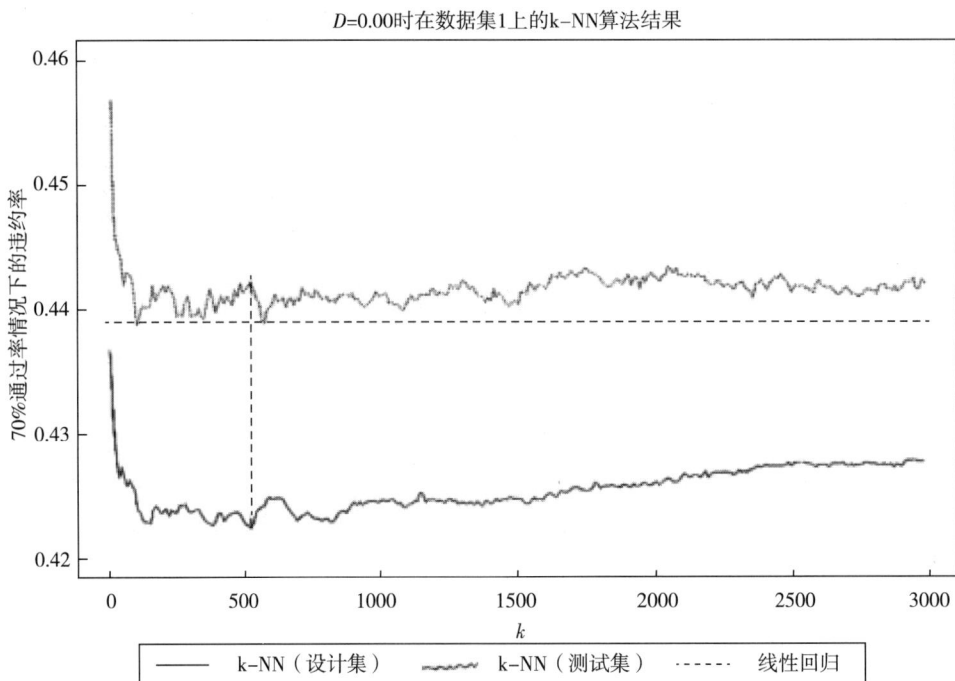

D=0.00时在数据集1上的k-NN算法结果

注：最邻近样本的违约率随相邻样本个数的变化而变化。

图 4.14　最邻算法

（资料来源：Henley 和 Hand（1996））

4.9　贝叶斯网络

贝叶斯网络（Bayesian Network，BN）包含两部分：（1）用来定性表示随机变量间相互关系的有向图；（2）变量间的条件概率分布。贝叶斯网络可以有很多种结构，这里我们只介绍在信用评分中应用最多的。我们先从图像开始。

变量间的依存关系可以用有向无环图（Directed Acyclic Graph，DAG）来表示，它包括代表随机变量 $X_1,\cdots,X_p$ 的节点（node 或 vertice），节点间的弧（arc 或 edge）代表相互关系。这个弧可以是从节点 l 到节点 m 的箭头，表明它们之间的因果关系，X_l 影响 X_m。在因果贝叶斯网络中，这个箭头的尾部表示原因，头部表示结果。若两个节点间不存在线段，则表明 l 和 m 之间没有谁影响谁的关系。每个变量除了自己的子节点，与其他节点独立。最后，X_l 的所有父节点 X_l、X_l 的子节点和子节点的其他父节点构成了 X_l 的马尔可夫毯（Markov Blanket）。

贝叶斯网络可以有很多种结构，但不能从某个节点出发回到这个节点。我们来看图 4.15 中的连续连接。Y 的不确定性来自 X_1 和 X_2 的不确定性。如果这个网络是完备的，而我们已知某人的收入水平较低，他是否有工作的不确定性对我们判断他是否违约的不确定性没有任何贡献。当一个变量已知时，我们说它被示例化（instantiated）。我们说一个节点的连接是发散的，是指有明确证据表明，它的子节点可以向其他子节点发送

70

信号，除非这个节点的值已知。我们说一个节点的连接是收敛的（converging），是指一个子节点有多个父节点，且相互独立。如果在 X_1 和 X_2 之间有一个中间变量 V，在因果网络中，这个关系是连续的或是发散的，V 是个示例点；抑或在因果网络中，这个关系是收敛的，我们没有 V 的信息，则 X_1 和 X_2 被认为是分开的（separated）。

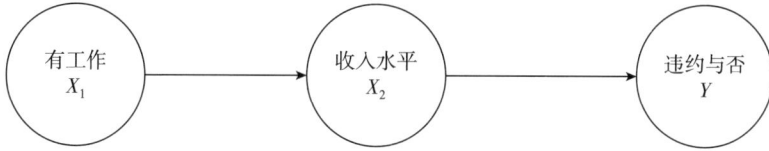

图 4.15　序列贝叶斯网络

现在我们来讨论贝叶斯网络中的条件概率分布（probability distribution）。有向无环图形象地展示了变量间的条件关系，它可以用来识别哪些是解释变量，哪些是被解释变量，也可以发现哪些变量是条件相互独立的。在计算网络中变量 $\{X_1, \cdots, X_p\}$ 的联合概率分布时，我们有

$$P(X_1, \cdots, X_p) = P(X_1) \cdot P(X_2 | X_1) \cdot P(X_3 | X_2, X_1) \cdots P(X_p | X_{p-1} \cdots X_1) \quad (4.59)$$

对一个有向图成为贝叶斯网络的充分条件是它具有马尔可夫性（Markov Property），即对每个变量 X_q，给定 X_q 有父代变量，我们有一个除了它后代的变量集合 $\{Y\}$，X_q 与 $\{Y\}$ 中的元素条件独立。换个方式表达，$P(X_q | \Omega_{X_q}, Y) = P(X_q | \Omega_{X_q})$，其中 Ω_{X_q} 表示 X_q 的父代变量。贝叶斯网络的链式法则（Chain Rule）在这里同样适用。链式法则是对网络中所有变量的值都服从的唯一概率分布：

$$P(X_1, \cdots, X_p) = \prod_{q=1}^{p} P(X_q | \Omega_{X_q}) \quad (4.60)$$

这个等式可以令其等于 $\prod_{q=1}^{p} \theta_{X_q} | \Omega_{X_q}$，其中 $\theta_{X_q} | \Omega_{X_q} = P_B(x_q | \Omega_{X_q})$ 是 X_q 的一系列参数，给定 X_q 有父代变量，它等于在已知 X_q 父代值条件下的 X_q 的贝叶斯概率 $B_B(\cdot)$。所以，为了计算式（4.60）的联合概率分布，我们需要估计参数 θ（Friedman 等，1997）。

【朴素贝叶斯分类法】

考虑划分申请者是好人或坏人的分类问题，如果申请者的特征变量都与其类别条件独立，那么我们可以用变量值的信息来预测申请者属于类别 1（好人）或类别 2（坏人）的概率。其有向图如图 4.16 所示。

显然，类别归属并不改变变量的值。例如，申请者结婚与否并非由他是好人或坏人所决定。但是，变量的信息却可以帮我们预测类别归属的概率，图 4.16 中的箭头表示了影响关系的方向。类别变量 Y 没有父代变量，它在图 4.16 中是一个根节点。此时，由式（4.60）得到

$$P(X_1, \cdots, X_p, C) = P(C) \prod_{q=1}^{p} P(X_q | C) \quad (4.61)$$

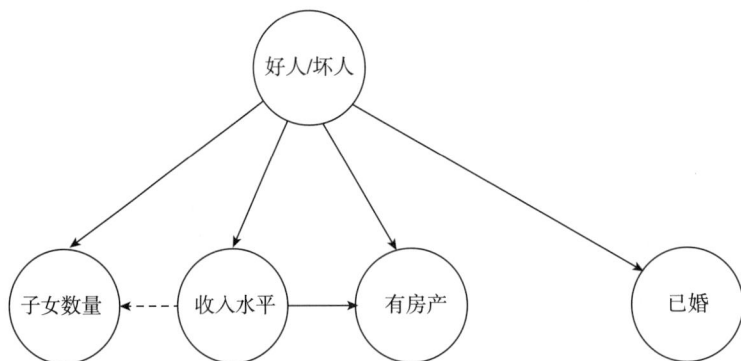

图 4.16　贝叶斯网络

训练后的分类器能够给出某个样本的概率值 $P(X_q | C = c_0)$。在式（4.61）的基础上应用贝叶斯定理，类别的后验概率是

$$P(C = c_0 | X_1 = x_1, \cdots, X_p = x_p) = \frac{P(C = c_0)P(X_1 = x_1, \cdots, X_p = x_p | C = c_0)}{P(X_1 = x_1, \cdots, X_p = x_p)}$$

(4.62)

其中，为书写方便，我们没写下标 i（Jensen 和 Nielsen，2007）。这个样本的类别按照后验概率的大小来确定。

根据 Baesens 等（2004）的建议，如果变量条件独立，已知类别 C，有

$$P(X_1 = x_1, \cdots, X_p = x_p | C = c_0) = \prod_{q=1}^{p} P(X_q = x_q | C = c_0) \qquad (4.63)$$

$P(X_q = x_q | C = c_0)$ 的值通常是由离散变量的相对频率和连续变量的核密度法（kernel density methods）来估计的。其实，这就是我们在 3.2 节中介绍的朴素贝叶斯方法。

【增广朴素贝叶斯法】

我们在前面的推演中假定，变量与类别是条件独立的，但这个假设在信贷场景下是不现实的。比如，收入会影响申请者是否有住房，以及生养几个小孩。在行为评分里，收入还会影响购买行为等行为数据。虽然朴素贝叶斯这么假定，但是文献里发现它的预测准确性依然出乎意料地高，这表明违背假设对于预测准确性的影响似乎不大（Friedman，1957）。

图 4.16 展示的贝叶斯网络，包括图中的虚线，反映了变量之间的条件概率关系。如果每个变量只有不超过一条有向边指向它（包括从类别变量来的），这个网络就被称为树型增广朴素贝叶斯（Tree Augmented Naive Bayesian Network，TAN）。

我们更贴近现实一点，允许每个变量除了来自类别变量的有向边，还可以有最多另外一个父节点，比如收入就可以和年龄、子女数量、住房条件有关，住房条件与子女数量、有无座机有关。如果我们允许一个网络除了根节点，还可以有最多 k 个父节点，那么它们的联合概率分布是

$$P(C, X_1, \cdots, X_p) = P(C)P(X_1 | \Omega_{X_1}) \cdots P(X_{p-1} | \Omega_{X_{p-1}})P(x_P | \Omega_{X_d}) \qquad (4.64)$$

其中，C 是所有变量的父节点，即类别变量。TAN 网络是 $k = 1$ 时的特例。

刚才的例子中，对每个类别变量的值，我们有同样的有向边。Geiger 和 Heckerman（1996）指出，每个类别可以对应不同的有向边集合。也就是说，对好人组和坏人组，特征组合可以不一样。为了实现它，我们必须已知，有至少一个变量的某些值能决定一个样本的类别。这相当于在二分类问题中，至少一个变量的某些值不与某个类别的归属有关。这样的网络被称为贝叶斯复网（Bayesian Multinet），它由与 C 有关的概率分布、与 C 的值有关的贝叶斯网络构成，联合概率分布是

$$P_M(C, X_1, \cdots, X_p) = P_C(C) \cdot P_{B_q}(X_1, \cdots, X_p) \quad 当 C = c_q \tag{4.65}$$

某样本的类别判定为后验概率大的类别。

【网络学习】

在建立贝叶斯网络分类模型时，我们有关键的两步。给定一个包含 N 个样本的训练集 $\{\mathbf{x}_i, y_i\}_{i=1}^N$，第一步是网络结构学习，也就是确定变量间的有向边，以及变量间的条件独立关系。第二步是估计概率分布的参数。

我们已经有很多贝叶斯网络学习的算法了，如 Cover 和 Thomas（1991）、Cheng 等（1997）、Friedman 等（1997）、Chow 和 Liu（1968），以及 Jensen 和 Nielsen（2007）。Pernkopf 和 Bilmes（2005）把结构学习和分类学习区分开，前者学习模型中的特征与类别的关系，给出基于贝叶斯定理的后验概率；后者直接以分类准确性为目标函数进行优化，直接给出类别的后验概率。换句话说，前者使整个网络的似然值最大化，后者最大化类别条件似然值，所以前者不如后者准确。我们还可以按照是否加入限制条件，或者是否用于评分来对网络学习方法进行分类。这里的限制条件是指要求变量条件独立，用到的数据需要满足这些限制条件。在评分方法里，我们建立一组网络，每个都给出一个分数，选择分数最大的那个网络。现在我们来介绍一下评分方法。

Chow 和 Liu（1968）提出了首个网络学习（network learning）算法，但假定每个变量只能最多有一个父节点。Friedman 等（1997）在此基础上修改，应用在 TAN 网络里。他们的算法里定义了已知类别 C，由一个变量 X_l 传递给另一个变量 X_m 的信息量。他们把这称为共同条件信息（mutual conditional information）：

$$I(X_l; X_m | C) = \sum_{x_l, x_m, c_0} P(X_l = x_l, X_m = x_m, C = c_0)$$
$$\ln \frac{P(X_l = x_l, X_m = x_m | C = c_0)}{P(X_l = x_l | C = c_0) \cdot P(X_m = x_m | C = c_0)} \tag{4.66}$$

他们的算法被命名为 Construct - TAN，流程如下：第一步，对每一对变量 l 和 m，计算 $I(X_l; X_m | C)$。第二步，建立一个无向树（undirected Tree）（没有箭头的边，影响方向未知），节点是变量。给边赋权重 $I(X_l; X_m | C)$。第三步，建立一棵树，所有边的权重都是最大的权重。第四步，选择一个变量作为根节点，由它发出的边指向其他变量。第五步，加上一个类别节点，从它到每一个变量有一条有向边，建立一个 TAN 网络。Friedman 等（1997）证明了给定一个数据集，Construct - TAN 能将网络的对数似

然值最大化。Pavlenko 和 Chernyak（2010）还在此基础上发展，将此模型用在了乌克兰银行破产预测上，但他们没有把预测效果与其他分类模型进行对比。

Chang 等（2000）专门用信贷数据训练了一个网络，基于贝叶斯定理，我们有后验好坏比率：

$$O(G \mid \mathbf{x}_i) = \frac{P(G \mid x_{i1}, \cdots, x_{ip})}{P(B \mid x_{i1}, \cdots, x_{ip})} = \frac{P(G)}{P(B)} \cdot \frac{f(x_{i1}, \cdots, x_{ip} \mid G)}{f(x_{i1}, \cdots, x_{ip} \mid B)} \tag{4.67}$$

如果变量相互条件独立，且已知样本类别，那么申请者的分数是

$$s(\mathbf{x}_i) = \ln O(G) + \ln\left(\frac{f(x_{i1} \mid G)}{f(x_{i1} \mid B)} \times \cdots \times \frac{f(x_{ip} \mid G)}{f(x_{ip} \mid B)}\right) \tag{4.68}$$

但是，一般情况下，变量不是条件独立的，所以 Chang 等（2000）训练了一个贝叶斯网络来学习相关性，预测个体是好人的后验概率。他们把类别变量看作根节点，指向所有其他变量（子节点）。然后，这个算法搜索所有变量间的相关关系，找到后为它建立一个新的子节点。如果这个修改后的网络能提高在训练样本上的似然值，那就保留这个子节点。最后，与根节点不相关的变量节点被剔除。他们发现，变量可以被分为不同的派系（cliques），派系内部变量相互依存，但不同派系之间的变量相互条件独立。

有些研究把贝叶斯网络与其他模型的预测效果做对比。Chang 等（2000）的研究里有 5000 个贷款的样本，他们发现逐步逻辑回归的预测结果比基于马尔可夫毯找到的节点和条件独立贝叶斯网络的模型稍好一点。Pernkopf 和 Bilmes（2005）基于德国的数据，发现贝叶斯复网比朴素贝叶斯或几个 TAN 网络的预测效果要好。Friedman 等（1997）也用德国数据集做研究，发现朴素贝叶斯比 TAN 网络、复网模型或 C4.5 决策树的结果要好。他们一共考虑了 25 个数据集，各个模型的效果排序略有不同。Baesens 等（2002）把他们研究 SVM 的三个数据集用来做分析，发现朴素贝叶斯在其中两个数据集上比 TAN 网络和 C4.5 决策树要好。

4.10　集成算法

分类模型都是建立在一个样本集上的，但显然样本集不一定能代表总体。集成方法把不同的分类结果结合在一起，给新样本一个综合评价。它的目的是减少样本随机性引起的误差分布的方差，以及减少分类模型的偏误。Breiman（1998）把一个分类模型 C 的预测误差 $PE(C)$ 分解成两部分：一部分是即使用最好的模型也会产生的误差之和，另一部分是训练样本的随机性带来的误差。后者是样本随机性与要预测的事件期望无偏样本之间的差。我们用 $\{\mathbf{x}_i, y_i\}_{i=1}^N$ 来表示训练样本，在多个训练样本上的期望误差是

$$PE(C(\mathbf{X}, T)) = E(C(\mathbf{X}, T) \neq Y)$$

其中，T 是训练样本，Y 是分类模型。Breiman 的误差分解是

$$PE(C) = PE(C^*) + \text{Bias}(C) + \text{Var}(C) \qquad (4.69)$$

其中，$PE(C^*)$ 表示最优分类模型的错误分类率，用贝叶斯网络分类 C^* 来表示。

$$\text{Bias}(C) = P(C^*(\mathbf{X}) = Y) - E_T[P(C(\mathbf{X},T) = Y)] \qquad \mathbf{X} \text{ 是有偏样本}$$

$$\text{Var}(C) = P(C^*(\mathbf{X}) = Y) - E_T[P(C(\mathbf{X},T) = Y)] \qquad \mathbf{X} \text{ 是无偏样本}$$

大部分集成方法是为了降低 $\text{Var}(C)$，少部分是为了降低 $\text{Bias}(C)$。Breiman（1996）发现有些分类器表现不稳定，即训练样本的少量变化就会带来预测结果的极大改变，导致较大的方差，如决策树和神经网络。相对而言，判别分析和最近邻法的表现较为稳定。从这个角度来谈集成，在降低 $\text{Var}(C)$ 方面，显然原来的参照模型较弱，也就是比较不稳定。

我们已有很多不同的集成方法，一般包括 Bagging 和 Boosting，或二者结合。这些方法经常用来解决样本不平衡问题，这在信贷数据中很常见，Galar 等（2012）对此进行了评述。我们依次介绍这些方法。

4.10.1　袋装法

"袋装法"（Bagging）这个词实际上是"bootstrap"和"aggregating"两个单词的结合，由 Breiman（1996）提出。给定训练集，$\{\mathbf{x}_i, y_i\}_{i=1}^N$，进行有放回抽样得到的训练子集 T_1，就叫作一个 bootstrap 样本。用函数 $\phi(\mathbf{X},T_1)$ 来训练模型，并且重复大量次数 K 次，每次的模型对某个样本都有一个预测结果，根据大多数预测结果来判定类别。Breiman 从理论和实验证明，袋装法的优点是可以降低不稳定模型的方差，但缺点是也会降低稳定模型的表现。

4.10.2　提升法

提升法（Boosting）是一系列算法的总称，它们服从可能渐进正确（Probably Approximately Correct，PAC）的学习过程。它使假设（模型）朝着好的方向近似，即更大概率达到未知目标（类别）的方向去学习。这种算法要求计算上有效率，并且仅用有限的样本就能获得目标方向的近似估计（Haussler，1990）。一个最熟知的 boosting 算法是 Adaboost，由 Freund 和 Schapire（1997）提出，原理如下：随机选择一个训练子集，用来训练一个模型 C_1（如神经网络），对所有样本采用相等的权重。比较预测类别与真实类别。提高预测错误的样本的权重，降低预测正确的样本的权重，再训练一次模型 C_2。重复 T 次后，每次错误预测样本的权重都在上升，正确预测样本的权重都在下降。在预测每一个新样本的时候，都用这 T 个模型对它进行一个类别预测，并且对每个预测结果进行加权，最后按照加权数量最大的那个类别来判定类别。对第 t 次的模型的权重是 $\ln[(1-e_t)/e_t]$，其中 e_t 是模型 t 错误分类样本的期望数量。研究发现，Adaboost 可以同时降低方差和误差（Friedman 等，1997）。

4.10.3　样本不平衡问题

在训练样本里，当某一类样本是少数派时，建模会遇到样本不平衡的问题。换言之，样本不平衡是指样本中少数类的比例远小于多数类的比例。这在信贷数据中大量存在，因为坏样本本身就很少。例如，在住房贷款组合里，违约率通常小于 0.5%。与此相关的问题还有很多。

首先，我们来看逻辑回归。类别变量有两个值，即好人和坏人，所以单次试验结果服从二项分布，也就是伯努利分布（Bernoulli distribution）。如果 y_i 只能取两个值，即 0 或 1，代表坏人或好人，那么 y_i 的密度是

$$f(y_i|\mathbf{x}_i) = p_i^{y_i}(1-p)^{1-y_i} \tag{4.70}$$

其中，$p_i = \Lambda(x_i^T\beta) = \dfrac{e^{x_i^T\beta}}{1+e^{x_i^T\beta}}$，$\Lambda$ 表示逻辑累积密度函数（Logistic cumulative density）。因为样本相互独立，我们可以用式（4.70）连乘得到 N 个样本的似然函数。取对数后，连乘变成连加，我们得到以下等式：

$$LL = \sum_{i=1}^{N}\left[y_i\ln\Lambda(x_i^T\beta) + (1-y_i)\ln(1-\Lambda(x_i^T\beta))\right] \tag{4.71}$$

相对 β 求微分，令其等于 0，我们能解最大似然值的一阶方程：

$$\sum_{i=1}^{N}(y_i - \Lambda(x_i^T\beta)) = 0 \tag{4.72}$$

用 Newton – Raphson 迭代法，我们可以估计参数 β。

只要 x 和 y 的相对概率正确表示，参数估计式（4.72）在统计上就是一致的。也就是说，样本量 N 趋近无穷大的时候，估计 β 会趋近总体参数。面对小样本时，参数估计很可能有偏（Schaeffer，1983）。换言之，如果少数类的样本不足（信贷场景下的坏人数量较少），就会造成有偏估计。相对无偏估计，有偏估计中坏人概率被低估了。Firth（1993）提出的惩罚最大似然估计与 King 和 Zeng（2001）的参数调整方程都是对这个问题的修正。

接下来，我们来看机器学习方法。实验表明，很多机器学习方法也常常低估少数类的预测（Galar 等，2012）。Japkowicz 和 Stephen（2002）从三个方面研究 3.7 节介绍的 C5.0 决策树下的样本不平衡问题：一是复杂性，即特征变量与类别变量的复杂性；二是训练集的大小；三是样本不平衡的程度。他们发现，若三个方面中只有其中某一方面很严重，并不会导致预测准确性很差，但是决策树的表现会在少数类数量相对问题复杂程度很小时显著变差，即它不能很好地应对某类中相似样本群数量（聚类数量）太少的情况。在某特征空间里（如图 4.10 所示），按两个变量画出了点的位置，每个类别的成员被明显分开；子聚类描述的就是每个类的点聚集在一起时的情况。用另一个词来形容就是"分离的"（disjunct）。当样本量较小的时候，子聚类的规模也很有可能较小。他们发现在神经网络里面也有这个问题，但支持向量机没有。

基于信贷数据，Brown 和 Mues（2012）比较了七个参数方法在五个不平衡程度不同的小数据集上的表现。他们发现随机森林法（下节介绍）和梯度提升法在各不平衡程度下都能表现稳健，逻辑回归和判别分析的表现其次，决策树（C4.5）和最小二乘

SVM 受不平衡程度的影响较大。如果要调整样本不平衡程度，经常需要改变样本量，两个问题并不能独立解决。Crone 和 Finlay（2012）用了两个大样本数据集进行分析，仅改变样本量大小，控制不平衡程度；仅改变不平衡程度，控制样本量大小；以及两者都改变。综合三种情况下的分析结果，他们发现决策树的预测准确性受不平衡程度影响最大，其次是判别分析和线性回归，神经网络受影响较小。

Galar 等（2012）对解决此类问题的方法进行了归类：修改学习过程的算法，调整训练集不平衡程度的方法、把错误分类成本加入学习过程的方法，以及专门解决这个问题的集成算法。我们来讨论一下第二种和第三种。

在建立机器学习模型前，改变不平衡程度的方法有很多。例如，我们可以随机从少数类（坏人）选择一些补充到训练样本里，这样有些样本可能会重复很多次。这叫作随机过采样（random oversampling），但容易引起过拟合（overfitting）。欠采样（undersampling）是指从多数类里面随机选择并从训练样本中剔除掉。另一种方法是 SMOTE（Synthetic Minority Oversampling Technique），从某个少数类样本周围的最近邻里面找出另一个少数类的样本，合成一个新样本加入少数类，然后不断重复，也有对应的欠采样处理方法。其他方法还有 Stefanowski 和 Wilk（2008）提出的 SPIDER（Selective Preprocessing of Imbalanced Data）及 Hu 等（2009）提出的 MSMOTE（Modified Synthetic Minority Oversampling Technique）。

有些集成方法根据成本敏感性调整不平衡类，在每个重新加权的阶段，增加错误分类样本的权重，并且使错误分类成本变大。第二种方法在集成算法的预处理部分使用 SMOTE。第三种方法在预处理部分使用袋装法技术，但不是随机选择，而是少数类样本被选中的概率大于多数类。

比较这些方法在信贷数据上的表现的研究很少。Crone 和 Finlay（2012）认为，在训练时用欠采样方法选择更少的好样本来构建平衡样本，比用过采样法增加坏样本的效果要好。

4.10.4　随机森林

随机森林（Random Forest）是决策树的集成算法。给定数据集 $\{\mathbf{x}_i, \mathbf{y}_i\}_{i=1}^{N}$，我们有一个训练集 T_k。从这个训练集中，我们进行 K 次有放回抽样（K 个 bootstrap 样本），得到 K 个随机训练子集，这些子集满足独立同分布（Independent and Identically Distributed）。我们在每个子集上建立分类树模型，对新样本按照大多数预测类别的结果判定它的类别。对每一棵决策树，当一个新样本进来时，它会顺着某条分支前进，最后到达某个终节点（树叶），它的类别即这个终节点里大多数人的类别。类似地，我们可以把在不同样本上训练出来的很多树且适用于它的多条分支（规则）合并到一起，对某个新样本进行预测。这个过程将被重新进行 K 次，当大部分树将样本归属于某个终结点的树叶时，样本被预测为此终节点里大多数人的类别。注意：这里的树没有经过剪枝。

随机森林由 Breiman（2001）正式提出。他证明了当样本量变大时，大多数树对某一个样本的类别预测正确的平均投票数会大于预测错误的投票数。他还证明了随机森林的平均准确率与 k 棵数中任意两棵的预测结果的相关系数 ρ 呈负相关关系。另外，按照这种方法对树的集成，相关系数 ρ 越大，误差的方差越大。为了降低 ρ，Breiman 在树的每层里引入了额外程序，在选择被分裂的变量时，不用评估所有变量，而是随机选择它们的一个子集 m_{try}，$m_{try} < p$。其次，随机森林的误差还依赖于子树的能力。Breiman 解释到，重复随机抽样有两个原因。随机特征组合能够提高预测准确率，在生成树的过程中，误差依次产生，能对误差有个估计。我们用每次不参加训练的那些样本来计算误差。这类样本被称为袋外样本（out-of-bag）。这有点像折刀法，只是袋外样本中大约只有1/3会被用到。

建模人员需要选择一些参数：每个子集的样本量、每个节点的变量数。Breiman 用了大约2/3的总样本，对于后者，他建议从 $m = \log_2(p) + 1$ 或 $m = \sqrt{p}$ 开始尝试（Verikas 等，2011）。

4.11 方法比较

在过去的两章里，我们介绍了很多信用评分的方法，但哪一个是最好的呢？理想中，我们希望一个评分模型能够给贷款机构带来最大的期望利润；若不然，至少希望能够带来最小的错误分类成本（财务损失）。很少有研究关注这两个目标，部分原因在于我们无法知道第一类错误和第二类错误的具体成本。大部分实证研究只能赋予两类错误同样的权重（不考虑成本），然后计算预测准确性。

从21世纪前十年中期开始，对比各类模型预测效果的研究大量涌现。表4.2列举了它们中的一部分。我们选择它们的标准是至少比较了两个模型，被引次数较多或者比较新近。

表 4.2 不同分类器的预测正确率对比

Data	Log Reg	LDA	QDA	Classn. Trees	NNets	k-NN	SVM	GA/P	LP	NB	BN	DEA-DA	GDM	Adaboost	Maj. Voting	Hybrid
Yobas 等(1997)				62.3	62.0			64.5								
Desai 等(1997)	67.3				66.4											
West(2000) A,G	81.8	79.28		53.9	66.3	76.7										
Baesens 等(2003) A,G,B	68.7	69.0	66.1	67.6	66.9	64.1	71.0		74.6	68.1	67.6					
Malhotra 和 Malhotra(2003)		69.3			72.0											
Huang 等(2015) A,G	81.3			80.1	81.7	68.4		84.3								
Li 等(2006)					73.2		84.8									84.7
Huang 等(2007) A,G				79.8	82.3		82.4	82.6								
Zhang 等(2008) A,G	80.8			80.0	82.4		82.4	82.3								
Nanni 和 Lumini(2009) A,G,J					82.8	77.3	80.9									
Sustersic 等(2009)	76.1				79.3											
Tsai 等(2009)	84.4	74.5			93.6							94.7				
Yu 等(2009) J	83.0	74			84.2		80.5						86.2			
Yeh 等(2009)	82	74		83	83	84										
Yu 等(2010)	64.7	60.8	64.3		58.9		65.2							73.6		
Zhou 等(2010) G	77.2	72.1	65.9	70.4	75.3	71.6	77.4			68.9					67.3	
Finlay(2011)	87.4	86.9		87.5	87.33	87.2										
Ping 和 Yongheng(2011) A,G	79.1	75.6			81.0		82.1									76.5
Lin 等(2011) A,G						82.4	81.3									
Wang 等(2011) A,G,C	79.0			80.8	79.0		77.6									
Brown 和 Mues(2012) A,G,B	65.2	76.2	59.2	62.1	72.2	74.8	57.6									76.1

续表

Data	LogReg	LDA	QDA	Classn. Trees	NNets	k-NN	SVM	GA/P	LP	NB	BN	DEA-DA	GDM	Adaboost	Maj. Voting	Hybrid
Akkoc(2012)	57.8	57.2			58.6											60.0
Khashel 等(2013) A,G,J		82.7	79.0		85.1	81.7	80.3									86.9
Harris(2015) G	70.6						71.8									
Malekipirbazari 等(2015)	54.5					70.1	63.3									
Lessman 等(2015)																
(Ranks out of 41) A,G,T,B1,B2,O	20.5	20.9	26.4	16.7	17.3	30.1	23.0			29.9	26.8					12.6
Panel B: Area Under the ROC Curve																
Bellotti 和 Crook(2009)	0.779	0.781				0.756	0.783									
Crone 和 Finlay(2012)	0.699	0.688		0.582	0.697											
Kruppa 等(2013) A,G	0.779			0.959		0.685								0.615		
Tomczak 和 Zieba(2015)	0.649			0.637	0.641		0.637									
Lessman 等(2015)																
(Ranks out of 41) A,G,T,B1,B2,O	22.5	21.8	27.0	16.9	15.4	29.3	20.5			30.1	27.8					7.3
Panel C: H Measure																
Kennedy 等(2013)	34.8	31.9			28.8	22.4	32.5			33.6						
Lessman 等(2015)			26.4	18.2							28.3					
(Ranks out of 41) A,G,T,B1,B2,O	19.0	20.5			16.5	30	22			29.3						7.3

注：数据列：A 是澳大利亚的数据集，B1 是比荷卢经济联盟的数据集 1，B2 是比荷卢经济联盟的数据集 2，O 是英国的数据集，C 是中国的数据集，G 是德国的数据集，J 是日本的数据集，T 是 Thomas（2002）的数据。

Desai 等（1997）使用了 3 个美国信用合作社的数据。

West（2000）是澳大利亚和德国的数据集的平均结果。

Baesens 等 (2003) 包括德国，澳大利亚和比荷卢等 8 个数据集的平均结果。

Malhotra 和 Malhotra (2003) 使用了 12 个美国信用合作社的数据。

Huang 等 (2015) 是澳大利亚和德国的数据集的平均结果。

Li 等 (2006) 使用了一家台湾银行的数据集。

Huang 等 (2007) 是澳大利亚和德国的数据集的平均结果。

Zhang 等 (2008) 是澳大利亚和德国的数据集的平均结果。

Susteric 等 (2009) 利用主成分分析的 GA_s 所先选取的变量，然后我们选取了最好的结果。数据集来自斯洛文尼亚和其他银行。

Tsai 等 (2009) DEA – DA 是一种采用数据包络分析方法的整数规划方法，参考 Sueyoshi (2004)。数据集来自台湾的一家金融机构。

Yu 等 (2009) 是日本的数据集的结果。GDM 表示模糊群体决策算法。

Yu 等 (2010) 是单个模型的结果。数据来自英国金融机构。

Zhou 等 (2010) 是来自德国数据集的结果。

Kennedy 等 (2013) 利用澳大利亚、德国、波兰、UCSD、伊朗、日本、PAKDD 的结果平均，Thomas 的数据集使用 80∶20 的抽样。

Finlay (2011) 的 ET 增强算法在英国益博睿和其他机构的数据上的结果上的结果表现。

Ping 和 Yongheng (2011) 是澳大利亚和德国的数据集的数据集对应的平均结果。SVM 的结果是粗糙集与 SVM 混合结果。

Lin 等 (2011) 的结果是澳大利亚和德国的数据集对应的平均结果，在第一阶段先选取特征，在第二阶段使用了提出的算法。

Wang 等 (2011) 是将澳大利亚、德国和中国的数据集利用用袋装分类器对应的结果平均后获得的数据集。

Brown 和 Mues (2012) 用到了比荷卢、澳大利亚、德国，以及一个坏账率 5% 的行为数据集。

Akkoc (2012) 的数据集来自土耳其银行。

Nanni 和 Lumini (2009) 的结果是澳大利亚、德国和日本的数据集上对应的平均值，用随机子空间集成法的平均值。

Kheshel (2013) 是在澳大利亚、德国和日本的数据集上对应的结果，分类器是模糊神经网络。

Harris (2015) 是德国和 Barbados 的数据集中的结果。

Kruppa 等 (2013) 的模型是随机森林决策树。数据来自自家电制造商。

Tomczak 和 Zieba (2015) 是澳大利亚、德国和一个短期数据集的平均结果。

Lessman 等 (2015) 的结果在 41 个分类器的排序，数字越低，表示准确度越高。

其实，我们难以评价哪个模型最准确，原因有以下几个。

第一，商业咨询机构做的对比分析都隐含了它们的倾向性，而学术界做的对比分析常常又不能反映行业里的情况。例如，征信数据是重要的数据，但是这些数据非常隐私和敏感，而且昂贵，学者难以采集到真实数据，他们只能基于有限的、公开获取的数据集来进行比较，例如德国和澳大利亚的数据集（Lichman，2013）。从这个方面来讲，表4.2中的很多研究都不是独立研究，我们在第二栏里标注了那些使用相同数据集的研究。尽管如此，无法使用真实信贷数据的局限慢慢改善，因为贷款机构也看到了这个领域的学术研究带来的好处，开始为科研机构提供脱敏数据。

第二，早期研究大多只是对比单个模型的效果，但从最近十多年开始，很多研究是结合了袋装法、提升法和其他算法的集成算法，结果结合了至少三种不同模型，因此难以分辨哪一个模型最好。表4.2中列出的是这些研究里面表现最好的模型。

第三，研究人员专业知识水平的不一致，会影响某个模型的结果。显然，不是每个研究人员对所有模型都有同样的理解。

第四，很多模型需要研究人员设置模型参数，例如神经网络里面有多少个隐藏层、支持向量机里面的参数如何调优，等等。是参照已发表的文献来设置，还是使用燃烧样本（burn-in sample）来测试？选择不同，结果便不同。

第五，不同研究采用了不同的模型评价指标。表4.2里面的是总正确率，也是大家用得最多的，当论文里没有用到正确率时，我们列出的是AUC（8.6节会介绍）。然而，总正确率取决于选取的临界值，而每篇文章的临界值都不一样，且未全部披露。因此，需要注意的是，表中的数字只能在同一篇文章中对比，而不能在不同的文章中对比。

在认识到这些局限性后，我们依然能得到一些结论：第一，支持向量机通常是最准确的模型，其次是神经网络。它们两个都是把输入变量映射到高维特征空间里，但并非总是得到最高的预测准确性。第二，逻辑回归的预测准确性也比较好，比神经网络和支持向量机略差一点。第三，二次判别分析和贝叶斯网络效果不佳，线性规划用得不多，只在列表中的一篇文章中出现（在那篇文章中，LP最好）。DEA-DA和一些混合模型也有较好的表现。第四，只要应用了集成方法，那它的表现总是优于其他方法。这在Lessman等（2015）里很明显。第五，同一个模型在不同研究中的表现差距很大。例如，Brown和Mues（2012）认为，最好与最差模型的准确性相差26%；但Bellotti和Crook（2009）认为，AUC的差别不大。

还有一个问题是建立在一群客户上的评分卡是否能用在另一群客户上，换言之，这些评分卡是不是通用评分卡。Andreeva等（2008）尝试为几个欧洲国家的客户建立了通用评分卡。他们发现，三个国家的通用评分卡与区分国家建立的三个评分卡的效果差不多。他们还使用了生存分析模型，对比国家分层样本与不分层样本的结果，在25个月的窗口内，效果差不多。Overstreet等（1992）把美国几个征信局的数据整合在一起，想建立一个通用评分卡，因为一个征信局的数据不足以建立一个稳健的评分系统。无论是否分层建模，结果一定都比完全不使用评分卡要好，但不分层的结果通常劣于我们平常看到的评分卡。这样看来，评分系统其实对人群总体的差别比较敏感，建议把样本总体划分成同质性较高的人群。这是更合理的处理方式，相应的通用评分卡内容请参见 12.2 节。

如果分类准确性不是区分模型好坏的标准，那我们应该看重什么呢？我们认为应该看重这个模型为评分过程带来了什么新的启发和特别之处。

逻辑回归是一个参数方法，包含了统计学中的所有理论基础。因此，我们可以对属性的系数进行统计检验，看它是否显著，由此决定是否纳入评分卡。我们无法在线性回归上实现这一点，因为因变量的值是二元 0/1。相关性分析能帮助我们理解特征间的相互影响，以此决定在评分卡中是否要两个都考虑。回归模型可以使所有变量同时进入，也可以依次进入并选择能进一步提高效果的变量。这可以帮助我们对变量的重要性进行排序，也可以看出两个变量是不是有相同的贡献。舍弃不重要的特征能使评分卡变得更简洁、更有意义、更稳健，因此也可以帮助我们简化申请表的问题，简化数据库的结构，以节省资源。

线性规划经过扩展，变成整数规划，才能实现 4.3 节中提到的变量相对重要性的选择，但这在行业目前的硬件系统中不容易实现。然而，线性规划很容易依照贷款机构的偏好加入相应的限制条件。例如，它们想把贷款产品向年轻人推广，就可以设置年龄低于 25 岁的人的得分大于年龄超过 65 岁的人的得分，只需要在线性规划中加上一个条件 $w(\text{under } 25) \geqslant w(\text{over } 65)$；或者它们希望住房情况特征对总分的贡献不多于 10%，抑或是收入的权重需要单调，这些限制条件在线性规划模型中都很容易实现。但对回归模型，这些要求就很不现实了。线性规划还有一个优点是能处理成百上千的特征，每个特征的属性值只需要用二元数值来记录，不占用计算资源。但是，统计分析里，变量太多会使计算变得麻烦。

机器学习里的几类模型，如决策树、神经网络、支持向量机、贝叶斯网络都有一个共同的优点：能自动处理特征间的相互作用。但是，对于线性模型，我们需要事先发现和明确定义相互作用。例如，表 4.3 记录了好人比例在住房情况和有无电话中的分布。自有房产的人相比租房的人，好人比例更高（90% vs 70%）；有电话的人相比没电话的人，好人比例更高（91% vs 60%）。在线性模型里，有电话且有房产的人得分最高，得分最低的是没有电话的租房者。然而，事实上，有房产但没有电话的人更坏。如果事先不知道这种情况，这种非线性关系就难以被线性模型捕捉到。决策树、神经网络、支持向量机、贝叶斯网络都能很好地应对这种非线性关系。建模人员可以先用决策树发现重要的相互作用，然后依次进行样本分层建模（见 8.6 节），在这个例子里就是为自有房产和租房的人单独建模。一般来说，年龄是主要的分层变量。

表4.3　交叉作用的例子　　　　　　　　　　　　　　　　　单位:%

	有电话	没有电话	好人比例
房屋所有者	95	50	90
租户	75	65	70
好人比例	91	60	

　　最近邻法可以用来建立不断更新的评分卡。我们通常把能观测到好坏的历史样本加入模型分析，太老的样本可以舍弃。用最近邻法可以不断替换更新样本，以反映申请总体的最新变化。遗传算法允许我们考虑多个评分卡，最终确定一个最合适的。

　　如果贷款机构需要向客户解释决策原因，可解释性就是另一个值得考虑的方面。决策树可以导出决策规则，非常容易解释。线性回归、判别分析和逻辑回归的可解释性都较强。然而，神经网络、支持向量机，以及很多集成算法的可解释性是一个问题，但我们也可以尝试着从这些方法中提取一些规则。

　　决策树与统计方法一样，能够处理连续和离散混合的变量。与统计模型不同，神经网络、支持向量机和分类树能自动选择要纳入的变量。分类树既能处理异常值，又对变量的线性转换不敏感，但它对样本随机性很敏感。小变化能带来大误差，比如在顶层不恰当的分裂。因此，决策树的表现对样本随机性带来的误差有很大的方差。

　　最后，在选用模型时，我们还有现实的考虑。管理层的理解和分析师的讲解都能加强决策层对模型的支持，之后决定如何部署。模型在客户行为变化时的稳定性和稳健性都是需要考虑的。

第 5 章　生存分析

5.1　引言

第 3 章和第 4 章介绍的方法都是预测二元事件的概率的，也就是客户在给定时间内违约或不违约的概率。那么，建模的第一步要确定的就是这个给定时间有多长。然而，确定一个窗口时期会带来几个缺点。在 2006—2008 年的次贷危机中，有人批评指出评分卡的结果期错了。建模只考虑按揭贷款第一年的违约率，而大部分违约出现在初期的优惠利率失效、恢复正常利率后的第二年和第三年末。固定期限的评分卡通常不会引入随时间变化的特征，因为结果期太短，随时间变化的特征变化太少，并且从获取到足够数量样本非常耗时间，客户需要在结果期期初存在，在结果期期间保持客户关系。建模人员还需要考虑如何处理有逾期但在观测期末还未完全违约的客户。这些样本都被归为不定（indeterminate）样本，不加入建模分析。

这些困难都可以用生存分析（Survival Analysis）来克服（Kalbfleisch 和 Prentice，2002；Hosmer 和 Lemeshow，2008）。这种方法不仅能预测某个事件是否发生，还能预测它在什么时候发生。最开始，它被用来分析死亡率，后来在工业上被用来分析在不同工作环境和维护条件下设备寿命的长短。现在，它是医学和药学研究中的主流研究方法。在信用评分中，我们关注的事件是借款人违约，贷款或信用卡发放日期通常都是确定的，我们预测贷款的违约时间 T。Narian（1992）是首个将生存分析引入信用评分的人。Banasik 等（1999）也发现生存分析与传统方法一样有竞争力。Stepanova 和 Thomas（2001，2002）将生存分析用到申请评分和行为评分中。

Bellotti 和 Crook（2009）、Malik 和 Thomas（2010）认为，生存分析可以使用时变（time - varying）特征，如浮动的基准贷款利率，以及一些宏观、微观变量。在消费信用中，生存时间一般是从贷款发放时间开始测算账户时间，这与企业信用模型不同，后者一般是按日历时间计算（Carey，1998；Carling 等，2007）。显然，账户时间和日历时间的钟表都是一样的计时，Breeden（2007）同时用两个时间建立了动态模型。这可以看作生存分析在组合层面的拓展应用，同时考虑了日历时间和账户时间。

生存分析的另一个优点是可以用竞争风险模型分析同一个数据集上的多种事件。在信贷场景中，违约和提前还款（客户流失）都是建立在同一个数据集上的。这两个事件都会改变贷款的利润率（profitability）。预测提前还款的研究可以参见 Banasik 等（1999）、Stepanova 和 Thomas（2001），估计住房按揭贷款组合提前还款和违约的研究可以参见 McDonald 等（2010）和 Ma 等（2010）对个人贷款的研究。

我们先在 5.2 节中介绍生存分析的基本概念，包括生存函数（survival function）和危险函数（hazard function），在 5.3 节中介绍 Cox 比例危险模型（Cox's Proportional Hazards Model），加入借款人和贷款特征来建立评分卡。5.4 节是竞争风险模型，我们会看到它如何用同一个数据来预测不同的事件。相互竞争的事件包括违约和提前还款（客户流失），或者无力偿还导致的违约和不愿偿还导致的违约。与生存分析相关的模型几乎都假设时间是连续的，但是在信贷场景中，时间通常是离散的，或者至少是区间删失的（interval censored），因为账户的状态只会在每个月的固定日期确认，然后才能知道是否发生违约。5.5 节把 5.2 节和 5.3 节中的概念用离散时间重新表述。关于生存分析和比例危险模型如何引入经济变量等时变特征，5.6 节会介绍。5.7 节介绍如何用模型分析账户从当期的一种逾期状态变成下期的另一种状态的概率，这就是强度模型（intensity models）（Leow 和 Crook，2014）。最后，在 5.8 节中我们会介绍生存分析在消费信贷场景中除违约预测之外的其他应用。例如，它可以在违约损失率（Loss Given Default，LGD）建模中使用，我们关心在催收环节能收回多少比例的余额（回收率即 Recovery Rate，RR），违约损失率即不能回收的部分所占比例，LGD = 1 − RR。在新巴塞尔协议中，我们需要估计每层贷款的 LGD，而 LGD 的典型分布是"U"形的，因此正态线性回归的效果不是很理想。有些生存分析是非参数的，可以应对一些特殊形状的分布，我们可以估计给定时间的回收率。在 LGD 建模中，我们也可以估计在催收过程中某些事件的发生时间，比如住房贷款中的房产回收和出售的时间。生存分析在考虑这些时间后能优化 LGD 模型的效果（Leow，2010）。

5.2　生存分析基本概念

生存分析估计生存时间 T 的分布。生存时间是指从开始到关注事件发生的时间，在消费信贷中，是指从贷款发放到违约的时长。在本节中，我们认为 T 是连续的，5.5 节进一步认为它是离散的。这种改进是有意义的，因为信用账户，如信用卡，都是每月更新一次账单和还款状态。此时，T 实际上是连续的时间变量，但是区间删失了，也就是关注的事件只会在固定时刻发生，而非任何时刻。这样，我们可以利用连续时间下的生存分析模型及其理论来理解我们的问题。

我们将 3.2 节中的概念进行延伸。考虑借款人特征 $\mathbf{x}$，定义借款人在时刻 t 前不违约的生存函数 $S(t)$：

$$S(t \mid \mathbf{x}) = P_G(t, \mathbf{x}) = \Pr\{T \geqslant t \mid \mathbf{x}\} \tag{5.1}$$

这也就是他在时刻 t 前一刻是好人的概率。借款人在 t 时刻前违约的概率是

$$1 - S(t \mid \mathbf{x}) = P_B(t, \mathbf{x}) = \Pr\{T < t \mid \mathbf{x}\} \tag{5.2}$$

他在区间 $[t, t + \delta t)$ 违约的概率是

$$\Pr\{t \leqslant T < t + \delta t, \mathbf{x}\} = P'_B(t, \mathbf{x}) \delta t = -P'_G(t, \mathbf{x}) \delta t = f(t) \delta t \tag{5.3}$$

其中, $f(t)$ 是 T 分布的密度函数, 符号′表示相对时间的一阶导数。违约的危险率（hazard rate）[①] $h(t,\mathbf{x})$ 是一个比例。$h(t,\mathbf{x})\delta t$ 是借款人在 $[0,t)$ 期间不违约, 而在 $[t,t+\delta t)$ 期间违约的条件概率。所以,

$$h(t,\mathbf{x})\delta t = \Pr\{t \leq T < t+\delta t \mid T \geq t,\mathbf{x}\} = \frac{P'_B(t,\mathbf{x})}{1-P_B(t,\mathbf{x})}\delta t = \frac{f(t\mid\mathbf{x})}{S(t\mid\mathbf{x})}\delta t$$

$$= -\frac{d}{dt}\ln(1-P_B(t,\mathbf{x}))\delta t = -\frac{d}{dt}\ln(P_G(t,\mathbf{x}))\delta t \tag{5.4}$$

$$\Rightarrow h(t,\mathbf{x}) = \frac{f(t\mid\mathbf{x})}{S(t\mid\mathbf{x})} = -\frac{d}{dt}\ln(P_G(t,\mathbf{x})) = -\frac{d}{dt}\ln(S(t\mid\mathbf{x}))$$

累积危险函数（hazard function）$H(t,\mathbf{x})$ 是危险率的积分, 即 $H(t,\mathbf{x}) = \int_0^t h(s,\mathbf{x})ds$。生存函数（survival function）也可以用它来表示为

$$S(t\mid\mathbf{x}) = P_G(t,\mathbf{x}) = 1-P_B(t,\mathbf{x}) = e^{-H(t,\mathbf{x})}, P_B'(t,\mathbf{x}) = h(t,\mathbf{x})e^{-H(t,\mathbf{x})} \tag{5.5}$$

最后, 3.2 节中定义的对数比率分数也可以定义为 $s(0,\tau\mid\mathbf{x})$, 它是用在 $[0,\tau)$ 时期内借款人是好人的概率除以在这个时期内是坏人的概率的对数。

$$s(0,\tau\mid\mathbf{x}) = \ln\left(\frac{P_G(\tau,\mathbf{x})}{P_B(\tau,\mathbf{x})}\right) = -\ln(e^{H(\tau,\mathbf{x})}-1) \tag{5.6}$$

危险率函数在死亡率和设备寿命分析中呈现出 "U" 形, 如图 5.1（a）所示。在成长期, 危险率一开始很大, 然后迅速降低。在中间平稳期, 危险率较低, 相对不怎么变化。到了衰老期, 危险率又开始攀升。图 5.1（b）显示的是消费信贷的危险率函数, 最开始危险率为 0, 因为违约一般定义为 90 天逾期, 客户不太会在三个月内违约。之后, 危险率快速上升, 在第 12 个月左右达到顶峰, 然后以一个较为平稳的速率开始下降。在用生存分析建模时, 大部分的样本是右删失（right censored）的, 因为关注的事件在样本观察期内没有发生（左删失即 left censored, 表示在账户存在后才开始观察）。消费信贷中的右删失是指在样本观察期内没有出现违约, 这可能是由观测时间不够长, 或者账户关闭引起的。图 5.2 列举了各类删失情况。对每种情况, 我们都可以记录两个数据: 违约或删失事件发生的时刻, 以及是否属于删失（C 为 1 或 0）。在图 5.2 中, 借款人 A 违约了, 数据是 $t=24$, $C=0$; 借款人 B 关闭账户, $t=28$, $C=1$; 借款人 D 在数据期末依然在还款, $t=47$, $C=1$。借款人 F 同时左删失和右删失, $t=47$, $C=1$, 但是在 $t\leq12$ 时, 不进行计算。生存分析的优点之一就是不像以前的模型那样需要去掉删失样本, 它可以考虑删失, 把所有样本用起来, 对每个样本的生存时间恰当表示。删失带来的缺点是, 在最开始, 我们不知道如何计算生存函数。Kaplan 和 Meier（1958）提出了一种基于危险率 $h(t)$ 估计生存函数的方法, 因为 $S(t+\delta) = [1-h(t)\delta]S(t)$, 只要我们计算出危险率, 就可以估计生存函数。当然,

---

[①] 危险率也译作风险率, 在信贷场景中即违约率。为了将 "hazard" 与一般意义上的 "risk" 区分, 本书统一称为危险。

现实中我们的数据集中只有有限个样本 $i = 1,2,\cdots,n$，每个样本都有事件时刻 $t(i)$ 和删失变量 $C(i)$。对 $t(i)$ 排序，我们有 $t(1) \leqslant t(2) \leqslant t(3) \leqslant \cdots \leqslant t(m)$，其中 m 是不同时刻的数量，可能会小于 n，因为有些样本的事件同时发生。如果在时刻 $t(i)$ 还有 $n(i)$ 个活跃样本没有违约或删失，其中有 $d(i)$ 个在 $t(i)$ 时刻违约，有 $c(i)$ 个删失，那么 $t(i)$ 时刻的危险率便是 $d(i)/n(i)$，$t(i)$ 到 $t(i+1)$ 时刻的生存函数 $S(t(i) +)$ 是

$$S(t(i) +) = \left(1 - \frac{d(i)}{n(i)}\right)S(t(i-1) +) \tag{5.7}$$

注意：$n(i) = n - \sum_{j<i}(c(j) + d(j))$。

这就是生存函数的 KM 估计（Kaplan – Meier estimator），其计算过程如表 5.1 所示。这个例子中有 15 个样本点，但只有 11 个不同的时刻，在时刻 6 和时刻 10 分别有两个样本点，在时刻 16 有三个样本点。

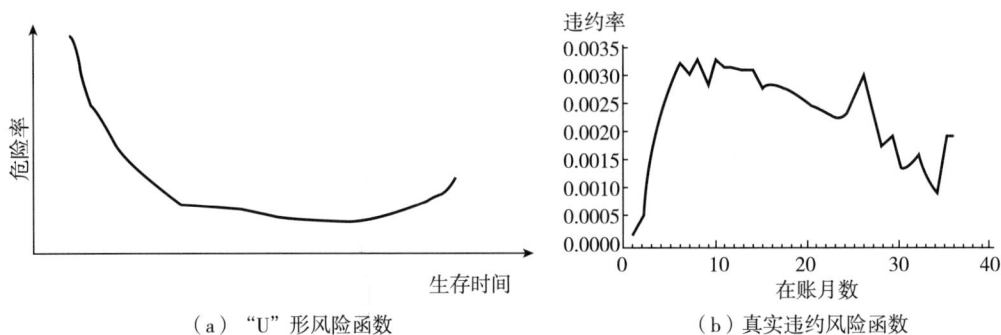

（a）"U" 形风险函数　　　　　　（b）真实违约风险函数

图 5.1　"U" 形风险函数和真实违约风险函数

（资料来源：Thomas（2007））

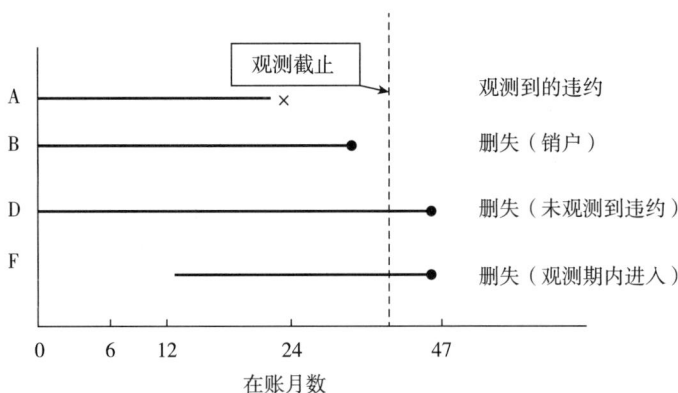

图 5.2　不同情况的数据删失

表 5.1　KM 法估计生存函数

$t(i)$	3	5	6	7	8	10	12	15	16	17	18
$C(i)$	0	1	0, 0	0	1	0, 1	1	0	0, 0, 1	1	1
$n(i)$	15	14	13	11	10	9	7	6	5	2	1
$c(i)$	0	1	0	0	1	1	1	0	1	1	0
$d(i)$	1	0	2	1	0	1	0	1	2	0	1
$h(i)$	1/15	0	2/13	1/11	0	1/9	0	1/6	2/5	0	1
$h(i)$ 小数表示	0.067	0	0.154	0.091	0.000	0.111	0.000	0.167	0.400	0.000	1.000
$S(t\ (i)\ +)$	0.933	0.933	0.790	0.718	0.718	0.638	0.638	0.532	0.319	0.319	0.000

5.3　Cox 比例危险模型

显而易见的是，借款人特征会影响其违约概率。在生存分析中，有两个常用的模型可以基于个人特征来预测生存概率：Cox 比例危险模型（Cox, 1972）和加速生命模型（Accelerated Life Model）（Wei, 1992）。这两个模型都可以用来建立违约评分卡，但 Cox 比例危险模型更适合信贷场景，它假定借款人的风险排序在整个贷款周期中一致。

设 $\mathbf{x} = (x_1, x_2, \cdots, x_p)$ 是借款人特征，在 Cox 比例危险模型中，假定 $h(t, \mathbf{x})$ 是借款人在 t 时刻违约的概率：

$$h(t, \mathbf{x}) = g(\mathbf{x}) h_0(t) \tag{5.8}$$

这表明各个特征在所有时期上都对危险率有同样的乘数效应。基准危险率 $h_0(t)$ 是一个没有任何特点的"无聊借款人"承受的危险率。因为危险率非负，$g(\mathbf{x})$ 在所有 $\mathbf{x}$ 值上非负。保证这一点的一个办法是令 $g(\mathbf{x}) = e^{\mathbf{w} \cdot \mathbf{x}}$。最简单的模型即 $s(\mathbf{x})$ 是特征的线性组合，这就是比例危险模型，其危险率是

$$h(t, \mathbf{x}) = e^{\mathbf{w} \cdot \mathbf{x}} h_0(t) = e^{-s(\mathbf{x})} h_0(t) \tag{5.9}$$

令指数中的 $s(\mathbf{x}) = -\mathbf{w} \cdot \mathbf{x}$，$s(\mathbf{x})$ 越大，表示违约概率越小、好人概率越大，与传统评分卡的习惯保持一致。

比例危险模型有两个重要的结果。与逻辑回归一样，它会给出所有借款人的风险排序；而与逻辑回归不同的是，这个排序是整个贷款期限内的，而非在某一个特定时间点上的状态。它可以给出危险率和生存函数，这样，我们可以知道贷款期限内违约概率所处的不同水平。这样，我们不仅可以估计违约率，还可以估计贷款利润率。

比例危险模型与逻辑回归的不同之处还在于，比例危险模型是得到拥有特征 $\mathbf{x}$ 的借款人在 t^* 时刻前不违约的概率，即他是好人的概率 p。在逻辑回归评分卡中，这与对数比率分数 $s(\mathbf{x}) = \ln[p/(1-p)]$ 有关，见 3.7 节。

在比例危险模型中，好人概率 p 为

$$p = P_G(t^*|\mathbf{x}) = \Pr\{T > t^*|\mathbf{x}\} = S(t^*,\mathbf{x}) = e^{-H(t^*,x)} = e^{-\int_0^{t^*} h(u,x)\,du}$$

$$= e^{-\mathbf{w}\cdot\mathbf{x}\int_0^{t^*} h_0(u)\,du} = e^{-e^{-s(\mathbf{x})}\int_0^{t^*} h_0(u)\,du} = e^{-e^{-s(\mathbf{x})}H_0(t^*)} = \left(S_0(t^*)\right)^{e^{-s(\mathbf{x})}}$$

$$\Rightarrow -\ln(p) = e^{-s(\mathbf{x})} \times H_0(t^*)$$

$$\Rightarrow s(\mathbf{x}) = -\ln(-\ln(p)) + c \tag{5.10}$$

其中，$S(t)$ 与 $H(t)$ 的关系见式（5.5）。忽略常数项 c，我们可以得到关于概率的分数：$-\ln(-\ln(p))$。因为 p 的范围是 $0\sim1$，$s(\mathbf{x})$ 的范围是从 $-\ln(-\ln(0)) = -\infty$ 到 $-\ln(-\ln(1)) = +\infty$，所以 logit 转换式（3.35）和 loglog 转换式（5.11）都是把 $0\sim1$ 的变量转换到 $-\infty\sim+\infty$，这两个函数的差别如图 5.3 所示。

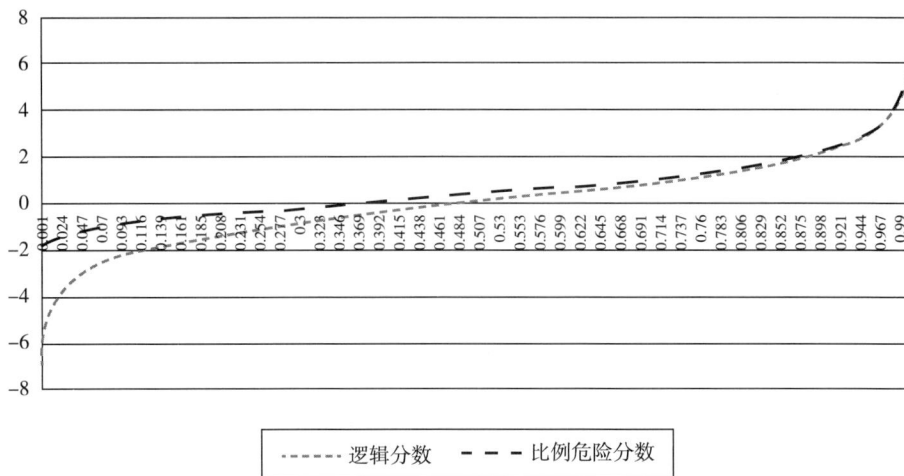

图 5.3　logit 和 loglog 转换

在式（5.10）中，我们也能看到，对 Cox 比例危险模型：

$$S(t,\mathbf{x}) = \left(S_0(t)\right)^{e^{\mathbf{w}\cdot\mathbf{x}}} = \left(S_0(t)\right)^{e^{-s(\mathbf{x})}} \tag{5.11}$$

在加速生命模型中，我们谈论的违约实际上理解为借款人的特征会加速或减缓贷款"老化"的速度。如果分数的函数是 $s(\mathbf{x}) = -\mathbf{w}\cdot\mathbf{x}$，那么拥有特征 $\mathbf{x}$ 的借款人的生存函数是

$$S(t,\mathbf{x}) = S_0(e^{-s(\mathbf{x})}t) \Rightarrow h(t,\mathbf{x}) = e^{-s(\mathbf{x})}h_0(e^{-s(\mathbf{x})}t) \tag{5.12}$$

这里，如果拥有特征 $\mathbf{x}_1$ 的借款人的分数大于拥有特征 $\mathbf{x}_2$ 的借款人的分数，那么根据式（5.12），在不同的生存时间区间内，前者的危险率会有很大概率高于后者。

我们可以用参数或非参数方法来建立比例危险模型。在参数方法中，生存和风险函数假定服从某个特定分布，参数由数据估计得到。如果 T 的分布是指数分布（exponential distribution）或 Weibull 分布（指数分布是 Weibull 分布的特殊情况），我们可以得到比例危险模型和加速生命模型。因为 Weibull 分布的危险率中包含参数 λ 和 α，$h_{\lambda,\alpha}(t) = \lambda\alpha^{-\lambda}t^{\lambda-1}$，$\lambda = 1$ 时是指数分布。如果 $h_0(t)$ 是这种形式，我们有

$$h(t,\mathbf{x}) = e^{-\mathbf{w}\cdot\mathbf{x}}h_0(t) = e^{-\mathbf{w}\cdot\mathbf{x}}h_{\lambda,\alpha}(t) = e^{-\mathbf{w}\cdot\mathbf{x}}\lambda\alpha^{-\lambda}t^{\lambda-1}$$

$$= \lambda\left(\alpha e^{(\mathbf{w}/\lambda)\cdot x}\right)^{-\lambda}t^{\lambda-1} = h_{\lambda,\alpha e^{\mathbf{w}\cdot\mathbf{x}/\lambda}}(t) \tag{5.13}$$

所以，Weibull 分布满足比例危险模型假设。同样地，因为

$$e^{\mathbf{w}\cdot\mathbf{x}}h_0(e^{\mathbf{w}\cdot\mathbf{x}}t) = e^{\mathbf{w}\cdot\mathbf{x}}\lambda\alpha^{-\lambda}(e^{\mathbf{w}\cdot\mathbf{x}}t)^{\lambda-1} = \lambda(\alpha e^{-\mathbf{w}\cdot\mathbf{x}})^{-\lambda}t^{\lambda-1} = h_{\lambda,\alpha e^{-\mathbf{w}\cdot\mathbf{x}}}(t) \equiv h(t,\mathbf{x})$$
(5.14)

所以，Weibull 分布也满足加速生命模型假设。

然而，在真实消费信贷数据中，我们可以看到风险函数或生存函数与 Weibull 分布或其他常见分布都不一样，而由 Cox（1972）提出的非参数方法是最好的模型。Cox 认为，比例危险模型中，我们可以在不知道 $h_0(t)$ 真实分布的情况下，只需要把失败时刻和删失时刻排序，即可估计评分卡的系数 $\mathbf{w}$。也就是说，我们只需要知道样本违约或退出的时刻排序。这就是比例危险模型的非参数（准确地说是半参数）版本，因为无须定义基准危险的分布形式，这样我们便可以应对真实消费信贷中非常规的违约时间分布。

回忆我们对于 $t(i)$、$C(i)$ 和 $\mathbf{x}(i)$ 的定义，对样本按事件时刻排序 $t_1 \leq t_2 \leq \cdots \leq t_n$。设 $R(i) = \{i, i+1, i+2, \cdots, n\}$ 是在时刻 $t(i)$ 前留在样本中的客户集合，这里的时刻是违约发生的时刻，$C(i) = 0$。那么，客户 $j(i)$ 在时刻 $t(i)$ 违约的条件概率是

$$\frac{\exp\{-\mathbf{w}\cdot\mathbf{x}(j(i))\}h_0(t(i))}{\sum_{k\in R(i)}\exp\{\mathbf{w}\cdot\mathbf{x}(k)\}h_0(t(i))} = \frac{\exp\{\mathbf{w}\cdot\mathbf{x}(j(i))\}}{\sum_{k\in R(i)}\exp\{\mathbf{w}\cdot\mathbf{x}(k)\}}$$
(5.15)

它独立于 h_0。所以，系数 $\mathbf{w}$ 是使偏似然函数最大的系数。偏似然函数是 $j(i)$ 在时刻 $t(i)$ 违约时的所有违约事件的联合概率，即

$$L(\mathbf{w}) = \prod_{i:C(i)=0}\frac{\exp\{\mathbf{w}\cdot\mathbf{x}(j(i))\}}{\sum_{k\in R(i)}\exp\{\mathbf{w}\cdot\mathbf{x}(k)\}}$$
(5.16)

只要我们已知危险函数的系数 $\mathbf{w}$，我们就能用 KM 乘积极限法（Kaplan-Meier Product Limit Estimation），针对每个样本的风险因子的值，得到基准生存函数。分析过程与从式（5.11）开始的分析过程相同，比例危险 $S(t,\mathbf{x}) = (S_0(t))^{e^{-\mathbf{w}\cdot\mathbf{x}}} = (S_0(t))^{e^{-s(\mathbf{x})}}$。假设有 n 个借款人的样本集，对借款人 i 有特征 $\mathbf{x}(i)$，$1\leq i\leq n$。为了简便，假设前 m 个人是违约的人，编号 $i = 1, \cdots, m$，同一个时刻没有多个违约发生。在 $t(i)$ 时刻前依然存活的样本集是 $R(i)$，那么式（5.7）变为

$$S(t(i)) = \left(1 - \frac{1}{\sum_{r\in R(i)}1}\right)S(t(i-1))$$
(5.17)

Cox 比例危险模型中的基准生存函数是 $S_0(t)$：

$$S_0(t(i)) = \left(1 - \frac{e^{\mathbf{w}\cdot\mathbf{x}(i)}}{\sum_{r\in R(i)}e^{\mathbf{w}\cdot\mathbf{x}(r)}}\right)^{e^{-\mathbf{w}\cdot\mathbf{x}(i)}}S_0(t(i-1))$$

$$= \left(1 - \frac{e^{-s(\mathbf{x}(i))}}{\sum_{r\in R(i)}e^{-s(\mathbf{x}(r))}}\right)^{e^{-s(\mathbf{x}(i))}}S_0(t(i-1))$$
(5.18)

这其实是把式（5.17）中的几个 1 替换成了式（5.18）中的加权危险分数 $e^{-s(\mathbf{x})}$。重新整理式（5.18），由式（5.11）得到

$$\frac{S(t(i) \mid \mathbf{x}(i) \text{ 在 } t(i) \text{ 时刻违约})}{S(t(i-1))} = \left(\frac{S_0(t(i))}{S_0(t(i-1))}\right)^{e^{\mathbf{w} \cdot \mathbf{x}(i)}} = \left(1 - \frac{e^{\mathbf{w} \cdot \mathbf{x}(i)}}{\sum_{r \in R(i)} e^{\mathbf{w} \cdot \mathbf{x}(r)}}\right)$$

$$(5.19)$$

生存分析的一个优点是不需要确定结果期，但我们偶尔还是会用到一段时期内的计算。一个显而易见的例子是粗分类（coarse classification）（见 6.7 节）时，我们先把特征的细分类（fine classification）按照属性统计好人和坏人数量，计算好坏比率。如果好坏比率相近，则属性可以合并。然而，好人和坏人数量需要给定结果期才能计数。当然，如果实在不想确定结果期，我们可以先建立一个 Cox 比例危险模型，尝试合并权重值相近且符合基本逻辑的属性类别。

5.4　风险竞争

生存分析能用同一份数据处理不同类型的风险事件。在医学中，这些风险事件可能是不同的致死原因。在信贷场景中，最直接的事件是客户违约、销户（churn）或提前还款（prepayment）。后两者都是客户提前终止了贷款合约，不再使用该产品。销户导致的客户流失通常发生在循环信贷（revolving credit）中，如信用卡，客户停止使用某银行的信用卡，转而在其他银行开卡。提前还款通常发生在固定期限贷款中，如房贷，客户在到期之前提前结清余额。违约和销户流失或提前还款对贷款机构来说都是负面事件，会减少客户带来的期望利润率。

T 表示从贷款发放到借款人终止使用贷款的时间，T_1 表示违约的时间，T_2 表示客户销户或提前还款的时间，那么

$$T = \min\{T_1, T_2\} \tag{5.20}$$

所以，设 $S_T(t)$、$S_{T_1}(t)$、$S_{T_2}(t)$ 分别是各自的生存函数，那么

$$S_T(t) = \Pr\{T > t\} = \Pr\{\min\{T_1, T_2\} > t\} = \Pr\{T_1 > t\}\Pr\{T_2 > t\} = S_{T_1}(t)S_{T_2}(t)$$

$$(5.21)$$

如果有 m 个竞争事件 $T_1, T_2, \cdots, T_m$，那么 $S_T(t) = \prod_{i=1}^{m} S_{T_i}(t)$。

用给定数据集计算生存函数时，我们对每个事件分别使用 KM 估计法。例如，我们用表 5.2 中的数据，其中 $t(i)$ 是事件发生的时刻，D 表示违约，E 表示提前还款，C 表示删失（观测截止或按期还完债务）。

表 5.2　竞争风险的例子

$t(i)$	1	2	3	4	5	6	7	8	9	10	11	12
$n(i)$	12	11	10	9	8	7	6	5	4	3	2	1
事件类型	D	C	E	D	D	C	E	D	C	E	D	C
$D(i)$	1	0	0	1	1	0	0	1	0	0	1	0
$E(i)$	0	0	0	0	0	0	1	0	0	1	0	0
$C(i)$	0	1	0	0	0	1	0	0	1	0	0	1
$h_D(i)$	0.083	0	0	0.111	0.125	0.000	0.000	0.200	0.000	0.000	0.500	0.000
$S_D(i)$	0.083	0.083	0.083	0.074	0.065	0.065	0.065	0.052	0.052	0.052	0.026	0.026
$h_E(i)$	0	0	0.100	0.000	0.000	0.000	0.167	0.000	0.000	0.333	0.000	0.000
$S_E(i)$	1	1	0.9	0.9	0.9	0.9	0.75	0.75	0.75	0.5	0.5	0.5

我们看到提前还款的危险率与违约的危险率显著不同，特征的效果也不同，在流失评分卡（churn scorecards）上更好。关于更详细的讨论，参见 Nie 等（2011）的信用卡客户流失研究和 Verbeke 等（2011）的文献评述。

我们可以用竞争风险模型考虑在违约和流失（提前还款）的情况下某个贷款的利润率。假定某贷款金额 L 需要在 T 个时期内还完，每期还 C，每期的利率是 i，那么 $L = \sum_{t=1}^{T} \dfrac{C}{(1+i)^t}$。如果我们对未来的还款以 r（无风险收益率）进行折现，在不考虑违约或提前还款的情况下，贷款的利润是

$$-L + \sum_{t=1}^{T} \frac{C}{(1+r)^t} \tag{5.22}$$

设违约的生存函数和危险函数分别是 $S_D(t)$ 和 $h_D(t)$，提前还款的生存函数和危险函数分别是 $S_E(t)$ 和 $h_E(t)$。如果贷款违约，设回收率是 R，在 t 时刻期初，贷款未偿余额是 $L(t) = L(1+i)^t - C\sum_{s=1}^{t-1}(1+i)^s$，那么真实的利润是

$$-L + \sum_{t=1}^{T} \frac{S_D(t-1)S_E(t-1)}{(1+r)^t}[C(1-h_D(t))(1-h_E(t) + (1-h_D(t))h_E(t)L(t)$$
$$+ (1-h_E(t))h_D(t)RL(t)] \tag{5.23}$$

对利润率的估计无法在一般估计固定某时刻违约（或提前还款）的信用评分模型上实现。McDonald 等（2010）在房贷组合上应用了式（5.23）的模型。类似的方法也在固定期限个人贷款上有尝试，见 Ma 等（2010）。McDonald 等（2010）先用式（5.23）估计单个房贷的利润率，再用 LIBOR 作为共同因素把不同房贷在 Cox 模型中的生存函数连接到一起，最后通过模拟的方法得到这个房贷组合的利润率。

另外一个竞争风险在消费信贷中的应用是区分不同类型的违约，为每个原因建立不同模型。Bravo 等（2015）区分了不愿意（won't pay）还款和没能力（can't pay）还款，建立竞争风险模型后，他们发现不愿意还款的违约行为相较于没能力还款的违约行为更早出现，即缺少还款意愿的人更早违约。

5.5 离散时间模型

到目前为止，我们谈论的生存分析模型都假定时间是连续的。但是，在消费信贷中，对于客户状态一般是每月检查一次，看账单到期后是否及时还款。所以，如何将连续时间生存分析拓展到离散时间或区间删失呢？区间删失是指关注事件（如违约）只能在某个给定的时间段内发生，当好坏状态只在每月检查一次时会出现这样的情况。

Cox（1972）提出了将连续时间延伸到离散时间的办法。设一共有 N 期，$n = 1, 2, \cdots, N$，定义拥有特征 $\mathbf{x}$ 的借款人在第 n 期内的危险概率（这里是概率，不是比例）是 $h(n, \mathbf{x})$。Cox 比例危险假设变成

$$\frac{h(n, \mathbf{x})}{1 - h(n, \mathbf{x})} = e^{\mathbf{w} \cdot \mathbf{x}} \frac{h_0(n)}{1 - h_0(n)} = e^{-s(\mathbf{x})} \frac{h_0(n)}{1 - h_0(n)} \quad (5.24)$$

其中，$s(\mathbf{x})$ 是 $\mathbf{x}$ 的分数，$h_0(n)$ 是基准危险概率。对式（5.24）两边取对数：

$$\ln\left(\frac{h(n, \mathbf{x})}{1 - h(n, \mathbf{x})}\right) = \ln\left(\frac{h_0(n)}{1 - h_0(n)}\right) + \mathbf{w} \cdot \mathbf{x} = d(n) - s(\mathbf{x}) \quad (5.25)$$

如果只有一期的结果，就类似于第 3 章介绍的对数比率分数。对此，我们可以用逻辑回归中的参数估计，把数据中借款人有 k 期的记录看作 k 条不同的样本，每期一个。目标变量的值是当期是否违约。从逻辑回归中得到的 $d(n)$ 是每个月的基准风险概率。

后来，Kalbfleisch 和 Prentice（1980）也提出了一种处理离散时间的方法，Hosmer 和 Lemeshow（1999）将此发展。他们把连续时间的概率生存函数转换成离散的版本。回忆连续的式（5.11）：

$$P_G(t^* \mid \mathbf{x}) = S(t^*, \mathbf{x}) = e^{-H(t^*, \mathbf{x})} = e^{-\int_0^{t^*} h(u, \mathbf{x}) du} = e^{-e^{\mathbf{w} \cdot \mathbf{x}} \int_0^{t^*} h_0(u) du} = e^{-e^{-s(\mathbf{x})} \int_0^{t^*} h_0(u) du}$$

$$= e^{-e^{-s(\mathbf{x})} H_0(t^*)} = \left(S_0(t^*)\right)^{e^{-s(\mathbf{x})}} \quad (5.26)$$

对离散时间 $P_G(n, \mathbf{x}) = \prod_{i=1}^{n} (1 - h(i, \mathbf{x}))$ 和 $S_0(n) = \prod_{i=1}^{n-1} (1 - h(i, \mathbf{x}))$，对应的关系是

$$\prod_{n=1}^{j} (1 - h(n, \mathbf{x})) = \left(\prod_{n=1}^{j} (1 - h_0(n))\right)^{e^{-s(\mathbf{x})}} \Rightarrow 1 - h(n, \mathbf{x}) = (1 - h_0(n))^{e^{-s(\mathbf{x})}}$$

$$(5.27)$$

两边取对数后，对数只对正数有效，我们得到

$$\ln[-\ln(1 - h(i, \mathbf{x}))] = -s(\mathbf{x}) + d(n), \text{ 其中 } d(n) = \ln[-\ln(1 - h_0(i))]$$

$$(5.28)$$

这种方法的好处在于，它是连续版本考虑区间删失后的转换。设时期 n 介于两次检查时刻 τ_{n-1} 和 τ_n 之间，$\tau_0 < \tau_1 < \tau_2 < \cdots < \tau_N$，那么

$$h(n, \mathbf{x}) = 1 - P\{T > \tau_n | T > \tau_{n-1}\} = 1 - e^{-\int_{\tau_{n-1}}^{\tau_n} h(t, \mathbf{x})}$$

$$= 1 - e^{-e^{-s(\mathbf{x})} \int_{\tau_{n-1}}^{\tau_n} h_0(t)} = 1 - \left(e^{-\int_{\tau_{n-1}}^{\tau_n} h_0(t)} \right)^{e^{-s(\mathbf{x})}} = 1 - (1 - h_0(n))^{e^{-s(\mathbf{x})}} \tag{5.29}$$

因为一般的统计分析软件都能处理区间删失，所以这个方法比较简单。在实践中，这也成为处理离散时间比例危险回归模型的成熟方法。

用离散时间比例危险回归模型来对消费信贷问题建模还会遇到一个麻烦。因为期数一般比借款人数量小很多，所以大量事件会发生在同一时刻。在用最大似然估计 $-s(\mathbf{x}) = \mathbf{w} \cdot \mathbf{x}$ 中的参数 $\mathbf{w}$ 时会带来很大的麻烦。如果每 n 期只违约一次，$n = 1, 2, \cdots, N$，违约者特征 $\mathbf{x}(a(n))$，那么与偏似然函数式（5.16）等价的离散版本是

$$\prod_{n=1}^{N} \frac{e^{\mathbf{w} \cdot \mathbf{x}(a(n))}}{\sum_{n=1} e^{\mathbf{w} \cdot \mathbf{x}(r)}} \tag{5.30}$$

然而，如果在第 n 期有 $d(n)$ 个违约，似然函数会变得很复杂。设 $A(n)$ 是在第 n 期有 $d(n)$ 个违约的集合，$R(n)$ 是在第 n 期前没有来得及违约或删失的潜在风险人群集合，$Q(n, A(n))$ 是 $A(n)$ 中所有借款人的排列组合 $d(n)!$ 的集合，如果 $P = (p_1, p_2, \cdots, p_{d(n)})$ 是其中一个排列方式 $Q(n, A(n))$，那么 $P(n, k)$ 是潜在风险人群 $R(n)$ 减去 P 中的 $k - 1$ 个借款人 $p_1, p_2, \cdots, p_{k-1}$ 后的集合。式（5.30）的似然估计变为

$$\prod_{n=1}^{N} \frac{e^{\mathbf{w} \cdot \sum_{r \in A(n)} \mathbf{x}(r)}}{\sum_{P \in Q(n, d(n))} \prod_{k=1}^{d(n)} \sum_{r \in P(n, k)} e^{\mathbf{w} \cdot \mathbf{x}(r)}} \tag{5.31}$$

因为 $Q(n, d(n))$ 中有很多项，对其求最大化需要大量的计算。Breslow（1974）和 Efron（1977）提出简化条件，使大多数统计分析软件都能支持。式（5.32）是 Breslow 近似，计算量较小；相比而言，Efron 的方法［式（5.33）］准确性较高。

$$\prod_{n=1}^{N} \frac{e^{\mathbf{w} \cdot \sum_{r \in A(n)} \mathbf{x}(r)}}{\left(\sum_{r \in R(n)} e^{\mathbf{w} \cdot \mathbf{x}(r)} \right)^{d(n)}} \tag{5.32}$$

$$\prod_{n=1}^{N} \frac{e^{\mathbf{w} \cdot \sum_{r \in A(n)} \mathbf{x}(r)}}{\prod_{k=1}^{d(n)} \left(\sum_{r \in R(n)} e^{\mathbf{w} \cdot \mathbf{x}(r)} - \frac{k-1}{d(n)} \sum_{r \in A(n)} e^{\mathbf{w} \cdot \mathbf{x}(r)} \right)} \tag{5.33}$$

5.6　时变特征

生存分析模型的另一个优点是它可以引入随时间变化的变量。在建模时，比例危险模型可以使用固定的特征 $\mathbf{x}$，也可以用随日历时间变化的特征 $\mathbf{y}(t_0 + t)$、随生存时间变化的特征 $\mathbf{z}(t)$（t 是贷款持续时长），t_0 是贷款发放时刻。那么，Cox 比例危险函数是

$$h(t, \mathbf{x}) = e^{\mathbf{w} \cdot \mathbf{x} + \mathbf{u} \cdot \mathbf{y}(t+t_0) + \mathbf{v} \cdot \mathbf{z}(t)} h_0(t) = e^{-s(\mathbf{x}, \mathbf{y}(t+t_0), \mathbf{z}(t))} h_0(t) \tag{5.34}$$

虽然这里我们有两个时间——日历时间和生存时间，所幸它们流失的速度一样。

随日历时间变化的变量有宏观经济变量，如房价指数、失业率和 GDP 增长率。随生存时间变化的特征可以是浮动利率。当然，这里我们依然要确保比例危险假设成立，即 $y(t_0 + t)$ 的系数 u 和 $z(t)$ 的系数 v 不随时间变化。为了克服这点限制，我们可以引入变量 $y(t)$ 和 $ty(t)$。如果它们有系数 u_1 和 u_2，那么它们对于评分卡的影响是 $u_1y(t) + u_2ty(t) = (u_1 + u_2t)y(t)$，即系数中包含了时间要素。

Stepanova 和 Thomas（2002）把生存分析引入行为评分。他们定义 $h^s(t, \mathbf{x}, \mathbf{y}(s))$ 是一个在贷款期限剩余的时间里的危险函数，其中 $\mathbf{x}$ 是借款人特征，s 是已经历的期数。他们假定有固定特征 $\mathbf{x}$，时变特征为 $\mathbf{y}(s)$。Cox 比例危险函数是

$$h^s(t, \mathbf{x}, \mathbf{y}(s)) = e^{\mathbf{w} \cdot \mathbf{x} + \mathbf{u} \cdot \mathbf{y}(s)} h_0^s(t) \tag{5.35}$$

注意：这里的基准危险函数也是随贷款时间变化的。

Bellotti 和 Crook（2009）在信用卡申请评分的生存分析中引入了经济变量。他们发现银行利率和收益收入比（earnings to income）是最有预测能力的经济变量，生存分析评分卡和逻辑回归评分卡表现相当。Malik 和 Thomas（2010）没有把经济变量直接用来建模，而是用传统方法计算了一个随时间变化的行为分数 $\mathbf{s}(t)$，然后加入经济变量 $\mathbf{e}(t + t_0)$ 和账龄变量 $\mathbf{a}(t_0)$ 表示贷款开始时间，得到危险函数：

$$h(t, \mathbf{s}(t), \mathbf{e}(t + t_0), \mathbf{a}(t_0)) = e^{\mathbf{w} \cdot \mathbf{s}(t) + \mathbf{u} \cdot \mathbf{e}(t + t_0) + \mathbf{c} \cdot \mathbf{a}(t_0)} h_0(t) \tag{5.36}$$

他们发现，经济变量和账龄变量都显著提高了违约概率预测的效果，但在排序预测上提升得不多。他们这种引入经济变量的方法对消费信贷组合的信用风险建模也很有用。不同贷款的相关性就是用经济变量取值的变化来刻画的。

另外还有一种 Breeden（2007）提出的双时动态方法（dual – time dynamics approach），用在组合层面而非个体层面。他们从日历时间和生存时间的变化率相同出发，建立起与人口统计学中年龄时期队列（age – period – cohort）模型的关系。这个模型可以估计组合的违约率和损耗率，而不是个体的违约或损耗时间。设 t 和 t_0 分别是日历时间和贷款批次（它开始的时刻），贷款的当期年龄是 $a = t - t_0$。t_0 时刻建立起的组合在 t 时刻的违约率 $\mathbf{r}(a, t, t_0)$ 定义为

$$\mathbf{r}(a, t, t_0) = e^{m(a) + e(t + t_0) + q(t_0)} \tag{5.37}$$

其中，$m(\cdot)$ 是期限函数，$e(\cdot)$ 是外部经济函数，$q(\cdot)$ 是账龄质量函数。Breeden 和 Thomas（2008）把这个模型应用在不同国家的不同贷款组合上，进行了研究。

我们可以用加入宏观经济变量的生存分析模型做压力测试。Bellotti 和 Crook（2013）建立了加入宏观经济变量的离散时间生存分析模型，他们还用蒙特卡洛模拟（Monte Carlo simulation）从历史经济变量分布中生成新的样本点。所以，他们可以不断重复预测每个账号的危险率，以此估计组合的违约率。如果违约暴露全部损失（LGD = 1），他们就可以用损失分布计算在险价值（Value at Risk, VaR）。关于在险价值的内容，可以参见 11.4.2 节和 Marrison（2002）的论文。在这里，重点之一是如何确定宏观经济变量之间适当的协方差，使其符合经济学意义，但从经验分布上随机生成显然不具备这个性质。Bellotti 和 Crook（2013）用 Cholesky 分解来解决这个问

题。Bellotti 和 Crook（2014）用主成分分析法（Principal Component Analysis，PCA）对宏观经济变量提取成分，再加入生存分析。这些因子的值依然可以采用蒙特卡洛模拟，进而计算 VaR。第一种方法得到的 VaR 等于中位数的 1.59 倍。第二种方法在两个产品上分别得到了 2.11 倍和 2.43 倍中位数的结果。

5.7　强度模型

接下来发展出来的是参数化的强度模型（intensity model）。为了理解它，我们设想有一个表示还款状态的转移矩阵，状态 0 表示按时还款，状态 1 表示逾期 1 期，以此类推。强度模型预测时期 s 到时期 u 期间（$u>s$），某账户 i 从状态 h 转移到状态 j 的概率 $p_{hji}(s,u)$。考虑账户 i 在时期 0 到时期 τ 间从状态 h 转移到状态 j 的计数过程 $N_{hji}(t)$，有个补偿项 $\Lambda_{hji}(t)$：

$$\Lambda_{hji}(t) = \int_0^t \alpha_{hji}(v)\,dv \tag{5.38}$$

其中，$\alpha_{hji}(v)$ 是转移强度（transition intensity）。这意味着 $N_{hji}(t) - \Lambda_{hji}(t)$ 是个鞅（martingale），因此 $E(dN_{hji}(t)) = E(d\Lambda_{hji}(t))$。

转移强度是某一个转移事件在某时刻发生，而之前未发生的瞬时概率，可以把它重写为

$$\alpha_{hji}(t) = Y_{hi}(t)\alpha_{hj0}(t)r(\beta_{hj}^T \mathbf{x}_i(t)) \tag{5.39}$$

其中，$Y_{hi}(t)$ 是一个指标，表示账户 i 在时期 t 处于状态 h，取值为 1。α_{hj0} 是一个基准转移强度，对所有从状态 h 转移状态 j 的样本相同。β 是要估计的系数向量，$\mathbf{x}$ 是协变量向量。可用的协变量包括申请特征（不随时间变化）、行为特征（针对个体，随时间变化）、经济变量（对所有个体或部分个体适用，随时间变化）。在实证研究中，常常假定函数 $r(\cdot)$ 是一个指数函数。我们必须加入指标函数（indicator function），否则只要不是最开始就处于状态 h，账户就无法从状态 h 离开。强度函数可以类比于危险函数，但它关注的是转移事件。传统假设是删失独立于时间。也就是说，未在窗口期内观察到样本从状态 h 转移到状态 j 并不影响统计建模过程，不影响参数估计。基于这个假设，我们可以用一般化的 Cox 偏似然法来估计 β，更多细节请参见 Andersen 等（1992）、Leow 和 Crook（2014）。

参数估计完成后，我们就可以为每个账户在每个时期内的每一个可能的转移计算强度积分，即式（5.38）。积分后的强度矩阵被称为生成矩阵（generator matrix），用 $\mathbf{A}_i(t)$ 来表示。最后，每个账户在任意两个时刻间可能转移的转移矩阵可以用乘积积分得到：

$$P_i(s,u,\mathbf{x}_i) \cong \prod_{(s,u]}\{\mathbf{I} + \mathbf{A}_i(v;\mathbf{x}_i(v)) - \mathbf{A}_i(v-1;\mathbf{x}_i(v-1))\} \tag{5.40}$$

其中，$\mathbf{I}$ 表示单位矩阵，为了简化，我们没有标注其角标 h 和 j。

用这个方法，Leow 和 Crook（2014）基于一个英国银行的信用卡数据计算出了参

数化的强度分布。他们定义了四个账户状态：0、M1、M2 和 M3。第四个状态也就是三期逾期，记为违约，这也是个吸收态，进入后无法退出。他们把每期 6 个不同转移方式的系数符号报告出来。他们的模型在 12 个月内准确预测了 83% 的账户所处的状态。这个模型还可以在第 6 期时预测账户在第 12 期的状态。这个模型倾向于低估向轻微逾期方向的转移，而高估向严重逾期方向的转移。简单来说，这个模型比较谨慎，偏保守。这个模型的其他应用还包括检验参数显著性、检验经济因素对转移的影响等。Lando 和 Skodeberg（2002）就是其中的一个例子。它也可以用在公司研究中，如 Duffie 等（2007），他们发现模型对破产和逾期的一年期预测达到了 90% 的正确率。

5.8 巴塞尔模型

截至目前，我们都在谈论如何用生存分析模型建立评分卡来预测违约概率或提前还款行为，而对消费信贷影响最大的巴塞尔协议要求贷款机构顾及贷款组合的三个内容：违约概率（PD）、违约损失率（LGD）和违约暴露（EAD）。违约损失率是停止催收时没有回收的部分占违约时未偿余额的比例。违约暴露是违约时的未偿余额和承诺义务，这在循环信贷中是个难题，如信用卡和透支。因为即使知道当前余额，12 个月后的违约余额也会有很大的不同。如何用生存分析预测 LGD，值得研究。普通回归方法得到的结果较差，R^2 为 0.05 ~ 0.35（Somers 和 Whittaker，2007；Zhang 和 Thomas，2012；Bellotti 和 Crook，2012）。这是因为 LGD 通常是"U"形分布，在两端形成高峰，如果债务结清，那么 LGD = 0；如果没有收回任何资金，LGD = 1。对企业贷款的 LGD，标准方法是用加入宏观经济和公司特征的 beta 回归（Gupton 和 Stein，2002），但这在零售信贷上并不适用。还有个问题在于其实很多数据是删失的，因为即使在违约发生数年以后，催收可能仍在继续。这时，善于处理非标准分布和删失数据的生存分析就能派上场，特别是非参数的生存分析。

学者已经提出几种用生存分析预测 LGD 或回收率（RR）的方法，这里 RR = 1 - LGD。Witzany 等（2012）预测在催收过程中的还款现金流。他们用 Cox 比例危险模型预测在债务清偿前停止还款的时间。知道了停止还款的时间分布，就能计算回收金额（Recovery Amount，RA）。如果违约金额是 D，我们可以计算回收率：RR = RA/D，然后得到 LGD(1 - RR)。

不同的是，Zhang 和 Thomas（2012）把生存分析建立在回收率上，而非停止回收的时间。所以，他们的危险函数 $h(r, \mathbf{x})$ 是从特征为 $\mathbf{x}$ 的违约者回收到 r 比例的金额，并假定此后将无法收回其余所有未偿余额。在这个模型中，删失事件是催收期结束或已经全部回收。他们用这个方法建立回收率和回收金额的模型，发现直接预测回收率比先预测回收金额再计算回收率（RR = RA/D）的效果要好。在这些例子中，用 Cox 比例危险模型可以建立催收评分卡，预测哪些违约者最有可能还钱。用这种催收分数来决定如何催收时需要更加谨慎，因为未来的结果会受催收行为的影响。在违约评分卡中，我们忽略了贷款机构政策对违约概率带来的影响。在催收过程中，显然最后回收金额会受到违约者特征和催收行为的影响。所以，我们需要思考催收策略变化对回收率的影响。

最后，我们来讨论一下如何用生存分析预测催收过程中除了停止还款的其他重要事件的时间。在有抵押消费贷款中，如车贷和房贷，两阶段模型是最有效的（Lucas，2006）。它假定损失只会在抵押品收回并出售时才会发生。所以，在第一阶段，我们预测抵押品被收回的概率，在第二阶段预测资产折价比例（haircut）。这里的前提假设是抵押品卖出的价格会低于期望或价格指数，因为收回的抵押品质量低于平均水平，且急于出售。折价的比例就是在出售中相对价格指数减少的那部分。Leow（2010）用生存分析估计从违约开始计算到收回和出售的时长，发现从违约到收回的时长，以及从收回到出售的时长，都会影响折价比例。

目前，我们还没看到用生存分析预测 EAD 的研究，这是因为 EAD 中的删失情况很少。在预测 EAD 时，我们一般先估计信用转换因子（Credit Conversion Factor，CCF），它是未使用额度中将来会在违约前使用的比例。然后，我们定义：

$$EAD = 当前余额 + CCF \times（信用额度 - 当前余额）$$

CCF 的分布与 LGD 的分布十分类似，在两端 CCF = 0（与当前剩余额度相比没有变化）和 CCF = 1（借款人在违约前用光了所有额度）的频率很高。这时，就可以发挥生存分析应对特殊分布的优势。更多关于 LGD 和 EAD 的建模，请参见第 11 章。

第6章 数据管理

6.1 引言

在很多章节，我们都穿插提到关于数据的内容，第 2 章也简要讨论了用来建模的数据源。我们常常也有至少 100 个特征变量作为备选，而建模样本更是可以高达几十万个。在大数据时代，可用信息甚至比这多得多（Trench 等，2003）。当然，随着大数据的出现，我们需要操作的数据集也变得越来越大，随之而来的是一系列问题——数据计算问题、数据接口问题、数据操作问题和数据缺失问题。

前面三章我们介绍的都是建模方法，这一章我们要讨论在建模前后与数据管理相关的很多细节问题，以及在实际运用评分卡的时候需要面对的现实问题。因此，接下来的小节包括我们如何选择建模的样本和变量。很多是来自实际经验，也就是经验法则和常规原则。还有一些比较技术的问题，涉及数学的内容。最后，我们还要介绍四个话题：拒绝推断（reject inference）、人为撤销（overrides）、阈值设定（setting the cutoff）和模型校准（scorecard calibration）。

6.2 样本设计

6.2.1 结果期

对所有的申请评分和行为评分方法，我们都需要一批包括过往客户及其贷款申请历史的样本用来训练模型。然而，在选择样本时，我们会遇到两个矛盾的目标。

首先，我们希望建模样本能够代表未来的申请人，也就是申请总体（through – the – door）。其次，我们希望这里包括足量的不同还款表现的个体（好人和坏人等），进而找到那些适用于所有申请总体并影响其行为结果的特征变量。

想要更接近未来的申请总体，显然近期使用过同样贷款产品的样本更好，但为了明确其好坏表现，我们需要等待一段适当长的时间，也就是他们申请贷款后一段合理的时间。

在申请评分中，我们的结果期可以选择在 12 ~ 24 个月。换句话说，我们需要 12 ~ 24 个月之前提出申请的样本，然后分析样本截至目前的期间内的表现。通过一些简单分析，我们就能看到违约率是否在 12 个月或 15 个月后仍在持续上升。

对住房按揭贷款来说，我们需要一个更长的结果期。这很可能是因为借款人就算资金有限，也会优先还房贷，违约出现得较晚，否则会影响他们的生活。所以，贷款机构需要更长的时间来发现面临财务危机的客户。当然，在不同的国家和文化背景下，还款优先级可能有所不同。

在行为评分中，我们倾向于更短的结果期，比如预测未来 6 个月的表现，这样我们只需要 6 ~ 12 个月前的历史样本。

6.2.2　样本量

接下来的问题是确定样本量大小，以及样本中好人和坏人的比例。我们是应该设计好坏相等的样本，还是让样本反映总体中的好坏比率？

一般情况下，我们的总体中，好人数量远远多于坏人。在样本中保持与总体相同的好坏比率，意味着可能没有足够的坏人样本来全面表现坏人的特征。因此，我们倾向于样本中好坏比率在 1∶1 附近。如果好坏比率的分布与总体好坏的分布不一致，我们可以在样本的预测结果中进行调整，使其达到一致。当然，在某些特定市场，如次级人群和高危人群，坏人比例高达 30%、40% 甚至 50%。

用一个具体的例子来说明：有一个由 10 万个好人和 5000 个坏人构成的数据集。我们只用其中的子集 2 万个好人和 5000 个坏人来建模，这里我们用了全部的坏人，而只用了 1/5 的好人，所以最终结果需要进行缩放。在回归模型中，这个过程自动完成，因为好人和坏人在总体中的比例会被用到计算中。在其他方法中，需要在建模后由我们进一步计算完成。例如，在分类树中，用来建模的样本中的好人占 50%，而真实总体的好人比例是 90%。如果一个节点的好坏比例是 3∶1，那么这个节点的真实比率是

节点好坏比率 × 总体好坏比率 ÷ 样本好坏比率 ＝ [(3/1) × (9/1)]/(1/1) ＝ 27∶1

经验告诉我们，为了建模，我们需要好和坏各 1500 个有效样本。然而，这个经验适用于在过去纸质申请还很普遍、需要在各网点发放、采集数据也很费时间的情况，只是在过去落后条件下的最低样本量的要求。

现在，我们完全可以从相反的方向考虑最多能用多少个样本。Makuch（1999）认为，我们只需要 10 万个好人样本，再多就没什么必要了。于是，我们可以把所有的坏样本都用起来，加上 10 万个好样本。这个样本集被分为两部分：一部分用来开发模型，另一部分当作保留样本用于测试。保留样本一般占总样本的 20% ~ 40%。关于样本不平衡问题的学术讨论，请参见 4.10.3 节。

现实问题是，很多情况下我们无法获得如此多的样本。我们是否可以把不同产品的样本，或者把不同公司的样本合并到一块，组成更大的样本集？这在 2.6 节中已有讨论，被称为通用评分卡。当然，这样做需要特别小心，因为有抵押贷款（如房贷和大件物品的租购）与无抵押贷款（如信用卡等产品）的特征属性完全不同。

一些统计方法可以最大限度地利用有限样本中的信息。这些方法包括折刀法和自

展法，分别在4.2节和8.4节中介绍。

在组合层面，我们也遇到过坏样本很少的情况。例如，这个组合本身的风险很低；或者很新，违约还未出现；或者组合本身是小众资产，规模不大。这些都为我们带来了很大的挑战。国际清算银行（Bank for International Settlements，BIS）和英国银行监管机构（Financial Services Authority，FSA）都建立了相应的部门，研究如何使违约较少的资产组合的信用风险模型依然稳健。

6.2.3　样本选择

如果我们想从申请总体中随机选择样本，那么这个抽样的方法一定要保证是完全随机的。如果我们有一个申请中心数据库，把申请人按申请时间排列，这不会是个太大的问题。从好人清单中每隔十个人选取一个，这样我们有很大概率能随机选到10%的好人，这个方法还能兼顾样本的季节性等其他周期性。

然而，如果这个申请清单是在网点层面建立的，我们需要首先建立一个城市和乡村网点混合的网点清单，保证在社会经济条件、地理等方面的合理分布。这就要求我们进行分层抽样（stratified sampling）而非完全随机抽样，即在网点层面随机抽样。值得注意的是，如果我们选择某一个月的所有客户样本，这表面上看起来很合理，但实际上会有很多偶然因素的影响，例如刚好在开学季，样本中的学生数量肯定很多，样本就不是完全随机的了。

但有时我们也需要加入这种样本偏差，这取决于产品设计。假设某个产品本身是为年轻人设计的，而原来的总体比较平均，这时我们更期待样本中有较大比例的年轻人。我们的目标是使建模样本能够反映申请总体；更准确地说，是反映用来建模的申请总体。这意味着我们需要把样本中因为政策原因无法被接受的贷款或者应当自动接受申请的重要客户剔除掉。前者一般是年龄不合格、处于破产中或没有征信记录的人，后者一般是有大量存款或有房产的人。

在行为评分中，这个问题较为简单。评分总体就是现存客户。虽然有账户关闭，有新账户产生，但现存客户总体在短期内的变化是很微小的。

催收评分可以被看作行为评分的一种。如果催收流程发生了变化，正处在催收过程中和新进入催收过程的样本都会变，这时我们就需要仔细考虑到底哪个是评分总体。

这些样本选择其实都是建立在我们对于好坏进行了定义的基础上的。下一节我们会讨论好坏定义，以及不能被明确划分到好或坏类别样本的处理方法。

6.3　好坏定义

作为建模的一个环节，我们需要定义好坏。明确了坏人并不意味着其他人就一定是好人，至少还存在其他两类人群：第一类是不定人群（indeterminate），介于好坏之间；第二类是经历不足（insufficient experience），即不够活跃的人群。

在信用卡组合中，坏人的常规定义是从账户开卡激活后到结果期，中间出现了连续三期及以上逾期。这还被细分为"曾经 M3 +"（Ever 3 + Down）和"最差 M3 +"（Worst 3 + Down）。不定人群包括那些出现过两期逾期的人。他们其实给数据采集带来了麻烦，比如有人反复多次两期逾期，但没有达到三期逾期。另外，我们还需要找出经验不足的样本。假设我们的开发样本窗口期是 18 个月中发放的贷款，对每个账户在一年后设置观测，那么整个结果期是 18 ~ 30 个月。那么，我们可以把一共只有少于 3 个月（或更短）有效活动（消费或取现）的样本贴上"经历不足"的标签。这些人不是坏人，但由于活动太少，也不便确定为好人。排除这两类人群后，其他都可以算作好人。

这只是其中一种划分方式。我们还可以根据产品灵活调整。例如，坏人可以是曾经 M3 + 或 M2，经历不足的人也可以是 6 个月内没有支出活动。我们也可以把 M1 归类到不定人群。

在消费分期类贷款组合中，情况相比而言较为简单。我们可以把三期逾期或两期逾期定义为坏人。不定人群可以是有一次逾期、多次单期逾期或两次逾期。如果样本窗口选得好，很可能也没有经历不足的账户。另外，如果客户赎回贷款，即几个月内一次性结清贷款，我们也可以把他归为经历不足。在这类"截断贷款"（truncated loan）中，银行通常获利较少，甚至无法获利。第 5 章介绍的生存分析就可以处理这种多种结局的复杂情况，从利润率的角度分析，我们有好几种不想看到的结果。

在考虑有抵押贷款的时候，好坏的定义会有很大变化。在有抵押品的情况下，我们定义的好坏会根据客户是带来利润或损失来确定，这个差别就很大了。例如，如果一个房贷出现违约，我们收回房产，进行法拍转让，收回了所有余额和催收的司法成本，有的贷款机构不会将这些账户归属于坏样本。另一些贷款机构在建模中把这类客户当成坏人，或是当成不定人群。房贷中也经常有客户提前还款，提前一次性还清，我们也能类似地归为不定人群或经历不足。

对于有透支功能的支票或现金账户，好坏定义也需要相应调整。此时我们不再有每月账单，也就没有逾期了。因此，我们有完全不同的好坏定义，例如我们可以把借款金额超过透支额度的个体当作坏人。

无论好坏如何定义，都不影响我们的建模方法（这里假定每个类别没有交集，即一个样本只能被归为一类）。通常我们可以舍弃不定人群和经历不足的样本，只用好坏样本建模。当然，好坏定义肯定会影响建模结果。不同的定义得到不同的评分卡，体现在不同的权重和选用的特征上。然而，这并不意味着评分卡的表现会差别很大。也就是说，虽然好坏定义不同会导致评分卡看起来有所不同，但不同评分卡在拒绝或接受的决策上其实比较一致。

我们用很极端的坏人定义来确认坏人样本还会带来额外的问题，因为这种情况下我们只能获得很少的真实坏样本，使模型不够稳健。相较于理论定义，从现实情况来考虑好坏定义更合理，比如从利润正负上来思考。对好坏的定义，我们需要一致性的标准，而非一个容易变化的因素。一般来讲，好坏定义需要合理周全，能够让基于此的评分模型足够有效。

还有几点需要补充：第一点，我们在确定坏人时，更倾向于"曾经"定义，即只要在结果期内达到过一次坏人条件，我们就确定为坏账户，无论在观测点上还是结果期末它最终的状态如何。还有人在建模时喜欢用"当前"状态，也就是当一个账户在观测点上达到坏人条件时才被确定为坏账户，无论在结果期内它曾经有多坏。两种方式各有利弊，没有统一的标准。也许，最好的办法是回到坏人的本源：如果我知道他是这样的，那么我肯定会拒绝他。

第二点是我们将在 6.9 节讨论的拒绝样本，即提出申请但申请未通过的那部分人。显然，我们没有假定他们都是坏人；相反，我们想知道这里面原本有哪些是好人，进而接受他们。

第三点是关于未采用（Not Taken Up，NTU）人群的。我们接受了这些人的申请，但申请人决定不采用贷款或不使用信用卡。对这些人，我们认为他们是可以接受的，所以没有拒绝他们，却被他们拒绝了。也许他们的计划安排发生了改变（不买车、不度假等），不需要用钱了，或者他们从其他贷款机构以更低的成本借到了钱。

最后一点是，我们看到，关于窗口期、结果期、好人、坏人的定义都不是一成不变的。在贷款机构之间、在产品之间、在建模流程之间都可能出现不一致的定义，但是它们需要在建模的时候明确，得到高管的批准，正确地记录和验证，并且符合监管条例。

6.4　备选特征

用来区分好坏的特征一般来自三个数据源：申请者、征信机构和内部系统。贷款机构内部系统里有申请者之前的交易历史、信贷历史和其他账户信息。我们把征信数据留在下一节讨论，这里先关注申请特征。

表 6.1 是来自三个贷款产品的申请表特征：车贷、美国信用卡和英国信用卡。

有些变量是当地法律禁止使用的。美国 1976 年的《平等信贷机会法》（*Equal Credit Opportunity*，1976）禁止在种族、肤色、宗教、国籍、性别、婚姻状况、福利状况或年龄上出现贷款发放歧视。比较有意思的是，如果年龄较大的申请人在该特征上得分较高，则可以在评分卡中保留年龄特征。英国 2010 年的《公平法》（*Equality Act*）也有类似的禁止条款，评分卡不能使用种族、宗教、性别、年龄、婚姻状况和残疾状况等信息。不过，在考虑到法律因素排除一些对建模有用的信息前，我们先提醒三点：

● 不同国家对用于建模的信息有不同的法律要求，规定了哪些是可以被采集的、哪些是可以被使用的。

● 规则在不断变化，行为评分的要求比申请评分的松，对小微企业的建模要求比对个人的要松。

● 就算不允许在评分卡中使用某特征，我们也能采集和分析它，主要用于市场营销和产品推广，如交叉销售、抵押评估和身份验证。

表 6.1　三张申请表中用到的特征

特征	车贷	美国信用卡	英国信用卡
邮编	√	√	√
现址时长	√	√	√
居住条件	√	√	√
职业	√	√	√
工龄	√	√	√
月薪	√	√	√
其他收入	√	√	
抚养人数	√	√	
子女数量	√	√	
现金账户	√	√	√
储蓄账户	√	√	
信用卡	√	√	√
商店卡	√	√	
生日			√
电话		√	√
月供	√		
总资产	√		
汽车年份	√		

确定了在申请表中可以问的问题（特征）后，我们还得想想可能的答案（属性）。例如，对居住条件，我们可以采用开放性填空，得到的答案可能是千奇百怪的："自有房产无按揭""与朋友同住""正要买房""集体宿舍""房车"等等。我们也可以设定选项，只能从"自有/租房/与父母同住/其他"中选择其一。对大部分问题，我们都限制了客户的答案，当然一般也会设置一个"其他"选项。选择"其他"的比例应该保持较低水平，这个比例需要被监测。如果它很高，显然里面包含了一个我们没有考虑到但又很重要的情况。这里的比例"高"是指大于 10% 或 5%。还有一种情况是申请人或填表人很懒，不加思考就选"其他"，不关心真实答案。

另一个问题是，当客户没有回答问题时我们该怎么办。常规办法是为每道题设置一个"没有回答"的类。但有时，这种"没有回答"很可能是"无法回答"造成的，例如问一个未婚的人配偶收入是多少。这时，我们会看到电子表格就有动态和定制的优势，即可以根据前面问题的答案选择性显示之后的问题。当然，在数据系统中，未

6.5.4 信息共享

很多年前，贷款机构和征信机构都认识到把客户表现的信息共享能创造价值。因此，最简单的方式是多个贷款机构都把自己手上掌握的现存账户的当前表现细节贡献出来。如果某客户在申请一个新的信贷产品，同时他已在参与信息共享的机构那儿有一个信贷账户，那么到征信局一查就知道他的现存信贷账户是逾期还是正常，还能看到历史还款记录的摘要、信用额度、下次还款日期等。

征信局有很多运作方式，它们也需要被监管。在英国，指导委员会（Steering Committee on Reciprocity，SCOR）制定规则，决定谁能共享信息，并制定数据质量和完备性的基础标准，监督数据使用。

当我们想要查询现存账户或近期账户的数据时，数据流量问题就出现了。在英国，成年人口有4000万人，几大征信机构共有超过4.5亿条记录。当贷款机构进行查询的时候，它们一般不知道客户持有的贷款产品来自哪家公司，但它们可以看到贷款的类型，如循环信贷、邮购或信用卡。

6.5.5 聚合信息

当数据变多时，征信局还有一个优势是创造新的方式辅助贷款审批。当贷款机构提供的信息深度足够时，例如有邮编地址，征信局便能在邮政区层面生成变量，即把同一邮编的数据聚集到一块，它们可以创造以下新的数据：

- 该邮编的违约家庭比例；
- 该邮编的正常账户比例；
- 该邮编的三期逾期账户比例；
- 该邮编12个月以内的核销比例。

在建模时，这些数据能够提供帮助。因为这种数据与主体无关，所以不受数据保护规定的限制。

6.5.6 欺诈预警

征信局还按地址记录和存储欺诈事件。这些包括第一方欺诈，即账户主体是欺诈分子；也包括第三方欺诈，即账户主体不是欺诈分子，但这个账户被欺诈分子盗用。

根据地址，征信局可以提供欺诈预警服务。这显然并不意味着所有来自这个地址的申请都是欺诈，但贷款机构可以以此作为信号，加以小心对待，提高信息验证等级。事实上，大部分被欺诈预警的都是真实申请，因为预警是由先前的欺诈行为造成的。我们需要根据社会常识、商业经验和行业规范来共同决定它是否属于欺诈。当预警被提出时，贷款机构需要对贷款申请更加谨慎小心，但只有当贷款机构发现真正的欺诈证据时才能拒绝这个申请。我们也不能因为其他机构的欺诈证据而认定自己的客户是在欺诈，在有些国家，这是违反规定的。

6.5.7　增值服务

如前文所述，征信局搜集的信息很多，它们还可以计算生成新的聚合信息。在6.5.5 节我们给出了征信局自身构建的数据例子。有些征信局能建立负担能力（affordability）模型，以及其他增值产品和服务，其中最主要的模型之一是征信通用评分卡。

建立征信评分与常规信用评分并无区别，只是征信分数是通用分数。在贷款机构使用它的时候，有一些缺点：

- 评分不来自特定一家贷款机构的经验。
- 评分与贷款机构的市场地位不相关，即分数平均质量可能会比某贷款机构平常看到的高或低，不完全吻合。
- 评分不限定于某一具体产品，不建立在产品特征上。
- 坏人定义是通用的，但可能会不适用于贷款机构的某个特定产品。

另一方面，征信评分在某些情景下很有用处：

- 当贷款机构的业务量还很小时，贷款机构没有足够的数据来建立自己的评分卡。为了利用评分模型的优点，它们会把通用评分根据自己的经验进行校准。这可以使它们建立起对模型运行的信心，以及设定满足自身需求的阈值。
- 当贷款机构推出一款新产品或进入一个新市场时，就算是大型机构，征信评分卡也能发挥作用，因为针对这款产品的定制评分卡还缺少数据来训练。

6.5.8　征信监管

在讨论了征信局所掌握的信息以及信息匹配的方式后，我们发现，就像征信局的名字那样，它是进行信用信息征集的机构。除了提供通用评分、邮编聚合数据等特别服务，它们其实就是信贷行业的中介机构，帮助提高可用信息的可得性，支持批量的申请。

征信局记录准确的信息很重要。显然，它们并不对数据负全责，因为大部分数据是由其他公司提供的，但它们需要对数据质量进行跟踪，提醒数据提供方关注数据质量问题。

信息主体也有权知道征信局掌握的关于他们的数据，同时可以检查信息是否有误。这项权利在各个国家有所不同。在美国，每人都有权从三大征信机构每年免费获得一份征信报告。在英国也是这样，只是需要少量费用。在不同国家，更正错误信息或删除记录的程序也不一样。

6.5.9　非个人信息

截至目前，我们都在讨论个人征信。类似地，我们也有企业征信的增值服务。其中，公共信息包括公司董事的信息及其关联公司的信息，甚至还包括财务信息和司法信息。

征信局也用模型对公司可信度进行评估，结果通常以授信额度的形式来体现。这表示如果一家公司的授信额度是25000美元，那么征信局建议的所有金融机构给这家公司的授信总额就是25000美元。当然，通常我们也无法知道其他金融机构会给这家公司多少授信额度。征信局还可以评估公司的发展实力，不仅包括财务状况，还有公司所处行业及宏观经济状况。

对小微企业来讲，征信信息和个人差不多。对较大规模的企业，公共数据变得标准化。对全国性和跨国公司，征信局能提供的额外信息很少，仅仅是让公共信息更快地被披露出来。

6.6 样本分层

之后两节，我们会讨论如何筛选特征进入模型，以及如何进行变量转换。不过，在此之前，我们先考虑是否应该把建模总样本划分成子样本。

为了充分利用我们采集到的数据，考虑到政策因素、统计因素的影响，我们需要进行样本分层。例如，在行为评分中，我们希望对老客户和新客户单独建立评分卡。这是因为某些变量（如近6个月平均余额）在新客户上无法计算，我们也认为两个人群在变量上的表现不同。我们也可以用数据来确定新客户的标准。政策因素方面，贷款机构希望对年轻客户和年老客户采取不同策略，这就需要对他们分别建模，对于年轻和年老的划分需要基于采集到的数据。

对样本进行分层的统计因素是特征之间存在的相关性，那么我们有必要为某特征的不同属性类别单独建模。通常，我们可以先用分类树找到这个特征与其他变量的相关性。在顶端最开始的分裂方式就是一个合理的分层建模方式。然而，变量间的相关性并非一成不变，当加入或删除某变量时，变量的相关性会发生变化。

因此，我们倾向于根据政策原因而非统计原因来决定是否进行样本分层。Banasik等（1996）发现，分层建模并不总有更优的预测效果。如果子样本的区别并不大，建立在小样本上的模型产生的成本比分层后灵活性带来的优势还大。如果根据 $X_0 = 0$ 或 $X_0 = 1$ 来进行样本分层，其实相当于建立一个评分卡，根据 X_0 的值，Y 的取值是 $Y_0 = (Y \mid X_0 = 0)$ 或 $Y_1 = (Y \mid X_0 = 1)$，那么 $Y = a_0 + a_1 X_0 + a_2 X . X_0 + a_3 X . (1 - X_0)$，这与原评分卡经过临界值调整后的一样。当然，如果有两个评分卡，我们可以精确设定各自的临界值，保证好坏边际比率在每个子样本的临界值上一致。

6.7 粗分类

我们划分了子样本后，也许就在想选用第3、第4、第5章的哪一个模型来建模打分了，然而并非如此。首先，我们需要查看每个特征，将其中的答案分成数量较少的类别，即对特征进行粗分类。这样做的理由有两个：一是变量本身是分类变量（离散取值），需要进行处理；二是连续或准连续变量的取值太多（无限或非常多），也需要进行分类处理。

对分类变量，太多的属性类别会造成个别类别里面的样本数量偏少，使分析不稳健。对连续变量，信用评分更多关注的是预测风险而非解释风险，如果这个连续变量与风险呈非线性关系，我们可以对该连续变量进行分段，给出更好的预测。我们来看这种情况在例 6.1 中的具体表现。

【例 6.1】居住条件特征

假设对"你的居住条件是怎样的"这个问题，我们搜集了 1 万个样本的答案，放在表 6.2 中。总体好坏比率是 9：1，但是每个属性的好坏比率从 20：1 到 1：1 不等。问题是我们是否需要保留原始的 6 个属性类别。样本中，回答"不知道"的只有 20个人，"其他"的只有 140 个人，"租房有装修"的只有不到 5% 的样本，在这三类中的个体数很少。虽然没有简单的准则衡量样本数量是否充足，但如果选这些类别的人数过少，我们其实对其好坏比率没有太大信心，其并不能代表总体中这个属性的真实值。于是我们把这三类合在一起，生成一个新的"其他答案"，里面有 450 个好人和200 个坏人，也是好坏比率最差的一类。考虑是否要把"租房有装修"和"租房无装修"合并在一起的时候，我们看到它的好坏比率显示它们之间的差距似乎没有文字含义上的差距那么多。同样地，如果我们只构建三个新类别，那应该是"自有"（6000个好人，300 个坏人）、"租房"（1950 个好人，540 个坏人）、"其他"（1050 个好人，160 个坏人），还是"自有"（6000 个好人，300 个坏人）、"与父母同住"（950 个好人，100 个坏人）、"其他"（2050 好人，600 坏人）？

表 6.2 居住条件

属性	自有住房	租房无装修	租房有装修	与父母同住	其他	无答案	总计
好人	6000	1600	350	950	90	10	9000
坏人	300	400	140	100	50	10	1000
好坏比率	20：1	4：1	2.5：1	9.5：1	1.8：1	1：1	

虽然我们常说，粗分类既是一种技术，又是一种艺术，听起来好像没有一定的标准，但其实我们也可以用统计量作为参考。这里我们有三个常用统计量来测量某特征中某粗分类方式在区分好坏时的效果。

6.7.1 卡方值

设 g_i 和 b_i 分别是某属性 i 的好人数量和坏人数量，g 和 b 分别是好人总数和坏人总数，那么 $\hat{g}_i = (g_i + b_i)g/(g + b)$ 和 $\hat{b}_i = (g_i + b_i)b/(g + b)$ 分别是好坏比率在总体中均匀分布时有属性 i 的人中的期望好人和期望坏人数量。那么，卡方值是

$$\chi^2 = \sum_i \left(\frac{(g_i - \hat{g}_i)^2}{\hat{g}_i} + \frac{(b_i - \hat{b}_i)^2}{\hat{b}_i} \right) \qquad (6.1)$$

它测量不同属性中好坏比率相同的可能性，它可以与 $k - 1$ 个自由度的标准卡方统计量对比，其中 k 是某特征的类别数量。我们也可以把它看作测量不同属性好坏比例不同的程度，数值越高代表越不同。所以，对以上的例子，我们有

第一种分组方式：$\hat{g}_{owner} = 5670$，$\hat{g}_{renter} = 2241$，$\hat{g}_{others} = 1089$

$$\begin{aligned} \chi^2 &= \frac{(6000 - 5670)^2}{5670} + \frac{(300 - 630)^2}{630} + \frac{(1950 - 2241)^2}{2241} \\ &\quad + \frac{(540 - 249)^2}{249} + \frac{(1050 - 1089)^2}{1089} + \frac{(160 - 121)^2}{121} \\ &= 583.9 \end{aligned} \qquad (6.2)$$

第二种分组方式：$\hat{g}_{owner} = 5670$，$\hat{g}_{parent} = 945$，$\hat{g}_{others} = 2385$

$$\begin{aligned} \chi^2 &= \frac{(6000 - 5670)^2}{5670} + \frac{(300 - 630)^2}{630} + \frac{(950 - 945)^2}{945} \\ &\quad + \frac{(100 - 105)^2}{105} + \frac{(2050 - 2385)^2}{2385} + \frac{(600 - 265)^2}{265} \\ &= 662.9 \end{aligned} \qquad (6.3)$$

我们看到第二种分类方式的卡方值更大，因此效果更好。

6.7.2　信息值

在信息论里，信息熵被定义为

$$F = \sum_i \left(\frac{g_i}{g} - \frac{b_i}{b} \right) \ln\left(\frac{g_i b}{b_i g} \right) \qquad (6.4)$$

在统计学里，这也被称为信息值（Information Value，IV）。它是测量特征 x 中某属性 i 中 $p(x \mid G)$ 与 $p(x \mid B)$ 的差（被转换为 g_i/g 和 b_i/b 参与计算）。$\sum_i (g_i/g) \ln(g_i/g)$ 表示在 g 个好人总体中有 g_i 个好人来自属性 i。

如果一共有 p 个类别，那么它分布的值一共有 $N_g = g! / g_1! g_2! \cdots g_p!$ 种。其中包含的信息用这个数量的对数来表示，也就是能看到的信息数：

$$I_g = \ln N_g = \ln g! - \sum_i \ln(g_i!) \approx g\ln(g) - \sum_i g_i \ln(g_i)$$

平均信息是 $I_g/g \approx - \sum_i (g_i/g)(\ln(g_i) - \ln(g)) = - \sum_i (g_i/g)\ln(g_i/g)$。信息值可以用好人中的信息与坏人中的信息的差来表示，即 $- \sum_i (g_i/g - b_i/b)[\ln(g_i/g) - \ln(b_i/b)]$。

在例 6.1 中，我们有

第一种方式：$\qquad\qquad\qquad$ IV = 0.6017 $\qquad\qquad\qquad (6.5)$

$\frac{g_{owner}}{g} = 0.667$，$\frac{b_{owner}}{b} = 0.3$，$\frac{g_{renter}}{g} = 0.217$，

$$\frac{b_{renter}}{b} = 0.54, \frac{g_{others}}{g} = 0.117, \frac{b_{others}}{b} = 0.16,$$

$$F = (0.667 - 0.3)\ln(0.667/0.3) + (0.217 - 0.54)\ln(0.217/0.54) + (0.117 - 0.16)\ln(0.117/0.16)$$

第二种方式：
$$\text{IV} = 0.6536 \tag{6.6}$$

$$\frac{g_{owner}}{g} = 0.667, \frac{b_{owner}}{b} = 0.3, \frac{g_{parent}}{g} = 0.106,$$

$$\frac{b_{parent}}{b} = 0.1, \frac{g_{others}}{g} = 0.228, \frac{b_{others}}{b} = 0.6,$$

$$F = (0.667 - 0.3)\ln(0.667/0.3) + (0.106 - 0.1)\ln(0.106/0.1) + (0.228 - 0.6)\ln(0.228/0.6)$$

更大的 F 值来自 $p(x \mid G)$ 与 $p(x \mid B)$ 的差别，所以对某个特征，它更能区分好坏。这里的答案也是第二种。

6.7.3　一致性

假定我们已经把特征的属性按照好人率从低到高排序。一致性描述的是如果你随机从好人群体中抽取一个好人，从坏人群体中抽取一个坏人，坏人的属性值 x_B 比好人属性值 x_G 低的概率。这个概率越高，特征属性排序越能反映总体好坏。统计量 D 的准确定义是一个变量的回报，如果坏人的排序比好人的低，回报是 1；如果好人排在坏人后面，回报是 -1；0 表示他们排序相等，那么

$$D = 1.P\{x_B < x_G\} - 1.P\{x_B > x_G\} + 0.P\{x_B = x_G\}$$
$$= \sum_i \frac{\left(\sum_j < b_j\right)g_i - \left(\sum_j < ig_j\right)b_i}{bg} \tag{6.7}$$

对例 6.1，我们有如下计算：

在第一种方式中，"租房"有最低的好人率，其次是"其他"，然后是"自有"，那么

$$D = \frac{540}{1000} \times \frac{1050}{9000} + \frac{700}{1000} \times \frac{6000}{9000} - \frac{1950}{9000} \times \frac{160}{1000} - \frac{3000}{9000} \times \frac{300}{1000} = 0.395 \quad (6.8)$$

在第二种方式中，"其他"有最低的好人率，其次是"与父母同住"，然后是"自有"，那么

$$D = \frac{600}{1000} \times \frac{950}{9000} + \frac{700}{1000} \times \frac{6000}{9000} - \frac{2050}{9000} \times \frac{100}{1000} - \frac{3000}{9000} \times \frac{300}{1000} = 0.4072 \quad (6.9)$$

第二种方式的 D 值更大，表示它的分类方式更好。

到目前为止，我们都在讨论分类变量，但有时我们也需要对连续变量粗分类。为什么要这样呢？在一般的回归分析中，我们通常保留连续变量的原始形式，然后计算它的系数，即权重。这样做的好处是可以解释目标变量，并且意味着它与目标变量的关系是单调的。如果我们只在乎预测风险，假设分数与自变量（如年龄）的关系是非

线性的，如图 6.1 所示，我们可以引入年龄多项式（如二次项）来表达这种非线性关系，但我们需要事先确定这个多项式形式。另一种办法是利用样条函数（spline function），但我们也需要选择节点。还有一个办法是利用粗分类和证据权重，我们首先需要确定粗分类方式。

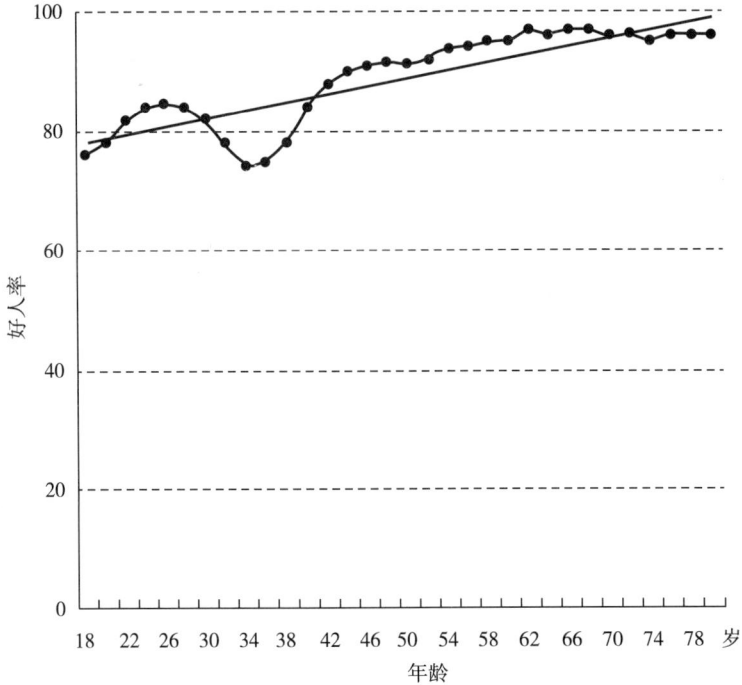

图 6.1　好人率相对年龄的函数

如果我们把年龄分成几个年龄段：18～21 岁、22～28 岁、29～36 岁、37～59 岁和 60 岁以上。在图 6.2 中，我们看到它与分数的非线性关系。那么，我们应该如何划分连续变量呢？

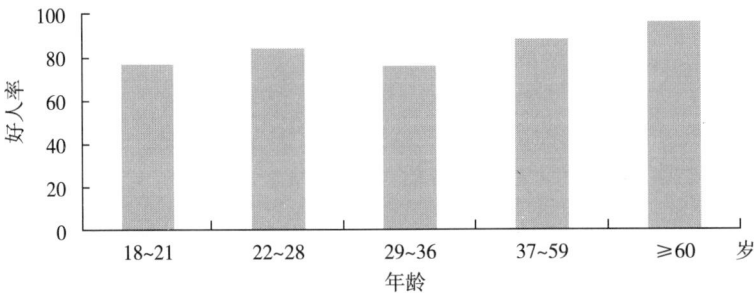

图 6.2　年龄的粗分类

最直观的方式是我们可以按照分位点来划分，例如以十分位点分成 10 组，最小的人群占 10%，第二小的人群占 10%，以此类推。当然，也不一定是 10 组，还可以是 20 组、每组 5% 的样本，或者 8 组、每组 12.5% 甚至 100 组、每组 1%。分组结束后，我们的问题是，有没有必要将邻近的组合并起来。这取决于他们的好人率是否相近，我们也可以用上面提到的统计量作为参考。我们再来看现址居住时长这个变量。

【例6.2】

数据如表 6.3 所示。先对数据进行整体查看后再进行分组，我们发现 5 年或更长时间的 5 个高好人率的组别应该可以并到一起。在现址居住时长较短的区域内体现出了非线性关系，可以单独存在。但是，假定我们至少还需要合并两组，有人认为"<6m"和"6~12m"可以合并成"<12m"（方式一），或者"19~30m"和"31~48m"可以合并，因为两组好人比率相近（方式二）。但我们不能把"13~18m"和"31~48m"合并在一起，虽然它们比率相近，但它们不相邻。

表 6.3　例 6.2 的数据：现址居住时长

现址居住时长	<6m	6~12m	13~18m	19~30m	31~48m	4~5y	6~7y	8~11y	12~15y	≥16y
好人数量	800	780	840	880	860	920	970	980	980	990
坏人数量	200	220	160	120	140	80	30	20	20	10
合计	1000	1000	1000	1000	1000	1000	1000	1000	1000	1000
好坏比率	4:1	3.5:1	5.3:1	7.3:1	6.1:1	11.5:1	31:1	49:1	49:1	99:1

表 6.4　将现址居住时长粗分类的两种方案

方案一	≤12m	13~18m	19~30m	31~48m	≥49m
好人数量	1580	840	880	860	4840
坏人数量	420	160	120	140	160
合计	2000	1000	1000	1000	5000
好坏比率	3.8:1	5.3:1	7.3:1	6.1:1	30.3:1
方案二	<6m	6~12m	13~18m	19~48m	≥49m
好人数量	800	780	840	1740	4840
坏人数量	200	220	160	260	160
合计	1000	1000	1000	2000	5000
好坏比率	4.0:1	3.5:1	5.3:1	6.7:1	30.3:1

所以，对表 6.4 的两种方式，我们可以计算之前介绍的统计量。

χ^2 统计量的计算：

方式一：

$$\chi^2 = \frac{(1580-1800)^2}{1800} + \frac{(840-900)^2}{900} + \frac{(880-900)^2}{900} + \frac{(860-900)^2}{900}$$

$$+ \frac{(4840-4500)^2}{4500} + \frac{(420-200)^2}{200} + \frac{(160-100)^2}{100} + \frac{(120-100)^2}{100} \quad (6.10)$$

$$+ \frac{(140-100)^2}{100} + \frac{(160-500)^2}{500} = 588$$

方式二:

$$\chi^2 = \frac{(800-900)^2}{900} + \frac{(780-900)^2}{900} + \frac{(840-900)^2}{900} + \frac{(1740-1800)^2}{1800}$$

$$+ \frac{(4840-4500)^2}{4500} + \frac{(200-100)^2}{100} + \frac{(220-100)^2}{100} + \frac{(160-100)^2}{100} \quad (6.11)$$

$$+ \frac{(260-200)^2}{200} + \frac{(160-500)^2}{500} = 588$$

F 统计量的计算:

方式一:

$$F = \left(\frac{1580}{9000} - \frac{420}{1000}\right)\ln\left(\frac{1580 \times 1000}{9000 \times 420}\right) + \left(\frac{840}{9000} - \frac{160}{1000}\right)\ln\left(\frac{840 \times 1000}{9000 \times 160}\right)$$

$$+ \left(\frac{880}{9000} - \frac{120}{1000}\right)\ln\left(\frac{880 \times 1000}{9000 \times 120}\right) + \left(\frac{860}{9000} - \frac{140}{1000}\right)\ln\left(\frac{860 \times 1000}{9000 \times 140}\right) \quad (6.12)$$

$$+ \left(\frac{4840}{9000} - \frac{160}{1000}\right)\ln\left(\frac{4840 \times 1000}{9000 \times 160}\right) = 0.7287$$

方式二:

$$F = \left(\frac{800}{9000} - \frac{200}{1000}\right)\ln\left(\frac{800 \times 1000}{9000 \times 200}\right) + \left(\frac{780}{9000} - \frac{220}{1000}\right)\ln\left(\frac{780 \times 1000}{9000 \times 220}\right)$$

$$+ \left(\frac{840}{9000} - \frac{160}{1000}\right)\ln\left(\frac{840 \times 1000}{9000 \times 160}\right) + \left(\frac{1740}{9000} - \frac{260}{1000}\right)\ln\left(\frac{1740 \times 1000}{9000 \times 260}\right) \quad (6.13)$$

$$+ \left(\frac{4840}{9000} - \frac{160}{1000}\right)\ln\left(\frac{4840 \times 1000}{9000 \times 160}\right) = 0.7280$$

D 统计量的计算:

方式一:

$$D = \frac{420}{1000} \times \frac{840}{9000} + \frac{580}{1000} \times \frac{860}{9000} + \frac{720}{1000} \times \frac{880}{9000}$$

$$+ \frac{840}{1000} \times \frac{4840}{9000} - \frac{1580}{9000} \times \frac{160}{1000} - \frac{2420}{9000} \times \frac{140}{1000} \quad (6.14)$$

$$- \frac{3280}{9000} \times \frac{120}{1000} - \frac{4160}{9000} \times \frac{160}{1000} = 0.433$$

方式二:

$$D = \frac{200}{1000} \times \frac{800}{9000} + \frac{420}{1000} \times \frac{840}{9000} + \frac{580}{1000} \times \frac{1740}{9000}$$

$$+ \frac{840}{1000} \times \frac{4840}{9000} - \frac{780}{9000} \times \frac{200}{1000} - \frac{1580}{9000} \times \frac{160}{1000} \quad (6.15)$$

$$- \frac{2420}{9000} \times \frac{260}{1000} - \frac{4160}{9000} \times \frac{160}{1000} = 0.433$$

这里我们发现,两种方式计算出的统计量 χ^2 、D 没有差别,求得的 F 统计量也只有微小差别。

我们提到对连续变量的粗分类是因为好人率非单调,但有时候贷款机构需要某个特征保持单调，尤其是当两个变量之间的关系非线性时。这是因为贷款机构有关于收入、账龄的先验认识，或是希望对某些人群有所偏向，如偏向年轻人或偏向老年人。在这些情况下，我们不得不进行连续变量的粗分类。

6.7.4　最大似然单调粗分类

假设违约率随着特征值增加而下降。从最小的特征值开始，不断增加直到累积违约率达到最大，得到第一个粗分类的断点；然后从这个断点开始计算累积违约率，直到达到最大，找到第二个断点。重复这个过程，直到找到所有断点。

这个过程实际上是建立在违约率在不同类别间不断下降的条件上的最大似然估计。在此我们不进行证明，有兴趣的读者可以自行研究。我们把这个方法用在以下两个例子中。

【例 6.2】另一种分析

用例 6.2 的数据，用这个计算过程找到前面 4 个断点（见表 6.5），分成"≤12m""13～18m""19～48m""4～5y"，如果继续，你还可以找到剩下的断点，其中"8～11y""12～15y"可以合并在一起。

表 6.5　重新审视例 6.2

现址居住时长	<6m	6～12m	13～18m	19～30m	31～48m	4～5y	6～7y	8～11y	12～15y	≥16y
好人数量	800	780	840	880	860	920	970	980	980	990
坏人数量	200	220	160	120	140	80	30	20	20	10
坏人比例	0.2	0.21*	0.193	0.175						
坏人比例			0.16*	0.14	0.13	0.125				
坏人比例				0.12	0.13*	0.113				
坏人比例						0.08*	0.055	等等		

【例 6.3】

在表 6.6 的样本集中，我们有某连续特征的属性值及其好坏状态，分别用 G 和 B 来表示。我们用上面的方法来找寻断点。那么，我们可以找到"≤12m"（违约率 0.71）、"13～17m"（违约率 0.67）、"18～25m"（违约率 0.6）、"26～36m"（违约率 0.57）、"37m +"（违约率 0）。

粗分类本质上就是把总体划分成子类别，它的原理与决策树的分类一样。所以，我们还可以用 KS 统计量或 Gini 指数，后者是 8.6 节中要介绍的树的分裂测度之一。粗分类与树分裂的区别不在于方法，而在于时机。如果是先分组再建模（线性回归或规划），那么就是粗分类；如果是分裂的同时也在预测，那么就是树的生长过程。

表 6.6 例 6.3 的计算

属性	1	3	6	7	9	10	12	14	16	17	18	20
好人/坏人	G	B	B	G	B	B	B	G	B	B	G	B
累计坏人	0	0.50	0.67	0.50	0.60	0.67	0.71*	0.62	0.67	0.70	0.63	0.67
								0	0.50	0.67*	0.50	0.60
											0	0.50

属性	21	24	25	27	29	30	31	32	34	36	37	38
好人/坏人	G	B	B	G	B	G	B	G	B	B	G	G
累计坏人	0.50	0.55	0.62	0.55	0.60	0.54						
	0.33	0.50	0.60*	0.50	0.57	0.50						
				0	0.50	0.33	0.50	0.40	0.50	0.57*	0.50	0.44

6.8 特征筛选

粗分类后，我们可能会依然有大量的属性。对一个申请评分卡，就算最初只有 30~40 个特征，最后生成的变量（如比率）都会变得比较复杂，轻易超过 200 个属性。对行为评分，最初的特征还可能更多，最后常常转换成上千个属性。

如果每个属性都用二元虚拟变量来表示，那么对逻辑回归或决策树而言变量过多。如果想构建一个容易理解并能被管理层接受的评分卡，最终留在模型中的变量最好不要超过 20 个。我们需要解决的问题是如何筛选特征。

我们通常通过在多个步骤中使用多个标准来解决这个问题。多个步骤是因为我们首先需要减少加入模型的变量，然后算法自己还会选择合适的变量，变成最终模型。多个标准是因为本身可选的标准很多。

6.8.1 选择标准

现实中，我们都会从所有备选特征的清单开始，用各种办法剔除特征。因为特征的判别能力很关键，我们把它放到最后来讲，在这里先考虑非数学的标准。非数学的标准可以执行得很严格，特别是对于必须满足的条件，但建议比较宽松地执行它们。这些标准有：

● 法律。显然，我们需要将特征限制在法律允许的范围内，因为评分卡本身是在这个环境中工作的。当然，我们也可以在建模中加入不合规的特征，看它的影响，考虑未来法律变化后可能带来的好处。如果好处很明显，那么贷款机构就可以四处游说，促进法律法规或指导办法的改变。

● 直觉。前文也提到过，我们需要使特征符合直觉逻辑，这样才会使分数也符合现实情况。例如，其他条件不变，高收入的人显然比低收入的人风险更低。如果模型中的权重不是这样，我们需要仔细检查。同样地，老年人的风险也比年轻人低。

●稳定。我们希望用更稳定的特征，由此建立的模型也更稳定，可以工作较长时间。很多申请评分卡都可以工作 2~3 年才需要重新建模。如果我们预计一个特征将无法合规使用，那么现在就没有必要用。我们也需要考虑文化习俗的变化，调整申请表的问题与答案，例如对于婚姻状况，如果是同性居住，甚至同性合法婚姻，需要加以考虑。如果社会文化习俗变化了，人们的答案也可能会变，但这不代表他们在撒谎。我们还可以把样本按开户时间分成子样本，查看特征在不同期账户间的分布是否一致，来检验特征在时间上的稳定性。

●易得。我们希望使用简单易得的特征。也许我们有一个很有用的特征，例如用"2 个月内的支出/2 个月内的收入"除以"6 个月内的支出/6 个月内的收入"，这能显示支出收入比在最近是否有变化。这种变量的判别能力很强，但显然不会要求客户提供，因为不可靠。我们只会在自己的系统中能方便提取时才会考虑使用类似的特征。

●清楚。这个不算是硬性要求，但是满足这个标准的特征更优。然而，很多时候某个变量的定义并非清楚明白。例如，如果问题是"你已经成为客户多久了"，那么这是在指贷款客户、银行客户、保险客户还是银行提供的其他产品的客户？如果银行集团还有很多子公司和品牌，难道我们要求客户先知道这些隶属关系，然后告诉我们他成为该子品牌客户的时间吗？在 6.4 节中，我们曾询问客户收入是多少，但是我们要明确问的是哪些收入。

●可验证。同上，这点不是要求，但是希望满足。我们希望用到的信息是可验证的。在很多情况下，出于时间和成本考虑，我们并不会真正验证这些信息，但是如果我们用客户知道我们可以去验证的信息，我们就能得到更可靠、更准确的数据。

●可预测。这是我们最关注的重点之一，之前已经提到过了。显然，我们用来建模的特征需要有预测能力，能够区分样本风险的高低。在 6.7 节中，我们介绍了多种测量预测能力的统计量。实践中更常见的是用判别能力（power）来评估每个特征，判别能力定义为 1000 乘以信息值 F，即 $1000 \times IV$。

在建模时，我们可以计算每个特征的判别能力。对于个别特征，我们需要先对其进行粗分类，再进行计算，但很多时候，我们有几百个特征，只能使用自动化粗分类来完成，然后得到判别能力的一个参考值。计算判别能力时我们只看单个特征，不考虑相关性，虽然相关性通常会降低判别能力。我们有以下一些经验法则。

如果某特征的判别能力小于 50，我们倾向于在下一步中剔除该特征，除非有明确理由保留它。如果判别能力为 50~200，我们依然倾向于剔除它，除非有明确理由保留它。但是当判别能力大于 200 时，我们便可以在模型中加入它。当然，在这一步我们还需要处理明显相关的变量。

假如我们有了一个判别能力大于 200 的变量清单，包括"前 3 个月新信用账户数量""前 6 个月新信用账户数量""前 12 个月新信用账户数量"。这些变量明显是相关的，这时我们只选其中一个。如果其中某个判别能力最高，很可能我们就选它，或者选那个最稳定的，或者选择可得时间最长的。对收入类变量也类似。

经过这个过程，我们最终可以把建模需要用到的特征数量降低到可控范围。然后，我们可以对剩下的特征分级。我们期待第 1 级的变量在最终模型中出现或有很大概率出现，第 2 级其次，然后还有第 3 级甚至第 4 级。在建模过程中，我们还可以采用逐步回归法，相对已经存在于模型中的变量，只把下一个能带来明显效果提升的变量加入进来。如果变量已分级，我们将逐步回归过程应用于第 1 级；若是第 1 级里找不到可以继续加入模型的变量，则到第 2 级选；第 2 级里找不到时，还可以到第 3 级。以此类推，来提高模型效果。

有人可能会质疑这样做是否太主观了。我们需要考虑以下问题：

• 上面的大部分标准也是我们对最终模型的要求，我们也希望模型是稳定的、直观的，如果能获得一个可靠、可用 2 ~ 3 年的模型，甚至可以牺牲模型判别能力方面的一些优势。

• 我们需要有高管层易于接受和执行的模型，不仅要直观，还不能增加现实操作运营的复杂度。

• 很多评分卡有个"平板上限"（flat maximum），即在最优点附近的梯度下降很少。换句话说，改变评分卡，使其偏移最优点并不会给预测结果带来很大变化。这表示很多特征其实有多个替补特征。

6.8.2　如何最好

在考虑卡方、信息值和一致性统计量（χ^2、F 和 D）时，它们只是给出大致的、粗略的预测变量相对重要性的排序，而它们的相对排序并不总是一致的。虽然这会让读者觉得很麻烦，但我们刚刚提到了，很多变量都有其替补，所以从总体效果来看，这只会对模型表现、公司业务带来很小的影响。因此，也许一个评分卡成功的关键因素，并不在于判别能力，而是它在现实中被公司执行和运用的方式。

6.9　拒绝推断

6.9.1　拒绝推断问题

一般来说，我们建的新模型会替代老模型。建模时要求样本有表现结果，这些样本本身到了信贷产品，这意味着之前他们肯定接受了某个筛选机制的选择。这里潜在的问题是，只有之前被接受的申请样本账户是"有表现的"，只知道这些账户的好坏。对那些被拒绝的客户，我们只有它的特征，没有好坏结果。如果这批客户被排除在建模样本外，建模总体就无法反映申请总体。这里至少有两个问题：样本缺失和变量缺失。为了理解这些问题及解决办法，我们需要考虑不同的情况。

Little 和 Rubin（1987）对不同机制的缺失问题及其影响进行了区分。在拒绝推断中，Banasik 和 Crook（2007）对此也有总结。我们先定义一些符号。如果借款人 i 违约，则 $D_i = 1$，否则 $D_i = 0$，如果申请人 i 被接受，则 $A_i = 1$，否则 $A_i = 0$。设 D_{obs} 是观测到的 D 值，因为他们被接受；D_{not} 是缺失的 D 值，因为他们被拒绝。在信用评分中，有两种机制会造成缺失：

（1）随机缺失（Missing at Random，MAR）。当我们控制住影响 D 的变量，而 D 缺失是独立于 D 本身时，我们有

$$p(A \mid D_{obs}, D_{not}, \phi) = p(A \mid D_{obs}, \phi) \tag{6.16}$$

其中，ϕ 是缺失机制的参数向量。设 X_1 是我们用来预测 $p(D)$ 的一组变量。我们希望得到无偏估计的 $p(D \mid X_1)$。设 X_2 是我们用来预测 $p(A)$ 的一组变量，即预测一个样本是否缺失。如果式（6.16）为真，我们有

$$p(A \mid D, X_2) = p(A \mid X_2) \tag{6.17}$$

这表明申请被接受的概率（样本被观测到的概率）是建立在协变量 X_2 上的，无论他是否违约。注意：我们关注的是 $p(D \mid X_1)$ 的参数，式（6.16）和式（6.17）等价于

$$p(D \mid X_1, A = 1) = p(D \mid X_1) \tag{6.18}$$

式（6.18）左边代表违约模型，建立在被接受样本及其参数上，右边是我们想估计的模型。式（6.18）说明缺失的样本不会对应用到申请总体上的评分模型的参数估计带来偏差。此时，只建立在被接受样本上、用逻辑回归等似然推断法来估计后验概率的模型并不会导致对总体有偏参数估计。这句话假定违约模型在拒绝样本和接受样本上相同。但是，参数估计也许不好。我们之后再讨论这个问题。

（2）非随机缺失（Missing Not at Random，MNAR）。这表示缺失不独立于我们用来建模的变量，即式（6.16）和式（6.17）不成立。建立在 X_2 基础上的申请人被接受的概率与他后来的表现 D 不独立。式（6.18）也不成立。

$$p(D \mid X_1) = p(D \mid X_1, A = 1) \cdot p(A = 1 \mid X_1) + p(D \mid X_1, A = 0) \cdot p(A = 0 \mid X_1) \tag{6.19}$$

但是，现在

$$p(D \mid X_1, A = 1) \neq p(D \mid X_1, A = 0) \tag{6.20}$$

那么，$p(D \mid X_1, A = 1) \neq p(D \mid X_1)$。建立在接受样本上的模型参数与建立在总体上的模型参数不相等。忽略拒绝样本会导致新模型的参数估计有偏。这个问题几乎在所有信用评分中存在。在运用模型时，我们希望样本在过去被拒绝的概率与他在未来违约的概率高度相关。

当我们用 X_2 中的变量，且不属于 X_1 来预测 A 时就会发生这种情况，这些变量会影响 $p(D_i)$。要被替代的原模型中包含不在新模型中的协变量。这些额外变量与这个样本是否被观测以及样本是否违约有关，建立在 X_1 的条件上。所以，建立在 X_1 条件上，违约概率与它是否被观测到相关。式（6.20）成立，表示 MNAR。这些额外的变量可能是人为撤销的，或建立新模型时数据不再可得。此时，我们需要建模模拟这个

缺失机制，以及这个新模型。

接下来我们讨论被用来或可以尝试用来减少偏差的方法。首先，我们介绍在 MNAR 机制下，用来模拟缺失机制和修正偏差的方法。如上文所述，这是在估计 GB 模型时常有的缺失机制。

6.9.2 获得表现

我们有两种方法：（1）接受所有申请；（2）获取拒绝样本在其他产品上的表现。

（1）接受所有申请。这是应对拒绝偏差最"干净"的方法，因为没有人被拒绝。有时零售商、邮购公司会这么做。他们把某一时期的所有人都接受了，以此来建立下一代完整样本的评分卡。显然，客户对此毫不知情。

一般来讲，金融机构不会轻易接受这种方式。"外面有坏人，坚决不能放他们进来"是它们通常的态度。邮购中一两件小商品的损失无法与个人贷款上违约的损失相提并论。然而，这种方法实际上很有价值，也可以通过后续的调整减少损失太大的担忧。传统上，银行把违约概率作为决策依据，因为它们认为违约的人造成的损失变化不大。此时，我们为了减少这个损失，不需要接受所有的人，只需要根据违约概率 x，以 $p(x)$ 选择要接受的人。我们把 $p(x)$ 分布设定为：当 x 接近 1 时 $p(x)$ 较小，当 x 接近 0 时 $p(x)$ 较大。这样按照概率来选人，再重新加权，得到一个"没有拒绝"的样本，同时减少了接受额外样本带来的损失，也可以消除我们建模的偏差。其实是在"购买信息"，在下一阶段设置策略时，贷款机构面对的不确定性减小。

（2）获取拒绝样本在其他产品上的表现。当面对没有表现结果的拒绝样本时，通常的办法是通过征信局数据，找出每个拒绝样本在其他贷款机构那儿获得的贷款，以及他们后来的表现，以此填补在本产品上的表现。这样做的好处是，这个填补的值并非模型预测的结果，也就不会带来模型误差。然而，被拒绝的人获得的其他贷款产品特征及其表现结果也许和我们当前考虑的贷款产品完全不同，以此建模会有小问题，我们需要考虑。同时，当他获得其他替代产品时，他的特征属性也许发生了变化（收入增加了），此时建模用到的属性就是错误的。

6.9.3 样本选择方法

有些方法可以同时模拟缺失机制和违约机制，在某种条件下纠正信用评分中常见的 MNAR 缺失的选择过程。如果拒绝样本的模型和接受样本的人群的模型一样，对误差的分布假设正确，这种类型的模型会比在常见的 MNAR 缺失中不考虑缺失机制的单一违约模型给出统计上更一致的参数估计。

对缺失机制和违约机制参数化的方法是，假设 D 和 A 是连续的，那么我们可以用 Heckman 的样本选择模型（Heckman，1976）。然而，D 和 A 实际上是二元的，所以更合适的模型是 Meng 和 Schmidt（1985）的 M&S 模型，D 和 A 都用二项 probit 回归来预测。这就是 BVP 选择模型（Bivariate Probit Model with Selection）。M&S 模型的原理可以这样表达：

$$D_i^* = g_1(X_{1i}, \varepsilon_{1i}) \tag{6.21}$$

$$A_i^* = g_2(X_{2i}, \varepsilon_{2i}) \tag{6.22}$$

$D_i^* \geq 0 \Rightarrow D_i = 1$，表示违约；$D_i^* < 0 \Rightarrow D_i = 0$，表示不违约；$A_i^* \geq 0 \Rightarrow A_i = 1$，$D$ 被观测；$A_i^* < 0 \Rightarrow A_i = 0$，$D$ 没有被观测到因为被拒绝。

这里 D^* 和 A^* 是不可观测的连续随机变量，D 和 A 是被观测的连续随机变量。D^* 可被看成违约的效用（utility）。假定 $E(\varepsilon_{1i}) = E(\varepsilon_{2i}) = 0$ 且 $\mathrm{cov}(\varepsilon_{1i}, \varepsilon_{2i}) = \rho_i$ 服从二项正态分布。

我们注意：首先，如果预测 A 的原模型会完美决定样本是否被观测到（没有人为撤销），那么 $\varepsilon_{2i} = \rho_i = 0$。在 MNAR 条件下，M&S 模型不会给出比单一模型式（6.21）更好的估计。其次，如果原模型无法完全决定样本是否被接受（ε_{2i} 不为 0），也许是因为人为撤销，那么 M&S 模型会给出比单一模型更好的估计。这会发生在额外变量既不属于用来预测 A 时的 X_2，也不属于 X_1，但又影响 $p(D_i)$ 时。这时，式（6.21）成立，我们有 MNAR。这些额外变量在给定 X_1 的条件下与样本是否被观测到和是否违约有关，违约概率在给定 X_1 的条件下与是否被观测到有关，这就是 MNAR。同样地，误差项非零，ρ_i 不一定为 0。

第二种方法是根据 Bücker 等（2013）在 Qin 等（2002）基础上发展的进行最大似然估计，给出统计上一致的新模型参数的渐进正态估计，只用于 MNAR 条件。它的原理是，考虑 AR 模型 $w = p(A = 1, D, X, \phi)$，设 $W = p(A = 1)$ 代表无条件接受概率，考虑 ϕ、W 和 $F(D, X)$ 的似然函数，其中 F 表示累积密度函数。

$$L = \left(\prod_{i=1}^{N_A} w(D_i, X_i \phi) \, dF(D_i, X_i) \right) (1 - W)^{N - N_A}$$

其中，N_A 是接受样本的数量。满足以下条件时，上式最大化：

$$z_i \geq 0, \quad \sum_{i=1}^{N_A} z_i = 1, \quad \sum_{i=1}^{N_A} z_i(X_i - \mu_X) = 0, \quad \sum_{i=1}^{N_A} z_i(w(D_i, X_i, \phi) - W) = 0$$

其中，$z_i = dF(D_i, X_i)$。

根据每个样本的 N、D_i、X_i、ϕ 以及限制条件中的两个拉格朗日乘数，找到 z_i 的值。z_i 的值用来对新的 GB 模型中的逻辑回归的似然值进行加权。

还有一种混合模型的方法（Feelders，2000）。我们假定总体由两个分布构成：一个是好人分布，另一个是坏人分布，分布形式已知。例如，如果 $p(\mathbf{x})$ 是申请总体中有特征向量 $\mathbf{x}$ 的比例，我们有

$$p(\mathbf{x}) = p(\mathbf{x} \mid G)p_G + p(\mathbf{x} \mid B)p_B \tag{6.23}$$

我们可以用接受样本和 EM 算法，估计 $p(\mathbf{x} \mid G)$ 和 $p(\mathbf{x} \mid B)$ 的参数，甚至还可以用拒绝样本。在某些情况下，EM 算法可以正确估计 MNAR 条件下的参数。如果读者需要进一步了解 EM 算法，可以参见 Demyanyk 和 Van（2011）及其在拒绝推断中的应用（Little 和 Rubin，1987）。通常我们假定 $p(\mathbf{x} \mid G)$ 和 $p(\mathbf{x} \mid B)$ 是多项正态分布的，

尽管事实上，很多特征都是分类或二元的。

Chen 和 Astebro（2012）也提出了一种新方法，有兴趣的读者可以参考。

6.9.4 外推法

外推法（extrapolation）是用建立在接受样本上的预测好坏的模型来推断拒绝样本的结果。通过设定临界值，把拒绝样本划分成好人和坏人，然后用加上拒绝样本的所有样本建立好人概率模型（Ash 和 Meester，2002）。如果接受样本的回归系数同样适用于拒绝样本，那么这个方法就能得到一样的系数，因为这相当于用接受样本的模型进行了额外的新样本（拒绝样本）预测，预测方法一致。然而，这个方法的缺点是系数估计的标准误差被低估了。

我们注意到，原接受模型的变量是 X_2，与新模型的变量 X_1 相同，那么给定一组 X_1 的值，当接受样本中好人比例等于拒绝样本中的好人比例时，外推法估计无偏。但是，不含外推的逻辑回归也可以得到无偏的估计。然而，如果 X_2 中有些决定接受结果的变量并不在 X_1 中，那么给定一组 X_1 的值，接受样本中的好人比例就不等于拒绝样本中的好人比例。此时的外推法得到的后验概率是有偏估计，它并没有修正 MNAR。

上面提到的后验概率模型的例子是逻辑回归，直接估计 $p(G|X_1)$（见第 3 章），这也是贷款机构最常用的模型。但是，如果我们用判别分析估计 $p(X_1|G)$ 和 $p(X_1|B)$，那么就算接受模型和新模型有同样的变量（X_1 与 X_2 相同），因为接受模型对低分段的样本欠采样，$p(X_1|G)$ 和 $p(X_1|B)$ 的分布也是有偏的。对判别分析这类模型要求变量分布是正态的，这将会导致有偏的概率预测（Hand 和 Henley，1993）。

6.9.5 增广法

增广法（augmentation）又称重新加权法（reweighting），由 Hsia（1978）提出，Crook 和 Banasik（2004）有详细论述。我们首先用所有 N 个接受样本和拒绝样本建立一个接受拒绝模型（AR 模型）。假设我们有一组协变量 X_1，对每个样本，我们可以预测一个 AR 分数 $s_i = s(X_{1,i})$。然后，将分数分段，每段用 j 表示，计算每段中的接受样本数量和拒绝样本数量，分别为 A_j 和 R_j。关键的假设是每一个落在某分数段的样本的好人概率在接受样本和拒绝样本中相等：

$$p(G|s_j,A) = p(G|s_j,R) \tag{6.24}$$

在每个分数段中，观察到的好人数量 g_j 和观察到的坏人数量 b_j 之和等于观察到的接受样本数量，$g_j + b_j = A_j$。所以，根据式（6.24）和分数的定义，$\hat{g}_j^r/R_j = g_j/A_j$，其中 $\hat{g}_j^r$ 表示在分数段 j 的拒绝样本中有 $\hat{g}_j^r$ 个好人，如果他们被接受的话。然后，把分数段中的接受样本按照这个分数段中的人数 N_j 进行加权，$N_j/A_j = (R_j + A_j)/A_j$，也相当于按照这个分数段中被接受的比例进行加权。效果上，这样每个好人代表了他自己的协变量值，以及 R_j/A_j 个拒绝样本的特征。注意：$(R_j + A_j)/A_j$ 是分数段 j 中接受概率的倒数，我们用 $p(A_j)$ 表示分数段 j 的接受概率。

如果每个接受样本的分数都不一样，那么我们有 N 个不同的分数，可以分成 N 段，也就是 $j = i$，加权权重为 $1/p(A_i)$。在计量经济学里，这相当于概率抽样权重。然后，我们只用接受样本建立 GB 模型，每个样本都有其概率抽样权重。

我们还有其他一些方法可以估计 $p(G|s,R)$，其中一个方法假定 $p(G|s,R) \leqslant p(G|s,A)$，然后主观确定这个概率。根据不同的产品、信贷历史和开户时长，这个差距可以调整，这被称为"打包法"（parceling）。也有的方法假定 $p(G|s,R) = kp(G|s,A)$，其中 k 是自展法中的 k，选择变量子集来预测好坏分数，然后作出接受或拒绝的决定。尽管如此，这类增广法都有关于 $p(G|s,R)$ 和 $p(G|s,A)$ 分布很强的前提条件。在实际应用中，这些条件通常不满足，有时会近似或相对满足。

我们注意到，增广法并没有模拟缺失机制。所以，如果新模型没有包括老模型的所有变量，即 X_2 不是 X_1 的子集，增广法会得到 GB 模型的有偏参数估计。增广法并不是 MNAR 的有效解决办法。

尽管如此，增广法也有它的优势。在描述样本选择模型的时候，我们提到，当在接受样本和拒绝样本上的好坏模型相同时，用一个样本选择模型比单一违约模型的参数估计更有效。重新加权法允许好坏模型的参数在接受样本和拒绝样本上不同，因此可以得到更好的好坏模型。Banasik 和 Crook（2007）解释了其原因。在图 6.3 中，假设年龄是唯一的协变量，画出因变量 $p(G|X)$ 的曲线。假定总体的关系像曲线 C 表示的那样，如果我们已知的数据点是×，用线性关系来拟合的话，我们得到直线 A。但是，如果我们增加好人概率较低的样本的权重（权重 >1），再次估计模型，我们可以得到类似直线 B 的模型，更接近曲线 C。这里，我们依然假定接受样本和拒绝样本的好坏模型相同，只是在尝试构建更能反映真实类别情况的模型。这里，我们依然没有去修正 MNAR 缺失机制，而是修正了 MAR；然而，代价是降低了统计效率（Banasik 和 Crook，2007）。

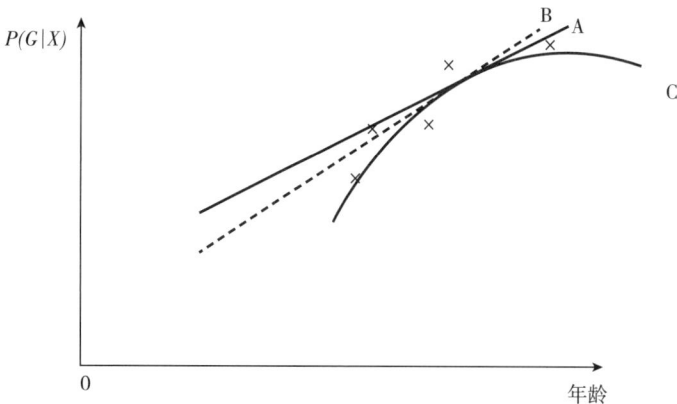

图 6.3　重新加权的效果

6.9.6 其他方法

为了补充完整，我们还有最后一种方法，即认定所有的拒绝样本都是坏人，因为之所以拒绝他们就是因为他们携带了坏人的信息。然后我们用所有的样本来建模。这种方法的缺点显而易见，它没有考虑到拒绝样本的真实表现是不确定的。拒绝样本在事后很可能并没有违约，这样给他们贴上坏人标签就是错的，然而模型却进一步加强了对坏人的偏见。这就是说，一旦某些潜在客户被贴上了坏人标签，在这种方式下，他们就再也没有机会摆脱这个标签；而且，如果银行调整利率，增加了收入，或者调整了催收策略，其实很多人就算是坏人，也能够带来利润。所以，这个方法实际上在统计、道德和业务上都是错的。

6.9.7 实证比较

我们实际上难以用真实数据来比较这些方法的表现，因为所有申请者都拿到贷款的数据集很少。Crook 和 Banasik（2003）提供了一个数据集，其中的贷款机构几乎接受了所有申请者。这个数据集使他们可以看到那些原本会被拒绝的申请者的表现情况。他们对比了 BVP 模型、只建立在接受样本上的 probit 模型和建立在所有样本上的 probit 模型的表现。他们发现 BVP 模型的效果与只建立在接受样本上的 probit 模型一样，但都比全样本模型差。他们也研究了这些方法在效果上的差异是否会受原模型临界值的影响。所以，他们用不同于 GB 模型的变量建立 AR 模型，同时在 AR 模型上设置阈值，模拟接受样本，这就模拟了 MNAR 过程。然后，他们提高 AR 模型的阈值再重复一遍，发现提高阈值后只有可信度最高的申请者被接受，而仅接受样本的模型和 BVP 模型的表现都变差了。后来，Crook 和 Banasik（2004）比较了增广法和仅接受样本的模型，发现增广法模型的效果更差，而且随着临界值的提高，只有信用更好的申请者被接受，两个模型的表现都在变差。Banasik 和 Crook（2007）比较了 BVP、仅接受样本的模型和增广法模型在不同临界值的表现，发现如果所有的样本都被接受，它们的效果一样；如果只有最优质的 20% 客户被接受的话，加入增广法的 BVP 模型最准确，仅用增广法的模型最差。Bücker 等（2013）在德国消费贷款的数据分析中发现，最大似然估计的结果比 BVP 模型的结果和单一违约模型的结果更好。Feelders（2000）比较了混合模型和二次逻辑回归的表现，发现在模拟数据上混合模型更佳。最后，Banasik 和 Crook（2010）尝试用加入增广法的好坏生存分析模型，从预期利润的角度来评价表现。他们发现，对比只接受 20% 和全样本的模型，前者预测利润的误差较大，重新加权法会降低模型准确性。

6.9.8 其他场景的拒绝推断

这一节关注那些被贷款机构拒绝的人，与此相似的问题还有撤销推断（withdraw inference），也就是那些被提供了贷款但是主动撤销了的人。撤销的原因很可能是客户更改了计划，不再需要买车或度假，也有可能他们在别处获得了更好的贷款，还有少部分可能是他们突然有钱了，不再需要借钱。撤销也可以描述那些拿到了信用卡但从来不用的情况。这个问题在理论上与拒绝推断一致，也是丢失了部分样本的表现，我们希望用更好的模型来关注申请总体。

在结束对拒绝推断的讨论前，我们再关注一下拒绝推断在行为评分中的作用。也有建模人员说，在建行为评分卡时，不需要考虑拒绝推断，因为这里没有被拒绝的人。当然，行为评分的对象是现存客户，都是在申请时被接受的。然而，我们需要考虑政策拒绝的情况。

考虑下面的例子：我们有一个行为评分卡，分数高于 750 分的客户会有机会提额 20%。有些客户拒绝了这个机会，有些接受了并且表现良好未违约，也有些接受了但变成了坏人。为了建立行为评分卡，我们需要全部样本，也就是在每月末账簿上的所有账户。于是，我们需要考虑其中那些拒绝这个机会的人的表现，也要考虑那些分数接近 750 分但没有获得这个机会的人。我们可以利用拒绝推断中的许多方法来解决这个问题。其中一个很明显的方法是选择一些低于 750 分的人，然后给他们提额机会，看他们如何表现。

6.10　人为撤销

人为撤销发生在贷款机构决定采取与评分系统建议决策相反的行动时。高分撤销（high-side overrides）是指尽管客户分数在合格分数以上，但依然拿不到贷款；低分撤销（low-side overrides）是指尽管客户分数在合格分数以下，但通过了贷款申请。这些撤销发生在贷款机构掌握了评分卡之外的信息，或因为公司政策不允许，再或者基于信贷经理和评估员的主观判定的时候。

基于额外信息的撤销比较少见，一般是网点员工发现了其中某个问题的答案不全面，例如刚刚涨了工资但是工资还没发。这种情况需要重新考虑和评估之前的决定。

政策撤销（policy overrides）是指贷款机构认为对于有些客户，无论他们的特征如何，都可以对他们作出某种决策。例如，政策认定学生会带来长期利益，所以默认给学生账户一定的透支额度。还有的公司允许给所有员工使用本公司的贷款产品。我们还听说了一个故事：有个大型零售商推出了商场卡，但是评分卡给出的分数拒绝了其高管夫人的申请，这就比较尴尬，后来这个决定被立即撤销。

很多低分撤销是因为如果客户被拒绝而对这个公司感到很失望，会造成其他损失。还有第三方代理商（通常为房产或汽车经销商）希望客户的贷款审批通过，因此代理商与贷款机构建立长期合作关系，促进业务达成。这时我们需要额外的信息来作出判断。合同金额有多大、损失有多大、违约概率有多大，我们需要结合这些因素综合考虑。这同时意味着贷款机构需要常规性地特殊关注这类被撤销的账户表现，然后才能计算潜在损失。Sangha（1998）进行了更为深入的分析，研究需要收集哪些额外信息、这样做的缺点，以及违反平等信贷机会法的不合规的程度。这里很明显的一点是，如果已知某账户是政策撤销后的，受到撤销影响的所有样本都需要在建模过程中剔除。

当信贷评估员参与到评分系统中时，主观撤销变得普遍，但他们对于评分的影响程度难以评估。撤销时，可能评估员或系统出了错。如果错误来自评估员，应该防止他们的干扰。如果错误来自系统，评估员可以提出普适规则，加入模型，提高评分卡效果；如果这种情况变得常见，那很可能是模型需要修改或重建了。我们改进的办法是对撤销账户做好记录，发现错误后从中吸取教训。当然，在大多数情况下，错误大部分来自人。评估员有时为了体现自身价值，故意强调存在感以保住职位，如果接受系统作出的所有决定，那就意味着他们面临失业。其实，管理者可以把评估员在风控体系中的角色重新定位一下，评估员是去验证和监测系统的，是去检查系统是否按照设计的方式运行、检查评估样本和建模样本是否基本一致的。

所有撤销，特别是低分撤销，需要从以下三个方面来决定：首先，贷款机构接受临界线以下的申请是否出于"实验"目的，或是否为了将来的拒绝推断建模。在这种情况下，选择进入实验的样本需要严格集中控制，保证样本足够随机，生成正确的无偏样本。其次，评估员是否有模型没有考虑到的信息，以此作出信息撤销。最后，是否有某个信息的预测能力特别强，但出现频率很低，模型无法捕捉到。

6.11 设置阈值

当建好评分卡后，我们有多种方法来设置临界值。在本节讨论的方法中，读者可以选择更适合贵公司目标的那个方法。

最简单的方法是，特别是在新的评分卡上线执行的早期，选择临界值，使现有通过率与原来的通过率相等（保持客户质量）。这样能够使我们逐渐建立起对评分卡和程序的信心，合理应对部署中出现的问题和异常，甚至我们的最终目标是在保持坏账率（bad rate）不变的基础上提高通过率。异常现象是出现在交换集中的问题，有些样本之前被拒绝了而现在又被接受了，或者刚好相反。例如，我们有一个老评分卡，对老客户的通过率是74%，对陌生客户的通过率是53%，而新评分卡的这两个通过率分别是66%和58%。如果我们已经尝试保持同样的通过率，那么问题一定是客户渠道的相对客户质量变化，或评分卡变化造成的。如果我们想同时提高通过率和降低坏账率，那么找出这些偏移的原因不是很容易。当然，在建模的最后阶段或检验阶段，我们可以给定一个临界值，观察不同特征的交换集结果。这不仅可以在建模变量上开展，也可以在对市场营销、员工绩效和内部政策有重大影响的变量上开展。

我们建议仅在几周内维持相同的通过率。我们投入时间和成本建立新模型，肯定是希望它能够产生额外收益。当然，保持通过率不变也能降低坏账率，只是这样的优势需要很多个月才能显现出来。在很多公司里，提高通过率的压力更大。

如果我们忽略新模型最终会代替老模型工作的变化，设定临界值的一个方法是找到平衡点。我们先假定有预测未来表现的完美信息，未来表现包括正常还款、提前还款、逾期、违约，以及它们发生的时间。这样，我们就能计算这类人到底能给公司带来多少利润。我们可以在每个分数上计算收入和损失，每个分数也就是一个可能的临界值。最简单但不一定错误的办法，是接受所有能带来利润的客户，即使这个利润很小。也有人建议甚至可以接受那些潜在利润为零的客户。这种简洁的方式假设临界值以上的客户都会带来利润。当然，在某些产品上，如信用卡，虽然分数很高的客户不太可能违约，但其实也不太能产生收入（因为他们总是及时还款）。

基于上述财务上的理由，按利润来设置临界值是最简单、效果也不差的方法，至少是可以在最开始尝试的办法。但是，根据利润作出决策的方法常常不适用，主要是基于如下会计原因。

如果不考虑利润，我们可以根据净现值（Net Present Value，NPV）来表示收入和损失。考虑未来现金流的折现值 NPV，假如今天有 1000 元，是否比未来三年每月还 32 元、一共还 1200 元更好？NPV 的计算会考虑机会成本，以一个折现因子的方式算出未来现金流的现值。

如果不考虑利润、净收入或 NPV，我们还可以计算我们的收益。如果借给某人 5000 元，我们实际上是在结合未来他的还款能力和还款概率考虑对他进行投资。当然，这 5000 元借出的资金也是有成本的，我们需要考虑管理资金的能力。如果我们有两种选择，借出 1 万元、利润 1000 元，与借出 5000 元、利润 600 元相比，前者的收益是 10%，后者是 12%。显然，如果我们需要用这两种贷款建立 100 万元的资产组合，后者比前者更好。当然，这种收益的估计方法不全面，这只是一种最简单的方式，有许多金融和财务书籍更详细、深入地讨论了这个问题。

这里我们想讲的是，如果从评分的角度来思考，我们也许更想根据收益而非利润来决策。因此，我们想设置临界值，使所有客户达到某个最低收益门槛。这里，我们当然有隐含假设：分数大于临界值的客户都能带来最低收益。

在评估利润和收益时，我们需要考虑另一个问题——固定成本分摊。例如，我们每年有 1100 万元的固定成本，用于办公场所、人力成本和市场推广。假如设置 245 分的临界值，我们能发放 50000 笔贷款，平均成本是每笔 220 元。假如设置 235 分的临界值，我们能发放 55000 笔贷款，平均成本是每笔 200 元。在 245 分上，我们达到了利润和收益要求，但在 235 分上，我们需要重新计算固定成本吗？我们可以把这些因素都考虑进去，然后只用变化的平均成本计算 235～244 分的边际收益吗？这里面的因素太复杂，没有明确的答案，但至少要符合财务规范和商业目标。

这里还有一个可变成本需要考虑——处理拒绝样本的成本。降低临界值使更少的人被拒绝，为拒绝客户提供咨询解释的人力成本将会降低。

在根据利润和收益决定是否要接受申请时还有一个挑战：我们假定未来与过去一样，但是我们不知道贷款是否会被提前结清。我们只能按照历史上相似贷款的表现来提出假设，同样对问题贷款回收表现也需要进行假设（参见第 11 章），虽然贷款还没有发放和审批。

所以，在确定用哪个临界分数时，我们有很多相互关联的信用和财务问题需要考虑。

在建模中，我们希望能画出一条像图 6.4 那样的曲线。例如，在通过率 50% 处，我们有坏账率 2%；如果通过率为 70%，坏账率攀升至 4%；如果通过率为 90%，坏账率接近 7.5%。

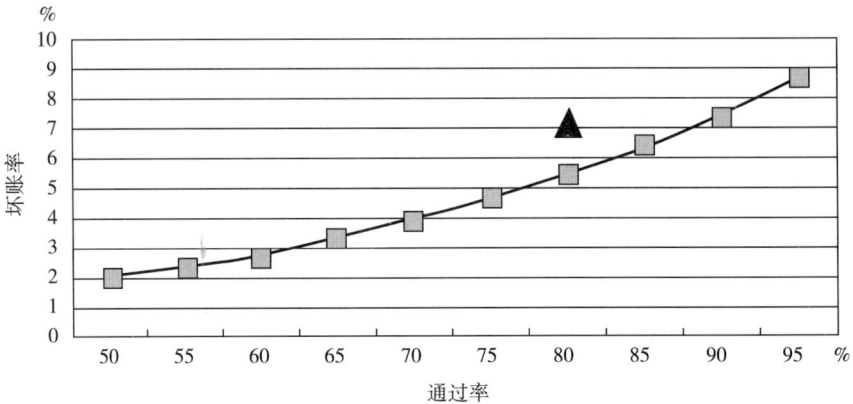

图 6.4　策略曲线

图 6.4 中的三角形表示当前评分卡的临界值设定。显然，我们可以再往右靠一些，这样坏账率不变但是通过率提高了。我们也可以往下移一点，保持通过率不变，降低坏账率。实际上，在曲线上或往右方和下方移动的组合都可以改善目前的决策方案。我们当然会更期待选取曲线上的方案。

通常，这些数据是以模型在保留样本上的表现制作的表格形式给出的。这个表格被称为操作手册（run book）或策略表，给出每个临界值在总体上的效果。表 6.7 是一个典型的操作手册。在这里，我们显然更关注其中各种账户的数量，但是要考虑利润和收益的话，Brown 和 Edelman（1999）引入了一个扩展的表格，包括收入、成本和利润。它们也可以用图形来表示。

但是，无论我们关注账户数量，还是利润或收益，只要事关临界值的选取，我们都需要考虑一些实际操作中的问题。例如，如果我们显著提高通过率，我们是否有足够的资金放出去？我们的运营团队是否能处理这么多的客户？在还款期的早期或即将结束时会有更多账户、更多问询、更多赎回，我们是否有足够的客服和催收人员来处理这些申请和资金流失问题？还有一个更基本的问题：如果我们接受 10 万个新客户，制作卡片来得及吗？

表 6.7　操作手册

分数	分数线以上的累计好人数量	分数线以上的累计坏人数量	累计人数	累积比例（%）	通过人群中的坏账率（%）	边际好坏比率
400	2700	100	2800	28	3.6	—
380	3300	130	3430	34.3	3.8	20：1
360	3800	160	3960	39.6	4.0	16.7：1
340	4350	195	4545	45.4	4.3	15.7：1
320	4850	230	5080	50.8	4.5	14.3：1
300	5400	270	5670	56.7	4.5	13.7：1
280	5900	310	6210	62.1	5.0	12.5：1
260	6500	360	6860	68.6	5.2	12：1
240	7100	420	7520	75.2	5.6	10：1
220	7800	500	8300	83.0	6.0	8.7：1
200	8600	600	9200	92	6.5	8：1
180	8900	800	9700	97	8.2	15：1

　　在行为评分中，问题类似。我们要打更多的电话，寄出更多的邮件，团队能力是否足够？在财务上，当我们想大幅提高额度时，我们有没有授权？我们是否有足够的拨备金？

6.12　模型校准

　　有了在不同分层样本上建立的一套评分卡后，我们应该把不同评分卡的分数进行校准从而使分数表示同样的意义，即在每个分数上，边际好坏比率在所有不同分层样本的评分卡上要相等。这是操作手册上关于评分卡最特别的一点，因为我们只关心总体上的通过率和坏账率，而不是子样本上的。模型校准的一个方法是用逻辑回归建立分数与好坏的模型。这样，对评分卡 i，我们有

$$\ln(p_G^i(s)/p_B^i(s)) = a_i + b_i s \tag{6.25}$$

其中，$p_G(s)$ 和 $p_B(s)$ 是分数 s 的申请人为好人（坏人）的概率，a_i 和 b_i 是回归系数。如果这个逻辑回归拟合很好，那么我们可以在样本层 i，用分数乘以 b_i/b_1，对所有属性加上 $(a_i - a_1)/b_i$。这样可以保证所有评分卡的好坏比率满足 $p_G/p_B = e^{a_i + b_i s}$。即使逻辑回归拟合不是很好，我们也可以把分数乘以 b_i/b_1，然后用一个新的变量来确定这个样本属于哪个子群体，然后用回归的系数加到这个子群体评分卡的所有属性上，完成校准。

　　这里，我们是把不同子群体的评分卡按照边际好坏比率对齐，这样在每个分数上，好坏比率是个已知常数。这样重新校准后的评分卡将会具有某些适用于单个评分卡和整套评分卡的性质。这些我们希望得到的性质是：

第7章 行为评分

7.1 引言

那些在第3、第4章介绍的用来建立评分卡的模型可以用来决定是否给新的客户发放贷款,也可以用来判断现存客户在中短期是否会违约。后者即行为评分的一种,对客户的还款和使用行为建模。最初,行为评分模型是用来决定额度调整的,也可以决定对客户采取的具体营销或经营性的措施。根据巴塞尔协议(BCBS, 2005, 2010)的要求,贷款机构需要在每层资产上都估计违约风险(违约概率等),包括存量客户和存量资产。行为评分就是一个理想的评分模型,它能把分数及时转换成我们需要的概率。因此,行为评分已成为巴塞尔模型在消费信贷方面的主要支柱,无论是抵押贷款、信用贷款、透支、汽车贷款还是信用卡。

我们可以用马尔可夫链的概率模型来预测借款人的还款和使用行为。在利用马尔可夫链模型进行额度和利率设定时(如针对信用卡和透支等循环信贷),我们还需要一些额外的假设,使模型不但能估计违约率,还能估计利润率。虽然马尔可夫链模型不属于巴塞尔模型中估计违约风险的方法,但它其实可以用来估计催收过程中的违约损失率(LGD),而LGD也是巴塞尔协议中的一项重要内容。

在7.2节中,我们先探讨可以用来行为评分的特征。各类特征总数可以达到上千个,相互之间的相关性也较高,不过最终的评分卡里的特征会少很多。显而易见,那些与借款人过去逾期和违约有关的内容是最有效的特征。在7.3节中,我们考察如何把分类模型更好地应用于行为评分。7.4节介绍如何用行为分数来决定消费信贷中的经营决策。7.5节是马尔可夫的行为评分模型,介绍如何用历史客户样本进行参数估计。7.6节介绍如何用马尔可夫链加上动态规划来解马尔可夫决策过程,这可以用来优化对账户的额度设定。在7.7节中,我们介绍如何用个体的数据来估计马尔可夫链模型的参数。最后,我们还会介绍马尔可夫链的贝叶斯方法和正统方法。

7.2 行为特征

行为评分和申请评分的分类模型中所用到的变量不同。相比之下,行为评分能用到额外两三类的变量。在行为评分的分类模型中,除了所有申请时关于客户和贷款的特征,我们还可以不断更新征信局里关于客户现在和之前在其他贷款上的表现,在当前模型上不断更新结果。行为评分还可以使用当前贷款上的还款和使用行为数据，这可以从历史客户记录中提取。我们确定一个之前可观察的表现期，如前 12～18 个月，记录客户在此期间的各种表现。然后，设定一个结果观测点，如 12 个月后，依照客户表现确定他是好人还是坏人。我们也使用观测点上的征信信息。图 7.1 展示了观测点、结果点和表现期的关系。

```
         表现期
    |_____|_____|_____|
                   观测点                           结果点
```

图 7.1　行为评分时间线

关于客户的三类特征中，客户在本次贷款上的表现和征信信息是最有效的。在 8.6 节中，我们会介绍一个用来测量评分卡区分能力的指标——基尼系数，它在行为评分中的数值一般是 0.7 或更高，而在申请评分中一般大于等于 0.5。在行为评分中，针对某一个行为，我们就可以构建大量的衍生变量。例如，我们看信用卡的账单余额。潜在可用的特征就有过去 3 个/6 个/12 个月的平均余额、过去 3 个/6 个月的最大余额、上期账单余额与过去 6 个月平均余额之比、过去 12 个月余额范围、账单余额超过信用额度 50%/75%/90% 的次数、账单余额为 0 的次数、过去 12 个月中本月账单与上月账单余额差的均值、本月比上月账单余额增长占过去 12 个月差额均值的比例、过去 12 个月的余额增长率、超过当前余额的次数、当前余额占信用额度的比例、余额的标准差，等等。

其他衍生变量包括计算一定时间段内的逾期时长、最大逾期天数、逾期次数、催收次数、提现次数、消费次数、失信次数、信贷账户数量、所有账户最大逾期时长、逾期账户数量、当前住址时长，等等。

考虑到我们有大量描述借款人过去行为表现和征信记录的特征，加上由它们衍生出来的更多特征，我们很轻松地就有上千个特征供建模使用。这个规模的变量使我们无法进行细致分析，建模人员一般用逐步筛选、向前分步和向后分步回归法来自动选择最好的变量，留在回归方程中进行建模。

这里有个问题值得关注，就是我们能否使用他人信息来评估借款人，对此，每个国家的法律规定不同。例如，能把家庭其他成员的信息用于评估借款人的信用质量吗？如果两个人曾经或者现在有联立账户（joint account），可以使用双方信息吗？我们需要征得第二个人（非借款人）的同意吗？在英国，因为居民没有独立的身份证号或社保号，所以征信局只能用名字来确定身份，但名字会经常重复，地址也是，这给我们带来了一些困难。统计上我们看到，如果某地址的居住者违约过，这个地址上的其他人员也很可能违约，但是这个信息我们能获得并使用吗？

征信机构和贷款机构经常会按照征信档案的丰富程度来对客户分层，一部分是有"厚"档案的人，他们有丰富的信贷历史；另一部分是有"薄"档案的人，他们没什么信贷历史。针对不同的人群，建立不同的模型。这也显示了过往的信贷表现对建模有非常重要的作用。

从 2008 年国际金融危机之后，越来越多的人认识到，与消费者行为相关的经济因素会对我们的模型建立有显著影响。它们在估计违约概率时比对客户进行排序更有用。在评分卡分层时（见 4.6 节），与证据权重相比，经济变量对总体比率分数的影响更大。我们需要确认引入的经济变量是在经济学上会影响消费者和小微企业行为的变量。例如，失业率和小企业信心指数比 GDP 增长率、股票指数等更好，后者在企业信用评估中更有效。还有一些特征受限于地理位置。例如，虽然房价指数的预测能力很强，但它难以在具体位置上获得准确可靠的数字，所以也较难应用。

虽然用于行为评分的方法和申请评分的方法一样，但前者的工作量要大得多；而且，由于行为评分本质上是动态的，我们还可以用其他方法来构建合适的信用风险模型。这个之后再讲。

7.3 行为评分的应用

上节提到的基于分类的行为评分模型是把总体人群分层，为每层客户建立不同的模型。我们可以按照年龄来分，年龄经常与其他特征有较强的交互作用，例如它能显著影响信贷历史的多少。如果用分类树，最顶层的分裂方式可以很好地指示处理这种交互作用的正确分层方式。

一种最容易理解的分层方式是按照新老客户分层。新客户的历史表现不足，开户不到半年的客户无法计算过去一年的平均余额。所以，建立不同的评分卡是个好办法，即对新客户的评分更依赖于申请数据。建好不同的评分卡后还需要进行校准，保证在新客户转变成老客户时，他的分数和好坏比率保持连续。

建模人员还关注结果期的长度。他们更想找出所有的违约行为，而不仅仅是那些很快就要违约的人，所以把结果期设置为 12 ~ 18 个月比较合理。然而，把表现期设为 12 个月意味着建模需要 2 ~ 3 年的历史样本。总体人群的特征及其对应的行为结果关系可能都会在这段时间发生漂移。为了解决这个问题，有些公司采用两阶段法，只用观测点后 6 个月的表现作为结果。首先，他们通过分类树找出在 6 个月的时期内，哪些行为最能指向 12 个月后的违约（常规的违约定义）。这些行为即被定义为行为评分中的坏人行为。这总共只需要 12 ~ 18 个月的历史样本数据。

另一个问题是，我们应当如何使用行为分数。按照标准的结果期和好坏定义，行为分数测量的是客户在未来 12 个月违约的风险，但其前提是假定其他经营策略不变。如果按照这个分数来改变策略，似乎就违反了这个分数的有效性。在用行为分数确定信用额度时就是这种情况。此时假定行为分数高的人在当前信用额度下的违约风险低，所以应该授予更高的额度。这就好比说那些在城镇中开车时速 48 公里每小时的人因为事故率更低，所以他们可以被允许在高速公路上开到 70 公里每小时，却并没有意识到被允许开更快的司机还应当被要求有更熟练的技术。类似地，在更高的额度下，我们可能还需要在管理账户时考虑其他特征。我们也只能接受这种"信仰"，它看起来是合理的，也是很多贷款机构乐于接受的。常规做法是把行为分数分成多个区间，对每个分数段授予不同的额度，行为分数提高后才能提高额度。也有公司认为行为分数只是风险的参考，还有其他维度如收益需要考虑。以额度周转率（credit turnover）为例，它们根据分数区间和额度周转率建立起一个矩阵（见表 7.1），对每个组合授予不同的额度。

表 7.1 信用额度矩阵

行为分数（分）	月均额度周转率（元）			
	<50	50~150	150~300	300+
<200	0	0	500	500
200~300	0	500	1000	2000
300~500	2000	3000	3000	5000
500+	5000	5000	5000	5000

随之而来的问题是，这里面的额度大小是如何确定的。理想情况下，如果有利润模型，我们可以把行为分数当作客户风险的指标，加上测量利润的指标，找出最优额度。但贷款机构一般没有这类模型，只能依靠直觉和经验来设置信用额度。Hopper 和 Lewis（1992）提供了一个更科学的办法，即冠军挑战方法（champion vs. challenger approach）。他们建议在一小部分客户身上尝试新的信贷策略，与原来策略下的客户表现进行比较。不过，新策略需要一定的时间才能产生效果，否则无法与老策略有可比性。提高信用额度会立即增加使用额和销售额，这显然能够提升利润，但坏账要等 6~12 个月才会显现。所以，这种冠军挑战需要至少保持 12 个月才能看出效果。

基于分类的行为分数还有其他应用，例如我们可以用它来估计客户是否会继续使用产品、会不会销户或者转移到竞争公司，或者他们是否会接受公司宣传的其他产品。考虑这些事件时，我们需要知道其他信息，如账户年龄和以前发生事件的时间。例如，车主很可能在每个 2 年、3 年、4 年的同一时间换车，所以上个车贷结束的时间是决定他考虑办理另一个车贷的关键变量。尽管如此，如前文提到的，行为评分的主要用处在于满足巴塞尔协议对现存客户违约概率估计的要求。

7.4 传统马尔可夫链

早在 20 世纪 60 年代，人们就开始想要构建一个与统计分类思路不同的还款和使用行为评分模型。当时的想法是希望找到借款人账户的不同状态，并且估计账户从一种状态向另一种状态转移的可能性。状态主要根据账户当前状态的信息和较近期的历史表现来设定，还可以适当参考最初的申请信息。那么，当前余额、逾期次数、前 6 个月提醒邮件次数都是典型的可用信息。我们的目标是定义账户状态（state），使其在下个账单日期时，从一种状态转移到另一种状态的概率值完全取决于当前的状态信息，与之前的历史无关，这就是马尔可夫链（Markov chain）。以下进行严格定义。

设 $\{X_0, X_1, X_2, X_3, \cdots\}$ 是一系列随机变量，只可取 M 个状态之一。如果满足下列条件，则认定它是一个有限的马尔可夫链：

$$\Pr\{X_{t+1} = j \mid X_0 = k_0, X_1 = k_1, \cdots, X_{t-1} = k_{t-1}, X_t = i\}$$
$$= P\{X_{t+1} = j \mid X_t = i\} \quad \text{对所有 } t, i, j \text{ 成立，其中 } 1 \leqslant i, j \leqslant M \quad (7.1)$$

条件概率 $P\{X_{t+1} = j \mid X_t = i\}$ 被称为转移概率（transition probability），简记为 $p_t(i,j)$。由概率的性质，得到 $p(i,j) \geqslant 0$ 且 $\sum_j p(i,j) = 1$。

这些概率的矩阵记为 P_t，所以 $(P_t)(i,j) = p_t(i,j)$。由式（7.1）表述的马尔可夫性质，我们可以给定 X_0 的值，乘以 $P_0, P_1, \cdots, P_{t+1}$ 可以得到 X_t，因为

$$P\{X_{t+1} = j \mid X_0 = i\}$$
$$= \sum_{k(i), \cdots, k(t-1)} P\{X_{t+1} = j \mid X_t = k(t)\} P\{X_t = k(t) \mid X_{t-1} = k(t-1)\}$$
$$\cdots P\{X_2 = k(2) \mid X_1 = k(1)\} P\{X_1 = k(1) \mid X_0 = i\} \quad (7.2)$$
$$= \sum_{k(i), \cdots, k(t-1)} p_0(i, k(1)) p_1(k(1), k(2)) \cdots p_t(k(t), j)$$
$$= (P_0 \cdot P_1 \cdot \cdots \cdot P_t)(i,j)$$

如果对所有 t, i, j，都有 $p_t(i,j) = p(i,j)$，则它被称为平稳的（stationary）马尔可夫链。此时，第 k 个时期的转移概率是 P 乘以自身 t 次，则

$$P\{X_{t+1} = j \mid X_0 = i\} = \sum_{k(i), \cdots, k(t-1)} p(i, k(1)) p(k(1), k(2)) \cdots p(k(t), j)$$
$$= (P \cdot P \cdot \cdots \cdot P)(i,j) = P^{t+1}(i,j) \quad (7.3)$$

如果 $\boldsymbol{\pi}_{t+1}$ 是 X_{t+1} 的分布，那么 $\boldsymbol{\pi}_{t+1}(i) = \Pr\{X_{t+1} = i\}$，则式（7.3）用矩阵来表示为

$$\boldsymbol{\pi}_{t+1} = \mathbf{P}\boldsymbol{\pi}_t = \mathbf{P}^{t+1}\boldsymbol{\pi}_0 \quad (7.4)$$

对非周期性（aperiodic）的马尔可夫链，即没有 $k \geqslant 2$ 使 $p^n(i,j) \neq 0$，除非 k 被 n 整除，$\boldsymbol{\pi}_t$ 长期收敛于 $\boldsymbol{\pi}^*$，用 $\boldsymbol{\pi}^*$ 代替式（7.4）中的 $\boldsymbol{\pi}_t$ 和 $\boldsymbol{\pi}_{t+1}$，那么 $\boldsymbol{\pi}^*$ 满足

$$\boldsymbol{\pi}^* = \mathbf{P}\boldsymbol{\pi}^* \quad (7.5)$$

马尔可夫链中的状态分为常返态（persistent state）和暂时态（transient state）。常返态 i 是一定会回到的状态，即 $\pi_i^* > 0$ 对应的状态，长期来看，有正的概率会停留在这个状态中。暂时态是指回到某状态的概率小于 1 的状态，是 $\pi_i^* = 0$ 对应的状态。考虑如下马尔可夫链模型：

【例 7.1】

最简单的方式是将一个信用账户的状态分为 $\{NC, 0, 1, 2, \cdots, M\}$，其中 NC 是没有状态，即这个账户没有未偿余额；0 表示账户有余额，但还款正常；1 表示单期逾期；i 表示 i 期逾期。当达到 M 期逾期后被确定为违约。这个马尔可夫链的转移矩阵是

From/To	NC	0	1	2	...	M	
NC	$p(NC,NC)$	$p(NC,0)$	0	0	...	0	
0	$p(0,NC)$	$p(0,0)$	$p(0,1)$	0	...	0	
1	$p(1,NC)$	$p(1,0)$	$p(1,1)$	$p(1,2)$	...	0	(7.6)
2	$p(2,NC)$	0	$p(2,1)$	$p(2,2)$	...	0	
⋮	⋮	⋮	⋮	⋮	⋮	⋮	
M	$p(M,NC)$	$p(M,0)$	0	0	...	$p(M,M)$	

Kallberg 和 Saunders（1983）在研究中描述了这个过程。在他们的研究中，账户在不同状态间跳跃。他们的数据显示，这是一个平稳的转移矩阵：

From/To	NC	0	1	2	3	
NC	0.79	0.21	0	0	0	
0	0.09	0.73	0.18	0	0	
1	0.09	0.51	0	0.40	0	(7.7)
2	0.09	0.38	0	0	0.55	
3	0.06	0.32	0	0	0.62	

如果所有账户最初都没有余额，那么 $\pi_0 = (1,0,0,0,0)$，一期过后的分布是 $\pi_1 = (0.79,0.21,0,0,0)$，接下来的分布是

$$\pi_2 = (0.64,0.32,0.04,0,0)$$
$$\pi_3 = (0.540,0.387,0.058,0.015,0)$$
$$\pi_4 = (0.468,0.431,0.070,0.023,0.008) \qquad (7.8)$$
$$\pi_5 = (0.417,0.460,0.077,0.028,0.018)$$
$$\pi_{10} = (0.315,0.512,0.091,0.036,0.046)$$

这是估计未来出现的坏账金额（状态 3）很好的办法。10 期过后，有大约 4.6% 的账户出现违约。另外一个应用这个模型的例子由 Edelman（1992）提出，可以同时估计违约概率和所需资源，同时允许策略在每期发生变化。

第一个应用马尔可夫链进行还款行为评分的例子来自 Cyert 等（1962）的信用卡模型。他们将每一块钱的状态转移都记录下来，但他们的模型在财务上会遇到问题。例如，如果一个账户有 20 元的逾期，其中 10 元三期逾期，另外 10 元单期逾期，本期账单金额是 10 元。如果客户本月还款 10 元，那么账户依然有 20 元逾期，但是是其中 10 元四期逾期、10 元两期逾期，还是 10 元两期逾期、10 元单期逾期呢？Kuelen 等（1981）解决了这个问题，那些部分还款的金额首先偿还时间最长的负债（Cyert 等，1962）。Corcoran（1978）还提出了这个模型的变化，他指出，如果能为不同金额的贷款建立不同的转移矩阵，模型在整体上会更稳定。Kallberg 和 Saunders（1983）也提出了两个类似的模型，他们把状态空间按照未偿余额来定义，有四种情况：（1）实际还款金额小于未偿余额但大于最低还款金额；（2）实际还款金额略小于最低还款金额；（3）实际还款金额与最低还款金额有较大差距；（4）完全没有还款。

我们还可以定义更复杂的马尔可夫链模型，状态空间中的每个状态都由三个成分决定：$s = (b, n, i)$，其中 b 是未偿余额，n 是当前连续逾期期数，i 是其他重要的特征变量。如果我们找出每个状态的预期单期收益，我们就能计算在任何额度策略下的总预期利润。事实上，我们还可以继续优化求解，找到在给定坏账水平下利润最大化的额度策略，或是给定利润水平下的最小坏账金额。我们用以下邮购场景的例子来说明。

【例 7.2】

设客户的还款状态是 $s = (b, n, i)$，其中 b 是未偿余额，n 是当前连续逾期期数，i 是其他特征变量。从历史客户样本中，我们可以估计以下内容：

$t(s, a)$ 是在状态 s 下的账户在下期还款 a 的概率；

$w(s, i')$ 是在状态 s 下的账户在下期特征变化为 i' 的概率；

$r(s)$ 是在状态 s 下的所有账户的期望消费金额。

如果不允许接收更多的订单，我们可以用动态规划来求解给定账户当前在 s 状态的违约概率 $D(s)$。我们假定连续 N 期逾期即违约，这表示

$$D(b, n, i) = 1 \text{ 对所有 } b, i, j \text{ 成立}$$
$$D(0, n, i) = 0 \text{ 对所有 } i, n < 1 \text{ 成立} \tag{7.9}$$

说明，

$$D(b, N, i) = \sum_{i', a \neq 0} t(s, a) w(s, i') D(b - a, 0, i') + \sum_{i'} t(s, o) w(s, i') D(b, n + 1, a) \tag{7.10}$$

若在当前状态 (b, n, i)，下期还款 a，特征从 i 变到 i' 的概率是 $t(s, a) w(s, i)$，下期状态将变为 $(b - a, 0, i')$。下期不还款的概率是 $t(s, o) w(s, i')$，那么再下一期状态将变为 $(b, n + 1, i')$。用式（7.9）和式（7.10）计算每期的 $D(b, n, i)$。在图 7.2 中，我们看到状态往下边或右边跃迁，而 $D(b, n, i)$ 在线上的值都是可以计算的。

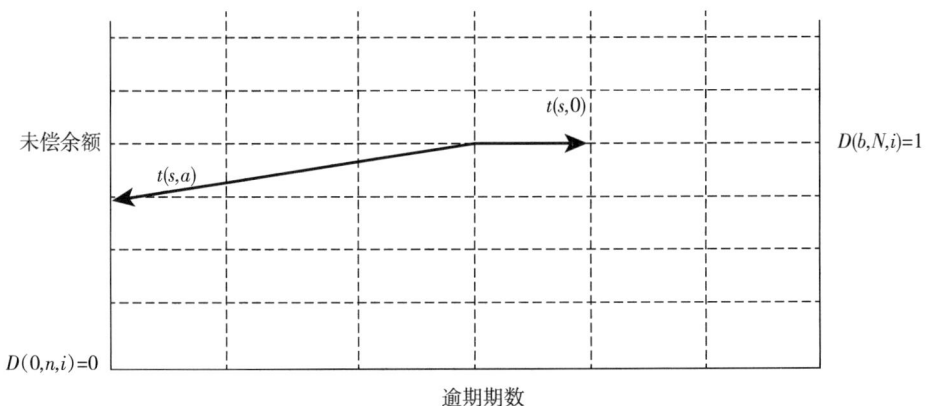

图 7.2 违约概率的计算

显然，违约概率 $D(b, n, i)$ 在 n 和 i 不变时随着 b 的增加而增加，因为客户需要还更多的钱才能结清余额。

表 7.2　每个状态的违约概率和订单金额

状态	s_7	s_1	s_3	s_2	s_9	s_8	s_4	s_6	s_5
违约概率	0.001	0.004	0.008	0.02	0.06	0.09	0.12	0.15	0.2
订单金额	50	150	250	200	120	80	60	40	50

基于历史数据，我们可以计算每个状态的违约概率和期望销售金额，根据违约概率将所有状态排序，如在表 7.2 中，总订单金额是 1000 元。贷款机构需要决定哪个违约率和订单金额是可以接受的。假如可以接受违约率 0.1，那么它们最多会接受到状态 s_8，拒绝 s_4、s_6 和 s_5，一共损失 $(60 + 40 + 50)/1000 = 15\%$ 的订单额。假如可以接受违约率 0.025，那么会拒绝 s_9、s_8、s_4、s_6 和 s_5 状态的订单，损失 $(120 + 80 + 60 + 40 + 50)/1000 = 35\%$ 的订单额。所以，管理层需要决定哪个 D^* 是合理的。由于 $D(b,n,i)$ 随着 b 的增加而增加，那么解方程

$$D(L(n,i),n,i) = D^* \tag{7.11}$$

便可以找到每个状态 (n,i) 的信用额度 $L(n,i)$。

7.5　马尔可夫过程

上节讲到的马尔可夫链模型包含两个重要元素：一是状态，用来描述客户还款表现，我们用转移矩阵来表示还款行为的动态表现。二是收益函数，是客户在某状态下给公司带来的收入。如果我们加入第三个元素——决策，即贷款机构作出的会同时影响收入和状态转移概率的决定。这就是马尔可夫决策过程（Markov decision process），是随机动态规划（stochastic dynamic programming）的一种。

严格地定义，一个马尔可夫决策过程是一个随机过程 X_t，$t = 1,2\cdots$，X_t 可以取状态空间 S 中的任意值。对每个状态 $i \in S$，我们有一系列决策 $k \in K_i$，每次进入一个新状态时我们需要选一个决策。在状态 i 选择决策 k 会带来收益 $r^k(i)$，系统在下期有 $p^k(i,j)$ 的概率转移到状态 j。我们的目标是选择决策 $k \in K_i$，使收益函数最大化。这个收益可以是有限期的收益，也可以是无限期的收益，不过需要经过折现。如果一个人要知道未来收益的现净值，可以这样计算。如果折现率是 $\beta = 1/(1 + \rho)$，ρ 是利率，那么第二期的折现因子是 β，第三期的折现因子是 β^2，等等。在无限期情况下，我们关注期望平均收益，即当 n 增加到无限时，在 n 期上的平均收益。在一般条件下，无限期与有限状态空间和有限决策的结果是一样的（Puterman, 1994），最优收益和最优决策满足 Bellman 优化方程，设 $v_n(i)$ 是在 n 期上的最优收益，系统初始状态为 i，那么

$$v_n(i) = \max_{k \in K_i}\left\{r^k(i) + \sum_j p^k(i,j)v_{n-1}(j)\right\} \quad \text{对所有 } i \in S, n = 1,2\cdots \tag{7.12}$$

同样地，如果 β 是折现因子，系统初始状态为 i，那么最优期望折现收益 $v(i)$ 是

$$v(i) = \max_{k \in K_i}\left\{r^k(i) + \sum_j p^k(i,j)\beta v(j)\right\} \quad \text{对所有 } i \in S \tag{7.13}$$

研究（Puterman，1994）表明，使式（7.13）右边最大化是关于无限期折现问题的最优决策，使式（7.12）右边最大化是当 n 趋于有限时期时使总收益最大化的最优化问题。所以，求解式（7.12）和式（7.13）的最优化问题，就能分别得到有限及无限时期的最优收益和最优决策。求解式（7.12）的有限优化问题，我们可以先确定边界条件 $v_0(\cdot)$ 再求解 $v_1(i)$。一般情况下，$v_0(\cdot)=0$，已知 $v_1(\cdot)$ 后，我们可以求解 $v_2(\cdot)$。重复这个过程，直到解出所有 n 期的 $v_n(\cdot)$。这个迭代过程可以看作求解式（7.13）的无限期折现收益问题。我们解如下方程组：

$$v_n(i) = \max_{k \in K_i}\left\{r^k(i) + \sum_{j \in S} p^k(i,j)\beta v_{n-1}(j)\right\} \quad \text{对所有 } i \in S, n = 1,2\cdots \quad (7.14)$$

可以证明，$v_n(0)$ 收敛于 $v(0)$，即式（7.13）的解。类似地，Puterman（1994）证明，经过一定时期 n^* 后，当 $n \geq n^*$ 时的有限时期 n 的最优决策也是无限期问题的最优解。

回到上节介绍的模型，我们可以把它们拓展到马尔可夫决策过程中。我们来看例 7.1 的延伸。

【例 7.3】

设客户的还款状态是 $s=(b,n,i)$，其中 b 是未偿余额，n 是当前连续逾期期数，i 是其他特征变量。贷款机构的决策是设定每期的信用额度 L。那么，当我们定义了 $p^L(s,s')$ 和 $r^L(s)$ 后，就建立马尔可夫决策过程的行为评分模型。我们需要用历史数据来估计 $p^L(s,s')$：

$t^L(s,a)$ 是在状态 s 下有额度 L 的账户在下期还款 a 的概率；

$q^L(s,e)$ 是在状态 s 下有额度 L 的账户在下期消费 e 的概率；

$w^L(s,i')$ 是在状态 s 下有额度 L 的账户在下期特征变化为 i' 的概率；

那么，

$$p^L(b,n,i;b+e-a,0,i') = t^L(s,a)q^L(s,e)w^L(s,i'), b+e-a \leq L, a > 0$$

$$p^L(b,n,i;b-a,0,i') = t^L(s,a)\left(q^L(s,0) + \sum_{e \geq L-b+a} q^L(s,e)\right)w^L(s,i'), a > 0$$

$$p^L(b,n,i;b+e,n+1,i') = t^L(s,0)q^L(s,e)w^L(s,i'), b+e \leq L$$

$$p^L(b,n,i;b,n+1,i') = t^L(s,0)\left(q^L(s,0) + \sum_{e \geq L-b} q^L(s,e)\right)w^L(s,i')$$

$$(7.15)$$

给公司带来的收益是消费金额的一个比例 f，即利润减去违约的损失。如果连续 N 期逾期就是违约，那么

$$r^L(b,n,i) = f\sum_e eq^L(s,e) - bt^L(s,0)\delta[n-(N-1)] \quad (7.16)$$

如果每期折现率是 β，$v_n(s)$ 是初始状态 s 在 n 期上的折现后的最优预期总利润，那么 $v_n(s)$ 满足

$$v_n(s) = \max_L\left\{r^L(s) + \sum_{s' \in S} p^k(s,s')\beta v_{n-1}(s')\right\} \quad \text{对所有 } s \in S, n = 1,2\cdots$$

$$(7.17)$$

这样我们可以得到一系列额度决策，额度 L 是状态 s 与期数 n 的函数。为了使决策不与时间相关，我们考虑无限期下的期望折现利润标准，状态 s 下的最优收益 $v(s)$ 满足

$$v(s) = \max_L \left\{ r^L(s) + \sum_{s' \in S} p^k(s,s') \beta v(s') \right\} \quad 对所有 s \in S, n = 1,2 \cdots \quad (7.18)$$

使式（7.18）右边最大化的决策就是使利润最大化的最优信用额度。

最近也有研究使用其他的状态空间来找到马尔可夫决策模型中的最优额度政策。Trench 等（2003）的研究中，状态空间包含 6 个元素，包括违约率、购买金额、购买行为、还款行为、还款金额等。每个元素被分为 2 个、3 个或 4 个子类别，这样就有不到 600 个行为状态。决策包含 10 级额度和 5 级利率。So 和 Thomas（2011）用"违约""销户"和"冬眠"来表示表现结果，模型中设定了 8 个状态和 10 级额度。他们发现二阶马尔可夫链，即由当前和上期分数段同时定义的状态，对数据拟合更好。他们还引入了一种在可用数据很少的情况下估计状态转移概率的方法。

马尔可夫决策模型也被用来优化违约后的催收过程。此时，贷款机构想从不良贷款中回收尽可能多的资金。回收金额占违约债务的比例被称为回收率。贷款机构可以采取一系列不同等级的催收策略，从打电话善意提醒到提起司法诉讼，并且决定下一次何时以及如何采取更严厉的措施来催收贷款。违约者的状态由当前催收行动、离上次催收时长和上次催收的回收率来定义。De Almeida Filho 等（2010）用马尔可夫决策过程找到了使期望回收率最大的催收策略和催收时间。

7.6　马尔可夫链的验证和变化

与统计分类模型相比，前两节里的马尔可夫链模型和马尔可夫决策过程模型对客户还款行为的形式作出了更多假设。我们不但需要估计模型中使用的参数，还要检验数据是否支持模型的假设。接下来，我们介绍参数估计和假设检验的方法。

7.6.1　平稳马尔可夫链的参数估计

我们以最简单的形式为例，设一个马尔可夫链的状态空间是 S，其中有 m 个值，从一种状态转移到另一种状态的概率在所有时期保持一致，即这个链是平稳的。我们需要从历史上 R 个客户样本中估计 $p(i,j)$，$i,j \in S$。第 r 个客户的历史状态是 $s_0^r, s_1^r, s_2^r, \cdots,$ s_T^r。设 $n^r(i)$ 是从时期 0 到 $T-1$ 间某状态 i 出现的次数，$n^r(ij)$ 是时期 1 到 T 间从 i 转移到 j 的次数，$n(i) = \sum_{r \in R} n^r(i)$ 和 $n(i,j) = \sum_{r \in R} n^r(i,j)$ 是这二者在所有样本上出现的总次数。Bartlett（1951）和 Hoel（1954）证明了 $p(i,j)$ 的最大似然估计是

$$\hat{p}(i,j) = \frac{n(i,j)}{n(i)} \quad (7.19)$$

7.6.2 非平稳马尔可夫链的参数估计

如果我们认为某个过程是马尔可夫链，但是它的转移概率又和时期有关，即从一种状态转移到另一种状态的概率在不同时期是不同的，那这就是一个非平稳（nonstationary）的马尔可夫链。此时，设 $p_t(i,j)$ 是在 t 时期从状态 i 转移到状态 j 的概率。给定一个历史样本集，设 t 时期处在状态 i 的人数为 $n_t(i)$，$i \in S$，其中有 $n_t(i,j)$ 个人在下一时期转移到状态 j，那么 $p_t(i,j)$ 的最大似然估计是

$$\hat{p}_t(i,j) = \frac{n_t(i,j)}{n_t(i)} \tag{7.20}$$

在每个时期都变化的转移矩阵需要大量数据来估计参数，对未来的预测也没有太大作用。因此，在大部分情况下，我们会假定这个链有季节周期性，因此常假设 t 是每年的月度或季度编号，我们可以用式（7.20）估计当 $t =$ January 时所有样本计算出来的 $p_{Jan}(i,j)$。其他模型还假定存在比季节性更强的趋势，例如设转移矩阵每年间变化，但在每年内不变，即设定 $p_t(i,j)$ 和 $p_{t+1}(i,j)$，式（7.20）中的 t 适用于全年，然后估计 $p_t(i,j)$。

7.6.3 转移概率值的检验

如果我们想验证 $p(i,j) = p^0(i,j)$ 是否对所有 $j \in S$ 成立（S 有 m 个值），我们可以用以下统计量：

$$\sum_{j \in S} \frac{n(i)(\hat{p}(i,j) - p^0(i,j))^2}{p^0(i,j)} \tag{7.21}$$

它服从自由度 $m-1$ 的非对称 χ^2 分布。如果式（7.21）的值小于自由度 $m-1$ 的 χ^2 分布在 α 置信水平下的值，我们就不能在 α 置信水平（如 95%）下拒绝原假设。

因为在不同的 i 下的值 $n(i)(\hat{p}(i,j) - p^0(i,j))^2$ 渐进独立，对式（7.21）的求和可以变得很容易，结果服从自由度 $m(m-1)$ 的 χ^2 分布。所以，为了检验 $\hat{p}(i,j) = p^0(i,j)$ 对所有 i,j 成立，我们计算统计量：

$$\sum_{i \in S} \sum_{j \in S} \frac{n(i)(\hat{p}(i,j) - p^0(i,j))^2}{p^0(i,j)} \tag{7.22}$$

并检验该统计量是否落在自由度 $m(m-1)$ 的 χ^2 分布的拒绝域上。

7.6.4 转移概率平稳的检验

检验转移矩阵是否在每个时期都基本相同，相当于检验列联表（continency table）的同质性，因此这也会用到在检验列联表同质性时的 χ^2 检验。

给定状态 i，我们想看第 t 期的转移矩阵 $p_t(i,j)$（$j = 1, \cdots, m$）的第 i 行是不是对所有 t 相同，即 $p_t(i,j) = p(i,j)$，$j = 1, \cdots, m$。设 $\hat{p}_t(i,j)$ 和 $\hat{p}(i,j)$ 分别是式（7.19）和式（7.20）估计得到的概率，为了检验假设，我们计算统计量：

$$\sum_{t=1}^{T-1} \sum_{j \in S} \frac{n_t(i)\,(\hat{p}_t(i,j) - \hat{p}(i,j))^2}{\hat{p}(i,j)} \tag{7.23}$$

如果总共有 $T+1$ 期（$0,1,\cdots,T$），那么该统计量服从自由度 $(m-1)(T-1)$ 的 χ^2 分布。

这个检验只看转移矩阵中的状态 i 是否在时间上独立，但我们更想看整个转移矩阵在时间上是否独立。原假设为对所有 $i = 1,\cdots,m$、$j = 1,\cdots,m$ 和 $t = 0,\cdots,T-1$，$p_t(i,j) = p(i,j)$ 均成立。因为当 i 不同时，$p_t(i,j)$ 和 $p(i,j)$ 是渐进的独立随机变量，我们可以证明统计量

$$\chi^2 = \sum_{i \in S} \chi_i^2 = \sum_{i \in S} \sum_{t=1}^{T-1} \sum_{j \in S} \frac{n_t(i)\,[\hat{p}_t(i,j) - \hat{p}(i,j)]^2}{\hat{p}(i,j)} \tag{7.24}$$

是服从自由度 $m(m-1)(T-1)$ 的 χ^2 分布，因此可以用 χ^2 检验进行。

另一种方法是计算似然值：

$$L_i = -2\ln \prod_{t=0}^{T-1} \prod_{j=1}^{m} \left(\frac{\hat{p}(i,j)}{\hat{p}_t(i,j)} \right)^{n_t(i,j)} \tag{7.25}$$

它类似于第 i 行的同质性检验，服从自由度 $(m-1)(T-1)$ 的 χ^2 分布。因此，$\sum_{i \in S} L_i$ 服从自由度 $m(m-1)(T-1)$ 的 χ^2 分布。这也可以用来检验整个矩阵是否平稳。应该注意到，如果矩阵不平稳，我们只有等到这一年年中才能估计当年的转移矩阵，而对未来几年的预测只能假定未来与过去一样。

截至目前，我们假定过程都是马尔可夫过程，所以在估计某期的转移概率 $p(i,j)$ 时，只需要计算状态 i 的转移矩阵。如果实际情况不符合我们的假设，我们还需要了解这个过程在当期之前的历史，以及在上一个时期所处的状态 i。我们有方法来验证马尔可夫性。

7.6.5　马尔可夫链检验

给定一个历史客户样本集，设 $n_t(i)$ 和 $n_t(i,j)$ 分别是某人在 t 时期处于状态 i 的次数和先在 t 时期处于状态 i 后在 $t+1$ 时期转移到状态 j 的次数。类似地，定义 $n_t(i,j,k)$ 是在 t 时期处于状态 i，在 $t+1$ 时期转移到状态 j 后，在 $t+2$ 时期转移到状态 k 的次数。对平稳链，有最大似然估计：

$$\hat{p}(i,j,k) = \frac{\sum_{t=0}^{T-2} n_t(i,j,k)}{\sum_{t=0}^{T-2} n_t(i,j)} \tag{7.26}$$

我们把估计量记为 $p(i,j,k) = p_{ijk}$，即从状态 i 转移到状态 j 再转移到状态 k 的概率。马尔可夫性的假设是 $p_{1jk} = p_{2jk} = \cdots = p_{mjk} = p_{jk}$ 对所有 $j,k = 1,2,\cdots,m$ 成立。我们可以用列联表生成平行元素，如固定 j，每行的 $p_{1jk},p_{2jk},\cdots,p_{mjk}$ 同质。同样，利用 χ^2 检验，构造统计量：

$$\chi_j^2 = \sum_{i \in S} \sum_{k \in S} \frac{n^*(i,j)\,[\hat{p}(i,j,k) - \hat{p}(j,k)]^2}{\hat{p}(j,k)} \tag{7.27}$$

其中，$\hat{p}(i,j,k) = \sum_{t=1}^{T-1} n_t(j,k) / \sum_{t=1}^{T-1} n_t(j)$，$n^*(i,j) = \sum_{t=1}^{T-1} n_t(j,k) / \sum_{t=1}^{T-1} n_t(j)$。式 (7.27) 的统计量服从自由度 $(m-1)^2$ 的 χ^2 分布。

这是在检验状态 j 是否具有马尔可夫性。为了检验整个链是否为马尔可夫链，即 $p_{ijk} = p_{jk}$ 是否对所有 $i,j,k = 1,2,\cdots,m$ 成立，我们计算统计量：

$$\chi^2 = \sum_j \chi_j^2 = \sum_{i,j,k} \frac{n^*(i,j)\left[\hat{p}(i,j,k) - \hat{p}(j,k)\right]^2}{\hat{p}(j,k)} \tag{7.28}$$

看它是否落在自由度 $m(m-1)^2$ 的 χ^2 分布的拒绝域上。

如果我们发现一个链并非马尔可夫链，我们可以用两种方法进行行为评分。我们在描述当前状态时，可以在状态空间里引入对之前状态的描述；也可以对总体分层，对每个子群体单独建立马尔可夫链模型，但这两种方法都会使模型变得更复杂。在第一种方法中，如果某人在每期都停留在状态空间 S 中的某个状态 i，那么系统在时期 t 的状态会被描述成 $(i(t), i(t-1), \cdots, i(t+1-r))$，其中 $i(s)$ 是客户在时期 s 所处的状态。这样，状态的描述中就包含客户的当前状态和先前 $r-1$ 期的状态。在这个延伸的状态空间中，我们可以估计式 (7.19) 和式 (7.20)，然后检验式 (7.27) 和式 (7.28) 来确定是否为马尔可夫链。这相当于估计过程依次经过状态 $i_1, i_2, \cdots, i_r$ 的概率 $p(i_1, i_2, \cdots, i_r)$，然后检验这些概率是否在前几个状态相等（Anderson 和 Goodman，1957）。如果我们 t 时期的状态包括 $(i(t), i(t-1), \cdots, i(t+1-r))$，那么，我们说这个马尔可夫链是 r 阶的（常见的马尔可夫链是一阶的）。

对于第二种方法，在对总体分层时，我们也有好几种办法。例如，我们可以按照年龄、数据等因素来划分，对新老客户建立不同的链。Edelman（1992）为不同的产品在不同的月份上建立了不同的链，并且查看模型是否因此有所提升。另一种分层方法将客户的流动性和品牌偏好考虑进来，这就是下节要介绍的动静马尔可夫链模型（Mover – stayer Markov Chain Models）。

7.6.6 动静马尔可夫链模型

在动静马尔可夫链模型中，总体被分为两群人：一群人从不离开他们的初始状态，被称为"静止者"（stayer），这一般是保持账户正常的人；另一群人会在马尔可夫链中转移，被称为"移动者"（mover）。这个模型假定有一部分人风险很小，从来都不离开安全的状态，另一部分人的行为不断变化。设"移动者"的转移矩阵是 P，他们的转移概率为 $p(i,j)$，$i,j \in S$。设 $s(i)$ 是状态 i 中"静止者"的比例。如果 $\mathbf{D}$ 是对角矩阵，对角线上的值是 $(s(1), s(2), \cdots, s(m))$，$\mathbf{I}$ 是单位矩阵，单期的转移由下列矩阵给出：

$$\mathbf{D} + (\mathbf{I} - \mathbf{D})\mathbf{P} \tag{7.29}$$

两期的转移可以表示为 $\mathbf{D} + (\mathbf{I} - \mathbf{D})\mathbf{P}^2$，$t$ 期的转移为 $\mathbf{D} + (\mathbf{I} - \mathbf{D})\mathbf{P}^t$。

如果我们要从历史数据上来估计 $s(i)$，$i \in S$ 和 $p(i,j)$，$i,j \in S$，可以使用 Frydman（1984）和 Frydman 等（1985）在两篇文章中介绍的方法。假定我们有客户在 $T+1$ 期中每期的信贷数据，$t = 0,1,2,\cdots,T$。设 $n_t(i)$ 是在 t 时期状态 i 上的人数，$n(i) = \sum_t n_t(i)$ 是在 0 期到 $T-1$ 期经过状态 i 的总人数，$n_t(i,j)$ 是在 t 时期从状态 i 转移到状态 j 的人数，$n(i,j) = \sum_t n_t(i,j)$ 是在这段时期内在状态 i,j 上转移的总人数。如果 n 是样本总人数，$s(i)$ 是在 $T+1$ 期上停留在状态 i 上的客户比例，那么 $s(i)$ 和 $p(i,j)$ 都不是通过直接的估计得到的，因为有一部分"移动者"会以 $(p(i,i))^T$ 的概率从第一期直到最后都停留在状态 i，他们的行为看起来像是"静止者"。如果 $\hat{p}(i,i)^{T*}$ 是这个行为的估计量，那么 $s(i)$ 的最大似然估计 $\hat{s}(i)$ 满足：

$$\hat{s}(i) = \frac{ns(i) - n_0(i)(\hat{p}(i,i))^{T-1}}{n_0(i)(1 - \hat{p}(i,i)^{T-1})} \quad \text{如果 } ns(i) - n_0(i)\hat{p}(i,i)^T > 0 \text{ ; 否则，} \hat{s}(i) = 0$$

$$(7.30)$$

$\hat{p}(i,i)$ 满足下列方程（Freedman 和 Kao，1985）：

$$\hat{p}(i,i)(n(i) - Tns(i)) = (n(i,i) - Tns(i)) + (\hat{p}(i,i))^T \quad (7.31)$$
$$[(n(i) - Tn_0(i))\hat{p}(i,i) - n(i,i) + Tn_0(i)]$$

T 非常大趋于无限期时，$\hat{p}(i,i)^T$ 趋近于零，式（7.31）右边第二项会消失，那么 $n(i) - Tns(i)$ 可以看作状态 i 中"移动者"的数量，$n(i,i) - Tns(i)$ 是"移动者"从状态 i 移动到状态 i 的次数。最后一项是我们添加的补偿项，因为当 T 为有限期时，我们可能会错把部分"移动者"当成"静止者"。解式（7.31）得到 $\hat{p}(i,i)$，从 $k = 1$ 开始，依次计算 $\hat{p}(i,k)$：

$$\hat{p}(i,k) = \frac{n(i,k)(1 - \hat{p}(i,i) - \sum_{r=1,r\neq i}^{k-1} \hat{p}(i,r))}{\sum_{r=k,r\neq i}^{m} n(i,r)} \quad (7.32)$$

当我们计算出这些概率后，无论结果怎样，都可以验证新的模型是否比标准的马尔可夫链模型有所提升，这时我们会用到似然比检验，请参见 Frydman 等（1985）。

Ho 等（2004）用银行账户的数据进行了建模，其中包含了"扭曲者"（twitcher）和"摇摆者"（shaker），是动静马尔可夫链模型的一个延伸。

7.7 贝叶斯马尔可夫链的行为评分模型

7.4 节中的马尔可夫链行为评分模型是建立在历史客户样本上的。这是一种传统的统计方法，假定概率是固定的，且对类似群体相同。我们还可以利用贝叶斯思想，假定概率是主观的，而当获得额外信息后，看待这些概率值的角度会发生变化。在行为评分中，这表示客户在下期还款的概率与之前的历史有关，且可能会在不同时期变化；还款的概率是否变化取决于他们本期是否还款。模型的参数会根据每期是否还款自动更新，长期来看，客户的参数完全由其信贷历史决定。

【例 7.4】固定期限贷款

我们考虑固定金额 a 的贷款，需要在每期还款直至结清。唯一未知的是下期客户是否还款，可以被设为一个伯努利随机变量（Bernoulli random variable），$X = 1$ 表示还款，0 表示没有还款，我们需要估计 $p = \Pr(X = 1)$。在任一时点，系统的状态应该反映我们对 p 的分布的认识。在贝叶斯理论中，我们以先验分布族的一部分作为我们对这个分布族最初的认识（belief）；当新的信息加入后，更新后的分布也是我们对分布族认知的一部分。这个族被称为某变量的共轭分布（conjugate distributions）。对伯努利变量，beta 分布即共轭分布的族。

我们用不同于正态分布的参数形式来表达，$B(r,m)$ 表示含参数 (r,m) 的 beta 分布，$0 \leq r \leq m$，它有概率密度函数：

$$f_{r,m}(p) = [(m-1)!/(r-1)!(m-r-1)!]p^{r-1}(1-p)^{m-r-1} \quad \text{对} \ 0 \leq p \leq 1$$

$$(7.33)$$

超出这个范围，概率密度为 0。用 f_0 表示对 $B(r,m)$ 的先验认识，还款金额为 a，那么在下期开始时，认知 f_1 满足

$$f_1(p) = \frac{P(X_1 = 1 \mid p)f_0(p)}{P(X_1 = 1)} = \frac{p\left(\dfrac{(m-1)!}{(r-1)!(m-r-1)!}p^r(1-p)^{m-r}\right)}{P(X_1 = 1)} \quad (7.34)$$

因为

$$P(X_1 = 1) = \left(\frac{(m-1)!}{(r-1)!(m-r-1)!}\right)\int_0^1 p \cdot p^{r-1}(1-p)^{m-r-1}dp = \frac{r}{n}$$

所以，$f_1(p) = (m!)/[r!(m-r-1)!]p^{r+1}(1-p)^{m-r}$，即新的分布是 $B(r+1,m+1)$。类似地，如果没有还款，那么

$$f_1(p) = \frac{P(X_1 = 0 \mid p)f_0(p)}{P(X_1 = 0)} = \frac{(1-p)\left(\dfrac{(m-1)!}{(r-1)!/(m-r-1)!}p^r(1-p)^{m-r}\right)}{P(X_1 = 0)}$$

$$(7.35)$$

因为 $P(X_1 = 0) = (m-r)/m$，所以 $f_1(p) = [m!/(r-1)!(m-r)!]p^r(1-p)^{m+1-r}$。这是分布 $B(r,m+1)$ 的密度函数。我们可以理解为已知有 m 期历史还款数据，其中已还款次数为 r。

因此，在固定期限贷款的例 7.4 中，客户状态由 (b,n,r,m) 给定，其中 b 是未偿余额，n 是逾期期数，对下期还款的认识服从 beta 分布 $B(r,m)$。设 $D(b,n,r,m)$ 是还款金额为 a 时客户的违约概率，那么马尔科夫链上的转移表明违约概率满足

$$D(b,n,r,m) = \frac{r}{m}D(b-a,0,r+1,m+1) = \left(1-\frac{r}{m}\right)D(b,n+1,r,m+1)$$

$$(7.36)$$

对 $n = 0,1,2,\cdots,N$ 和 $0 \leq r \leq m$ 成立，且 $D(0,n,r,m) = 0$，$D(b,N,r,m) = 1$。

其边界条件是假定连续 N 期逾期即违约。我们会得到与例 7.3（图 7.2）很相似的模型。它们的区别在于，在图 7.3 中，不同时期的跃迁概率会随着还款历史、逾期期数而发生变化。

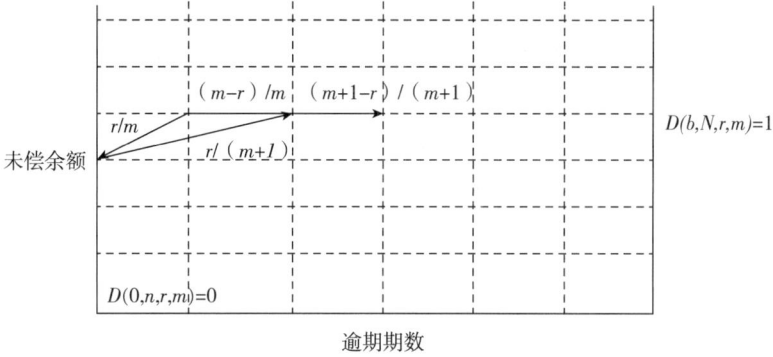

图7.3 贝叶斯马尔可夫链违约概率的计算

为了求解这个模型，我们需要确定期初的还款概率的先验分布 (r_0, m_0)。我们可以采用"无信息的先验认识"（uninformative prior），即假设所有概率都相等，$r_0 = 1$，$m_0 = 2$。当然，更好的是我们可以先进行信用评分，建立 (r_0, m_0) 与信用分数的对应关系，r_0/m_0 随着分数的增加而增加。无论先验分布如何设定，m 期后有 r 次还款，那么对还款概率的认识是 $B(r + r_0, m + m_0)$，真实的还款历史 (r, m) 会胜过初始条件 (r_0, m_0)。

【例7.5】签账卡模型

首个贝叶斯还款行为模型是由 Bierman – Hausman（1970）提出的、建立在签账卡（charge card）账户上的模型。在签账卡中，每期的消费金额需要在当期还款，然后下期才能继续消费。他们以此建立了一个马尔可夫决策过程，状态空间是 (r, m)，一个描述还款概率的 beta 分布的参数。设 R 是这期有还款时的利润（收益），$D(D < 0)$ 是消费后未还款的损失（当期）。如果利润和损失都以 β 进行折现，在状态 (r, m) 上的最大总期望利润 $v(r, m)$ 满足

$$v(r, m) = \max\left\{ \left(\frac{r}{m}\right)\left(R + \beta v(r+1, m+1) + \left(1 - \frac{r}{m}\right)\right)(D + \beta v(r, m+1)); 0 \right\}$$

(7.37)

这个模型中的两个决策是授信和不授信即式（7.37）中的第一项和式（7.37）中的 0。一旦决定不授信，那么就永久拒绝这个客户。这可以用 7.5 节中的迭代法求解。

【例7.6】信用卡模型

因为要求还款的金额 R 是每期账单的一个比例，它会随着每个月新的消费账单变化而变化，所以对信用卡建模会变得非常复杂。Thomas（1992）在他的分析中考虑了包含两个参数的贝叶斯模型。首先设定客户在下期还款的概率是 p，然后设定客户能还款的金额上限是 M。如果 $M < R$，他会偿还 M；如果 $M \geq R$，他至少会偿还 R，但是不会多于最大还款能力 M。假定 p 由含参数 (r, m) 的 beta 分布给出。在分析 M 时，我们把还款金额切分成 k 个可能的金额 $1, 2, 3, \cdots, k$（1 元、2 元……）。我们不直接估计 M，而是先定义伯努利随机变量 M_1、M_2、M_3，且

$$p_i = P\{M_i = 1\} = P\{M \geq i \mid M \geq i - 1\} \quad 对 i = 1, 2, \cdots, K \quad (7.38)$$

$M_i = 1$ 表示如果能负担的还款金额至少是 $i - 1$ 元，那么他会还至少 i 元。给定边际条

件分布 M_i，我们可以找到 M 的分布，至少能找到1元、2元等离散值。因为 M_i 是伯努利随机变量，相互独立，我们可以用含参数 (r_i, m_i) 的 beta 分布来认识每个概率 p_i。回到这个模型的还款行为上来，如果客户的状态由 $(b, n, r, m, r_i, m_i, r_2, m_2, \cdots, r_k, m_k)$ 给出，其中 b 是未偿余额，n 是逾期期数，r, m 是还款概率 p 的 beta 分布 $B(r, m)$ 的参数，r_i, m_i 是描述可支付金额的边际概率 p_i 的 beta 分布的参数。可能的转移是

如果没有还款：$(b, n, r, m, r_1, m_1, \cdots, r_K, m_K) \to (b, n+1, r, m+1, r_1, m_1, \cdots, r_K, m_K)$

如果还款额 $a < R$：$(b, n, r, m, r_1, m_1, \cdots, r_K, m_K) \to$

$(b-a, 0, r+1, m+1, r_1+1, m_1+1, r_{a+1}, m_a+1, r_{a+1}, m_{a+1}+1, \cdots, r_K, m_K)$

如果还款额 $a \geqslant R$：$(b, n, r, m, r_1, m_1, \cdots, r_K, m_K) \to$

$(b-a, 0, r+1, m+1, r_1+1, m_1+1, \cdots, r_{a+1}, m_a+1, r_{a+1}, m_{a+1}, \cdots, r_K, m_K)$ (7.39)

这表明，如果没有还款，那么认识的期望从 r/m 降低到 $r/(m+1)$。如果还款金额 a 大于 R，那么对客户能够还款少于或等于 a 的认识的期望从 r_i/m_i 提高到 r_{i+1}/m_{i+1}，对还款金额大于 a 的认识不变。然而，如果 $a < R$，对客户最多还款 a 的认识的期望也会提高，但是对他能负担还款金额 $a+1$ 的认识从 r_{a+1}/m_{a+1} 降到 $r_{a+1}/(m_{a+1}+1)$。下期会还款的概率是 r/m，期望可负担还款金额是

$$E(M) = \frac{r_1}{m_1}\left(1 + \frac{r_2}{m_2}\left(1 + \frac{r_3}{m_3}\left(1 + \cdots \frac{r_{K-1}}{m_{K-1}}\left(1 + \frac{r_K}{m_K}\right)\right)\right)\right) \quad (7.40)$$

虽然这个状态空间比例7.5里的简单模型大很多，最优解是式（7.37），但它依然是一个相对较小的状态空间。我们还可以加入消费金额，设定客户在下期有 $q(e)$ 的概率增加金额为 e 的信贷，然后类似式（7.5）来建立马尔可夫链或马尔可夫决策过程模型。

在传统的马尔可夫决策过程模型中，我们可以建立含贝叶斯思想的还款过程。在马尔可夫链中，p 是下期还款的概率，对 p 的认识由 beta 分布 $B(r, m)$ 给出，与式（7.33）一样。第 r 次还款是原债务的比例 $q(r)$。考虑核销（write-off）策略 $WO(M, N)$，当催收 M 期后或连续逾期 N 期后停止催收。对 p 的先验认识由 beta 分布 $B(r_0, m_{t0})$ 给出，整个催收过程的任意一点的状态是 (r, m, n)，其中 m 是已催收的月数，r 是还款次数，n 是逾期期数。

设 $V(r, m, n)$ 为状态 (r, m, n) 下的回收率，从初始 $V(0, 0, 0)$ 计算总的回收率，得到 $V(r, m, n)$ 满足

$$\begin{aligned} V(r, m, n) = &\left(\frac{r+r_0}{m+m_0}\right)(f(r+1) + V(r+1, m+1, 0)) \\ &+ \left(1 - \frac{r+r_0}{m+m_0}\right)(V(r, m+1, n+1)) \end{aligned} \quad (7.41)$$

其中，$V(r, M, n) = V(r, m, N) = 0$。

So 等（2013）在此基础上继续发展，允许有不同的催收策略，提出了他们的模型。

第 8 章　模型表现评价

8.1　引言

当我们建好一个模型后，通常会考虑一个问题："它的效果好吗?"这其实会引出另一个问题："好是指哪方面的好?"显然，答案一般是在询问模型区分好坏的效果，因为我们需要模型帮助区别对待好人和坏人。在申请评分中，我们希望接受那些看起来是好人的人，拒绝那些看起来是坏人的人；而在行为评分中，我们可能会给好人提额，不给坏人提额。这里，其实我们已经出现了两种评价评分卡的方式：一种是看它区分好坏的正确性，另一种是看它分类决策的准确性。另外，巴塞尔协议强调评分卡对好人或坏人概率预测的准确性。所以，这里我们有三种评价评分模型的方式：

- 评分卡的判别能力（discriminant power）；
- 评分卡的分类预测正确性（correctness）；
- 评分卡的概率预测准确性（accuracy）。

在第一点中，衡量评分卡的判别能力时，我们只需要每个个体的分数及其对应的好坏结果。这意味着评分卡的判别能力不依赖于总体好坏比率（或好人比例），所以即使我们从好人和坏人中抽取不同比例的样本，仍然可以得到关于总体的正确评价。这是一项十分重要的性质，因为总体中好人远远多于坏人，我们在测试评分卡时会选用所有的坏样本和仅一部分的好样本进行，而评分卡判别能力的独立性确保了我们仍能得到正确的评价。

在第二点中，我们关注评分卡的分类预测正确性。此时，我们需要一个临界分数，把临界分数以上的判定为好人，把临界分数以下的判定为坏人。但这个准确性会随着总体中好人和坏人比例的变化而变化，也会根据选取的临界分数不同而变化。

第三点关注概率预测。每个分数都可以转换成客户是好人或坏人的概率，此时我们不需要临界分数，但需要知道总体好坏比率。

关于判别能力的讨论被分为两部分，分别出现在8.5节和8.6节中。第一部分（8.5节）是好人分数和坏人分数的距离测度。第二部分（8.6节）是好人分数累积分布相对于坏人分数累积分布的图像分析工具。其中，最著名的是ROC曲线，8.6节还会介绍与此相关的一些测度。关于分类预测准确性的测度主要是分类中的错误率，在8.7节中介绍。关于概率预测准确性的内容在8.8节中探讨，其中还包括与此相关的统计量和假设检验。

无论我们采取哪一种评价方式来衡量这个模型，我们都会发现，模型在训练样本上的表现都会好于其他样本，因为模型会捕捉到在这个样本中存在但在其他样本中没有的细微差别。在 8.2 节中，我们考察如何利用"保留样本"来验证评分卡，它与建模使用的"训练样本"不同。这是信用评分中的常规操作，因为我们有大量的历史客户数据，我们得充分利用其中的信息，建立最好的模型。当然，有的时候我们也只拥有有限的数据，比如为一群新客户或新产品建模。这样，我们只能将模型训练和检验都放在同一个样本集上，还要尽量避免明显的偏误。8.3 节要介绍的交叉验证（cross - validation）可以实现这个目标，包括留一法（leave - one - out）。8.4 节还会介绍从样本集中重复抽样的自展法。

8.2　保留样本

之前，我们的评分模型是这样定义的：$\mathbf{X} = (X_1, X_2, \cdots, X_p)$ 是客户特征，每个申请人都有他们自己的特征属性值 $\mathbf{x}$，然后以此判定他们是好人 G 还是坏人 B。假定他们的特征都是连续特征（离散特征的分析类似），设 $f(\mathbf{x})$ 是特征的分布，$f(G|\mathbf{x})$ 表示具有属性 $\mathbf{x}$ 的人是好人的概率，那么他是坏人的概率是 $f(B|\mathbf{x}) = 1 - f(G|\mathbf{x})$。

最优错误率或贝叶斯错误率是当我们已知所有申请总体上的特征分布时的最小错误率：

$$e(Opt) = \int \min\{f(B|\mathbf{x}), f(G|\mathbf{x})\} f(\mathbf{x}) d\mathbf{x} \tag{8.1}$$

给定一个建立在 n 个借款人样本 S 上的模型，估计分布函数 $f(G|\mathbf{x})$ 和 $f(B|\mathbf{x})$，根据真实的好坏结果，我们有 A_G 和 A_B，以此将样本划分成好人和坏人，那么真实的错误率是

$$e_S(Act) = \int_{A_G} f(B|\mathbf{x})f(\mathbf{x}) d\mathbf{x} + \int_{A_B} f(G|\mathbf{x})f(\mathbf{x}) d\mathbf{x} \tag{8.2}$$

这是以样本 S 建立的模型在一个无限大的测试集上的错误率。

$e(Opt)$ 与 $e_S(Act)$ 不一致的原因在于，估计量是从有限样本 S 上得到的。我们一般更关注 $e_S(Act)$，但难点是我们不可能有一个无限大的测试集，于是只能使用一个样本集 S^* 来代替，因此

$$e_S(S^*) = \int_{A_G} f(B|\mathbf{x})f_{s^*}(\mathbf{x}) d\mathbf{x} + \int_{A_B} f(G|\mathbf{x})f_{s^*}(\mathbf{x}) d\mathbf{x} \tag{8.3}$$

其中，$f_{s^*}(\mathbf{x})$ 是特征在样本集 S^* 上的分布。

很明显，我们可以在建模的样本上计算错误率 $e_S(S)$，但显然它会低估真实的错误，$e_S(S) < e_S(Act)$。这是因为模型已经学习到了样本 S 的很多细节，即使这些细节并不代表总体中其余样本的情况。因此，更好的方式是用一个完全独立的样本 S^* 来检验模型。这被称为保留样本，在此之上（剔除样本 S 后）计算的错误率 $e_S(S^*)$ 的期望是 $e_S(Act)$。这意味着用这个方法我们可以得到真实错误率的无偏估计。这对其他模

型表现指标也一样，不只是对错误率。假定 $M_S(S^*)$ 是样本 S 建立的模型在样本 S^* 测试得到的测度 M，M 越大，表明评分卡越好，且 $M_S(S^*) \leqslant M_S(S)$。其中，样本 S^* 是从样本 S 中无放回随机抽样得到的，$M_S(S^*)$ 是评分卡表现的一个无偏估计。

8.3　交叉验证

在有大量历史数据的情况下，检验评分卡的标准方式是使用测试样本。我们希望保留样本独立于训练样本，但同时又和申请总体相似。有时，在确定训练样本和保留样本时，我们会遇到总体漂移的情况，即客户特征随时间发生了变化。评分卡应用的客户与用来训练和测试模型的多年前的历史客户不太一样。在选择样本时我们需要非常谨慎，既不能太旧，也不能太新，因为太旧的样本与当前总体不太一致，而太新的样本中坏样本还没有成熟。

尽管如此，我们还是会遇到样本极其有限的情况。这时，我们只能使用全部样本来建模，不能缩减训练样本，同时保证我们对错误率的估计尽可能准确，或尽量保证其他模型评价指标的测度准确。

这里，我们就可以采用交叉验证的方法。用全部样本的子集作为测试集来检验在剩余样本上建立模型的效果。在不同的子集上重复这个检验过程，对其结果进行平均。这里，我们有两种选择子集的方法：

留一法——每次用一个样本做测试，其他 $n-1$ 个样本用来训练模型，不断重复直到每个样本都被测试一遍。

旋转法（rotation）——把样本集分成 m 份，如 $m=5$ 或 $m=10$，每次使用一份作为测试集，剩余样本作为训练集。

在留一法中，$\{S-i\}$ 是建模样本，客户 i 缺失，那么我们得到

$$M_S = \sum_{i=1}^n M_{S-i}\{i\} \tag{8.4}$$

这里，我们最大限度地用到了样本集来建模，但是其缺点是建立 n 个评分卡需要花费大量时间。现代计算机可以减轻这种压力。在回归类和线性规划类模型中，我们看到在任意两个建模样本中只有一个数据点不同，这其实可以大大减少建模时间。它是建立在实际使用的完整样本上的评分卡，且建立在 $n-1$ 个数据点上的 n 个评分卡是真实错误率的无偏估计，尽管在实践中，我们发现它的方差较大。

旋转法大大减少了建模次数，把评分卡从 n 个减少到 m 个，但与留一法不同，旋转法所得到的评分卡不是建立在全样本上的，因此在实践中，旋转法对于真实错误率的估计不如留一法稳健，但是两种方法得到的估计量都是无偏的。

8.4　自展法

在交叉验证中，我们把样本集分成两部分：一部分用来建模，另一部分用来测

试。自展法（bootstrapping）则只用一个样本集，尝试估计偏差 $M_S(\text{Act}) - M_S(S)$，然后消除它，并不直接估计 $M_S(\text{Act})$。

在自展法中，我们建立一个与原样本集容量一样的样本集 R，但是允许有放回抽样，每次只选择一个样本。所以，在样本集 R 中可能有同一个借款人被多次选中。这个包含重复案例的样本被用来建立模型，原始样本集用来测试。用同样的方法重复有放回抽样 m 次，我们得到样本集 $R_1, R_2, \cdots, R_m$。我们想估计真实测度与计算测度的偏差 $M_S(\text{Act}) - M_S(S)$。对建立在样本集 R 上的模型，我们有 $M_R(R)$，而真实值是 $M_R(S)$。这里假定 S 是"引导带"（boot strap）估计的总体。因此，$M_R(S) - M_R(R)$ 是对样本 S 上与真实总体上（评分卡）表现测度偏差的较好估计。我们对 $M_S(\text{Act})$ 进行估计，得到

$$M_S(\text{Act}) = M_S(S) + (M_S(\text{Act}) - M_S(S)) \approx M_S(S) + \frac{1}{m}\sum_{i=1}^{m}(M_{R_i}(S) - M_{R_i}(R_i))$$

$$(8.5)$$

当有些客户样本既在 S 里又在 R 里时，这两个集合就不独立，我们可以想办法使这个最初的估计更加准确。如果样本集 S 里有 n 个客户，某个人不在样本集 R 里的概率是 $(1 - 1/n)^n$，$(1 - 1/n)$ 是每次这个人不被抽中的概率。当 $n \to \infty$ 时，$(1 - 1/n)^n$ 收敛于 $e^{-1} = 0.368$。简化后，我们取对数，$n\ln(1 - 1/n)$ 趋近于 -1。所以，我们认为一个人有 0.368 的概率不出现在样本集 R 里，有 0.632 的概率在样本集 R 里至少出现一次。那么，改进后的估计是

$$M_X(\text{Act}) = 0.368 M_S(S) + 0.632 \left(\frac{1}{m}\right)\sum_{i=1}^{m} M_{R_i}(R_i^c)$$

$$= M_S(S) - 0.632 \left(\frac{1}{m}\right)\left(\sum_{i=1}^{m} M_S(S) - M_{R_i}(R_i^c)\right) \qquad (8.6)$$

其中，(R_i^c) 是样本集 S 中没有被选进 R_i 的客户，而 $M_S(S)$ 是 $M_S(\text{Act})$ 的一个乐观估计，$M_{R_i}(R_i^c)$ 是 $M_S(\text{Act})$ 的一个悲观估计，因为 R_i 里的数据点比样本集 S 中的少，所以二者加权后是一个良好估计。

8.5 区分度的测度

在统计学中，我们有很多种测量两个人群分离程度的指标。如果我们有一个评分模型，对某个总体中的个体都进行打分，那么我们就可以测量好人和坏人分数的区别。因此，这些测度只能用在能给出分数的评分卡上，如逻辑回归评分卡。如神经网络或分类树，我们没有直接的分数，所以还需要建立一个关于好人概率的映射。这些区分度的测量都是在描述评分卡的总体表现与一般属性，不依赖于某个具体的临界值。

8.5.1　散度

第一个测度叫作散度（divergence），由 Kullback 和 Leibler（1951）提出，测量真实概率分布 $q(x)$ 和估计的概率分布 $p(x)$ 之间的相对距离。KL 散度的公式是

$$D_{\mathrm{KL}}(q \mid p) = \exp\left(\ln(\frac{p}{q})\right) = \int p(x)\ln\left(\frac{p(x)}{q(x)}\right)dx \tag{8.7}$$

如果真实的概率分布 $q(x)$ 和估计的分布 $p(x)$ 相同，那么 $\ln(p(x)/q(x)) = 0$ 处处成立，所以散度为 0。如果某些区域的比率 $p(x)/q(x)$ 或 $q(x)/p(x)$ 较大，那么散度也较大。我们注意到 $D_{\mathrm{KL}}(q \mid p) \neq D_{\mathrm{KL}}(p \mid q)$，选取哪个作为真实分布很重要。但是，在信用评分里，这对我们的影响很小，因为我们最关注的是好人的分数分布 $P(s \mid G)$ 和坏人的分数分布 $P(s \mid B)$ 有多大区别。它们的累积分布是 $P(s \mid G)$ 和 $P(s \mid B)$，那么散度 D 定义为

$$\begin{aligned} D &= \int (p(s \mid G))\ln\left(\frac{p(s \mid G)}{p(s \mid B)}\right)ds + \int (p(s \mid B))\ln\left(\frac{p(s \mid B)}{p(s \mid G)}\right)ds \\ &= D_{\mathrm{KL}}(p(s \mid B) \mid p(s \mid G)) + D_{\mathrm{KL}}(p(s \mid G) \mid p(s \mid B)) \end{aligned} \tag{8.8}$$

所以，D 是两部分之和：一部分是在好人分数分布为真实分布的条件下的好坏分数分布距离，另一部分是在坏人分数分布为真实分布下的好坏分数分布距离。这个和越大，代表两个分布离得越开，所以能够测量区分度。在以上散度定义中，我们没有用到总体中的好人比例或坏人比例，所以散度与总体比率不相关，总体的散度也等于总体中一个抽样的散度。

8.5.2　信息值

式（8.8）的散度定义假定两个分数分布是连续的。但如果借款人总体是有限的，那么我们只会有有限个分数值。所以现实中，散度的离散版本是信息值。假设我们一共有 I 个分数段，统计每段 i 中的好人数量 g_i 和坏人数量 b_i，则 $\sum_{i=1}^{I} g_i = n_G$，$\sum_{i=1}^{I} b_i = n_B$，那么信息值是

$$\mathrm{IV} = \sum_{i=1}^{I}\left(\frac{g_i}{n_G} - \frac{b_i}{n_B}\right)\ln\left(\frac{g_i/n_G}{b_i/n_B}\right) = \sum_{i=1}^{I}\left(\frac{g_i}{n_G} - \frac{b_i}{n_B}\right)\ln\left(\frac{g_i n_B}{b_i n_G}\right) \tag{8.9}$$

信息值是用来描述评分区分度的，该值越大越好。在评分卡中，它还可以用来筛选特征。例如，我们只有一个特征的评分卡，这个特征被分为很多段，数出每段的好人数量 g_i 和坏人数量 b_i，我们就可以计算其 IV 值，这实际上测量了这个特征在给定分段方式下对好坏的判别能力。我们可以选择 IV 值较大的特征进入模型。

8.5.3　马氏距离

在 3.3 节中，我们介绍 Fisher 线性判别分析时其实已经引入了马氏距离（Mahalanobis distance）。我们找到一系列特征的线性组合 Y，计算好人的平均分数和坏

人的平均分数，除以 Y 的标准差，即得到马氏距离 M。马氏距离是测量好人分数与坏人分数距离的指标。

假设在一个样本集 n 中，每个分数 s 上有 g_s 个好人和 b_s 个坏人，好人总数和坏人总数分别是 n_G 和 n_B，$P(s \mid G) = g_s/n_G$ 和 $p(s \mid B) = b_s/n_B$ 分别表示好人和坏人有分数 s 的概率，那么 $\mu_G = \sum sp(s \mid G)$ 和 $\mu_B = \sum sp(s \mid B)$ 分别是好人和坏人的平均分数。他们的分数标准差分别是

$$\sigma_G^2 = \left(\sum_S s^2 p(s \mid G) - \mu_G^2 \right)^{\frac{1}{2}}, \ \sigma_B^2 = \left(\sum_S p(s \mid B) - \mu_B^2 \right)^{\frac{1}{2}} \qquad (8.10)$$

好坏个体离他们各自均值的混合总体标准差 σ 等于

$$\sigma = \left(\frac{n_G \sigma_G^2 + n_B \sigma_B^2}{n} \right)^{\frac{1}{2}} \qquad (8.11)$$

马氏距离 M 是两类人群平均分数之差，将其进行标准化后

$$M = \frac{\mu_G - \mu_B}{\sigma} \qquad (8.12)$$

对分数线性变换后，马氏距离不变。我们希望评分卡有更大的马氏距离，因为这代表它是个更好的模型，如图 8.1 所示。其中，虚线表示可选的一个临界分数，图 8.1 （a）的错误分类比图 8.1 （b）的错误分类更小。

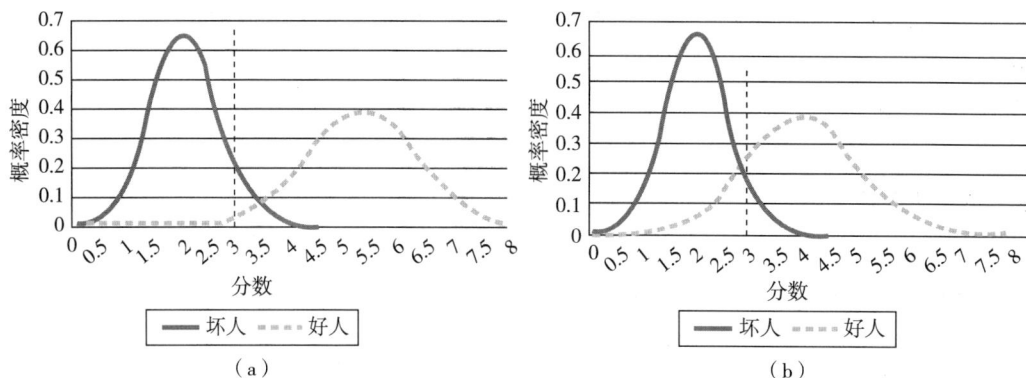

图8.1 （a）好坏均值较远；（b）好坏均值较接近

当好人分数和坏人分数的分布是正态时，马氏距离是散度的一个特例。如果好人分数的均值和方差是 μ_G 和 σ_G^2，坏人分数的均值和方差是 μ_B 和 σ_B^2，我们来看如何简化散度，其中 $p(s \mid G) = \dfrac{e^{-(s-\mu_G)^2/2\sigma_G^2}}{\sigma_G \sqrt{2\pi}}$。$p(s \mid B)$ 的函数形式类似。

$$\begin{aligned} D &= \int (p(s \mid G) - p(s \mid B)) \ln\left(\frac{p(s \mid G)}{p(s \mid B)} \right) ds \\ &= \int (p(s \mid G) - p(s \mid B)) \left(\ln \frac{\sigma_B}{\sigma_G} - \frac{1}{2} \left(\frac{s - \mu_G}{\sigma_G} \right)^2 + \frac{1}{2} \left(\frac{s - \mu_B}{\sigma_B} \right)^2 \right) ds \\ &= \left(\frac{1}{2\sigma_B^2} - \frac{1}{2\sigma_G^2} \right) \int s^2 (p(s \mid G) - p(s \mid B)) ds \end{aligned}$$

$$+ \left(\frac{\mu_G}{\sigma_G^2} - \frac{\mu_B}{\sigma_B^2} \right) \int s(p(s \mid G) - p(s \mid B)) ds + \left(\ln \frac{\sigma_B}{\sigma_G} - \frac{\mu_G}{2\sigma_G^2} + \frac{\mu_B}{2\sigma_B^2} \right) \times \int (p(s \mid G) - p(s \mid B)) ds$$

$$= \left(\frac{1}{2\sigma_B^2} - \frac{1}{\sigma_G^2} \right) \left[(\mu_G^2 + \sigma_G^2) - (\mu_B^2 + \sigma_B^2) \right] + \left(\frac{\mu_G}{\sigma_G^2} - \frac{\mu_B}{\sigma_B^2} \right) (\mu_G + \mu_B)$$

$$+ \left(\ln \frac{\sigma_B}{\sigma_G} - \frac{\mu_G}{2\sigma_G^2} + \frac{\mu_B}{2\sigma_B^2} \right) (1 - 1)$$

$$= \frac{1}{2} \left(\frac{1}{\sigma_G^2} + \frac{1}{\sigma_B^2} \right) (\mu_G - \mu_B)^2 + \frac{(\sigma_G^2 - \sigma_B^2)^2}{2\sigma_G^2 \sigma_B^2} \tag{8.13}$$

如果我们进一步假定好人分数方差和坏人分数方差相等，$\sigma_G^2 = \sigma_B^2 = \sigma^2$，那么

$$D = \frac{(\mu_G - \mu_B)^2}{\sigma^2} = M^2 \tag{8.14}$$

尽管申请人得分分布很少是正态的，并且好坏样本方差相等假设是难以满足的，但马氏距离具有一些吸引人的特性。它很容易计算，因为它只需要好坏样本分数的均值和方差。这也是一种能够将好的和坏的评分卡之间的差异具体可视化的一种简单方法。

8.6　常用指标

马氏距离描述的是好人分数分布与坏人分数分布的均值距离。我们希望在所有分数范围内比较两个分布，提供更多的信息。因此，我们比较累积分布 $P(s \mid G) = \sum_{i \leqslant s} p(i \mid G)$ 和 $P(s \mid B) = \sum_{i \leqslant s} p(i \mid B)$。图 8.2 展示了一个典型评分卡的累积分布。从 0 到 1 分别对应最小和最大的临界分数。一般来说，在分数较小的范围，坏人的比例比好人的比例更大，$P(s \mid B) > P(s \mid G)$，对应图 8.2 的左边。

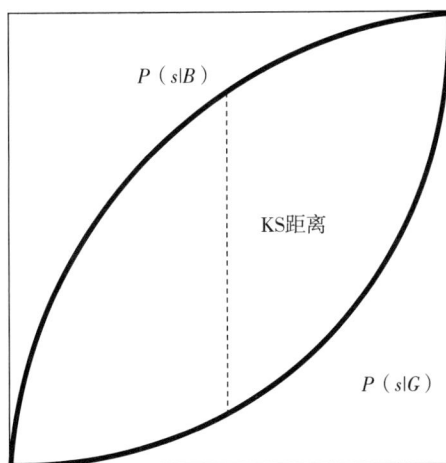

图 8.2　KS 距离

从好人中抽取一个人的分数的概率。这和之前定义的 D_S 统计量一样（Hand，1997）。这个关系使计算 AUC 和基尼系数比在 ROC 曲线图像中计算面积更容易。我们证明基尼系数 GINI 等于 D_S 统计量，ROC 曲线的坐标是 $(P(s\,|\,G),P(s\,|\,B))$，那么 AUC 满足

$$\mathrm{AUC} = \int P(s\,|\,B)\,dP(s\,|\,G) = \int P(s\,|\,B)p(s\,|\,G)\,ds$$

D_S 的定义按照分部积分后得到

$$D_S = \Pr\{s_G > s_B\} - \Pr\{s_B > s_G\} = \int(P(s\,|\,B)p(s\,|\,G) - P(s\,|\,G)p(s\,|\,B))\,ds$$

$$= 2\int P(s\,|\,B)p(s\,|\,G)\,ds - \int p(s\,|\,G)\,ds = 2\mathrm{AUC} - 1 = \mathrm{GINI} \qquad (8.18)$$

所以，用式（8.17）可以统一计算 GINI 和 AUC。

基尼系数 GINI 和 AUC 都对评分卡在所有临界分数上的表现进行评价。我们可以认为，基尼系数是在所有临界分数上，被接受的好人的比例与被接受的坏人的比例在所有临界分数上的平均值之差的两倍。KS 距离则是使这个差最大的临界值上得到的最大差值。以上统计量既方便又简洁，但是仍然存在局限性。因为我们通常关注的是评分卡在小部分临界分数的表现，而基尼系数衡量的是所有临界分数的综合表现。在现实中，更重要的是在实际决策分数上的表现。

我们也能在 ROC 曲线上计算 KS 距离。KS 距离对应的临界分数是曲线上的点到对角线垂直距离最大的那个临界分数，见图 8.4 中的 C 点。因为 ROC 曲线上的点的坐标是 $(P(s\,|\,G),P(s\,|\,B))$，那么垂直距离则是 $P(s\,|\,B) - P(s\,|\,G)$。

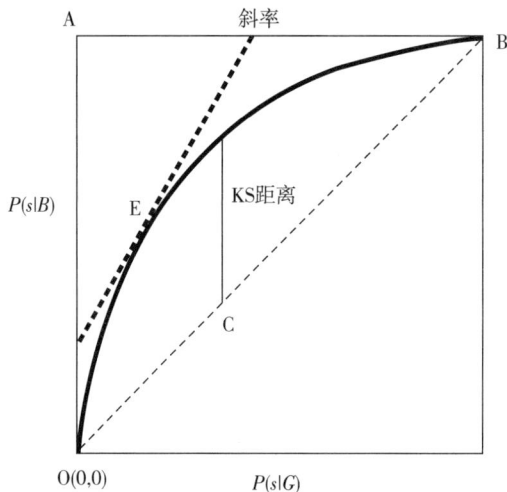

图8.4　ROC 曲线中的 KS 距离和成本最小点

我们也可以用 ROC 曲线找到合适的临界分数。如果总体中真实的好人和坏人比例分别是 p_G 和 p_B，L 和 D 是错误分类成本，那么有临界分数 s 时，期望损失率是

$$\mathrm{loss}(Act) = LP(s\,|\,G)p_G + D(1 - P(s\,|\,B))p_B \qquad (8.19)$$

如果用 $f(x)$ 表示 ROC 曲线，要使损失函数 $Lp_G(x) + Dp_B(1 - f(x))$ 最小，有导数为 0，即

$$Lp_G - Dp_B f'(x) = 0 \text{ 或 } f'(x) = \frac{L_{p_G}}{D_{p_B}} \tag{8.20}$$

所以，在最小损失的临界分数上，ROC 曲线的斜率 $f'(x)$ 满足 $f'(x) = L_{P_B}/D_{P_B}$。这样，我们可以找到曲线上的那个斜率为 L_{P_B}/D_{P_B} 的点。这就是图 8.4 中的 E 点，而 E 点可能离 KS 的 C 点很远。

8.6.5　H 指数

虽然在信用评分中，基尼系数已成为行业标准（在美国，KS 更常用），但它也有缺点。它描述的是模型在所有可能的临界分数上的平均表现，而非真实决策点上的表现。所以，我们也可以看部分区域下的面积——部分基尼系数（partial Gini）（Pundir 和 Seshadri，2012）。尽管错误分类成本 L 和 D 之比可能是未知的，我们依然可以假定已知 L 和 D 的分布，特别关注使损失最优的临界分数下的表现。这就是 H 指数的意义（Hand，2009）。我们重新定义标签 $c = D/(D + L)$，当 D 很小时，c 的值从 0 开始，到 D 很大时，c 接近 1。假定 c 服从 beta (α,β) 分布，它的密度函数 $u(\alpha, \beta, c)$ 是 $c^{\alpha-1}(1 - c)^{\beta-1}$ 的一部分。式（8.19）的期望损失函数变为

$$\text{loss}(c) = (1 - c)P(s \mid G)p_G + c(1 - P(s \mid B))p_B \tag{8.21}$$

当临界分数取 $s^*(c)$ 时，式（8.21）最大。令其导数为 0，$cp(s^*(c) \mid G)p_G = (1 - c)p(s^*(c) \mid B)p_B$。对某个评分卡，我们可以用 c 的 beta 分布和每个 c 值下的最优临界分数找到平均损失，用 L 表示为

$$L(scorecard) = \int_c [(1 - c)P(s^*(c) \mid G)p_G + c(1 - P(s^*(c) \mid B))p_B]u(\alpha, \beta, c)dc \tag{8.22}$$

最差的评分卡在所有 s 上有 $P(s \mid B) = P(s \mid G)$，此时 ROC 曲线是对角线。此时，贷款机构要么接受所有人，$cp_B < (1 - c)p_G$，损失为 cp_G；要么拒绝所有人，$p_B < (1 - c)p_G$，损失为 $(1 - c)p_G$。所以，在所有可能的 c 上的平均效果是最差的评分卡带来最大的损失：

$$L(\max) = \int_0^{p_G} p_B cu(\alpha,\beta,c)dc + \int_{p_G}^1 p_G(1 - c)u(\alpha,\beta,c)dc \tag{8.23}$$

对最差评分卡，H 指数为 0；对完美评分卡，H 指数为 1。

$$H = 1 - \frac{L(scorecard)}{L(\max)}$$

$$= 1 - \frac{\int_c [(1 - c)P(s^*(c) \mid G)p_G + c(1 - P(s^*(c) \mid B))p_B]u(\alpha,\beta,c)dc}{\int_0^{p_G} p_B cu(\alpha, \beta, c)dc + \int_{p_G}^1 p_G(1 - c)u(\alpha, \beta, c)dc} \tag{8.24}$$

8.7 分类预测

信用评分卡是用来支持决策的，决策内容包括是否接受新客户的贷款申请，或者是否给现有客户提额。评分卡把客户分为两类人——好人和坏人，根据选定的临界分数，把高于临界分数的人判定为好人，把低于临界分数的人判定为坏人。贷款机构对这两类人采取不同的行动。因此，我们可以比较评分卡分类预测的好坏和真实的好坏结果，从而评价评分卡的表现。在分类预测中，首先我们需要一个评分卡，选定一个临界分数 s^*，已知总体中的好坏比例（p_G 和 p_B）。上文提到过，这个结果需要在独立于训练样本的另一个样本上检验。基于分数和后来的好坏结果，我们可以估计 $P(s|G)$ 和 $P(s|B)$，以及好人和坏人的累积概率分布。我们还可以计算在总体上的累积分布 $P(s)$，因为 $P(s) = P(s|G)p_G + P(s|B)p_B$。对 $P(s|G)$ 和 $P(s|B)$ 求导得到分数分布的密度函数：$p(s|G)$ 和 $p(s|B)$。最小的错误分类数是

$$e(Opt) = \int \min\{p(s|G)p_G, p(s|B)p_B\} ds \qquad (8.25)$$

如果分类预测是根据临界值 s^* 来判定的，那么错误分类是

$$e(s^*) = P(s^*|G)p_G + (1 - P(s^*|B))p_B \qquad (8.26)$$

在申请评分决策中，两种错误分类的成本非常不同。正如我们在 H 指数中探讨的，把好人判定为坏人我们会损失利润 L，把坏人判定为好人我们会遭受违约损失 D，而后者远多于前者。所以，与其关注错误分类数量，不如关注预期损失 $l(Opt)$，表示为

$$\text{loss}(Opt) = \int \min\{Dp(s|B)p_B, Lp(s|G)p_G\} ds \qquad (8.27)$$

给定临界值 s^*，真实损失率是

$$\text{loss}(s^*) = LP(s^*|G)p_G + D(1 - P(s^*|B))p_B \qquad (8.28)$$

为了计算建立在样本集 S 上的模型在给定临界值 s^* 后的 $e(s^*)$ 和 $l(s^*)$，我们需要一个保留样本。我们对比真实好坏结果与预测的好坏结果，在一个 2×2 的表格中展示，这个表格称为混淆矩阵（confusion matrix），见表 8.1。

表 8.1 总体混淆矩阵

		真实结果		
		好人	坏人	
预测结果	好人	g_G	g_B	好人数量
	坏人	b_G	b_B	坏人数量
		好人数量	坏人数量	总数

例如，我们在表 8.2 中给出一个样本的预测结果。

表 8.2　混淆矩阵的例子

		真实结果		
		好人	坏人	
预测结果	好人	600	100	700
	坏人	150	150	300
		750	250	1000

在这个样本中，n、n_G、n_B 是确定的，分别为 1000、750、250，只有 g_G、b_G、g_B 和 b_B 中的两个是独立的。在这个例子中，预测错误率是 $(b_G + g_B)/n = 250/1000 = 0.25$。如果错误分类成本是 $L = 100$ 和 $D = 500$，那么每个错误分类的客户实际造成的损失是 $(Lb_G + Dg_B)/n = (100 \times 150 + 500 \times 100)/1000 = 65$。

所以，错误率 b_G/n_G 和 g_B/n_B 是确定混淆矩阵中的两个变量的一种方法。在不同的场景中，这两个比例的名称有所不同，在信用评分场景中都有交叉使用。简单来讲，

好人被划分成好人的比例、显著性、置信度、特异度：$g_G/n_G \equiv 1 - P(s^*|G)$

好人被划分成坏人的比例、第一类错误率：$b_G/n_G \equiv P(s^*|G)$

坏人被划分成坏人的比例、查准率、灵敏率度：$b_B/n_B \equiv P(s^*|B)$

坏人被划分成好人的比例、第二类错误率：$g_B/n_B \equiv 1 - P(s^*|B)$ 　　(8.29)

我们注意到这些指标都不是总体比率的函数，所以不需要总体比率来计算它们。不过，我们需要一个临界值 s^*。

在表 8.3 中，我们把这些指标放进混淆矩阵里面。

表 8.3　混淆矩阵中的测度

	真实好人数量	真实坏人数量
预测好人数量	显著性 置信度 特异度	第二类错误率
预测坏人数量	第一类错误率	查准率 灵敏度

我们可以用混淆矩阵来比较评分卡表现，也可以用它来选定最优临界值。例如，我们可以得到表 8.4 中的混淆矩阵。需要注意的是，与表 8.2 不同，无论真实的好坏情况如何，这里我们都预测了更多的好人。

表 8.4　不同临界值的混淆矩阵

		真实结果		
		好人	坏人	
预测结果	好人	670	130	800
	坏人	80	120	200
		750	250	1000

这里，预测错误率是 (130 + 80)/1000 = 0.21，表明这个决策更好。但是，平均损失是 (100×80 + 500×130)/1000 = 73，比前一个决策方法高，所以可能之前的决策更好。从不同的角度来评价评分卡时，得到不同结论的情况很常见。我们还可以把所有人都判为好人，接受所有申请者，这样的错误率最低。只有最勇敢（也最傻）的分析师才会这样建议，他之后肯定会被开除。

在评价两个模型的表现时，常用的一种方法是在保留样本上查看交换集（swap set）。这是保留样本中的样本数量，他们被不同的模型划分成不同的结果。表 8.2 和表 8.4 的结果的交换集是表 8.5。

表 8.5　交换集

	真实结果	
	好人	坏人
表 8.2 预测的好人，表 8.4 预测的坏人	50	10
表 8.2 预测的坏人，表 8.4 预测的好人	120	40

注意：表 8.5 中的数字不是根据表 8.2 和表 8.4 计算得到的，我们可以看到，被表 8.2 判定为坏人而被表 8.4 判定为好人的数量，比被表 8.2 判定为好人而被表 8.4 判定为坏人的数量要多 100 多个。许多人朝着不同的方向在移动。事实上，一共有 (50 + 10 + 120 + 40)/1000 = 0.22 比例的总体在两个模型上发生了变化，表明这两个模型很不一样。如果我们只关注临界值调整带来的交换集，显然没有借款人会朝着临界值变化的相反方向移动。所以，交换集中每行数字应该都是 0。

8.8　概率校准

巴塞尔协议 II（BCBS，2006）和巴塞尔协议 III（BCBS，2011，2013，2014）聚集于概率预测上，特别是对于借款人违约概率的预测（我们说的坏人概率）。之前在谈论评分卡的能力时，我们更多地是指评分卡对于借款人违约风险的排序能力。巴塞尔新资本协议要求预测每个借款人的违约概率，或至少是一个群体的违约率。我们有两种得到违约概率的方法。第一种方法是对于对数比率评分卡，我们可以直接把分数转换为违约概率，因为对数比率分数有如下性质

$$s = \ln\left(\frac{1 - \Pr(\text{Bad})}{\Pr(\text{Bad})}\right), \text{所以 } \Pr(\text{Bad}) = \frac{1}{1 + e^s} \tag{8.30}$$

为了与巴塞尔协议保持一致，我们定义违约概率是 $\Pr(\text{Bad}) = \Pr(\text{Default}) = \text{PD}$。逻辑回归作为应用最为广泛的建模方法，可以给出一个对数比率评分卡。

第二种方法是根据历史数据对分数转换得到违约概率，把分数分成适当的分数段，每段进行分数映射。

分数校准是去检验违约概率的预测表现。为了评价分数校准的表现，我们将分数划分成分数段，在每个分数段上分别估计违约概率或好人概率。如果分数分段过后，第 i 段表示的是分数区间 $[s_i, s_{i+1}]$，那么这个分数段的违约概率 PD_i 是

$$\text{PD}_i = \frac{\int_{s_i}^{s_{i+1}} p_B p(s \mid B)\, ds}{\int_{s_i}^{s_{i+1}} p(s)\, ds} \tag{8.31}$$

我们也可以把分数直接转换成违约概率，为每个借款人的分数选择一个 PD 段，$p(s \mid B) = \text{PD}(s)$，即第 i 个 PD 段表示

$$\{s \mid \text{PD}_i \leqslant \text{PD}(s) < \text{PD}_{i+1}\} = \{s \mid \text{PD}_i \leqslant p(s \mid B) < \text{PD}_{i+1}\} \tag{8.32}$$

这个 PD 段的违约概率一般为中点的概率，即 $(\text{PD}_i + \text{PD}_{i+1})/2$。

我们有两种检验在保留样本上的概率预测表现的标准方法。一种是二项检验，如果保留样本量较大，我们也可以用它的正态近似。另一种是卡方拟合度检验，有时也被称为 Hosmer – Lemeshow 检验（Hosmer 和 Lemeshow，1980），它被认为是检验逻辑回归评分卡的好方法。在这两种检验中，我们都需要事先将样本按照分数段或 PD 段分层，同时我们假定每个个体的违约行为相互独立。

8.8.1　二项检验

二项检验（binomial test）用于判断在某分数段 i 设计的违约率 PD_i 是否有效。我们假定在分数段 i 中有 n_i 个借款人，坏人数量服从二项分布。如果 PD_i 是分数段的违约概率估计，那么这个分数段里的坏人数量服从参数 PD_i 和 n_i 的二项分布。二项分布检验由以下两个假设构成：

原假设 H_0：分数段 i 的概率值 PD_i 正确；

备择假设 H_1：分数段 i 的概率值 PD_i 被低估。

如果原假设成立，那么分数段 i 中的 n_i 个客户中有 b_i 个坏人的概率是 $\frac{b_i!(n_i - b_i)!}{n_i!}(\text{PD}_i)^{b_i}(1 - \text{PD}_i)^{n_i - b_i}$。所以，在 $1 - \alpha$ 置信水平下，我们拒绝原假设的条件是该分数段中坏人的人数 k 大于等于 k^*，其中

$$k^* = \min\left\{k \,\middle|\, \sum_{j=k}^{n_i} \frac{n_i!}{j!(n_i - j)!} \text{PD}_i^j (1 - \text{PD}_i)^{n_i - j} \leqslant \alpha\right\} \text{ 或}$$

$$k^* = \min\left\{k \,\middle|\, \sum_{j=0}^{k-1} \frac{n_i!}{j!(n_i - j)!} \text{PD}_i^j (1 - \text{PD}_i)^{n_i - j} > 1 - \alpha\right\} \tag{8.33}$$

用一个例子来说明：假定某分数段的违约概率是0.1，保留样本中的10个人中有至少3个人违约，那么二项检验的计算见表8.6。

表8.6 十个样本的二项检验

j	二项值	累积值	在 PD = 0.1 的情况下有多于 $j+1$ 个违约的概率
0	0.3487	0.3487	0.6513
1	0.3874	0.7361	0.2639
2	0.1937	0.9298	0.0702
3	0.0574	0.9872	0.0128

所以，如果有3个或3个以上的坏人，我们在90%的置信水平（$\alpha = 10\%$）下拒绝原假设；如果有少于3个坏人，我们不能拒绝原假设。在95%的置信水平下，要有4个或4个以上的坏人，我们才能拒绝原假设。

如果某个分数段的人数很多，二项检验的求和运算会变得复杂。这时，利用中心极限定理（central limit theorem），我们认为坏人数量服从正态分布。如果对于在分数段 i 中的 n_i 个客户，原假设是在分数段 i 的违约概率值为 PD_i，那么标准二项分布的均值是 $n_i\mathrm{PD}_i$，方差是 $n_i\mathrm{PD}_i(1-\mathrm{PD}_i)$。它的正态近似分布是 $N(n_i\mathrm{PD}_i, n_i\mathrm{PD}_i(1-\mathrm{PD}_i))$。在 α 置信水平下拒绝原假设的违约人数的临界值 k^* 是

$$k^* = N^{-1}(\alpha)\sqrt{n_i\mathrm{PD}_i(1-\mathrm{PD}_i)} + n_i\mathrm{PD}_i \qquad (8.34)$$

假定保留样本中 PD = 0.1 的分数段里有100个客户，其中15个违约，那么我们应该在95%的置信水平下拒绝 PD = 0.1 吗？坏人数量的正态近似分布是 $N(100(0.1), 100(0.9)(0.1)) = N(10, 9)$，所以15个坏人是离均值 5/3 个标准差的范围。根据正态分布表格，我们发现4.9%的概率会有15个或15个以上的坏人。因此我们（刚好）拒绝在95%的置信水平下违约概率为0.1的假设。实际上，拒绝域临界值 k^* 的具体数值是

$$k^* = N^{-1}(0.95)\sqrt{100(0.1)(0.9)} + 100(0.1) = 1.645(3) + 10 = 14.935$$

需要注意的是，如果引入连续性校正，计算所得的概率会略有不同。

8.8.2 卡方检验

第二种验证评分卡概率预测效果的方法是卡方检验，卡方检验最初是由 Karl Pearson 引入统计学的。它是检验数据对统计模型拟合优度的一种方法，通过比较好人和坏人的真实数量与期望数量，判断违约概率的预测是否正确。

假定评分卡被分为 N 个区间或等级，对区间 i（$i = 1, 2, \cdots, N$）的好人率预测是 p_i，坏人率则是 $\mathrm{PD}_i = 1 - p_i$。假定区间 i 中有 n_i 个客户，其中有 b_i 个坏人（那么好人有 $g_i = n_i - b_i$ 个）。那么，卡方检验是用预测好人数量（或坏人数量）与真实数量的差的平方和，除以理论方差进行标准化。所以，在区间 i 中，期望坏人数量是 $n_i\mathrm{PD}_i$，假定坏人数量服从二项分布，方差是 $n_i\mathrm{PD}_i(1-\mathrm{PD}_i)$，那么卡方统计量，即针对逻辑

回归评分卡的 Hosmer – Lemeshow 统计量是

$$CS = \sum_{i=1}^{N} \frac{(n_i \, \mathrm{PD}_i - b_i)}{n_i \, \mathrm{PD}_i (1 - \mathrm{PD}_i)} = \sum_{i=1}^{N} \frac{[\, n_i(1 - p_i) - b_i \,]^2}{n_i p_i (1 - p_i)}$$

$$= \sum_{i=1}^{N} \left(\left(\frac{(n_i(1 - p_i) - b_i)^2}{n_i(1 - p_i)} \right) + \left(\frac{(n_i p_i - g_i)^2}{n_i p_i} \right) \right) \tag{8.35}$$

注意：第二个等式中的两项分别表示（期望坏人数量 – 真实坏人数量）^{2}／（期望坏人数量），以及对应的好人项。

我们可以用列联表来计算以上内容（见表 8.7）。其中一共有 3 行，对应每个分数区间；其中，第 3~6 列，分别是真实和期望的坏人数量、坏人数量方差，以及卡方计算。这个卡方统计量服从自由度 $N - 2$ 的卡方分布，需要同时保证每个单元格里的数量足够大，并且区间数量 N 固定不变。所以，这里自由度为 1，可以将卡方统计量转换为 p 值。

表 8.7　卡方检验

PD 段	每段人数	观测到的违约数量	预测的违约数量	方差	$\dfrac{(\text{实际违约} - \text{预测违约})^2}{\text{方差}}$
0.02	1000	25	20	19.6	1.276
0.05	600	35	30	28.5	0.877
0.1	100	15	10	9.0	2.778
				总卡方值	4.931
				p 值	0.026

我们的经验是每个单元格中的期望数量不少于 5（否则需要修正），也有统计学家建议单元格里的期望数量至少为 1 且不多于 20% 的单元格数量小于 5。注意：这里一组计算验证了所有分数区间的 PD_i 是正确的假设。

那么，我们需要决定划分成多少个分数区间，以及如何划分。根据巴塞尔协议，贷款机构需要根据 PD 值来划分资产组合。Hosmer 和 Lemeshow 建议了两种划分区间的方法。第一种是选择概率中的固定断点，如违约概率第一个区间是 0~0.05，第二个区间是 0.05~0.08，等等。在信用评分中，我们经常按照分数段来划分总体，例如第一个子群体是 200~250 分，第二个是 250~280 分。因为分数和好人概率之间是单调关系，所以按照违约概率和好人分数分层本质上是相同的。第二种方法是把样本总体按照好人概率排序后分段，每段区间包含相等数量的观测样本量，即按照分位点来划分区间，通常是分成 10 份。研究发现，按照分位点划分总体得到的统计量更符合卡方分布。然而，根据巴塞尔协议，样本分层人群通常已经按照违约概率被贷款机构划分确定了。

我们还有最后一个问题：给定一个分数段，如何确定它对应的好人概率？假定我们有一个对数比率评分卡，那么分数 s 与好人概率 $p(s)$ 或违约概率 $1 - p(s)$ 的关系是

$\ln[p/(1-p)]=s$，或 $p(s)=1/(1+e^{-s})$，所以 $PD(s)=1-p(s)=1/(1+e^{s})$。理想中，我们可以用这一段的 $PD(s)$ 均值来代替此分数段的违约概率，但这样做的计算量较大。所以，我们可以把分数段 $[s_1,s_2]$ 中间点的违约概率 $PD=\dfrac{1}{1+e^{\frac{s_1+s_2}{2}}}$ 或首尾概率的中间值 $PD=\dfrac{PD(s_1)+PD(s_2)}{2}=\dfrac{1/(1+e^{s_1})+1/(1+e^{s_2})}{2}$ 认定为这个分数段的概率估计。虽然这是两种近似方法，但是它们效果均尚佳。

第 9 章　部署与应用

9.1　引言

这一章介绍与评分卡实施部署有关的一些问题，大部分内容在申请评分卡和行为评分卡中都差不多。对于有明显区别的地方，我们会重点提出。这一章还会介绍监测与跟踪，虽然它们经常混用，但我们还是会对这两个概念进行区分。我们也会介绍如何设置和测试策略，尝试综合考量各方面的因素，回答诸如"评分卡老化何时需要重建""如何改进评分卡"等问题。这一章的最后，我们会讨论评分应用的领域，包括信贷以及其他场景。

9.2　评分卡的实施部署

基于某个目的建好评分模型后，如何来执行它呢？为了成功执行，我们先来思考几个问题。

- 模型所需变量是否齐整？

理论上，我们假定答案是肯定的。但是，当我们没有途径获取某些数据时，如何将它们加入模型呢？这时有几种可能性。例如，很可能某个特征在开发模型的时候能采集到，但是后来无法获取了。还有，我们采集某些数据只是为了做回测分析，不是用来决策的，它们不是征信局提供的标准数据。我们也可能会有新的数据源或数据库，在开发时有过一次测试，但我们后来考虑把它加入模型，那么就必须分析它其中的所有变量与其他变量的关联。

- 变量定义有变化吗？

我们需要考虑业务员和客户如何理解每个问题。在第 6 章里，我们讨论了如何选取特征进入模型。我们认为需要考虑特征的稳定性，这就包括不选取那些人们主观理解有偏差的特征。有时候，一个问题的答案随着文化习俗的变化而有所不同，甚至还会因为提问的顺序或答案排列的方式产生偏差。在有人介入的交互中，如网点或电话申请中，员工很可能对申请表答案产生影响。员工提问的方式或回答客户问题的内容都会造成答案的偏差。减轻这个影响的方法是建立一套普遍可能会遇到的问题清单，然后对员工进行系统培训，在他们面对客户时，记录他们的行为表现。我们还需要查看征信局提供的数据内容是否有变化。例如，也许征信局之前提供的是客户近 12 个月的新开信贷账户，现在还额外收录信用社、公用事业单位的账户记录等，也算作信贷账户。所以，即使客户行为没有变，同一个变量的值也有可能显著增大。

- 需要哪种编程语言？

这个问题看起来很简单，但是随着计算机系统和语言的发展，我们经常会遇到这个问题。显然，评分卡建模的语言需要被系统支持，模型使用的变量和复杂程度要使系统在可接受的时间长度内完全执行，并且在检验它们是否有效时还要更加小心。另一种部署方式是利用专业供应商提供的软件包，它可以直接嵌入公司的标准系统。这种评分卡一般都是参数可调且程序内置的，用户或建模人员可以适当修改。但是，我们也不要低估这种方式的投入，选择重要变量及其权重，使模型达到最好的效果需要花费不小的工作量。这里没有什么捷径可走。

- 如何处理正在申请的案例？

在很多环境下，我们会发现在执行新模型时，流程中还有未完成的申请。我们收到这些申请时还在用原来的模型，但还没有审批完成，或是还未放款。我们也许已经给客户提供了贷款合同，正在等待他们签署返还；也许房贷申请已经完成但是房产交易还未完成，所以资金还未转入。在这些情况下，我们也许只能采用原来的审批决策。我们一般不会在客观条件没有变化的情况下撤销已经给予客户的授信。然而，我们有时候也需要重新审批某个申请。这也许是因为模型变化导致的新申请未通过，甚至也许是客户现在需要贷款的金额减少了。显然，我们需要一系列关于处理这类案例的政策，一般的做法是在新模型上线后的几周采用过渡方式，仍然采取原来的决策结果。我们应该认识到，这些案例的风险不会很高，它们大多处在通过的边缘，可以修改系统，让它们强行通过。另一个选择是严格遵守新的评分卡并撤销原始决策，将其传达给应用程序，然后处理客户以及可能与他们沟通的任何人（甚至是媒体）对于新评分卡规则的负面评论。

9.3　评分卡的监测与跟踪

在评分执行中，建模分析师和主管经理都会参考监测（monitoring）与跟踪（tracking）。在很多时候，这两个概念表示十分相近的意思，经常混用，甚至变成同一个单词。但是在这里，我们对它们进行区分，认为它们功能不同，目标又相关。

监测是被动和静态的。我们可以把它比作交通路况传感器，静静地安放在路边，只是记录经过的不同类型车辆的数量。在执行监测的时候，我们需要注意，评分卡不仅是在预测单个账户的风险，还可以用来管理组合。因此，有些重要的问题需要确定答案，例如：

- 申请是否被合理打分？
- 这批客户的特征与上一批是否相似，是否与开发样本相似，是否与我们的参照基准相似？

- 当前的通过率是否与之前一致，是否与开发样本一致？
- 当前决策结果的比例和流程是否符合预期？

与监测不同，跟踪是主动和动态的。跟踪更像是跟着一只动物看它是否有幼崽，或者像警察跟住另一辆车，看它是否超速或违章。跟踪更能让我们评估预测是否变成现实、总体的某个子群体的表现是否和我们预期的一样，如果预测失败我们需要采取什么行动。无论是监测还是跟踪，我们都要明白我们是在预测风险。所以，预测跟踪的关键是看评分卡预测的准确性，接下来有几个问题：

- 评分卡的风险排序是否正确？
- 组合坏账率是否符合预期，是否与开发样本或参照样本一致？
- 针对不同子群体，分层、分批及应用了不同策略的客群，我们是否要进行调整？

9.4　评分卡的监测

监测就像体检，需要定期而不仅仅是生病后进行。如果单位组织集体体检，医生会进行一系列常规检查，如检查心率、血压、尿检、肺活量等。医生当然希望什么都没查出来，你也希望一切正常。这就是监测。我们已建立了预期，也希望各个账户符合预期。我们来考虑之前提出的问题。

9.4.1　评分结果和流程是否合理

我们应该对这个问题越来越有信心。在这一章最开始，我们讨论了如何确保模型在系统中被正确执行。这里，我们需要更多的人工介入，可能会涉及员工或客户。我们需要重点审查的是有一系列选项的部分，这可能是关于职业分类的。例如，我们设置了 12 个职业选项，最后一个是"其他"。如果建模的时候只有 5% 的人选择"其他"，而当前申请者里有 12% 的人选择了"其他"，我们便需要仔细检查，并且尝试找到变化的原因。可能的原因有很多，也许包括以下方面：

- 12% 的数字正确，并且与开发样本可比。但在建模过程中，我们也许花费了额外精力，想把"其他"类与另外的 11 类进行合并。如果确实如此，看起来似乎我们浪费了精力，还导致未来与过去一样的假定失效。
- 职业划分有问题。客户无法找到直接对应的选项，于是只能选"其他"，然后接着填申请表。这可能和员工培训与激励有关。我们看到过一个例子：某家公司的业务分布在三个区域里，这三个区域选择"其他"的比例分别是 8%、12% 和 26%。后来我们发现，主要原因是不同地方对数据质量的要求不一样，领导对审批效率的要求也不一样。
- 申请者特征发生了变化。如果属实，我们需要调查其中的原因，寻找解决办法，改善评分卡。可能原因之一便是新职业一直在出现，评分卡的更新速度没有跟上步伐。例如，网页开发和美甲师在几十年前就不存在。关于此更详细的讨论，请参见 Edelman（1988）。

- 申请者类型发生了变化。这可能是由公司的营销方式造成的，如邮件、电视、报纸等。另外，公司可能改变了对某个子群体的政策或策略。例如，我们可能想要在学生群体或金卡客户中推广业务。虽然我们早就意识到市场部门和信贷部门应该加强沟通交流，互惠互助，但他们仍然沟通很少。很多时候，大多数评分主管要等到事后才发现数字变化背后的故事，而到那时他们已经拒绝了大量通过营销吸引到的客户。更糟的是，营销招来了一大批低质客户，虽然通过率很低，但仍然降低了接受客户的平均质量。因此，市场部经常因为提高了响应率而感到高兴，但又因为信贷部拒绝了大量上门客户而失落。当然，信贷部也不开心，账户质量因为一批低质客户的到来而降低了。

- 竞争对手的市场策略发生变化。当某个竞争对手体量较大，或者他们提供的服务与我们的公司非常类似的时候，他们的策略变化很容易影响到我们的客户。

- 经济和行业发生变化。我们会看到，在经济繁荣或衰退的时候，或者预期变化的时候，申请者不但数量会变，其质量也会变。

讨论了这些原因后，我们来看如何进行监测分析，以及如何理解监测报告。

9.4.2 总体稳定性

我们首先来看总体稳定性（population stability）的监测分析。

在表9.1中，我们有新近的一批申请，按照分数分成了七段。我们也有来自训练样本的期望。现在，我们需要测算新近样本是否满足预期。我们在表9.2中计算（观测数量−期望数量）×ln（观测数量/期望数量）。

表9.1 总体稳定性报告

分数段	开发样本（%）	当前样本（%）
<200	27	29
200~219	20	22
220~239	17	14
240~259	12	9
260~279	10	11
280~299	8	6
≥300	6	9

表 9.2　总体稳定性指数

分数段	开发样本（%）	当前样本（%）	B－A	B/A	ln（B/A）	C×D
	A	B	C		D	
＜200	27	29	0.02	1.0741	0.07146	0.0014
200~219	20	22	0.02	1.1	0.09531	0.0019
220~239	17	14	－0.03	0.8235	－0.19416	0.0058
240~259	12	9	－0.03	0.75	－0.28768	0.0086
260~279	10	11	0.01	1.1	0.09531	0.0010
280~299	8	6	－0.02	0.75	－0.28768	0.0058
≥300	6	9	0.03	1.5	0.40547	0.0122
					稳定性指数=0.0367	

现在我们来看如何理解这些结果。从统计上来讲，稳定性指数是用卡方值来衡量的，因此对稳定性的理解需要先考虑指数的意义。这里，自由度即属性的数量也许会影响指数的解读。也有人提出经验法则，按照新近样本与参照基准间的差距来设置红黄蓝的提示。虽然这是一种相对简单的方法，但不是很完善，且没有得到大多数人的认同。这些计算也无法反映真实情况是比预期好还是差。

我们还可以用 KS 距离，计算两个累积分布间的最大距离。在建模的时候我们介绍过，KS 距离越大，好人分布与坏人分布离得越远。在监测分析中，计算方法是一致的，但我们希望 KS 越小越好，KS 越小代表新近样本与参照基准相差越不显著。当然，我们还可以用基尼系数。

我们也可以从业务层面来理解，我们不但要看某些指标是否超过一定限度，还要关注是否有新的趋势产生，然后设法提前（也许是 n 个月）阻止它带来显著影响。

9.4.3　最终分数报告

最终分数报告（final score report）查看落在每个分数段的申请人数，这与稳定性报告相似，但它还要查看每个分数段的通过率。通过率可以以分数段的某一段进行汇总计算。分数报告可以在总体或子群上计算，它还能揭示操作流程中的某些问题。

分数报告能提供的信息很多。例如，在表 9.3 中，我们可以看出有 77.48% 的申请者的分数大于临界分数。我们可以将这个数字与预期进行比较。我们还看到在分数合格的人中，只有 76.65% 的人最终通过审批。从通过率本身来看，它确实随着分数的增加而增加，但在已通过系统审批但最终未通过的人里面，很多人的分数很高，甚至高于 270 分。分数在临界分数之下的人里，有 6.15% 的人最终通过，而他们的分数差得很远。总体上，最终有 60.77% 的申请通过审批。

表9.3　最终分数报告

| 申请日期范围（当前样本）2015年第一季度 | | | | | | | |
分数段	接受数量	接受比例（%）	拒绝数量	拒绝比例（%）	合计人数	合计比例（%）	通过率（%）
≤179	27	0.30	653	11.19	680	4.57	3.97
180～189	48	0.53	903	15.48	951	6.40	5.05
190～199	73	0.81	1043	17.88	1116	7.51	6.54
200～204	58	0.64	544	9.33	602	4.05	9.63
205～209	814	9.01	787	13.49	1601	10.77	50.84
210～219	1537	17.01	855	14.66	2392	16.09	64.26
220～229	1296	14.34	442	7.58	1738	11.69	74.57
230～239	1907	21.11	362	6.21	2269	15.26	84.05
240～249	1305	14.44	145	2.49	1450	9.75	90.00
250～259	838	9.28	63	1.08	901	6.06	93.01
260～269	506	5.60	25	0.43	531	3.57	95.29
≥270	626	6.93	11	0.19	637	4.28	98.27
合计	9035	100	5833	100	14868	100	60.77
≤204	206	2.28	3143	53.88	3349	22.52	6.15
≥205	8829	97.72	2690	46.12	11519	77.48	76.65

需要注意的是，这种分析不太适用于行为评分。实在要用的话，这种分析也就相当于基于某些标准的对客户提额申请的结果分析，把"接受"改为客户接受提额，把"拒绝"改为没有接受提额。

9.4.4　特征分析

除了查看最终分数的分布，我们还可以检查每个特征。对进入评分卡的特征，我们关心它对总分的贡献是否符合预期。换句话说，每类属性在总体中的比例是否与建模时采用的样本差不多。这里，我们用一个征信局的特征作为例子。我们给过去半年逾期两次及以下的人高分，给有较多逾期的人低分（见表9.4）。这里，"5+"表示所有信贷账户的逾期次数之和，即有可能这个人在过去半年有6次所有账户上逾期超过两期。

表9.4　特征分析：最近半年内M2+次数

次数	开发样本（%）	当前样本（%）
0～1	41.6	47.8
2	43.2	35.7
3～4	6.2	2.5
5+	8.4	11.3
无记录	0.6	2.7

在特征分析（characteristic analysis）中，我们用相对简单的计算，本质上就是差距的加权求和（见表9.5）。在进行特征分析时，我们关注右下角的总数，也看每行的数。

表9.5 特征分析：最近半年内 M2 + 次数

次数	开发样本（%）	当前样本（%）	差异	分数	差异×分数
0 ~ 1	41.6	47.8	6.2	37	229.4
2	43.2	35.7	− 7.5	25	− 187.5
3 ~ 4	6.2	2.5	− 3.7	21	− 77.7
5 +	8.4	11.3	2.9	17	49.3
无记录	0.6	2.7	2.1	20	42.0
					55.5

这里，我们看到，这个特征对总分的贡献略高于预期，多了0.55点。请注意：这里是百分比，即55%。如果发现有较大差异，我们需要进一步查明原因，看导致这个差异的是好事还是坏事，决定是纠正它还是不管它。这种信息不仅对信用风险有用，对市场营销或者经营管理也有用。仔细查看每行的值，我们看到"0 ~ 1次"的样本比例高于预期。这一般来讲是好事，当然进一步分析其原因更好。这也许是由市场营销带来的结果，也许是征信局重新划分了逾期账户造成的。

在"2次""3 ~ 4次"里，我们看到样本数量减少，而"5 +次"的人数变多，所以申请者向两头集中。

我们还看到"无记录"的数量增加，这总是我们担忧的问题。"无记录"代表了什么？是无法与征信记录匹配的样本，还是六个月内没有信贷历史的样本？对后者，也许我们要考虑单独建模。对那些老账户，我们可以再进行一遍特征分析（如果有参照基准的话），也许他们开户的目的不是为了本次贷款。对分数报告也可以进行类似的分析，可以看到新账户的质量是否符合预期。

刚刚讨论的特征分析是用分数进行加权的结果，这只针对被纳入评分卡的特征进行。我们也可以对没有纳入评分卡的特征进行分析，看它是否有明显变化。当然要注意，有些特征没有进入模型是因为它不合规，并不代表我们不关心它，性别就是一个很好的例子。

对没有进入评分卡的特征，最简单的办法是用建模时得到的一系列权重，如证据权重。另外，还可以利用新近开发的、用到了这个特征的其他模型得到的权重。我们一般建立一个稳定性指数（见表9.6），它等于（偏移比例²/开发比例）×100，它也有其他计算方式。同样，我们有经典的统计检验来查看变化是否显著，如卡方检验，或者设定参照基准。显著的变化暗示我们申请总体有了明显变化，也可以表示这个特征能够加入模型，特别是当它跟表现结果非常相关的时候。

表9.6 特征分析：稳定性指数

年龄	开发样本（%）	当前样本（%）	偏移比例	稳定性指数
18~25	7.3	9.7	2.4	0.79
26~35	22.1	22.4	0.3	0.00
36~49	39.6	38.5	−1.1	0.03
≥50	27.4	24.2	−3.2	0.37
无记录	3.6	5.2	1.6	0.71
			总数	1.91

这种指数指标的缺点是它更关注稳定性，而非对总分的贡献。我们在两期逾期的例子中已经看到了细节中的问题。我们还注意到，这里的差别进行了平方，也就是说，如果存在显著差异，我们无法知道是变好还是变坏。

9.4.5 时间稳定性

我们还需要长期监测稳定性，例如放到一个经济周期里，在利率变化、失业率变化、税率变化的背景下分析问题。我们把申请者分数随时间分布的图画出来，见图9.1。与其看每个月申请者分数的均值变化，不如按照分位点更好地展示分数的分布。在图9.1里，我们用到了5%、10%、25%、50%、75%、90%、95%七个分位点。我们可能需要等一段时间才能看出在各个分位点上分数的时间趋势。在这个例子中，我们已经看到了一种趋势：分数在前几个月明显上升，中间有一年相对稳定，在最后几个月又有所上升。

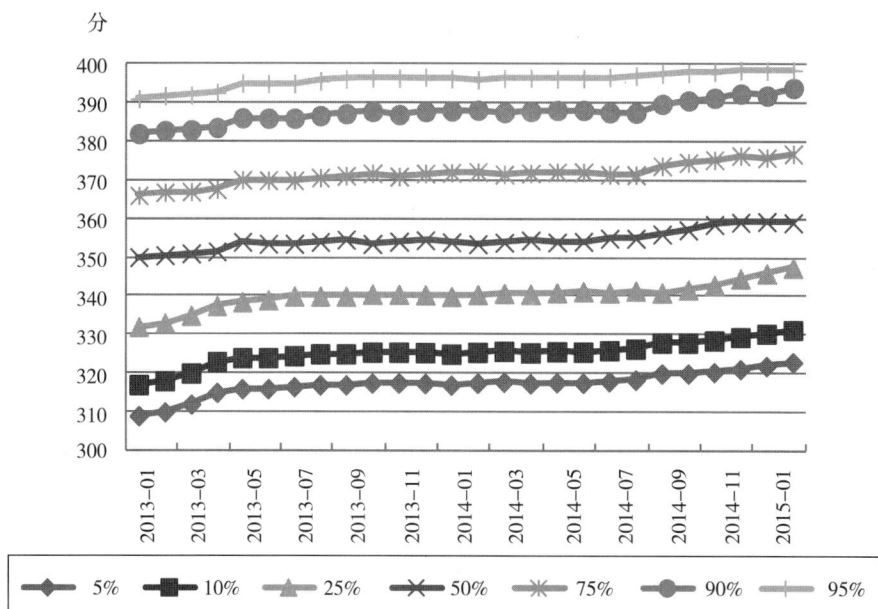

图9.1 分数分布比例的时间变化

如果我们最初把临界分数设定为 350 分，接受大约 50% 的申请，到这个分析的最后几个月，25% 分位点的人几乎都能够得到 350 分，这时我们的通过率为 70% 以上。这看起来是好事，不过，当我们看到变化趋势后，我们需要确认是客群质量确实提升了，还是客户学会了如何来填申请表。当然，如果我们有资本或运营上的限制，我们的业务无法承受 70% 的申请者。这时候我们就需要调整策略，比如提高临界分数。

如果以上分析是在行为评分中，那么显然我们现存客户的质量在提高。同样，注意：我们在申请评分中做这个分析时，不但可以对申请者做，也可以对新近账户做。

9.4.6　监测总结

总体而言，我们有三种监测分析：第一种是检查评分卡的特征，第二种是检查总分，第三种是检查没有进入评分卡的特征。这里面最重要的是，我们需要定期检查特征的稳定性和分数分布，即便我们没发现什么明显变化。如果某参数或指标发生了变化，那么它是总体偏移的一个信号。

监测分析报告需要在申请完成后立即进行。我们可以把这当作一种技术报告，但其实计算非常简单。我们也可以把它看作产品或组合管理报告，解释流程、营销、客户偏好、人为撤销等方面的细节。当我们发现明显变化且需要采取行动时，还需要经过高管授权，这会引起很多部门和信贷业务的连锁反应。

9.5　评分卡的跟踪

之前提到，跟踪是对账户的持续观测，看它们的表现是否符合预期，我们需要一系列的分析和报告。另外，我们也需要临时报告。如果我们设定观测期为 18 个月或 24 个月，我们无法等到 18 个月或 24 个月后再来查看坏账率是否正常。要是出现不正常，我们希望尽早发现，然后采取行动。

很多跟踪分析都是建立在账龄分析之上的。例如，我们想要看 2015 年第一季度的这批贷款，在 3 个月、6 个月、9 个月等（也许在每个月后）之后的表现，我们需要把它们和 2015 年第二季度批次的贷款放在同样的账期下进行对比。

9.5.1　早期表现报告

无论把这些早期表现报告（early performance report）看作跟踪分析的一部分还是日常业务管理的一部分，我们都需要生成这些报告，查看是否正常。以下是一些步骤。

对消费贷款、房贷和信用卡：

- 首次逾期的比例；
- 前 6 个月逾期一次的比例，第 1 个月逾期除外；
- 前 6 个月逾期两次的比例，无论是否连续；
- 前 6 个月 M2 逾期的比例；

- 前 9 个月 M2 逾期的比例。

对信用卡：

- 前 3 个月和前 6 个月超限次数比例。

对透支：

- 前 3 个月和前 6 个月超限次数比例，无论是否兑付。

（在分析超限时，需要考虑额度是否发生变化）

在表 9.7 中，我们生成了一个关于前 6 个月 M2 + 的账户比例报告。从表 9.7 中容易看出，2015 年 8 月批次的贷款表现比其他批次的差。因此，这批次贷款最终的坏账率很可能较高。接下来，我们要思考背后的原因，如果是评分卡或评分流程有问题，需要及时纠正。这里，即便没有参照基准，我们也能看到某些账龄的贷款不正常。

表 9.7　前 6 个月内 M2 + 的账户比例

发放日期	2015.05	2015.06	2015.07	2015.08	2015.09	2015.10	2015.11
比例（%）	1.43	1.38	1.42	1.71	1.63	1.58	2016 年 5 月到期

9.5.2　动态逾期报告

动态逾期报告（Dynamic Delinquency Reports，DDR）是把上节的早期报告变成整个观测历史上的表现，而非某批次贷款的截面分析。它通常是以图像的方式来表现的，表现某一批次贷款完整的历史，这样我们可以轻松识别那些表现较好或较差的贷款，或者相对于基准较好或较差的批次。

在图 9.2 中，我们看到在相同的时期内不同批次贷款的表现不一样。这些差别可能是如下原因引起的：

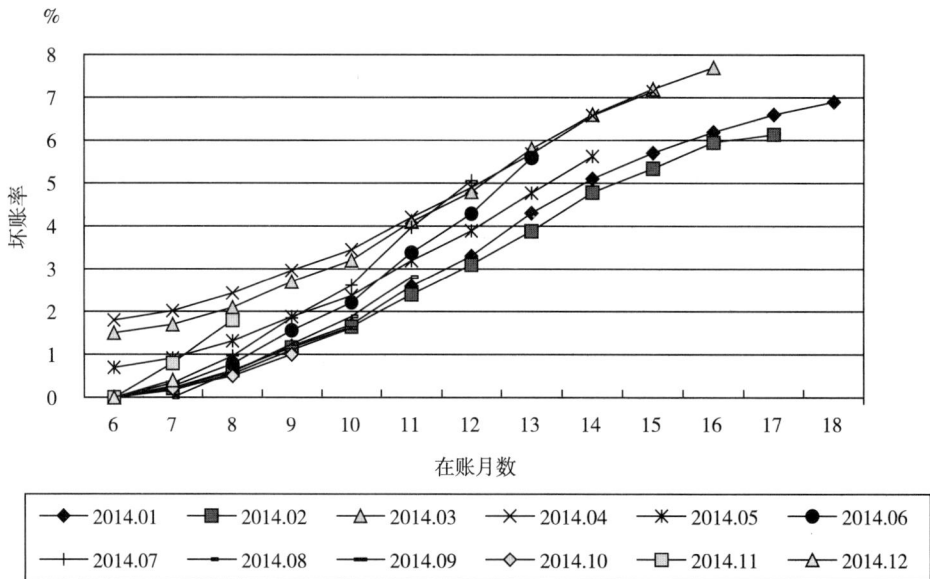

图 9.2　动态逾期报告（曾经 M3 +）

- 不同质量客户的进入。
- 季节因素。例如，节假日造成开支增大，收入减少，发薪日期间隔太久。
- 政策、流程、模型、阈值改变。

　　这个图像在一定程度上能反映某批次贷款相较于其他批次在早期出现的问题。我们能从图 9.2 中看到几个问题。此图是从账龄 6 个月开始的。我们也可以从 3 个月开始，很小心地得出结论，但是证据不足，结论不一定准确。所有曲线要么水平，要么上升。因为这里我们查看的是最差表现，所以随着观测时间的增加，曲线不会下降（如果系统对销户的账户也有记录的话）。

　　通过这些曲线，我们能建立对曲线一般模式的认识，然后找出背离一般规律的情况。如果某条曲线低于一般趋势，那么这批次贷款比正常水平更好。我们可以进一步研究这些与一般趋势的偏离，考虑他们带来的利润，多吸引这部分人来办理业务，或者至少保证这种较好的表现能够在之后再次出现。另一方面，更激进的方法是提高风险等级，例如降低信用评估的力度。换句话说，通过放松审批，增加一部分风险，把曲线调整回正常状态，这样可以提高业绩（业务量增加）。例如，如果以前贷款机构向客户索要收入证明，那现在其实可以考虑不要求提供这个证明，提高一点风险，与此同时还能在一定程度上提高客户满意度。我们还可以降低征信查询的水平，无论当前地址居住时长是多少，都不查询以前的历史地址。

　　如果有某条曲线在大趋势之上，那么这批贷款表现较差。我们需要进一步调查，经核实确认选择减少此类客户。我们希望能在早期发现问题，也能尽早改正。图 9.2 中显示，2014 年 3 月和 4 月批次贷款表现较差，也许是通过早期表现报告贷款机构发现了这个问题，然后采取措施，所以 2014 年 6 月和 7 月的贷款得到了有效控制。

　　显而易见，我们越晚采取措施，越多批次的贷款表现越差。当然，我们也需要小心，除非我们能够通过分析明确找到表现不良的原因，否则不要贸然采取行动。我们也可以增加审批环节，提高信贷质量。在图像分析中，我们还可以在几个检查点（如 6 月和 9 月账龄）画出单独的曲线，把横坐标变为开户时间。

　　这些图像能够使我们在同样的暴露时间点上发现不同批次的趋势，但是不容易揭示在相同日历时间上的趋势或事件。例如，我们也许预计 2014 年圣诞节后逾期贷款上升，在 2015 年春天会逐步下降，这会影响不同批次的贷款在不同暴露时长上的表现。这些通常都是外部因素引起的，如邮局罢工，过去 30 年中在英国有两三次，或者在爱尔兰，有时会向信用卡账户（甚至是冬眠账户）征收印花税。

　　我们也许想知道是否有季节效应。例如，在 2 月，资产质量一般不太好，表现较差。在有些组合里，2 月的临界值会临时提高一小段时间，以应对这个变化。

　　我们也把动态逾期报告用在其他地方。人们，特别是高管，可以用它来记录运营当中的其他事项，用同样的方法画出曲线。这样，我们不但能测量动态逾期表现，还可以扩展到动态监测其他方面的内容，包括：

- 卡片激活率；

- 客户响应率；
- 额度使用率超过40%的客户比例；
- 保险购买率；
- 交叉购买率；
- 客户返回资料的时间（用天和周来计算）；
- 客户销户率。

在做这类分析时，我们还需要仔细定义一个批次到底是基于什么的。这视产品不同而不同。我们可以把同一个月或同一季度的贷款申请、审批通过、贷款发放、账户激活定义为一个批次，也可以按照账户第一次活动或第一次还款的时间来定义。显然，无论如何，这个定义需要保持一致，定义与产品的分析目的吻合也很重要。在信用卡里，我们可以用账户激活时间来定义，因为卡片在使用期一定会激活；或是用第一笔交易、发卡月份等来定义。对于信用贷款，我们最好是用资金使用的月份或季度，或第一次账单时间来定义。

9.5.3 分数段坏账率

早期表现报告和动态逾期报告都可以在每个分数段上建立，但除非特别原因，我们一般不这样做。更多地，我们会把坏账率在分数段上进行分析，评估评分卡的预测是否有效。

如果我们等到期限结束，按照好坏定义，画出如图9.3一样的图。图像展示了三个样本的曲线和训练样本的曲线。在大于200分的分数段，三个样本和训练样本的表现比较一致。这些样本可能是从不同的时间窗口提取的，或者是同一时间不同地区的样本，或者是按照某个特征来区分的，如住房条件。

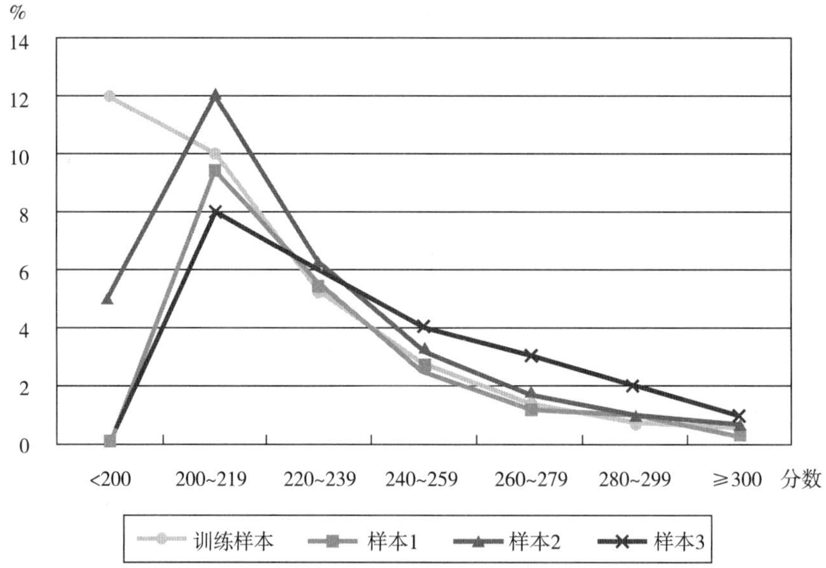

图9.3 分数段坏账率

图像展示了低于临界分数（200 分）的那些样本的表现，他们是低分撤销，即低分却被接受的客户。我们在 2.8 节和 6.10 节中都讨论过这个问题。这里我们看到非常典型的情况，低分撤销的人群表现很好，甚至比略高于临界分数的第一个分数段的人群表现还好。原因很简单，这些客户是从低于临界分数的申请中精心挑选的，并非随机选出来的。

不过，如果我们要因此建议降低临界值，其实 190～199 分的这部分人会与训练样本的表现更接近，而不会像图中撤销的人那样表现，除非我们按照撤销更改的原因（规则）从 190～199 分的人中筛选出对应的人，他们的表现会不太一样。

现在让我们来看分数大于临界分数的人群。在第一个样本中，每个分数段的坏账率几乎和评分卡预测的一样。第二个样本能给我们提供一些不同的信息。可能是因为这批样本所处的经济环境比训练样本的更糟，在临界分数之上，坏账率始终高于预期。但是同时，我们注意到，评分卡的表现其实是正常的，因为曲线的形态与训练样本一致。另一方面，如果第二个样本来自另一个产品，如纸媒广告而非网点申请，那么我们应该思考如何调整营销方式。还有可能是因为我们为了保持利润或收益，提高了临界分数。当然，如果纸媒广告的获客成本更低，我们可以容忍坏账率有微小幅度的上升，但是它依然能给公司带来目标利润。

在第三个样本中，我们看到刚刚超过临界分数的人群的坏账率低于预期，高分人群的坏账率高于预期。当这条曲线逐渐远离我们的预期而又变得平缓时，我们会怀疑评分卡是否出现了问题。

这里，我们还要考虑额外两点：首先，第三个样本也许实际上带来更多的利润。例如，200～219 分的坏账户减少一半，260～279 分的坏账户增加一半甚至 1 倍，这可能意味着总体而言，我们的坏账户数量减少了。这显然是由每个分数段里的账户总数决定的，也是由市场和目标决定的，我们需要对每个分数段的人数进行把控。无论如何，曲线变平都意味着评分卡失效。其次，我们需要额外关注临界分数（或备选临界分数）附近的表现。如果这个组合的临界分数设定为 200 分，而 260～279 分数段的坏账率偏高，我们的模型对于这种情况的预估就是不准确的，但有时又无法避免这样的账户组成。在这种情况下，即使刚刚大于临界分数的人群的坏账率偏低，高分段的坏账率仍然会偏高，而且就算我们重新建模和移动临界值，也不太可能会把临界分数移动到那么高的分数段去。

前文也提到了，我们不能等待 18 个月或 24 个月后账户完全成熟再来做这个分析。我们完全可以在早期进行这个分析，比较不同批次账户的表现，或者计算一些临时参数。具体来说，虽然可以在 21 个月后再来设定坏人的定义，但我们应该能够分析理解训练样本的相关数据，在 9 个月或 12 个月的成熟期后对坏账率进行大致估计，并把它当作一个参照基准。我们也可以用放宽过后的坏人定义，只用在跟踪分析里。把"曾经 M3"改为"曾经 M2"，也能分析每个分数段的表现是否符合预期。

9.5.4 分层坏账率

从另一个方面，我们还可以查看评分卡是否对齐（alignment）。这可以从按分数段或某个特征统计的坏账率来看。评分背后的理论支撑是分数能够代表风险。在 2.2 节，我们有属性的 10 种组合，每种都可以得到相同的分数。对数学和统计学家来说，分数就是一个充分统计量，它包含所有风险相关的信息，所以一个子群体的表现不可能与同分数的另一群体明显不一样。例如，高收入人群比低收入人群风险更低，对具有相同分数的两个人群来说，他们的坏账率应该相同，而收入之外的其他特征在风险上互补，造成了同样的分数。

我们无法把所有特征属性都检查一遍，但是某些主要特征是可以做分析的。例如，我们可以检查"有房"和"租房"人群在不同分数段上的坏账率，他们应该各自相同。我们也可以在性别或新老客户上做同样的分析。

我们把"有房"和"租房"人群的图画在图 9.4 中。理论上，两根曲线应该重合，但是这里并没有，分数曲线有一些错位。在每个分数段，"有房"人群的表现比"租房"人群更好，他们的坏账率更低。无论特征"住房条件"有没有进入评分卡，我们都可以做这个分析。

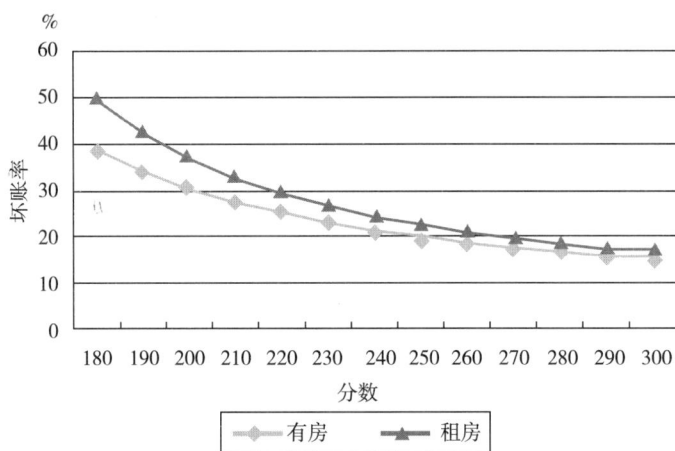

图 9.4　属性对齐分析

我们有办法调整这种错位，在 9.6 节中会介绍。这里，根据这个图像，我们也可以作出如下一些可能的调整。

● 我们可以给"有房"的人加 15 点权重，或将它引入评分卡，权重设为 15。这样重新调整后的两条曲线可以得到层叠的效果。它鼓励了更多"有房"的人来申请，他们现在将被批准而非拒绝，通过率升高。

● 我们可以给"租房"的人减 15 点权重，或将它引入评分卡，权重设为 −15。重新调整后的两条曲线同样可以得到层叠的效果。它的效果是"租房"的人通过率更低。

● 我们可以将两方面结合，采取折中的办法，计算相应的权重变化，使总体通过率不变。

9.5.5　区分度分析

我们还想确保评分卡区分好坏的能力正常，主要有两种办法。

第一种方法是计算真实数据的基尼系数或 KS 距离，分析它们变化的趋势，与训练样本比较。在比较时，我们需要进行拒绝推断或有同样的比较基准，排除拒绝样本的影响。这二者都不是特别理想。前者需要很长时间，也只是一种估计，还会引入误差；后者较为简单，但是会从训练样本中生成两列基尼系数，一个有拒绝推断，一个没有，这可能会导致错误的结果。无论是基尼系数还是 KS 距离，都比较片面（前者是所有临界值，后者是最优临界值），而我们现在已有一个允许的临界值，对于比这个临界值低的那部分不感兴趣。

另外一个方法是计算 PDO，即比率加倍的分数（Points to Double the Odds）。如果画出坏账率相对分数的曲线，我们期待随着分数增加，坏账率降低。我们常用对数比率来消除曲率，让曲线变成直线。我们在建模的时候，对此进行标准化。最常见的尺度是 20PDO，即每 20 分比率翻倍。因此，如果好坏比率在 230 分处是 4∶1，那么在 250 分处是 8∶1，在 270 分处是 16∶1，等等。

显然，如果这个关系不满足，那么其实评分卡没有按照理论设计来运行。如果这个关系变平缓，那么评分卡的区分能力在降低。因此，我们会用 PDO 分析检查评分卡的表现。我们把不同分数段的对数好坏比率计算出来，生成几个点，假定这个关系本身基本是线性的，然后用简单的线性回归拟合这些点。利用回归方程，我们可以计算比率加倍所需的平均分数。如果它显著低于训练样本的标准，那么这个评分卡区分好坏的能力在降低。结合其他一些指标，我们可以根据标准统计理论建立基准，然后生成预警提醒；我们也可以观察趋势，从恶化趋势中得到信号。

在表 9.8 中，我们给出一个数据集和分数表现，作为 PDO 分析的例子。下一步是用这个表计算好坏比率和对数好坏比率，再增加一列代表 PDO 表现的分数，见表 9.9。不过，在这之前，我们还可以画出数据的比率图，见图 9.5。

除了最开始两个点，其他点的分布大致是直线，符合预期。实际上，我们预计最开始两个点会脱离直线，表现更好。从每个分数段的账户数量可以看出，200 分很可能是临界分数。小于 200 分的人是被人为撤销的，通常比预测的表现要好，因为他们经过了额外的审批流程和信用评估。这个之前已经讨论过了（见 6.10 节）。

然后，我们用临界值以上的数据点进行线性拟合，得到它们的回归方程：$-4.6523 + 0.030263 \times score$。所以，这里 20 分的增加带来对数好坏比率提高 $20 \times 0.030263 = 0.60525$ 倍，并非20PDO，它的指数函数值是 1.832。因此，好坏比率并不是翻倍，而是增加了 1.832 倍。从另一方面来看，想要比率翻倍（$\ln(2)/0.030263$），我们需要分数提高 22.9 分。所以，评分卡并没有按照它设定的那样运行和区分好坏。我们也许想知道这个误差对于我们的估计是否有显著的影响；类似地，我们可以运用统计上的检验假设，或是根据经验法则来判定，或常规地进行简单计算并评估是否有什么趋

信用评分应用

势在发展。这里，如果每 20 分比率翻倍，那么估计得到的结果是坏人减少 146 人，好人增加 146 人。

表 9.8　PDO 分析的数据

分数段	好人数量	坏人数量
180 ~ 189	47	11
190 ~ 199	95	17
200 ~ 219	3458	654
220 ~ 229	3162	367
230 ~ 239	7411	659
240 ~ 249	8912	580
250 ~ 259	7660	344
260 ~ 269	5128	162
270 ~ 279	3907	89
280 ~ 299	3461	59
≥300	1889	18

表 9.9　PDO 分析

分数段	好人数量	坏人数量	好坏比率	对数比率	分数
180 ~ 189	47	11	4.272727	1.45225	185
190 ~ 199	95	17	5.588235	1.72066	195
200 ~ 219	3458	654	5.287462	1.66534	210
220 ~ 229	3162	367	8.615803	2.1536	225
230 ~ 239	7411	659	11.24583	2.42	235
240 ~ 249	8912	580	15.36552	2.73213	245
250 ~ 259	7660	344	22.26744	3.10313	255
260 ~ 269	5128	162	31.65432	3.45487	265
270 ~ 279	3907	89	43.89888	3.78189	275
280 ~ 299	3461	59	58.66102	4.07178	290
≥300	1889	18	104.9444	4.65343	310

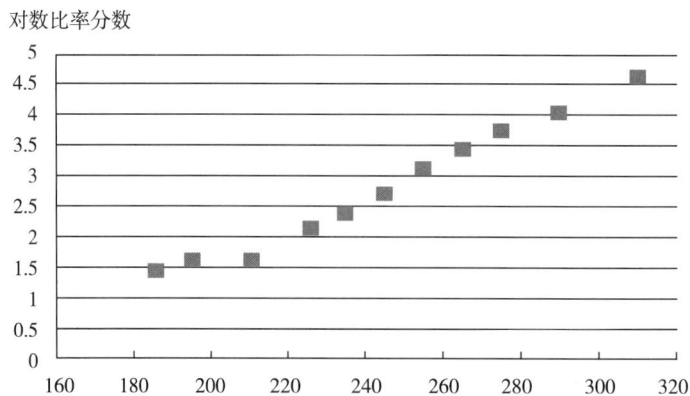

图 9.5　PDO 分析

184

9.5.6 跟踪小结

跟踪分析报告需要在有行为表现时及时生成。如果我们是每月观测行为，那么除了早期表现报告，我们还可以在 6 个月或 9 个月后生成跟踪报告。如果是每周还款，也许要从第二个月开始跟踪表现。与监测分析报告一样，跟踪报告可以看作技术报告的一种，虽然报告中运用的很多参数计算很简单。这些报告都可以看作产品组合管理报告，揭示流程或客户行为。同样地，当跟踪报告发现问题、建议采取行动时，需要通过高管授权，因为它会对其他部分和信贷业务整体产生影响。

在结束对跟踪分析的讨论前还需要额外说明的是，我们还可以跟踪金额而非账户数量，这要求在跟踪评分卡表现上多走一步，因为评分卡一般是在计算好坏账户的比例，而非不同行为带来的财务损益，但这是往组合管理更进一步，我们暂时不进行讨论。

回到评分卡跟踪上来，我们还可以不在总体上进行跟踪，只跟踪按照分数或属性划分的一部分人群。

另外，以上分析都是针对申请评分提出的，对行为评分如何进行呢？大部分内容的分析其实都是一样的。分数是对一定时期特定行为表现比例的一种预测。因此，我们可以在评分后跟踪账户的表现，评估评分卡的准确性和一致性。在定义相同批次这个问题上，我们需要格外小心，批次一般是按照时间、贷款金额、额度金额或余额大小来定义的。

同时我们要注意，行为评分通常是和适应性的控制策略联系在一起的。考虑到这种情况，分数只是一系列决定如何管理账户、如何回应客户表现的决策因素之一。如果账户管理有效，甚至我们还可以"打败"评分卡，让高风险的人群显示出低风险的行为。在建模和预测后，我们也无法知道将来会采取什么措施，例如给客户施加额外压力，迫使他们还款，这是无法考虑到的情况。我们还可能对不同分数段的人采取不同的行动，这样图像就不会那么平滑。

9.6 评分卡的老化

通过监测和跟踪客户、账户及其表现，我们能够分析已经发生的变化，判断是否要继续使用评分卡。这些变化的原因可能是申请总体与之前的大为不同，或者更重要的可能因素在于，账户的后续表现发生了根本性的变化。

在决定何时采取纠正措施或调整方案时，我们其实没有统计上或业务上很简单的办法来实现。评分卡的表现确实会随着时间的推移而变差，这由多重因素决定。建立新模型需要进行可行性论证，还要花成本，资产组合也会因此受到影响，实际上是否选择重新建模是需要权衡利弊的商业决策。例如，我们得考虑是否有足够的数据、足够多的成熟的坏人来建模；又如，评分卡表现变差是否由市场营销引起，如果是这样，重新建模也许无法改善评分卡的表现。

在我们决定要完全重新建模之前，其实我们还可以对原有模型进行修改，延长使用寿命，提高效果，或者至少让它有些改进，能够为我们重新建模提供准备时间。

我们能做的首先是检查是否需要重新对齐评分卡。假如我们有个评分卡，其中包含的一个特征是客户关系时长，见表9.10。我们之前在跟踪里是按照分数段统计账户表现，现在我们按照属性类别来分别进行统计，得到如图9.6一样的图。

表 9.10　银行账龄

属性（年）	分数
0	5
< 1	7
1 ~ 3	18
4 ~ 6	31
7 ~ 10	38
≥11	44

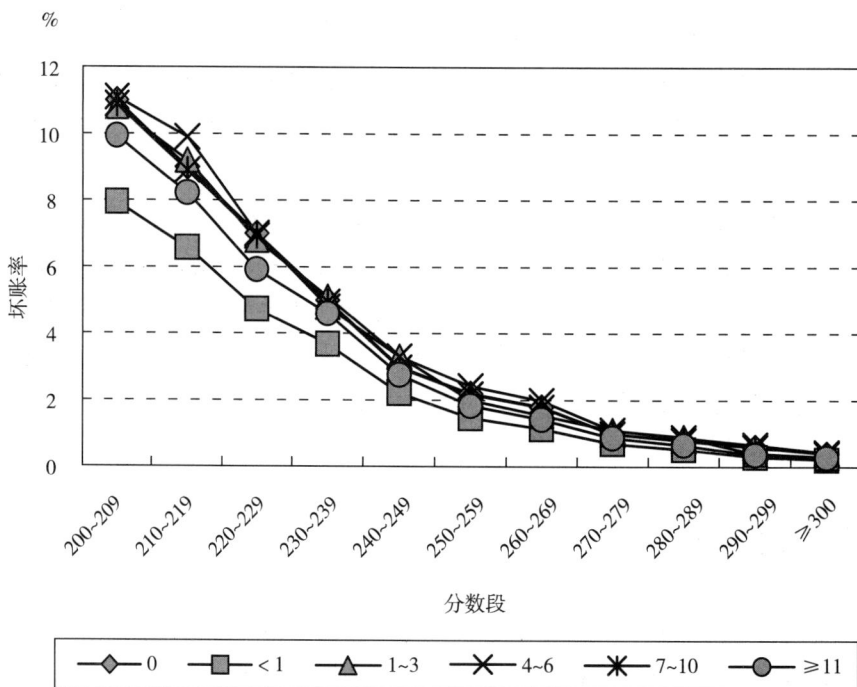

图 9.6　银行账户年龄对齐分析

我们期待看到评分卡的表现是，在每个分数段上坏人的比例都是一样的，无论他们与银行的关系有多久。换句话说，评分卡已经根据不同的客户关系时长对风险的影响进行了充分的调整，并在分数中体现出来。但是，在这里我们看到，客户关系时长小于1年的人群曲线有明显的偏离，其他曲线大致重合。是什么原因导致了这种异象呢？

一个可能的原因是我们在筛选这部分客户的时候过于严格，排除掉了一些优质客户。如果进行更深入的分析，我们发现不同属性间的通过率不同，200～209 分客户的通过率是 80%，但是其中客户关系时长小于 1 年的人只有 50% 的通过率，这也许是因为我们对他们进行了二次征信查询，或者要求提供额外的银行和工作证明。也就是说，我们在决策时还参考了模型没有捕捉到的信息。

另一种可能的原因是客户群的风险自评分卡建立后发生了一定的偏移，这可能是因为银行在筛选客户的时候更严格。因此，那些刚刚换过银行并且通过了新银行审核的客户比训练样本中对应的群体更好。

还有一些其他可能的原因，有些成立，有些不成立。从信贷业务管理来看，最重要的是我们认识到这种变化带来的影响，以及这种变化是否会持续。只要建立了这个认知，我们就可以采取行动妥善处理。在这里我们看到，客户关系时长小于 1 年的人与其他分数大于 8 分的人表现类似，所以一个简单的操作是把这类人在这个属性上的点数从 7 点提高到 15 点。这样不仅会给现有客户的分数带来影响，还会给 192～199 分的人加上 8 分，使其总分提高到临界分数 200 分以上。根据图像的平滑性推测，我们应该有信心认为他们的表现会和其他同样分数的人一样。

如果我们对是否接受这些新客户有所顾忌，还可以用实验的方法，比如一个月内只接受 1/10 的这种新客户，直到有足够证据表明他们表现一致。但是，如果我们真的有所顾忌，又不想接受这些新客户，引入额外的业务，重新调整评分卡就变成了一个虚拟和理论性的练习；也就是说，如果我们不想采取实际行动，何必又要做这个分析呢？

同样地，如果某个属性表现不佳，即这个类别的账户比预期更差，我们可以降低这个属性的点数权重。这样会造成有些之前以临界值得分通过申请的申请人被拒绝。

在分析坏人比例的时候，我们还得认真考虑我们分析的比例到底是什么。我们不仅想要知道人数或金额的比例，根据不同的产品，我们还想知道关于开户的、存活的、活跃的、支出的、收入的各种数据。我们需要保证信息系统会记录那些违约的或核销的账户的损失，在核销坏账的时候，我们习惯把他的账户清零。

因此，在对齐评分卡时，我们要关注账户表现逐渐变化或发展的趋势，但也不用过于紧张。评分卡不会一下子突然变化，更多地是缓慢、逐渐变化。当然，最终我们要决定是否重新建模，主要理由如下：

- 无法进行较小的对齐调整或操作太复杂，例如需要对齐几个特征。
- 获得更好的数据。
- 有更好的数据源。
- 公司的市场策略调整。

监测和跟踪都能以其不同的方式，为贷款机构提供需要重新开发模型的依据。当偏差达到一定程度时，我们需要重新开发评分卡。有时候我们还得及时作出决定，考虑到重新开发评分卡的时间通常是 3 ~ 9 个月甚至更长，部署不会那么快。又如，有时候我们预计公司战略即将发生调整，或者近期已经调整过，而新的表现数据还不知道。这些情况下，我们的决定会受到影响。

Lewis（1992）则认为，"只有在极少情况下，我们会因为评分卡效果不满意而重新建模"。实际上，他认为更换评分卡是一个中长期规划的任务。

Lessman 等（2015）认为，"在进行信用管理时，因为评分系统的老化，我们需要提前考虑是否安排更新模型。因为系统是逐渐老化的，如果政策不变，管理层可以预计何时需要更新，然后提前准备重新开发模型所需的数据"。

9.7 评分卡的优化

9.7.1 计算变化

当模型运行一段时间后，我们可以获取到表现数据，然后考虑对模型进行微小的修正，达到对齐和延长寿命的作用，这叫作微调（tweaking）。

我们希望实际观测到的账户表现符合我们的预期；否则，我们只能尊重事实，调整我们的预期。我们可以测量真实结果和预期结果的差异，这个差值被称为 Delta 分数，根据它我们对每个属性进行调整从而让评分卡更加贴合现实情况。

假设我们有关于贷款期限特征的表现分析，见表 9.11 和表 9.12 中的信息。好人和坏人的期望数量是按照每个属性类别计算出来加总得到的。例如，在申请 3 ~ 12 个月贷款的 816 个客户中，每个人的申请分数是与违约概率联系在一起的。把这些概率加总，得到期望违约数量。在每个类别中，我们看到第三个属性的坏账率高于预期，而第一个属性的期望坏账率和真实坏账率比总体平均值小。所以在表 9.13 和表 9.14 中，我们可以进行调整，即对第一个和第三个属性进行负向调整。

表 9.11　期望数据

属性（月数）	期望好人数量	期望坏人数量	坏账率（%）	占总体比例（%）	证据权重	点数/权重
3 ~ 12	773	43	5.27	12.55	0.755	41
13 ~ 48	3223	351	9.82	54.98	0.083	27
49 ~ 60	1578	168	9.62	26.86	0.106	18
61 ~ 120	239	126	34.52	5.61	-1.494	-6
合计	5813	688	10.74			

表 9.12　观测数据

属性（月数）	观测好人数量	观测坏人数量	坏账率（%）	占总体比例（%）	证据权重	点数/权重
3～12	777	39	4.78	12.55	0.545	41
13～48	3341	233	6.52	54.98	0.216	27
49～60	1576	170	9.74	26.86	−0.220	18
61～120	289	76	20.82	5.61	−1.111	−6
合计	5983	518	7.97			

表 9.13　观测和期望数据

属性（月数）	观测			期望			点数差
	好人数量	坏人数量	证据权重	好人数量	坏人数量	证据权重	
3～12	777	39	0.545177	773	43	0.755016	−6.05
13～48	3341	233	0.216285	3223	351	0.083218	3.84
49～60	1576	170	−0.21986	1578	168	0.105886	−9.40
61～120	289	76	−1.11101	239	126	−1.49388	11.05
合计	5983	518		5813	688		

表 9.14　建议的新点数

属性（月数）	点数	点数差	建议的新点数
3～12	41	−6.05	35
13～48	27	3.84	31
49～60	18	−9.40	9
61～120	−6	11.05	5

我们在一个表格中展示期望数量和真实数量，Delta 分数 Δ 是权重的简单一阶相关系数：

$$\Delta =（观测 WOE － 期望 WOE）\times PDO/\ln 2$$

这是关于模型表现的一维相关性，它忽略了特征之间的相关性。这里，对评分卡的修正是对已经进入了评分卡的特征的权重进行调整。我们也可以对没有进入评分卡的特征进行调整，Delta 分数则是新加入模型的特征的权重。本质上，我们是根据真实情况去调整评分卡的，但是这种方法仍然有一些局限性。

首先，这样调整其实是用线性变换去修正非线性函数。Delta 分数是一个近似，但理论上应该是一个非常好的近似。更好的近似是用牛顿共轭梯度优化法（Newton conjugate gradient optimization），但它更复杂，也不易理解和执行，修正效果也没那么明显。

其次，这是用单变量调整去修正多变量模型。当我们"纠正"完某一个特征后，我们需要重新计算分数和期望好坏数量，查看其他特征受到的影响。如果评分卡出现了多项偏差，Scallan（2013）建议把原来模型的分数作为一个变量，加上其他特征建立一个新的模型，然后查看这些特征的系数是否需要调整。

9.7.2 测量差距

除了调整，我们还可以测量期望和真实数字间的距离。这个距离可以用边际信息值（Marginal Information Value，MIV）来测量，还可以正式地用边际卡方值来检验显著性。

MIV 的计算方法如下：利用表 9.13 的数据，我们计算每个属性 j 的好人比例 g_j/G 和坏人比例 b_j/B。其中，g_j 和 b_j 是属性 j 中的好人数量和坏人数量，G 和 B 是总的好人数量和坏人数量。

$$\text{MIV} = 100 \times \sum_j \left[\left(\frac{g_j}{G} - \frac{b_j}{B} \right) \Delta_j \right] \tag{9.1}$$

由此得到表 9.15 中的值。

表 9.15 MIV 计算

	观测好人数量	观测坏人数量	好人比例（%）	坏人比例（%）	点数差	好人比例×点数差	坏人比例×点数差
3~12	777	39	12.99	7.53	-6.05	-78.57	-45.55
13~48	3341	233	55.84	44.98	3.84	214.43	172.73
49~60	1576	170	26.34	32.82	-9.4	-247.61	-308.49
61~120	289	76	4.83	14.67	11.05	53.38	162.12
合计	5983	518				-58.37	-19.19
						MIV	-39.18

这里，我们得到了负的 MIV，因为观测数据的区分度不如预期，最"好"的属性没有预期好，最"差"的属性比预期好，总体来看，我们损失了一部分判别能力。

9.7.3 检验差距

我们用边际卡方值来评估评分卡特征点数是否准确，以及在评分卡中没有出现的特征和交互项的点数是否为 0。

请注意，边际卡方值不是用标准卡方值的方法来计算的，而是用以下公式：

$$\text{MCHI}^2 = 2 \times \sum \left[\text{观测好人数量} \times \ln \left(\text{观测好人数量/期望好人数量} \right) \right.$$

$$\left. + \text{观测坏人数量} \times \ln \left(\text{观测坏人数量/期望坏人数量} \right) \right] \tag{9.2}$$

我们可以用标准方法在 $n-1$ 的自由度下检验总的卡方值是否显著，其中 n 是属性类别的数量。这里，我们得到边际卡方值是 82.71，在自由度为 3 的情况下，它非常显著。显著表示变化很大，不显著表示我们也很可能进行调整。更详细的讨论请参考 Scallan（2013）。

卡方值方法有个缺点需要我们注意，即利用卡方值进行的分析和推断在很大程度上取决于现有属性的分类。Scallan（2011）讨论了解决这个问题的一些方法。

9.8　冠军挑战

很多信贷管理的书籍都会讨论冠军挑战策略。这个话题近年来变得没那么流行，部分原因是它并非一个前沿，而是变成了一种常规。

冠军挑战的原则很简单。现有被接受使用的方法就是冠军，其他管理申请和账户的方法是挑战者，但我们不知道它们的表现。所以，我们在一些随机样本上尝试挑战方法。这样，我们不仅可以比较它们和冠军的表现，还可以检查出副作用的存在和影响程度。最终，我们决定是否有更好的挑战者总体上优于冠军，然后取而代之。

这在医学中也常见。我们有些治疗小病的常规方法，如吃药或心理调节。例如，我们发明了一款新的牙膏，牙膏的化学成分已经通过了一系列的临床试验，也在动物身上实验过了。最终，我们需要在人体上实验。评估牙膏效果的关键指标是牙膏口味、清洁能力、刷牙后牙齿的颜色、预防龋齿的能力。这四个指标里面，第一个是主观感受，第四个需要时间来检验。我们不太可能为了控制个体因素，让每个人用一种牙膏刷一半的牙，用另一种牙膏刷另一半的牙，我们可以在很多人身上实验，得到平均效果。现用的牙膏是冠军，新牙膏是挑战者。在实验时，我们需要记录关键指标以及其他参数的数据，例如是否有溃疡、是否引起头痛或恶心。

电视广告中也经常出现类似的案例，洗衣粉是个普遍的例子。在医学癌症治疗中，我们也有类似的实验。其实，只要你在使用信用卡，你几乎肯定会处于某个挑战者策略中，只是你不知道而已。

在信贷场景中，我们经常把整个过程称为自适应控制（adaptive control）过程。通过记录和分析客户对我们管理方法和行动的反应，我们能够了解如何控制他们的行为，达到我们想要的目的，如最大化利润率、留客率等。总的来说，管理信用账户就是为了影响客户行为。我们可以通过控制动物行为的类似方法和术语来预测一个人的行为心理。

在申请审批阶段，我们能进行冠军挑战。例如，对贷款申请者，我们可以在一个随机样本上评估他们的负担能力，给那些负担能力强的客户更大的贷款或信用卡额度。我们的预期是随后的收入提高。然而，对那些脆弱的客户提供更高额度的贷款也许会让他们陷入财务困境，从而导致坏账提高，使我们的收入受到影响。

另一个场景是电话渠道的信贷业务。客户在收到原则上通过的合约后，会被要求签署合同然后返回合同，加上包括收入证明、工作证明、住房证明在内的其他证明材料。并非每个人都能完成这个流程。有人只是因为改变主意，不需要再借钱或消费；也有可能是其他贷款机构不要求提供那么多的证明材料。这里的挑战者策略是不需要证明材料的策略。我们在短期内试验它的效果，观察客户整套流程的完成率。显然，不要求提供证明材料增加了欺诈风险和违约风险。所以，我们需要对此进行监测，随时评估挑战者的效果。

另外的挑战策略还可以是激励客户完成申请流程，例如告诉他们完成过后才能提款，要求他们在某时限内完成申请。同时，平行测试各种挑战策略让我们得以分析、对比各种激励措施的成本与收益。这一类挑战策略会带来一些影响。例如，客户被要求在某个日期前寄回合同和收入证明，但是他们还有几天才发工资，他们只能等到发工资后才去银行打收入流水，开出证明。如果不要求收入证明，他们就不必等到发工资后的银行证明，可以提前寄回合同，但是这样银行账户上的金额更少，有些人会担心申请不通过而不返回合同，减少收到申请的数量。

最重要的冠军挑战策略也许是在账户管理上。我们可以在很多环节进行实验，而管理账户的系统和模型都不一样。在大多数情况下，当我们谈论账户管理的时候，是指可以改变账户的某些方面，而这一般局限在循环信贷账户上（固定期限贷款的各项安排已确定），如透支、支票、可变房贷。对信用卡账户，我们至少有六个方面可以进行账户管理：

- 超限管理——如何处理账户余额超过信用额度的情况。
- 逾期管理——如何处理一期或两期逾期的账户，它们同时还很可能超限。
- 额度管理——如何设定信用卡固定额度和临时额度。
- 授权管理——如何处理商户的授权申请。这可能是支付金额大于商户的限额，或是其他某个限额，如信用额度、一段时间内的交易数量等。
- 发卡管理——卡片有效期到期后（或挂失后）是否要发放新卡；如果要发，卡片的有效期是多少。
- 营销管理——如何保留客户或进行交叉销售。

我们以一期逾期即 M1 来谈谈如何处理逾期账户。发卡机构应该建立起处理这种情况的操作流程。很多年前，我们只是简单地向持卡人寄送提醒邮件，要求他们履行按期还款的义务。现在，我们还可以建立挑战策略，例如采取如下行动：

- 寄送邮件。邮件措辞的严厉程度、时机和威胁要采取的行动都是可选的行动策略。
- 拨打电话。拨打工作电话或家庭电话。
- 上门调查。安排员工上门询问情况。
- 账户标记。在银行证明上标注信息。
- 没有行动。忽略这次逾期行为。

我们如何决定对不同的客户采取哪些行动？这显然是根据一系列的考虑：

- 逾期历史。如果是第一次发生逾期，我们可能希望采用坚定但较为友好的态度与行动。如果客户时常逾期，但之后总会补上，我们可以选择忽略，把他当作正常客户。当然，我们得考虑客户逾期的时长和严重性。
- 账户余额。在考虑成本收益时，对4000元余额少还了200元和对200元余额少还了5元，我们的行动应该不一样。

● 相对比例。相对比例即余额相对正常平均金额的比例。针对刚才的例子，如果客户每个月正常账单是 1000 元，而这个月没有还款，且账单金额上升到 4000 元，这是风险增加的信号，显然要采取有效措施。另外的情况是，如果有证据表明客户不在家，例如境外旅游，刷卡消费金额较多，忘记了及时还款，我们可以较为温和地提醒。

● 行为分数。行为分数代表账户从当前状态变为另一种状态的概率。例如，对正常账户或轻微逾期账户，行为分数表示他在未来半年（或一年）达到三期逾期的概率。因此，对一期逾期甚至正常的账户，如果它的分数较低，我们需要对他们采取比分数高的客户更严厉的措施。

● 客户关系。考虑客户关系时常和考虑逾期历史的方式相似。我们对新客户和老客户采取的方式很可能不一样。

● 其他关系。我们也许要考虑客户持有的其他账户。

● 超限状态。如果客户同时超额消费，我们需要采取严厉措施。

● 卡片到期。如果卡片即将到期，我们可以以愿意续卡的方式来鼓励客户还款，恢复账户正常。当然，我们也可能持相反观点，拒绝续卡。

账户管理手册里有很多可供选择的策略。每个策略还有很多节点。例如，在催收中，某个冠军策略在 80% 的账户上实施，另外两个挑战策略各占 10%，一个更严厉，一个更温和。对申请审批策略，我们也要考虑其他因素。人为撤销考虑的一般是利润和收益。我们需要认识到，每个策略都是有成本和收益的。例如，我们得考虑以下内容：

● 成本——信件、电话、上门的成本。

● 效果——账户最终结果、是否恢复正常、支付核销坏账、客户是否生气地离开。

● 定位——客户是否投诉、是否影响了我们的公众形象或声誉。

我们可以尝试运行挑战策略几个月，监测它们的效果。我们可以监测收入，以及进入下一级逾期的比例。我们还可以记录客户投诉（或者赞扬）。资金也要被合理分配。观察几个月后，我们会发现有些策略胜出，有些失败。显然，我们要撤掉失败的策略，恢复成冠军策略，或尝试其他策略。

对胜出的策略，我们应该扩大它应用的规模。当然，我们需要考虑资源或资本是否有限。例如，如果发现优胜策略是打电话比发邮件好，但是呼叫中心的呼出限制已达到极限，我们得增加接线员人数；又或者，系统支持的电话线数量也会限制我们的业务量。此外，如果呼出的电话无人接听，我们留下语音留言后，很可能会收到大量呼入电话，这也会显著占用坐席资源。

试验竞争策略、选择随机样本、监测结果、分配资源、评估效果都会占用大量的计算机系统资源。账户管理手册里应该包括这个内容。然而，系统成本很高，我们只希望在组合规模较大时进行尝试。达到多大的规模才能尝试策略，显然取决于更好的账户管理能带来多大的额外利润。有观点表示，如果我们能有效管理账户，带来最大化的利润，那么就可以在最开始接受更多的高风险客户。这表明一套好的管理系统，加上优秀的管理人员，不但能提高利润，还能增加客户数量和市场份额。

系统能帮我们随机选择账户，大部分系统能为每个账户生成随机数，也许是 2 位或 3 位的编码。更复杂的系统能提供多个随机数，使我们更加精细地进行实验。

在上面的例子中，如果有挑战策略效果不好，我们会随机将这些案例重新分配给其他策略。然而，即使真的替换了策略，实际上我们并没有在测试新的策略，而是应用了一个混合策略。用统计学的话来说，这里存在"延滞效应"（carryover effect）。由于延滞效应，这些账户不会像只施加了单个策略那样表现，还可能给客户带来困扰，甚至遭到投诉。

9.9 其他应用场景

在本章快要结束的时候，我们在 9.9.1 节介绍评分在整个信贷流程中应用的环境。在 9.9.2 节中，我们介绍评分在信贷业务之外的应用。本质上，评分都是依据客户的当前行为与历史表现来预测他们的行为，特别是有二元分类结果的表现。

在第 13 章，我们会考虑利润评分。那时，二元结果不再是好人与坏人，而是盈利或非盈利。建模过程相似，但是需要我们从其他角度来思考问题。例如，时间窗口是多长？交叉销售或重复购买的影响因素有哪些？利润或收益的指标是什么？如何对待风险非常低但是经常不带来利润的客户？机构是逐利的还是公共的（如信用社）？是否涉及道德规范？是否有利于经济发展？

9.9.1 评分在信贷流程中的应用

在本书的大部分篇幅，以及本章节余下的部分中我们都在讨论消费者或小微企业在申请贷款时的申请评分问题。大部分讨论也适用于管理现有账户的行为评分，而实际上，评分还在信贷流程的其他环节发挥作用。

【客户预筛选】

在最开始的阶段，我们可以用评分来做营销。例如，我们可以预测谁会对广告有回应，然后在推广中不向响应率较低的客户投放广告。大部分情况下，消费者不会意识到自己被评估了。这里的评分适用于潜在客户变成新客户，现有客户的第一个信贷产品，或是对现有客户交叉销售产品的场景。

【客户预授信】

预筛选的下一步可以是预授信，基于我们对消费者的认识，我们可以授予他们额度。这种应用在不同的公司间和不同的产品间都不一样，而且受制于国家的法律法规。

【行为评分】

行为评分中的基本模型和申请评分的一样，只是前者的时间窗口更短，使用的变量更多，好坏定义也可能不同，更适用于目前正在管理的账户。行为评分中也没有拒绝推断。训练样本是某个时刻在账的所有账户，没有偏差。行为评分中的决策内容包括对现有账户的常规额度检查，超过额度时是否授权支票兑付或信用卡支付。这些决策过程和新的贷款审批大致相同。

【流失】

有的贷款机构用评分来预测客户会留下还是会离开（损耗，churn）。如果预测效果特别好，甚至可以影响最初的审批决策或之后的账户管理决策。我们可以设法让他们留下来或在他们离开之前获得更多的利润。

【催收】

催收评分归属于行为评分。但是，两者的好坏定义不同，可用数据、预测变量不同，决策也完全不同。我们可以用在账时长或催收时长来对样本分层，或者把对象分为第一次催收或重犯的人。

【诉讼】

评分方法还可以用来决定是否要对问题客户进行起诉。二元决策变成了我们的期望收益减去诉讼成本后是正还是负。当然，这里面还涉及其他因素，如声誉的影响和消耗的时间。

【坏账】

服务提供商和衍生品投资者还会用评分模型来给资产定价，而贷款机构也可以用模型来设定坏账拨备金。

9.9.2　评分在其他业务中的应用

我们现在来看评分方法在非信贷场景的其他应用。它们共同的特点是二元决策，类似于信贷里面的接受或拒绝，都需要过去存在的样本，以及某时刻的决策和最终的行为表现。

【照顾儿童】

在英国，儿童服务机构（Child Services Agency）的任务之一是监督非同住父母（Nonresident Parents，NRPs）是否按期支付抚养费，以便照顾小孩，这通常是婚姻关系破裂后的安排。有的研究在分析哪种评分模型可以在其中发挥较为有效的作用。这种研究试图建立一个稳健的模型，用于预测非同住父母不符合法院要求的行为。有种预测的模型用到了非同住父母的性别、年龄、就业情况、判决时的负债等特征，以及经费是否来自工资、是否有房贷、收入多少、每周陪伴子女多少个晚上、是否领取政府补助等变量。

另一种评分模型在最开始的时候，根据机构已知的信息，预测需要多少资金才能保证非同住父母履行法律义务，定期支付抚养费。类比于信贷场景，这里的坏人需要很长时间才能满足法院的要求。这类似于假定所有贷款金额都能够被收回，但其中有一部分人需要花更多的努力才能完全收回所贷金额。

【缴纳罚单】

我们可以用评分模型来预测支付罚单的情况。研究的问题是如何让某人缴纳罚款，决策包括一系列行动。极端情况下，我们一直起诉他，直到他用现金交完罚款。另一种极端情况是我们允许他在几年内交完罚款。我们可以建模来预测风险等级，不过这里的目标是让收到的罚款金额最大，催缴的成本最小，同时对公众保持公正。如果是针对老年人，我们的措施更要合乎情理。

【税务检查】

在美国和英国，很多年来一直坚持的是一种"荣誉"报税系统。它需要公民有责任自主缴税和报税。如果根据实际收入需要缴纳更多的所得税，要么附上一张支票，要么在某个时限内支付税款。如果已付税款多于应缴纳金额，还可以获得退税。公民可以选择是从税务部门获得一笔即时的退税款，还是在之后的年份扣除。

在这种税务体系下，关键的问题是并非所有纳税申报表都由税务机关全面审计。税务部门倾向于对历史上有漏报错报的人进行仔细的审查，特别是漏报错报有利于申报人本人的情况。对其他人，税务部门倾向于随机抽查，对抽中的进一步审查。有的税务部门利用评分模型来决定对哪些人进行审查。

税务部门可以利用经验和历史数据来确定那些能预测漏报错报行为的特征。用评分的术语来讲，他们基于历史样本建立了报税预测模型。里面的好人和坏人可以是较为宽松的定义，可以随时进行调整，这里我们不妨假定坏人是那些报税金额低于实际应缴金额的人，好人是报税正确或多缴的人（当然，其实税务部门也应该找出那些缴税过多的人）。

这种应用和申请评分或行为评分很像，不过更像是税务欺诈评分。有时候，实缴税款和应缴税款的误差确实是由粗心或失误带来的，例如对税法的理解错误、不了解奖金计算方式等情况。但另一些情况中，申报人故意漏报出现小失误，企图掩盖、瞒过一笔大的应缴税款。

我们可以根据是否有少报税的情况来定义好坏，也可以采用少报的金额扣除税务审查成本后依然有空间来确定坏人。如果和信贷环境的评分比较，我们发现信贷里的评分模型在这里完全可以应用，而且监测和跟踪报告也能发挥作用。事实上，是否进一步审计或审计程度都可以用评分模型来进行决策。

【假释】

我们可以用评分模型来决定是否允许犯人假释，但它的应用还不太广泛。这里，我们考虑两种假释方式。第一种是允许犯人短期出狱 48～72 个小时，过圣诞节或探亲。第二种方式是考虑到表现良好允许犯人提前出狱，完全或有条件地释放。条件一般是保持良好行为、不再违法、定期向警察局或假释官报到等。

同样地，模型在这里可以发挥作用。当有一大批历史案例后，决策时的数据都可得。对第一种方式，好人是犯人短期出狱后按期归来，坏人是没有按期归来。对第二种方式，好人是在一定时期内或一直没有再犯，坏人是有重犯。在这两种情况中，拒绝样本是那些没有获得假释的人。类比于信贷场景，我们的目标之一是减少坏人比例，因为释放一个罪犯会扰乱社会治安，危及公共安全。

我们可以用审判和犯罪的一些信息、离刑满的时长和已入狱时长、监狱离家的距离、家人探访频率、以前假释历史、年龄、近期行为和当前精神状况等因素来建模。

在这里，标准的监测和跟踪方法同样可以检查评分模型的表现。唯一不同的是，如果在假释前存疑，罪犯会被拒绝假释；或者在假释过程中存疑，假释可以被撤销。监狱场景和信贷场景不同，不假释犯人，监狱可以照常运行；但因风险高而不发放贷款，一段时间后，公司的业务就会萎缩，经营困难。

【筛选学生】

大学每年都会收到大量的学生申请，学校显然无法对学生一一面试。有些大学就建立了评分模型，选择合适的好坏定义，找出能预测好学生的那些特征。

【人物画像】

在有些国家，我们听说过身份画像，这一般是在警察或移民服务活动中的应用。在画像中，我们根据对历史数据的分析来对新的个体归类。这其实就是评分。专业的画像需要基于数据，建立稳健、无偏和客观的模型，然后在新个体上应用，这基本就是评分所要完成的工作。如果模型有偏，或者有缺陷，造成无法正常工作，那么模型本身和使用此模型的用户都会受到批评。

【其他】

类似于我们在回收债务时使用评分估计回收概率，我们也可以在手术中评估康复概率。这种分析能帮助我们决定是否要采取治疗方案或采取怎样的方案。

国家安全部门也可以用评分模型来估计一个公务员的不当行为造成的风险。这当然也可以拓展到普通公司的招聘中。不过，此时我们需要定义好风险事件，这并不是一件难事。

第 10 章　信用经济

10.1　引言

在这一章，我们探讨与信贷供给相关的经济学问题。首先是关于信用经济的一些描述统计，这引出信贷约束和信贷配给：为什么有些申请人即使愿意负担很高的利率也不能获得贷款？接下来我们解释宏观经济因素对信贷供给的影响，以及信贷供给与其他因素的共同作用如何影响经济增长。这有助于我们理解信用对一个国家经济的重要性。从公司战略角度来分析，我们能够预测未来信贷供给会如何变化、在什么时候变化。我们还能解释经济增长如何影响违约率。最后，我们介绍负债的程度、可能导致负债的原因，以及评估负担能力的模型。

10.2　信贷周期

图 10.1 展示了英国真实消费信贷投放净值和 GDP 在 1993 年第二季度至 2015 年第一季度的季度指数。这个消费信贷投放净值是投放总额扣除还款后的差值，再经过核销调整的结果。图 10.2 展示了 1993 年第二季度至 2015 年第一季度相应的消费信贷余额，这包括循环信贷和非循环信贷，但不包括房贷。所有序列都以 2000 年的数据作为基准。1993—2005 年，真实信贷净投放额的增长比 GDP 的增长快很多，1993—2006 年的消费信贷余额增速同样快于 GDP 的增长。但是，2005 年第二季度至 2009 年第三季度，信贷净投放急剧下降，到了 2008 年第三季度降低到 1993 年第二季度的水平；消费信贷余额相较于信贷净投放有一小段时间的滞后，但也以相似的趋势下降。与此同时，尽管信贷净投放持续下降，实际 GDP 依然保持了短时间的增长，直到 2008 年第一季度；但后来 GDP 也开始萎缩，直到 2013 年第一季度。从 2009 年第三季度到 2015 年第一季度，信贷净投放增速再次超过 GDP。

指数（2000Q1的值为基准100）

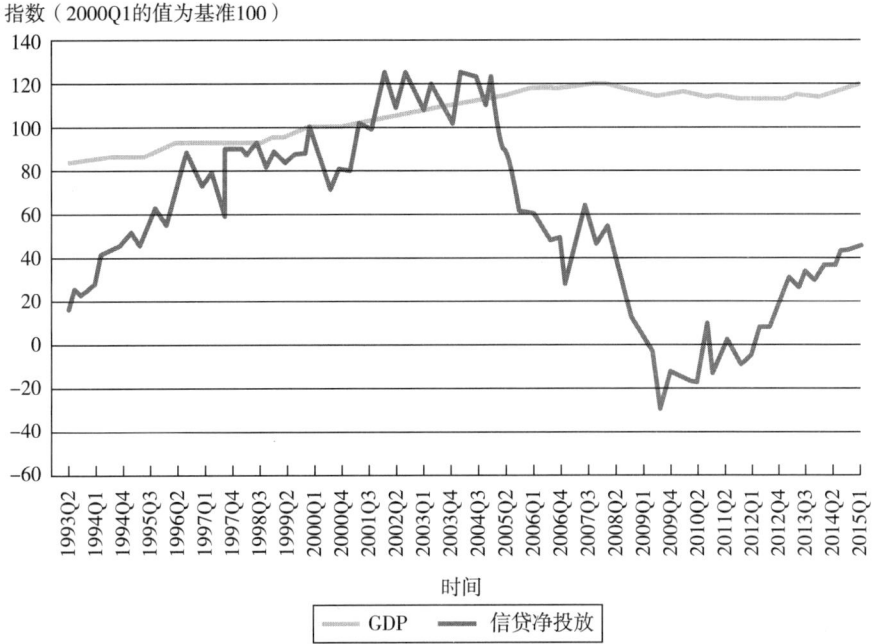

图 10.1　英国无担保消费信贷净投放

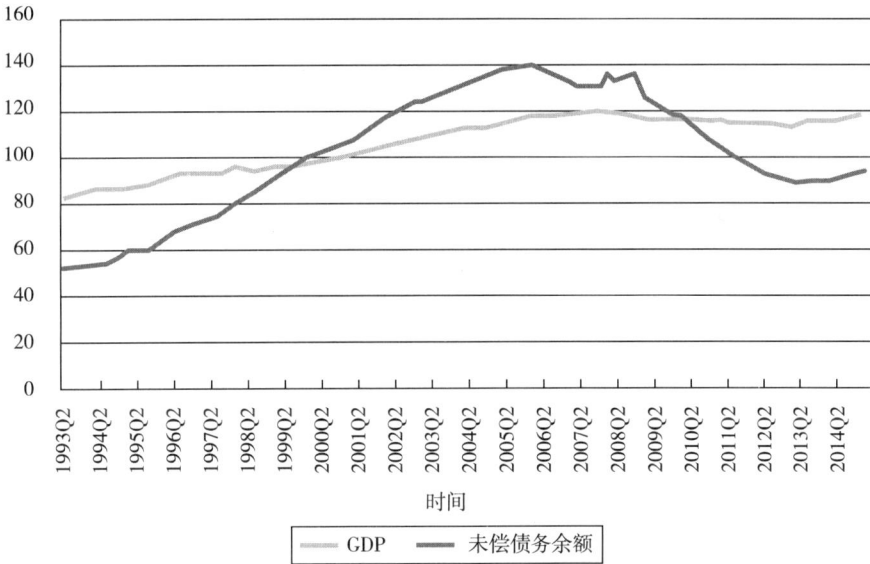

图 10.2　英国无担保消费信贷未偿余额

　　然而，这些图并没有清晰地显示出总额上的周期性变化。我们需要用移动平均过滤（simple moving average filter）的方法来消除趋势的影响。我们先计算信贷净投放减去三年移动平均值，再将差值除以移动平均值，最后使用四季度中心移动平均来进行平滑处理；对消费信贷余额也可以做同样的处理，得到图 10.3。后文中我们会解释，信贷净投放增加将导致信贷需求增加，最终推动 GDP 增长，收入增加也会导致信贷需求提高。单从图像里，我们无法确定因果关系，但是我们可以观察到，从 2005 年开始，GDP 的波动领先于其他两个序列。信贷净投放领先于消费信贷余额。

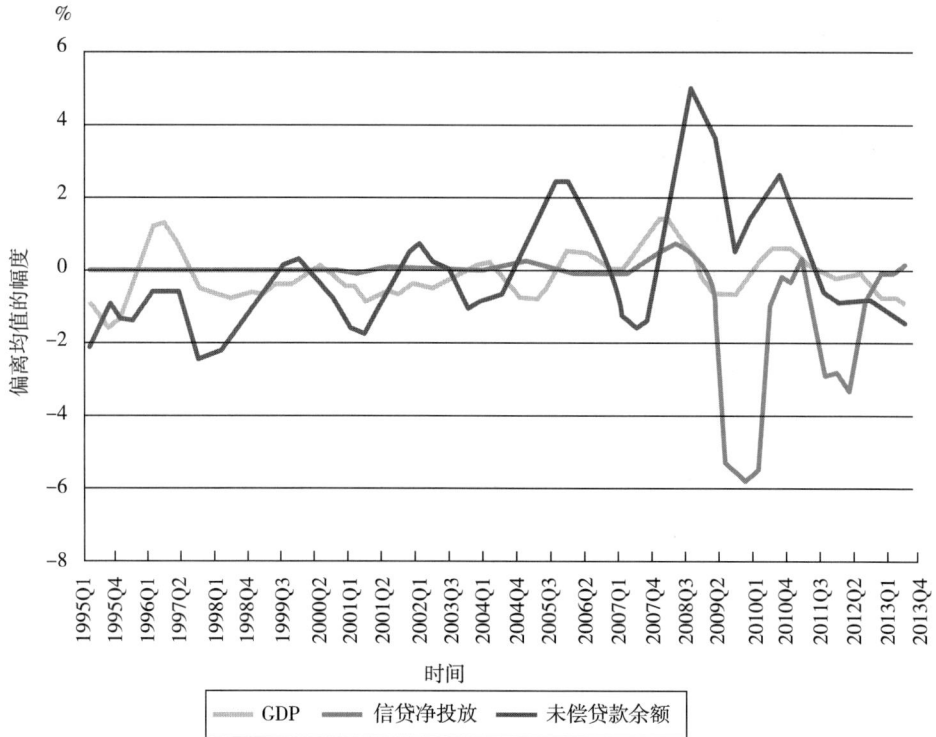

图 10.3　英国的信贷周期

图 10.4 展示了美国从 1950 年第一季度到 2015 年第一季度同样的数据。同样经过移动平均处理之后，我们能看到数据的转折点及其周期性的变化，而非仅仅是规模数

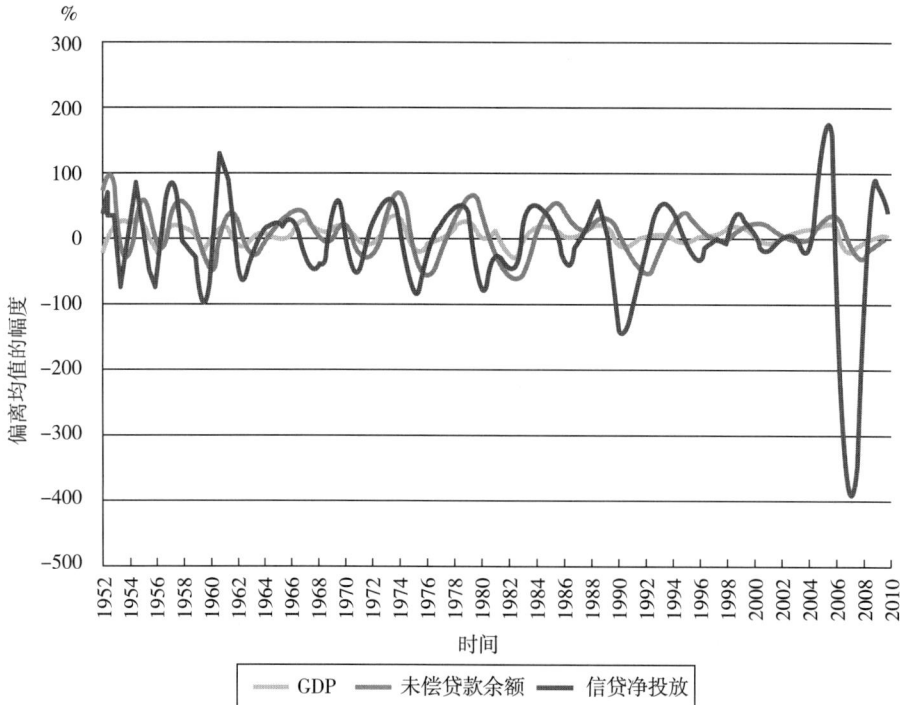

图 10.4　美国信贷周期

据。图 10.4 显示出信贷净投放与 GDP 的变化同时发生，虽然在 2008 年剧烈波动，但是很快恢复正常趋势。

我们看到信贷数据上某些变量间的一些很直观的联系。为了进一步理解信贷与经济的关系，我们需要考虑经济发展的影响因素，这也需要经过严谨的相关性分析，并验证因果关系。接下来的两节中，我们将对其进行解释。

10.3　微观经济因素

10.3.1　现值

考虑在今天投资 F_0（时期 0）到活期账户，每年按照利率 r 获得收益。在第 1 年，收到 $F_1 = F_0(1 + r)$。在折现的时候我们考虑的是相反的问题，即给定利率 r，需要在今天投资多少才能在第 1 年获得收益 F_1。我们知道答案是 F_0，可由 $F_1/(1 + r)$ 计算得到。如果每年都会有收益，那么我们需要对未来的现金流都进行折现计算，用未来的金额乘以折现率 $1/(1 + r)^t$，其中 t 是未来现金流的年份。因此，这个人在今天（第 0 年）投资后，之后每年 $t = 1, 2, \cdots, T$ 得到 F_t，未来现金流的现值是

$$\mathrm{PV} = \frac{F_1}{(1 + r)} + \frac{F_2}{(1 + r)^2} + \cdots + \frac{F_T}{(1 + r)^T} \tag{10.1}$$

如果为了得到这些收益，我们现在需要付出成本 C_0，那么收益的净现值 NPV 是

$$\mathrm{NPV} = -C_0 + \frac{F_1}{(1 + r)} + \frac{F_2}{(1 + r)^2} + \cdots + \frac{F_T}{(1 + r)^T} \tag{10.2}$$

其中，r 是所有投资方式中最好的收益率。如果不是投资，而是借钱，那么对应折现率的是最低借款利率而非最高贷款利率。需要注意的是，在这里折现时我们没有考虑通货膨胀。当我们折现时，我们不会考虑未来的收入在今天用于投资可赚取的利息。

10.3.2　信贷需求的经济学分析

为了理解经济产出（或收入）对信贷需求的影响，我们需要思考个人收入是如何影响信贷需求的。因此，Friedman 提出了持久收入假说（Permanent Income Hypothesis，PIH）（Friedman, 1957）。考虑一个简单的问题：某人要在时期 0 和时期 1 消费，消费金额受限于收入。假定他在时期 0 有收入 y_0，在时期 1 有收入 y_1，在时期 0 能存钱 s_0，消费 c_0，那么

$$s_0 = y_0 - c_0 \tag{10.3}$$

在时期 1，他能消费的金额是时期 1 的收入 y_1，加上他的储蓄——时期 0 的存款和后来的利息：

$$c_1 = s_0(1 + r) + y_1 \tag{10.4}$$

其中，r 是利率。将式（10.3）代入式（10.4），我们得到 $c_1 = (y_0 - c_0)(1 + r) + y_1$，

整理过后有

$$c_0 + \frac{c_1}{(1+r)} = y_0 + \frac{y_1}{(1+r)} \qquad (10.5)$$

由此看出，两个时期的消费等于两个时期的收入。式（10.5）即预算约束，用图 10.5 中的 AB 直线来表示。

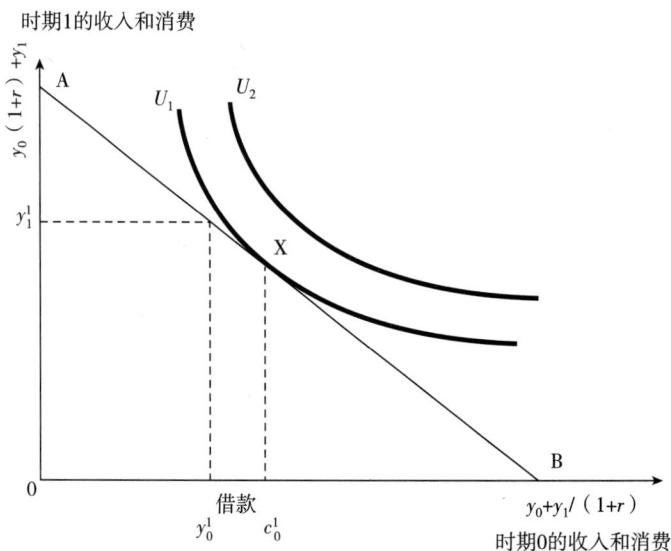

图 10.5 效用最大化

如果他把时期 0 的收入全部存起来，在时期 1 他有 $y_0(1+r) + y_1$ 的可消费金额，对应图 10.5 中的 A 点。另一种情况是，他选择在时期 0 有收入 $y_0 + y_1/(1+r)$，其中 $y_1/(1+r)$ 是时期 0 的借款，刚好可用时期 1 的收入 y_1 来偿还。这个人在时期 0 每多消费 1 元钱，在时期 1 就要多还 $1+r$ 元钱。所以，直线 AB 的斜率是 $-(1+r)$。

现在，我们来考虑他的意愿。如果他想最大化效用，效用由两个时期的消费金额决定，记为效用函数 $U(c_0, c_1)$。假定他用时期 0 的额外消费来抵消时期 1 的消费损失，那么两个时期消费组合的等效用无差异曲线斜率为负。如果他愿意以时期 0 更多的消费来补充时期 1 更少的消费，那么无差异曲线是凸的，在图 10.5 中展示的就是一条无差异曲线，我们还可以画出很多条。离原点越远的曲线代表越大的效用，因为在给定时期 0 的消费水平下，时期 1 的消费更多。

最大化效用的消费组合是无差异曲线与预算约束曲线的切点 X。给定收入 y_0^1 和 y_1^1，切点 X 表示他愿意在时期 0 的消费大于 y_0^1，在时期 1 的消费小于 y_1^1，即他愿意在时期 0 借款 $y_0^1 c_0^1$。

现在，我们来考虑利率增加时的情况，用图 10.6 表示。因为预算约束线的斜率是 $-(1+r)$，直线从 AB 变为 CD。注意到新老预算直线会在 E 点相交，初始消费组合是 X，现在调整为 W。消费者希望债务从 B_1 下降到 B_2。经济学家发现这是个常见现象：当利率水平升高时，消费者通常选择降低债务水平。

时期1的收入和消费

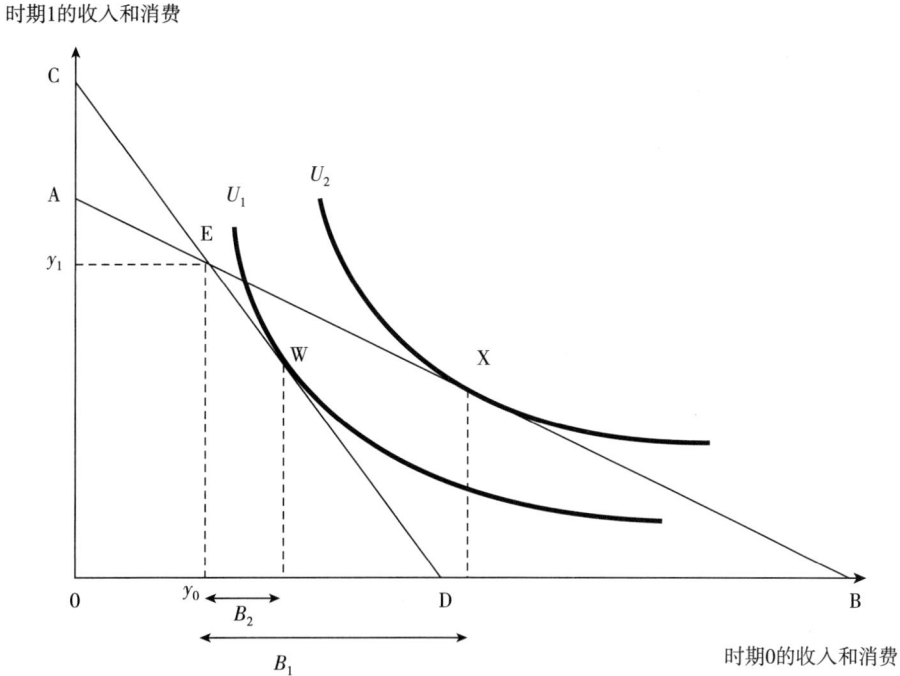

图 10.6 利率变化带来的效用变化

然后，我们来考虑收入增长后的变化。如果这个消费者的收入增加，因为预算直线的斜率仅依赖于利率，而此时利率没有发生变化，预算直线将会平行移动，在图 10.7 中展示。假设额外增加的收入 EF 是在时期 0 收到的，新的预算直线是 A′B′，新的均衡点是 Z。新的意向借贷金额 B_2 大于或小于原金额取决于曲线的性质和无差异曲线的位置，可能增加也可能减少。如果额外增加的收入是在时期 1 收到的，我们有同样的结论。我们认为，当家庭收入随着时间推移而增加时，会引起信贷需求的增加或减少，这是不确定的。

为了解释收入变化带来的影响，我们需要更加详细地讨论扩展到整个生命周期的多个时期时的情况，同时假定未来时期的收入是不确定的。我们还假定下期同样金额的消费的效用比当期消费的效用小，因为消费者缺乏耐心。类似于收入折现，我们采用一个"主观折现率"（subjective discount rate）来对效用进行折现，即下期消费的效用低于当期相同金额带来的效用。用数学公式来表示：

$$P = \max_{c_t} E_t \sum_{j=0}^{\infty} \beta^j U(c_{t+j}, z_{t+j}) \tag{10.6}$$

其中，E_t 表示在时期 t 给定信息的期望，c_t 表示消费，β 表示主观折现因子，$1/1+\delta$ 和 δ 表示主观折现率。

接下来，我们对预算限制式（10.4）进行拓展，在任一时期，消费者有之前的资产积累：

$$A_{t+j+1} = A_{t+j}(1 + r_{t+j}) + y_{t+j} - c_{t+j} \tag{10.7}$$

时期1的收入和消费

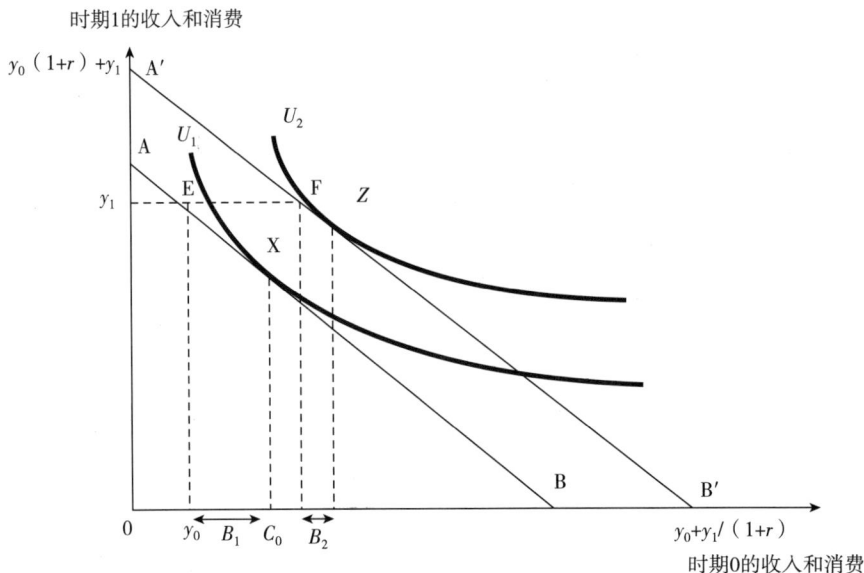

图 10.7　收入变化带来的效用变化

其中, A_t 表示在时期 t 开始时的资产积累。直观上, 我们在下期期初的资产 A_{t+j+1} 等于当期资产 A_t 加上当期利息, 即 $A_{t+j}(1 + r_{t+j})$, 再加上当期的存款 $y_{t+j} - c_{t+j}$。假定消费者在预算约束内都可以自由安排消费以及储蓄, 因此他希望在给定限制条件式 (10.7) 的条件下实现式 (10.6)。我们可以利用动态规划 (或对每期分别使用拉格朗日乘数) 来求解这个消费路径问题:

$$U'(c_t) = E_t[U'(c_{t+1})][\beta \cdot R_{t+1}] \tag{10.8}$$

其中, $R_{t+1} = 1 + r_{t+1}$。本期的消费边际效用等于按照延迟满足的机会成本和主观折现率调整后的下一期边际效用的期望值。

如果主观折现率等于利率, 那么 $\beta \cdot R = 1$。如果下期边际效用的期望 $E_t[U'(c_{t+1})]$ 等于当期消费的边际效用 $U'(c_t)$, 且边际效用函数是关于消费的线性函数, 那么消费是个常数, 不随时间变化。如果某个消费者计划在去世时不留下资产, 那么他在一生中消费的限制等于他一生收入的限制, 写作

$$\sum_{j=0}^{T-t} R^{-j} c_{t+j} = A_t + \sum_{j=0}^{T-t} R^{-j} y_{t+j} \tag{10.9}$$

对两边求期望, 给定时期 t 的信息, 考虑到期望消费是个常数, 当总期数 T 趋近正无穷时, 我们有

$$c_t = rR^{-1} A_t + rR^{-1} \sum_{j=0} R^{-j} E_t[y_{t+j}] \tag{10.10}$$

式 (10.10) 表示消费者在某年的消费等于当年资产积累值加上之后所有时期期望收入的折现。式 (10.10) 右边两项是家庭的未来所有收入。如果收入发生了非预期冲击, 它只会影响未来收入的折现, 不会影响已经经历过的时期。

储蓄是总收入与总支出之差, 在时期 t, 储蓄是

$$s_t = rRA_t + y_t - c_t \tag{10.11}$$

将其代入式（10.10），整理后得到

$$s_t = -\sum_{j=1}^{\infty} R^{-j} E_t \Delta y_{t+j} \tag{10.12}$$

当储蓄不足时，借款发生。所以，式（10.12）表示最大化家庭借款带来的效用。它表明，如果预期收入增长（$E_t \Delta y_{t+j}$ 为正且大），借款金额增加。家庭会在收入预期增加时选择借款，预期降低时选择储蓄。

如果利率升高，R^{-j} 降低，由式（10.12）得出，给定每期收入预期增加额，借款金额减少。家庭在利率上升时会选择降低负债。从式（10.11）和式（10.12）可以看出，收入变化带来的影响比之前想象的更复杂。在式（10.11）中，如果 y_t 增加，家庭储蓄将随之增加，借款减少；如果降低，那么就借款。但是，如果 y_t 较大，收入期望增加额也较大，由式（10.12）得到借款也较大。最后，如果收入现金流较大，式（10.11）表明消费和借款都较大，总的影响不确定。

10.3.3　信贷配给

如果消费信贷市场竞争很激烈，那么我们可以把信贷供给在图10.8中表示出来。

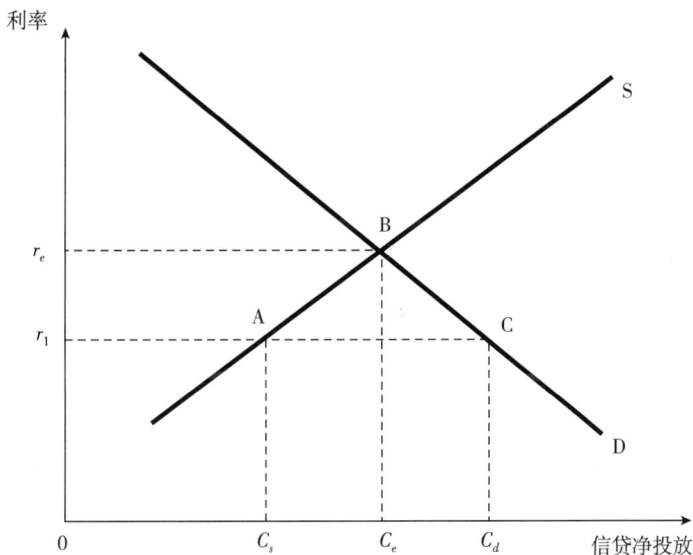

图 10.8　信贷的需求和供给

考虑所有影响供给的因素，我们认为利率越高，银行越愿意提供信贷（因为此时利润更大）。同时，按照上节的解释，利率越高，消费者的信贷需求越少。我们可以观察到在由供给决定的利率 r_e 下的均衡信贷额 C_e。如果利率水平大于 r_e，那么银行愿意提供比消费者愿意接受的更多的信贷，所以结果是银行降低利率，使提供的信贷额等于消费者愿意借贷的数量；当利率水平低于 r_e 时，会出现相反的情况。收入在经济周期内的变化会导致需求曲线平行移动，影响观察到的均衡利率水平和信贷供给。不过，信贷市场却没有上面分析得这样简单。

首先，有证据表明，很多消费者获得的信贷量并未满足他们所需（Crook，1996；Jappelli，1990；Crook，2001；Crook 和 Hochguertel，2013）。美国消费金融的调查（Bricker 等，2014）显示，大约有28%的美国家庭在过去五年申请过贷款但是并没有获得期望贷款额度，或者因为担心申请失败而放弃申请。这个比例随着时间的推移略有不同，但总体较稳定，不过在不同国家的区别较大。例如，欧洲中央银行家庭金融和消费调查（ECB，2013）显示，过去三年曾申请贷款但遭到拒绝，或没有获得期望贷款金额，或因担心申请失败而放弃申请的家庭平均占比是8.1%；在13个被调查国家中，该比例最小的是荷兰（1.7%），最大的是斯洛文尼亚（19.2%），德国为7.6%，法国为11.6%，希腊为6.0%，西班牙为8.0%。

我们把这一现象和图像联系起来，发现利率水平不是由信贷供给的交点决定，而是由其他因素决定的，例如中央银行的决策，而我们观察到的信贷净投放实际上是银行愿意在这个利率水平下提供的信贷总额，对应图像中的利率 r_1 和总额 C_s。

Stiglitz 和 Weiss（1981）考虑了信贷配给（credit rationing）的四种定义。第一种是以上情况。第二种是申请者与银行在对申请者信用风险的感知上不同，因此在对风险的利率补偿上不同。第三种情况是在第二种描述的感知上不存在偏差，但是由于评估出的风险太高以至于银行没有合适的利率进行补偿，借款人也由于利率太高而不愿意借款。第四种情况是同样特征的人中有一些拿到了贷款，有一些没有拿到。假定银行设置更高的利率，这会带来更高的收入，但是会提高违约概率。提高利率会使低风险的申请者转向其他贷款机构，甚至完全不借钱，而只有高风险的借款人会留下来，但他们带来的利润更少（因为损失）。给定利润水平和银行信贷供给的正相关关系，在图10.9中我们画出向后弯曲的供给曲线。

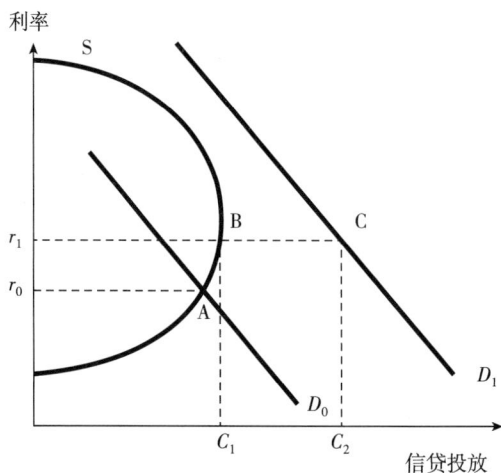

图10.9 信贷配给

这时，我们看到了信贷配给的存在。如果需求直线是 D_0，均衡利率是 r_0；如果需求直线是 D_1，在给定信贷额度 C_1 条件下使利润最大化的最优利率是 r_1。但是，在这个利率水平下的净信贷需求是 C_2，C_1C_2 的距离表示信贷没有被满足的程度。如果经济周期导致需求直线位置变化，配给程度也会随时间变化。

Stiglitz 和 Weiss（1981）用企业信贷的例子来证明，而 Drake 和 Holmes（1995，1997）在英国房贷市场中也找到了支持证据。类似地，Martin 和 Smyth（1991）在美国房贷市场也有同样的发现。

10.3.4　实证结果

一个家庭新的信贷需求是在考虑所有决定因素后家庭愿意借款的金额之和，因此它本身不易被直接观测到。能被直接观测到的是已被借款的金额，但是从图 10.9 中可以看出，这依赖于需求和供给。为了估计需求与利率之间的关系，我们需要确定需求函数，而不是二者相互影响的简单关系。然而，到目前为止，研究进展都不理想。我们将这方面的研究分为调查数据和聚合数据两类。

在分析调查数据的研究中，Grant（2007）把信贷需求和供给分开。他发现，美国家庭的债务与家里是否由女性主导、婚姻状况、教育水平、子女数量、住房条件、收入水平和利率水平相关。还有的学者研究了美国和意大利在 20 世纪八九十年代的数据，将债务水平与其影响因素联系起来，但没有把信贷需求和供给分开研究（Cox 和 Japelli，1993；Duca 和 Rosenthal，1993；Gropp 等，1997；Crook，1996；Magri，2007）。他们普遍发现债务水平与财富、教育程度、家庭大小、收入水平正相关，但是与失业、年龄（通常大于 25 岁）负相关。Crook 和 Hochguertel（2013）最近研究了美国、意大利、荷兰、西班牙在 1983 年和 2012 年的数据，发现荷兰、意大利和西班牙的家庭负债与收入水平、子女数量、受教育程度正相关，但在美国是负相关。他们发现家庭债务与年龄、单身、净资产负相关（美国除外）。Crook（2006）对此进行了综述。Paradiso 等（2014）使用了聚合数据，发现消费信贷需求与净资产及收入水平正相关，与利率负相关。然而，这些实证研究都没有讨论利率对需求弹性的影响。

10.4　宏观经济因素

上一节我们只分析了信贷市场，这只是一个偏均衡分析（partial equilibrium analysis）。在本节中我们考虑信贷和经济产出的关系，把经济要素不同方面的交叉关系引入进来。当我们把各要素市场放到一起时，就变成了一般均衡分析（general equilibrium analysis）。

大多数经济学家认为，货币供应量变化能在短期带来经济总产出的变化。我们也能找到大量的证据来支持这个观点，具有代表性的有 Friedman 和 Schwartz（1963）。但是，货币供应量变化如何改变实际变量（如产值、就业率等）以及信贷在其中发挥的作用，依然存在相当大的争议。货币供给的变化对其他变量的影响机制被认为是一种传导机制，但目前还没有普遍接受的传导机制。目前有三种主要观点：货币渠道、汇率渠道和信贷渠道。信贷在前两种渠道中的作用与第三种渠道的不一样。在这一节，我们先解释简化的凯恩斯经济学模型，然后解释每个渠道的传导机制以及支持它的实证研究。

10.4.1 简化的凯恩斯经济学模型

为了简化问题，我们假定一个经济体的物价水平不变；同时，它是封闭的，不与外界进行贸易。虽然这些假定不现实，但是有助于我们最简单地理解机制的本质。

一个国家有很多个市场，但其实基本上分为两种：商品服务市场和货币市场。商品服务市场的需求由计划的（或需要的）家庭消费支出、企业投资支出和政府支出构成。假定企业的生产能力足够，这个国家的经济将由商品和服务的总需求决定。

那是由什么决定计划投资和计划消费支出呢？第一，假定企业投资由利率决定，投资与利率负相关，以利率价格可以选择投资或者融资。企业选择在厂房、设备、营销上投入资金，获得正的净现值（Net Present Value，NPV）。如果投资的利率上升，投入在厂房上的 NPV 会下降；如果利率提高到足够高，NPV 可能为负，使企业不愿意进行这笔投资。第二，假定消费与收入正相关，与利率负相关。如果是借钱消费，如贷款买房或买耐用品，那么利率越大，效用的现值越小，信贷成本越高，人们对信贷的需求越少。原因我们已在 10.3 节解释过了。第三，假定政府开支取决于政治因素，与经济产出或利率不相关。我们用以下式子来表示这些关系：

$$I_p = a - br \tag{10.13}$$

$$C_p = c - dr + eY \tag{10.14}$$

$$G_p = \overline{G} \tag{10.15}$$

$$AD = I_p + C_p + G_p \tag{10.16}$$

其中，I_p 表示计划投资，C_p 表示计划消费支出，G_p 表示计划政府开支，Y 表示收入和经济产出，r 代表利率，AD 代表总需求，a、b、c、d、e、$\overline{G}$ 是常数。在均衡模型中，总需求等于总产出：

$$AD = Y \tag{10.17}$$

我们可以得到

$$Y = \frac{(a + c + \overline{G}) - (b + d)r}{1 - e} \tag{10.18}$$

简写为

$$Y = \theta - \varphi r \tag{10.19}$$

其中，$\theta = \dfrac{a + c + \overline{G}}{1 - e}$，$\varphi = \dfrac{b + d}{1 - e}$，称为投资储蓄曲线（investment and saving curve）。

接下来，我们来看货币市场。货币供给有几种来源。M_0 由银行系统中的票据、现金组成，即银行持有的储备，加上银行以外流通的现金，如个人和公司持有的现金；M_1 包括 M_0 以及活期存款，活期存款可以随时提取使用，如支票账户存款。在这个阶段，我们假设货币供应完全由中央银行决定，如美联储。

货币需求方面，我们假定某个国家只有两类资产：货币和债券。这里的"债券"（bond）泛指所有能够产生固定收益的资产，包括政府债券、房贷、固定期限贷款等。对一个投资者来说，他愿意持有部分债券和部分现金。个人、公司和组织都需要融资。首先，收入与消费不是完全同步的，因此我们都想保留一部分现金来支付在两次发工资之间的消费，而不会将所有资金用于投资债券。想买的东西越多，要花的钱就越多。经济学家认为，对现金的需求、对持有现金的动力与经济产出 Y 正相关。但是，持有现金或现金账户并不能产生利息（或者产生微弱的利息），而债券可以。债券利率越高，我们越不愿意持有现金。其次，人们持有的现金还会用于支付计划之外的开支，如修车或看病。同样地，对这部分资金的需求也是和经济产出相关的。最后，人们持有现金，并将其作为一项资产。例如，人们可能会将钱存入低风险的银行储蓄账户，因为持有债券有一定的风险，可能会导致实际收益比预期低。同时，持有现金和债券能减少风险。债券相对现金的收益越大，人们越不愿意持有现金。总之，对现金的需求与经济收入正相关，与利率负相关。

利率的均衡水平由货币的供求决定。给定经济产出 Y，在图 10.10 中画出每个利率水平下的货币的需求和供应。在利率 r_e 下，供求相等。当利率 r_0 远离 r_e 时，我们来分析如何调整至均衡点。在 r_0 下，货币的供应大于需求，而持有货币的替代方案是持有债券，那么在 r_0 水平下，对债券的需求会大于债券供应。债券价格会上升，债券利率会下降。这个变化会持续到没有更多的债券需求，也没有更多的多余货币供给。因此，图 10.10 中的利率会降低到 r_e。

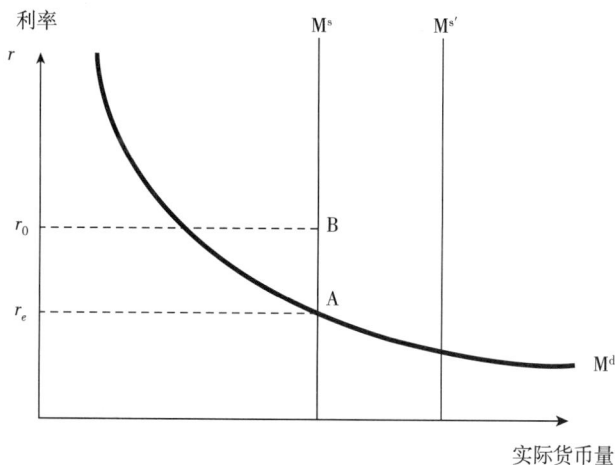

图 10.10　利率的决定

现在假定这个国家的交易数量随着经济产出的提高而上升。每个利率水平下货币的需求提高，用于支持交易。那么，货币需求曲线会向右移，利率均衡水平会提高。我们在给定货币供应的条件下来描述经济产出 Y 和利率 r 的关系：

$$Y = \delta - \gamma r \tag{10.20}$$

这被称为 LM （liquidity preference – money，流动性货币偏好）曲线。

我们把两个市场在图 10.11 中一起展示。为了使国家整体经济处于均衡状态，商品市场和货币市场必须同时保持均衡，且两个市场的利率和产出都相同。所以，国家的均衡水平是两条曲线的交点，即两个等式同时满足，均衡水平用 r_e 和 Y_e 表示。下节中，我们来看货币变化对产出变化的影响，即传导机制。信贷在宏观经济中发挥的作用即通过这个机制产生。

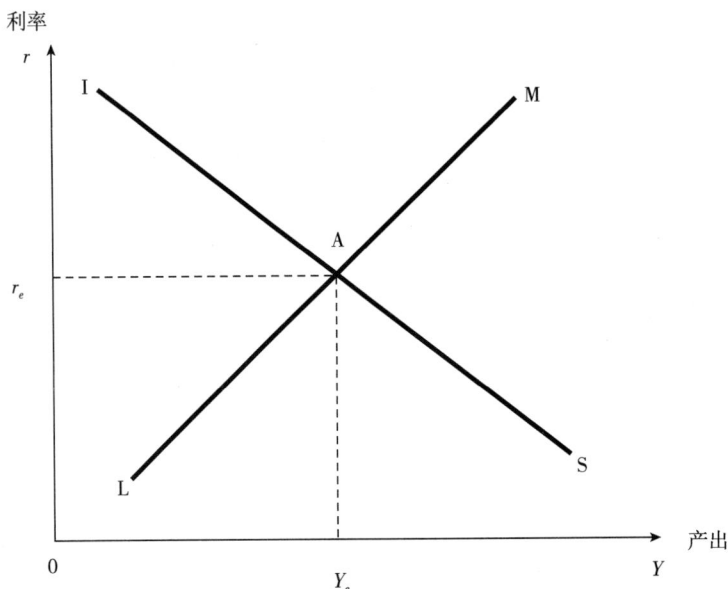

图 10.11 商品市场和货币市场的均衡

10.4.2 货币渠道

传导机制中的货币渠道又被称为利率渠道，是大多数经济学教科书介绍的标准凯恩斯理论。假定中央银行购买债券，支付给私人部门（居民和企业）现金。私人部门会把现金放到商业银行里。银行的资产负债表由资产和负债组成，两者需要配平。银行收到更多现金资产将会增加；同时，它的负债也会增加，因为它对储户的存款有偿还义务。如果银行选择了现金存款比 α（如 3%），那么它会通过贷款的方式产生现金除以 α 这么多的存款。借款人会使用贷款，收到支付的个体又会把钱给银行。银行再次因此产生了存款，然后再把钱贷出去；如果此时还有更多的现金（原现金量再加上中央银行的额外存款），将继续如此反复，直到达到现金存款比。在银行资产负债表的资产端，是原始的现金和后来的贷款；在负债端，是制造的存款，即每次支付的现金。

需要记住的是，M_1 是银行外的现金加上制造的即付存款（sight deposit）。现金一旦存到银行，就会被反复贷出去。当这个过程停止时，所有的现金都在银行里，新的即付存款被制造了出来（金额等于额外现金除以 α）。因此，M_1 将会增加，且增加的数额比额外提供的现金多很多。

在原来的利率水平下，存款增加后货币供应超过需求，债券需求超过供应。债券价格将会升高，使利率降低。利率降低使计划投资和计划消费都提高了。当计划投资水平提高时，厂房和设备外投入的 NPV 会增加，企业希望多投资；当计划消费水平提高时，未来预期收入的现值和当前财富都会增加，每个消费者都会考虑是否增加开支；如果想要的开支超过当前收入，他们会降低存款或贷款。因此，总需求和总产出都会增加。

需要注意的是，贷款的产生是企业和个人对贷款的需求所带来的。需求提高是因为银行产生额外的存款导致的利率降低。

10.4.3　信贷渠道

根据 Bernanke 和 Blinder（1988）的研究，信贷渠道能将货币供应对经济产出的影响放大。这种传导机制通过两种方式体现：一是通过资产负债表，二是通过银行信贷。我们先来看资产负债表。

借款人比贷款机构更清楚自己的偿债能力。为了降低违约风险，贷款机构需要花费成本来评估贷款中的风险，还要监控借款人。为了补偿这个风险，银行通常会比无风险的情况多收取一点利息。在企业或消费者用自己的钱进行投资时，是不会考虑这个风险的。我们称这个额外的成本为道德风险成本（moral hazard cost）。因此，如果一个企业使用外部融资，它会比使用自己的留存收益付出更多的利息成本。Bernanke 和 Blinder（1988）把这个利率差称为"外部融资溢价"（external finance premium），与利率正相关。因此，银行储备的变化不但会影响利率的变化，还会影响溢价的变化。

在资产负债表的渠道中，银行储备降低会使企业财务状况恶化，道德风险升高，银行的利率溢价增加。在原来的利率水平下，银行会提供更少的贷款，使企业无法从其他地方获得比银行利率更低的贷款，企业因此会减少投资。企业的财务状况在几个方面恶化。当银行储备下降、利率升高时，企业需要为未偿债务支付更多的利息。另外，抵押品的价值也会降低（把抵押品的期望现值看作未来它产生的现金流的折现）。因此，银行当前贷款和新的贷款的风险都会增加，利率溢价也会增加。所以，银行会提供更少的贷款，企业会减少投资。货币需求会减少，引起经济产出减少。

同样的道理也适用于家庭在耐用品和房产上的消费。例如，当利率升高时，消费者在现有债务上的利息支出增加，抵押品的价值降低。在原有利率下的道德风险升高，银行提供更少的贷款。因此，消费者不能从其他地方借到合适的贷款，只能减少投资，最终将会导致总体经济产出下降。

在银行信贷传导中，银行储备降低会直接降低银行贷款额。给定商业银行选择的储备比率 α（现金储备/存款），储备减少引起银行存款减少。因为 α < 1，储备减少的

量小于存款减少的量。对商业银行而言，它的总负债和总资产相等，银行不得不减少非储备资产。非储备资产包括贷款和债券。如果银行希望保持贷款与债券之比不变（保持风险收益组合不变），那么需要减少贷款供应。因此，高风险的企业不得不从银行以外的地方获得资金。银行其实是在评估企业风险方面最有效率的机构，高风险企业在找其他机构贷款时不得不付出更高的风险评估成本、搜索成本等。这些额外成本增加了企业必须支付的融资溢价，从而降低了企业投资的净现值。因此，投资和产出都降低。同样的分析过程也适用于家庭在耐用品和房产上的消费。

10.4.4 实证研究

很多研究都试图证明信贷渠道与货币渠道是否在发挥同样的作用。这些研究一般采用时间序列的回归方程。在方程中，变量与滞后的变量一起发挥作用。这叫作向量自回归（Vector Auto Regression，VAR）模型，它的基本形式是

$$\mathbf{y}_t = \mathbf{a} + \boldsymbol{\beta}^T \mathbf{y}_{t-1} + \mathbf{e}_t \tag{10.21}$$

其中，$\mathbf{y}_t$ 是变量的列向量，$\boldsymbol{\beta}$ 是系数矩阵，$\mathbf{e}_t$ 是残差列向量。通过每个方程组，我们能够检验每个变量残差 $\mathbf{e}_t$ 变化对未来其他变量的值的影响。

King（1986）用这个方法研究了美国 1950—1979 年 GNP 增长率、存款与不同行业贷款的关系。他发现存款比贷款更能影响未来经济产出的变化。他得到了货币渠道比信贷渠道更有效的结论。然而，Bernanke（1986）认为，King 的回归方程中加入了对系数矩阵 $\boldsymbol{\beta}$ 的额外限制。如果加入的限制在经济上是可行的，那么两个渠道同等重要。

后来，King（1986）和 Bernanke（1986）的方法都受到了 Bernanke 和 Blinder（1992）的挑战。Bernanke 和 Blinder 认为，回归结果完全取决于限制条件和 VAR 模型的设置。因此，Bernanke 和 Blinder（1992）直接用联邦储备利率来衡量货币政策。在估计 VAR 模型后，他们得到了在利率变化带来冲击时，银行存款、贷款、债券、失业率的时间序列。联邦储备利率完全由美联储决定，在图 10.10 中我们可以看到，联邦储备利率的增加相当于货币供应量的减少，从而收紧了货币政策。他们的研究结果表明，联邦储备利率上升导致银行存款和银行资产（两者相等，位于资产负债表的两端）立即降低。但是，银行资产由贷款和债券构成，在冲击发生后的前 6 个月，降低的是债券而不是贷款。6 个月后，银行的债券开始回升，贷款开始降低。在冲击发生 2 年后，银行持有的债券恢复到原始水平，贷款降低的量与存款降低的量相等。

其他研究也有类似的结果。例如，Kashyap 等（1993）也用美国的数据发现，每次货币紧缩发生后的一段时期，银行的商业票据增加，贷款在两年后减少。Bachetta 和 Ballabriga（1995）用 14 个欧洲国家的数据发现联邦储备利率上升后，存款在最开始比贷款减少得多，但几个月后，开始反转。

然而，学者对这个现象的解释并不一样。Bernanke 和 Blinder（1992）认为贷款最初相对稳定是因为贷款和存款不一样，贷款需要依照合同进行，无法很快收回。从

长期来看，银行可以重新调整分配贷款和债券的资金。因此，最初贷款的稳定性与信贷渠道的效果一样。另外，Romer 和 Romer（1990）认为，如果货币紧缩引起银行储备减少，就需要更多存款，银行会相应选择发行定期存单，这样它不减少总负债，但这与储备无关。由于存款总额几乎没有下降，包括贷款在内的总资产也没有下降。Bernanke 和 Gertler（1995）认为，这在 1980 年后的美国也许是成立的，因为银行的法定准备金要求被取消了。

另一种研究货币渠道和信贷渠道的方式是分析货币紧缩后的银行贷款与商业票据加银行贷款金额之比。Kayshap 等（1993）认为这个比率降低的幅度应当与信贷供应降低的幅度一致，而非与信贷需求降低的幅度一致，因为如果信贷需求降低，商业票据和银行贷款会按比例减少，而这个比率是保持不变的。Kayshap 等（1993）用美国 1963—1989 年的商业贷款数据发现，在货币紧缩后，这个比率确实有所降低。Ludvigson（1998）用 1965—1994 年的汽车贷款数据也发现了类似的结果。

第三种研究信贷渠道的方式是寻找支持这个理论的证据，即企业和消费者获得的银行信贷不足时，是否能从其他渠道获得融资。如果他们可以从其他渠道获得融资，银行信贷的减少不会影响总需求，也就不会影响总产出。Kayshap 等（1993）分析了这个比率是否能解释企业投资和存货的变化，结论是会影响。Ludvigson（1998）也得出了类似的结论。另外，Gertler 和 Gilchrist（1993）认为中小企业难以用商业票据来代替银行信贷，因为商业票据发行人面临的风险评估成本更大。所以，信贷渠道的影响是，当基准利率上升后，中小企业不仅会更难获得银行信贷，其他类型的融资也会更加困难，因此与大企业相比，投资减少的幅度更大。他们发现，实证数据能够支持这个解释。

Bernanke 和 Blinder（1992）发现，随着货币紧缩，最终失业率会随着贷款的减少而上升。Romer 和 Romer（1990）发现，对经济产出也一样。但是，这种相关性本身就与信贷供应引起的产出减少和产出减少带来的信贷需求降低的效果是一致的，即货币渠道与银行信贷渠道的效果一致。这也和信贷渠道的资产负债表方式一致，即利率升高使潜在借款人的风险变大，因此许多人就不能获得贷款。Ludvigson（1998）试图找到到底哪种信贷渠道的方式在发挥作用。他认为，资产负债表渠道表明，当货币紧缩时，风险更大的借款人要承受更大幅度的信贷供应减少，但他的数据并不支持这种猜想。储备利率升高导致商业票据相较于银行信贷升高的比例更大；商业票据更多地提供给风险较大的借款人，而银行信贷提供给风险更小的借款人。Ludvigson（1998）认为，数据更支持信贷渠道机制，如果资产负债表渠道没有起作用，那么一定是银行信贷渠道在起作用。

后来，Dale 和 Haldane（1995）发现了更有趣的关系。他们用英国 1974—1992 年的数据发现利率上升带来短期商业信用上升，一年后，在产出下降后，企业信贷比原来的水平更低。在个人信贷方面，利率的升高导致借款立即降低，存款水平在两年后降到比原来更低的水平。对个人的贷款降低领先于需求降低，这和信贷渠道机制一致。但是，信贷渠道在企业方面没有作用。此外，他们发现信贷渠道的重要性相对较小。

10.5 违约行为

为了分析宏观经济与逾期违约行为的关系，我们不妨先来分析违约的原因。我们能想到几点：第一，借款人净收入可能突然降低，超出他在贷款时的预期。这一方面可能是因为借款人的花费突然增加，比如未保险的医疗花费、离婚、意外生育，或意外上升的利率。另一方面，也许是失业造成的收入下降。无论什么情况，借款人都需要把他们的开支重新按照优先级排列，其中一项开支就是还款。第二，借款人也许是有意违约，如果他使用贷款购买资产的价值比当前债务更小，特别是不足的部分还不予追究的话，他会策略性地选择违约。第三，借款人财务规划很差，在贷款时完全没有料到贷款成本相对于他的可支配收入过大。

接下来，我们就能分析这些事件是如何受到宏观经济状况的影响了。例如，利率升高一般难以被预测到；失业率上升后，许多借款人也不会料想到会失业。资产价格也会下跌，使资产价值比当初贷款的未偿余额更少。这类情况还有很多。最近一些理论模型被提出，用来预测观测到的信贷净投放的正周期与破产率的逆周期（Chatterjee 等，2007；Fieldhouse 等，2014；Luzzetti 和 Neumuller，2016；Iacoviella 和 Pavan，2013）。然而，他们大部分无法预测宏观经济的正周期或逆周期分别与破产行为的两种关系，并且他们都只关注破产率而非违约行为。当然，也有很多人说违约是破产道路上的中间环节。即便不是的话，那些理论模型其实也可以用来预测违约。其中一个例子来自 Nakajima 和 Rios-Rull（2014），我们在此简要介绍。

这个模型包含很多假设条件，我们只能列举其中的一些。他们假定借款人申请破产时，债权人能够索要借款人未来收入的一部分。他们还假定即便借款人的信用记录不好，他还是有可能拿到新的贷款。每个家庭都希望将预期效用现值最大化，与式（10.6）类似，关键的不同在于，这里是每期的效用乘以一个代表特殊偏好的时变常数冲击，以及这个冲击与宏观经济的交互项。它的意思是，如果一个家庭受到了意外负面开支或收入冲击，它现在的消费边际效用会提高，如果刚好达到了最优效用，它会在未来违约。冲击与宏观经济的交互项很重要，能够对债务规模（违约行为）与经济状况的顺周期（或逆周期）进行预测。Chatterjee 等（2007）和 Livshits 等（2007）也建立了理论模型，将支出冲击纳入了分析，但没有考虑冲击与宏观经济的相互作用。

模型还有一些假设条件，包括只有一种商品、每个家庭一开始没有任何资产。除了之前提到的冲击，每个家庭还会受到一系列相互联系的冲击，造成收入的逆周期表现，这种冲击分为永久生产率冲击和临时生产率冲击。每个家庭都能决定他们的消费、工作时间、下个时期的资产，以及如果他们背负债务时是否违约。资产为负表示背负债务。该模型可以以数值方式求解假定的某些参数值，包括冲击对收益的分布参数、家庭违约历史被清除的概率。在模拟信贷金额与破产申请量的分布后，我们对它们进行预测，发现它们与经济产出具有正向和负向关系。相关系数和标准差与经济产出呈现逆周期关系。相关系数和标准差的预测值与美国 1980—1993 年的真实数据比较接近。

接下来，我们来看宏观经济与违约率的真实关系。图 10.12 展示了美国房贷和个贷一个月逾期率的图像，对应的核销率反映在图 10.13 中。图 10.14 给出了英国房贷逾期的数据。

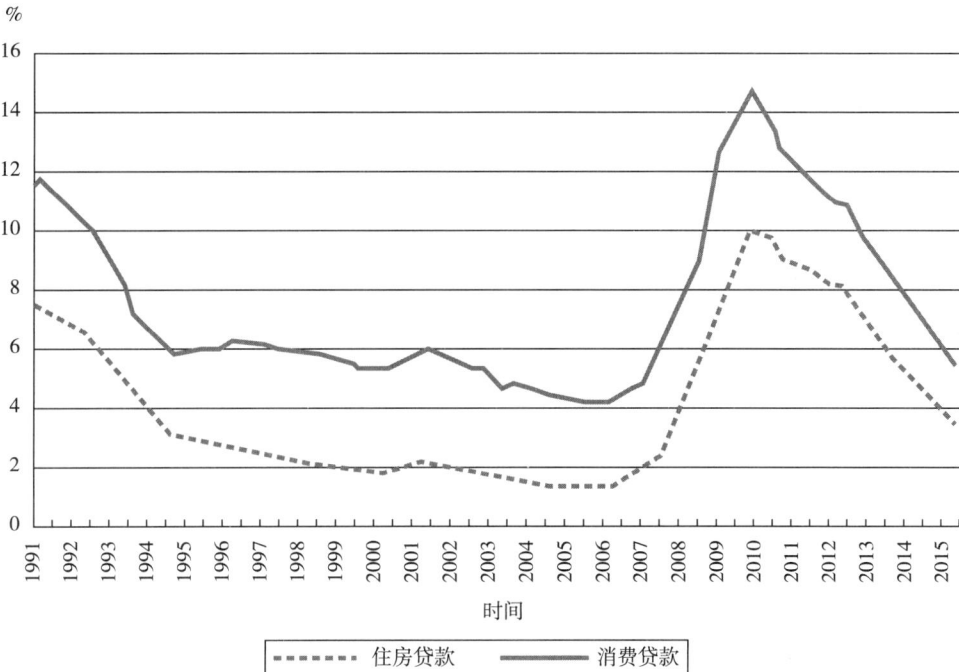

图 10.12　美国 M1 + 逾期率

（资料来源：美联储）

对这个问题的实证研究分为对个体账户的截面数据和面板数据研究，以及对家庭总体的聚合数据研究。大部分的面板分析是用生存分析来建模的。Bellotti 和 Crook（2013）用生存分析预测下期的违约概率，给定账户在之前没有违约，模型是建立在申请数据、行为数据（滞后 12 期）和滞后 3 期的宏观经济变量上的。他们的样本来自英国 1999—2006 年的信用卡数据，发现银行利率上升、失业率上升都会增加违约概率。他们发现房价水平对违约率的影响不显著。Gross 和 Souleles（2002）用美国信用卡的数据发现失业率对违约率有正向影响，但与 Bellotti 和 Crook（2013）不同，他们发现房价与违约率负相关，而利率对于违约率的影响不显著。Gerardi 等（2008）也采用了美国数据，不过是 1987—2007 年的次级房贷数据，发现违约率与失业率、6 个月 LIBOR、按照邮编归集的个体收入中位数均有正相关关系。

图 10.13　美国不良贷款率

（资料来源：美联储）

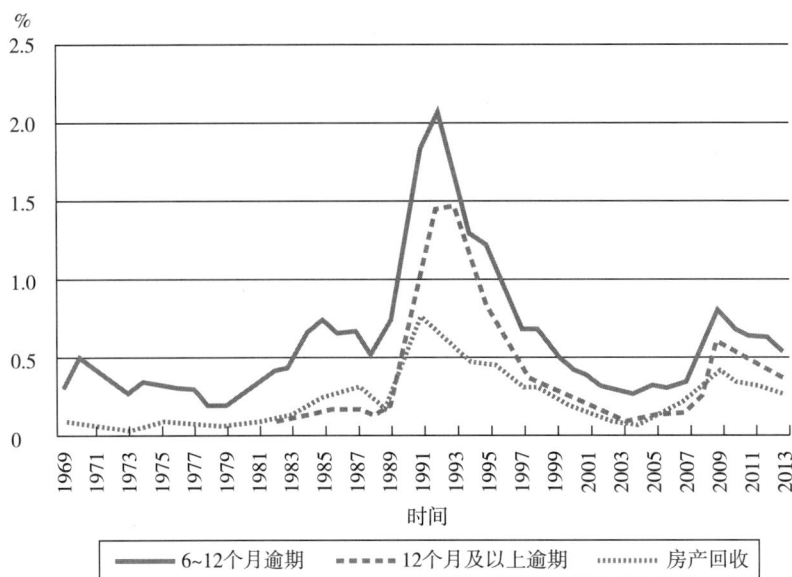

图 10.14　英国房贷逾期和房产回收

（资料来源：英格兰银行）

　　再看聚合数据显示的违约率。有不同的计量经济学模型应用于对于聚合数据的分析整合，其中之一是协整（co‐integration）分析，把因变量与自变量在长期和短期的动态关系一起分析。对此的介绍可以参见 Banerjee 等（1993）。简单来讲，考虑因变量和协变量滞后一期的自回归分布滞后模型，即 ADL（1，1）模型，写作

$$y_t = a_0 + a_1 y_{t-1} + \beta_0 x_t + \beta_1 x_{t-1} + \varepsilon_t \qquad (10.22)$$

两边求期望得到 $E(y_t) = \theta_0 + \theta_1 E(x_t)$，其中 $\theta_0 = \dfrac{\beta_0 + \beta_1}{1 - a_1}$，$\theta_1 = \dfrac{\beta_0 + \beta_1}{1 - a_1}$。加上和减去 $(\beta_0 + \beta_1)x_{t-1}$，我们有含误差修正的模型：

$$\Delta y_t = a_0 + (a_1 - 1)(y_{t-1} - \theta_1 x_{t-1}) + \beta_0 \Delta x_t + \varepsilon_t \qquad (10.23)$$

式（10.23）表示，y_t 的变化可以用 y_t 和 x_t 长期的关系，以及 x_t 的变化来表示。当然，x_t 可以是一系列协变量。对式（10.23）的估计能够让我们看到违约率与协变量之间长期和短期的关系。

Bellotti 和 Crook（2013）用美国商业银行提供的个人贷款 1 个月逾期数据来估计式（10.23）。他们发现，对于信用卡，信用卡利率、个人未偿余额均分别与违约概率存在长期的正相关关系。Whitley 等（2004）发现，对于英国信用卡，从长期来看，3 期逾期金额所占总欠款金额的比例与个人收入杠杆及活卡余额呈正相关关系。对于房贷，6 期及以上逾期率与收入杠杆、失业率正相关，与首次房贷的贷款价值比、未提取住房公积金负相关。

第二种方法是把宏观经济协变量用逻辑回归建立与违约率的关系，直接建模或者作为 VAR 模型的一部分。Wong 等（2008）用香港 1994—2006 年的房贷数据发现，违约率的一阶差分与 GDP 增长率的滞后项负相关，与利率正相关，与房价滞后项负相关。Van den End 等（2006）发现在荷兰的企业违约率中，GDP 滞后项有负面影响。类似地，Jokivuolle 和 Viren（2013）发现芬兰企业贷款的违约率与经济产出负相关，与利率和负债正相关。Sorge 和 Virolainen（2006）使用了芬兰 6 个行业的违约率数据，发现其与 GDP 负相关，与利率和负债正相关。

10.6　过度负债

在我们分析过度负债（overindebtedness）的原因之前，我们先来看看什么是过度负债，对此学术界并没有一致的界定。2008 年欧盟国家的一份调查发现，从操作层面定义的过度负债通常具有六个特点：（1）通常是在家庭层面判定而非个体层面，因为家庭会把各种资源聚集到一起；（2）所有金融和财务义务都需要被考虑进来；（3）偿债能力是关键；（4）更多地是考虑长期财务状况而非意外情况，如疏忽过失；（5）家庭生活水平受到约定债务支出的影响；（6）在使用资产或更多贷款的情况下无法恢复财务状况。2014 年，欧盟委员会（European Commission）把这些要素提炼成一个精准的定义，即过度负债指一个家庭的债务在持续基础生活的状态下难以偿付其还款义务，包括任何类型债务的还款及家庭账单（房租、水电、市政等）。

同时，我们没有一个被大家广泛接受的过度负债的表现指标。这是从 EC（2014）对 250 位与此有关的受访者的调研中发现的结果，受访者来自银行、监管部门、高校和消费者协会。不过，根据这项调研和文献，D'Alessio 和 Iezzi（2013）认为其中有些指标是比较共通的，列在表 10.1 中。但是，这些指标基本上都忽略了过度负债的某些方面，详细评述请参见文献 D'Alessio 和 Iezzi（2013）、Du Caju 等（2015），以及 Falanga（2015）。

表 10.1　过度负债指标

每月还贷相对收入的比例	家庭月收入的 25%～50% 用于还贷； 家庭月收入的 25% 以上用于偿还信用贷款； 家庭因为还贷而生活贫困
对债务负担的感知	在某种意义上，家庭自我评估任务债务已是"沉重的负担"，或没有足够财力来支付意料之外的账单
无力偿还	家庭在某贷款账户（1～3 个）上逾期数月

在不同的衡量指标下，过度负债的表现也不同。很多国家都有大量的本国内部研究，但是其中横跨欧盟国家的两次大型调研更具代表性：家庭金融与消费调查（Household Finance and Consumption Survey）和 EC 2014 调查（EC 2014 Survey）。表 10.2 比较了在某些指标上，欧盟国家的过度负债情况。

表 10.2　某些欧洲国家的过度负债发生率

	欧盟	奥地利	比利时	法国	德国	希腊	意大利	荷兰	西班牙	英国	时间	作者
还款占收入 30% 以上的家庭比例	14.1	6.1	12.9	12.4	8.7	12.9	12.9	16	28.2		2010－2011	DuCaju 等（2015）
有逾期的家庭比例	8.8	4.1	6.0	7.1	3.9		12.3	2.4	5.0	5.0	2011	EC（2014）
无法支付额外账单的家庭比例	37.5	22.8	26.1	33.0	34.5		38.6	21.7	35.4	36.7	2011	EC（2014）

资料来源：欧盟 2014 报告。

这些国家中，希腊、意大利、西班牙最容易出现过度负债。一些学者对于某些特定国家的家庭负债情况进行了研究。Lusardi 和 Tufano（2009）在 2007 年对美国家庭的调查中发现，26.4% 的家庭表示他们在偿还债务时遇到困难。D'Alessio 和 Iezzi（2013）发现，意大利家庭收入和财富调查显示，2010 年 29.8% 的意大利家庭在"有点困难"或"比较困难"的情况下达到"收支相抵"，3.1% 的家庭要用家庭月收入的 30% 来偿还债务。Gathergood（2012）在英国 2010 年的调查中发现，8.3% 的家庭遇到困难，无法按期偿还账单或债务。

家庭陷入某种程度的过度负债有几种解释。首先，我们发现在上文描述的 PIH 模型下，每年的债务水平都是最优的，过度负债只会在净收入遭受意外冲击时发生，意外冲击包括对收入的冲击（失业）或消费的冲击（利率上升、医疗、离婚、生子）。但是，家庭不会像 PIH 模型描述的那样做出理性行为，他们一般会因为利率优惠或缺乏自制力而过度贷款，陷入困境。利率优惠通常是指在贷款初期有较大的利率折扣，但后来折扣会逐渐减小甚至取消。另外，家庭还可能缺乏金融素养，不理解债务、利率和还款的关系。第四种解释是，即使未来收入不确定，家庭也可能对未来收入作出过于乐观的估计。Kahneman 和 Tversky（1979）的前景理论（Prospect Theory）认为这是非常典型的现象。这种现象产生的原因还可能是贷款机构评估家庭负担额外贷款的能力不足。

有些研究分析了过度负债人群的特征。Du Caju 等（2015）用 11 个欧盟国家的数据发现，家庭负债收入比超过 30% 的概率与失业、有房贷正相关，并且如果家庭是个体经营户也会增加负债比。如果家庭户主年龄在 45~50 岁、有高等学历、租房住、有 5~15 岁的孩子们，他们的负债比例更低。但在不同的国家之间，这种关系差异很大。在大多数国家，过度负债的比例在个体经营、没有工作、背负房贷的人群中更高。在个别国家，年龄对于负债没有显著影响。在葡萄牙，老年人的负债收入比更低。在德国、法国、希腊、葡萄牙、斯洛文尼亚，家庭成员数量更多会降低负债收入比。作者还进行了情景分析，看失业率升高 5% 或 10% 的情景下有什么影响变化。他们预测欧盟国家中有 8%~9.2% 的家庭的负债收入比会超过 40%，其中提高最多的是法国、德国、卢森堡和比利时。

还有一些研究对过度负债的原因进行了进一步的调查。研究发现，在控制了人口统计特征（demographics）后，金融素养低的人群的过度负债率更高。例如，Gathergood（2012）把受访者划分为过度负债、单期逾期、三期逾期和自认为处于财务困境几类。他发现缺乏金融素养会增加陷入过度负债的概率。Lusardi 和 Tufano（2009）在 1000 个美国居民的调查中发现，金融素养更低的人会有更大的概率过度负债。

在其他的研究中，Gathergood（2012）发现，冲动消费会使家庭陷入过度负债，而利率优惠不会。冲动消费的家庭相较于其他家庭，更普遍持有商场卡、家庭贷款、发薪日贷款、邮购债务等，它们都是用来满足冲动消费的信贷工具。

在对净收入冲击的分析中，Gathergood（2012）发现在过去半年有人丢掉工作、被减薪或有大额开支的家庭都会增加用逾期描述的过度负债。有趣的是，当把收入冲击的变量加入 probit 回归方程里时，表示金融素养和冲动消费的变量都变得不显著了。Angel 和 Heitzmann（2015）分析了 2008 年 27 个欧盟国家的数据后发现，失业、无法工作、看护儿童、关系破裂、退休、降薪等都会增加过度负债的可能性，而在之后的12 个月内这部分家庭的状况大都不会显著改善，并且还款压力都很重。Du Caju 等（2015）还发现，收入冲击导致的过度负债，对单一户主家庭的冲击比双户主家庭更大，对年轻户主家庭的冲击也比年龄稍长家庭更大。

10.7　负担能力

类似地，我们也没有"负担能力"（affordability）被普遍接受的定义。英国金融服务管理局（Financial Services Authority，FSA）把房贷上的负担能力定义为"房贷水平和条款使借款人能够完全负担现在和未来的还款义务，不需要借助其他债务减免或重新安排，在避免逾期的情况下也能保持正常的消费水平"（2.16 段），这样的房贷是一个"可负担"的房贷。这个定义也可以被拓展到其他贷款产品上。

贷款机构对潜在借款人进行负担能力评估的原因有几个。第一个原因是，在英国，监管部门要求贷款机构这样做。在房贷上，MCOB（2004）认为，负担能力需要在房贷发放时或转按揭时进行评估，同时贷款机构需要给出证明他们已经这样做了（11.6.2 段）。英国金融行为监管局（Financial Conduct Authority）的 FCA Handbook（2016）中写道，在达成贷款合约前，贷款机构需要评估借款人的可信度（CONC 5.2.1）。这项评估包括但不仅限于在贷款合约存续期间整个时期内的还款能力。进行负担能力评估的第二个原因是分析违约概率的变化是否会影响到贷款机构的财务状况，引起违约概率变化的因素有基准利率和物价水平。第三个原因是，如果人们知道一个贷款机构是负责任的，不会向没有还款能力的借款人发放贷款，让他们遭受财务困境，这有助于提高贷款机构的声誉。第四个原因是，Curtis（2013）和 Brooksby（2009）认为，利用信用分数和负担分数的组合更能够识别出那些能带来利润的客户。

第二个和第四个原因对建模提出了一些问题。例如，贷款机构关心负担能力是因为它会影响违约概率；但是，当我们用协变量来评估负担能力时，信用评分模型中也会纳入大部分评价负担能力的协变量，从而无须单独对负担能力建模估计。Wilkinson 和 Tingay（2004）对此进行了研究，认为将信用评分没有考虑到的额外的负担能力的协变量纳入信用评分模型，只能在很小的程度上提高预测能力。Curtis（2013）发现，循环信用月收入比、房贷月收入比、信贷总额与年收入比、无抵押未偿余额与年收入比这几项指标，除了在极个别数据集，其余都不能提高评分模型的基尼系数。但是，Finlay（2006）注意到，这类研究的缺陷在于，信用评分模型是预测固定期限内（12~24 个月）的违约概率，而负担能力关注的则是更长时期内的偿债能力。Bellotti 和 Crook（2009）建议的一个办法是在未来很多个月对负担能力进行打分，然后将它作为生存分析里面的一个时变协变量加入模型。

我们也没有一致的对负担能力的测量指标。从实际的角度来看，评估贷款人负担能力是一项巨大的挑战。Lucas（2005）考虑了多种债务收入比率。也有文献根据可支配收入来测算申请者偿付能力，比较可支配收入与每月还款金额一定倍数的大小，以此决定申请者是否有能力负担这个金额的贷款。在计算可支配收入时，我们有三个问题需要考虑：哪些项目算作收入、哪些消费算作开支，以及评估时期如何选择。

英国对房贷监管的要求在 MCOB（2016）中有所描述。其中第 11.6.9 款要求贷款机构将税收收入和社保、"应缴支出"、"必要支出"、家庭"基本生活支出"纳入开支项进行考虑。所有收入都算作收入，但需经过独立验证。在开支方面，"应缴支出"代表申请者有合同约定的开支，包括贷款还款和贷款发放后的利息。"必要支出"包括家庭在水、电、煤气、暖气、电话、社保、租金、通勤、市政费用等方面的支出。"基本生活支出"包括服装、家具、电器、个人物品、基本娱乐等。在贷款发放时，贷款机构还需要考虑申请人未来收入和开支的变化。

贷款机构能够从征信局获得关于申请人收入的数据，或者如果他在本银行曾经开过账户，就可以直接利用自有数据。虽然关于申请人的开支数据无法直接获取，但是可以利用一个预测模型，计算相同特征的申请者的平均开支。例如，Curtis（2013）就用申请表里的收入数据，减去征信局里记录的贷款开支，再扣除估计的必要开支、基本开支，以及从统计局获得的房贷房租开支来计算可支配收入。

关于评估开支或可支配收入的文献其实很少。我们知道的唯一一个例子来自Finlay（2006）。他定义的相对负担能力 A 等于

$$A = 1 - C - E \qquad (10.24)$$

其中，C 是贷款合同规定的还款额除以净收入，E 是所有非贷款开支除以净收入。他用来自 2001—2002 年英国支出与食品调查（Expenditure and Food Survey，EFS）和申请表中的特征先预测 E，通过逐步回归，找出了统计上显著的变量，得到了 $R^2 = 0.408$ 的拟合效果；用征信报告里记录的贷款开支 C、EPS 调查中的收入水平、模型预测的 E，用式（10.24）来为每个人预测 A 是否小于等于 1。他利用真实结果和预测结果的比较，得到了 89% 的分类预测准确性。

因为这项调查是截面调查，所以 Finlay 的模型只是一个横截面模型。显然，如果有可使用的面板数据，并对其进行适当建模，还可以加入诸如宏观经济因素等时变协变量，使模型的参数估计更加准确。对消费开支的面板分析已经有很多实证研究（参见 Attanasio，1999）。在另一方面，对收入也是一样，无论是截面分析还是面板分析，我们都是在家庭层面进行估计，因为家庭是最合适的经济单位。Bijak 等（2015）建议用这些模型来预测个体的收入和支出，以此评估负担能力。他们沿着 Zeldes（1989）的理论，建立了消费开支的线性回归模型，而 Zeldes（1989）的研究用到了 10.3 节介绍的 PIH 模型和效用函数的特殊形式（恒定的风险厌恶模型）。他们的协变量用到了文献当中建议的变量，以及年龄和子女数量。他们主要采用随机效应模型，但也考虑了外生性问题。虽然他们的模型没有考虑收入的变化，这在消费函数（Lusardi，1996；Campbell 和 Cocco，2007）和利率（Attanasio，1999）中通常很重要，但显然加入这些变量不是一件困难的事。除非是对分段的消费函数进行分析，否则一阶差分的拟合效果通常不太好。Bijak 等（2015）还用随机效应面板模型来估计社会经济协变量对收入对数变化的影响。需要注意的是，有些协变量只会在某个时点可得，而非随时间变化。经济学家把观察到的收入视为固定收入与不定收入（会受到冲击）之和。Bijak 等（2015）关心的是观测收入，但协变量又是典型的固定收入。这也是一个小问题。

第11章 资本要求和巴塞尔协议

11.1 引言

银行利润大部分来自贷款、金融投资，以及它提供的其他服务。银行的存款来源于合法吸收的储户存款、出售资产得到的资金、同业拆借的资金，以及股东的股本和权益资本。当银行发放贷款时，它对每笔贷款收取的利率大于它从储户或其他金融机构那儿获取资金的成本，这被称为利差。利差一定时，贷款额越大，则总利润越大。为了赚更多利差，银行既可以吸引更多低风险的借款人，也可以保持相同客户规模，而增加高风险借款人比例，或同时采用这两种方法来贷出更多资金。

储户把钱存入银行会面临几种风险，导致在他们希望取钱的时候，有可能无法取出。这一般是因为银行破产或流动性不足。银行资产价值低于其负债和所有者权益之和，它就会无力偿还负债甚至破产；银行某段时间可取现金不足以支付储户提款时，就陷入流动性危机。尽管银行资产价值下降可能由许多不同因素引起，我们仍能把这些原因归为三类风险：一是信用风险（credit risk），即借款人不按照约定偿还银行借出资金，或主体信用质量下降带来的风险；二是市场风险（market risk），即股票、外汇或期权合约等金融资产因汇率、利率或价格变动而减值的风险；三是操作风险（operational risk），即内部流程或系统缺陷导致的风险，包括人为错误或法律风险等外部风险。操作风险涵盖面很广，包括欺诈行为、工作场所安全事件、客户或产品问题、实物资产毁损或计算机系统故障等风险。

银行的负债 L 包括付息负债，如其他银行存款、活期存款、储蓄存款、定期存款、银行发行的债券、次级负债、与金融交易活动有关的负债，以及非付息负债。银行的资产 A 包括对其他银行和客户提供的贷款和垫款、持有的有价证券，以及非生息资产，如房产。根据会计定义，银行资产的公允市场价值减去其负债的账面价值 L 后，等于股东权益 E，即 $A = L + E$。因此，权益是残值，不等于银行发行股票的市值。

在银行账户中，我们按照银行将从资产中获得收入的期望现值对资产进行估值。例如，如果银行的某些贷款突然不能被按期偿还了，贷款收入的现值就会减少，资产价值就会下降。如果负债保持不变，权益价值就会下降。如果资产价值下跌太多以至于权益价值为负，银行就无法用资产偿还其负债，进而在技术上破产。这意味着如果储户要求同时提款，银行将无法兑付。为了减少发生这种情况的可能性，每家银行都要求保持一定水平的资本金（如股东权益）。当然，银行资产价值可能会因为前文提到的风险而减少。因此，重大欺诈、系统故障、股票大幅波动都可能造成资产价值变化。

为保护存款人，银行会保留一定数量的资本。银行监管部门规定其必须持有的资本被称为监管资本（Regulatory Capital）。银行为了维持其认为合适的存活概率所希望保留的资本被称为经济资本（Economic Capital）。经济资本不能低于监管资本。巴塞尔协议是一套已被 100 多个国家和地区采用的国际标准，用来确定银行必须保留的最低资本金。

我们将在 11.2 节介绍巴塞尔协议的历史演变，11.3 节介绍巴塞尔协议 Ⅱ 的框架，11.4 节详细解释第一支柱和第二支柱，11.5 节介绍巴塞尔协议 Ⅲ，11.6 节是银行压力测试。本章最后 11.7 节将简要评述巴塞尔协议 Ⅲ。

11.2 巴塞尔协议的历史

11.2.1 巴塞尔协议 I 以前

20 世纪 70 年代以前，每家银行保留多少的资本金是一个内部决策，基本不受监管约束。然而，在 70 年代和 80 年代，一些国家降低了银行监管资本要求，同时计算机技术的快速发展使资金几乎可以瞬间在不同国家的银行之间转移。在国内和国际范围内，银行业的竞争越来越大，各国的金融体系变得越来越相互依赖。一个国家某个大型银行倒闭将直接对另一个国家的金融系统造成显著的影响。银行非常愿意增加贷款量，因为主要利润来自利差，即贷款利率减去存款利率或债务成本后的那一部分。但如果贷款组合中包括越来越多的高风险贷款，那么银行破产的风险就会增加。虽然大多数银行采取审慎的态度，但事实证明并非所有银行都是这样谨慎。

11.2.2 巴塞尔协议 I

第一版的巴塞尔协议，称为巴塞尔协议 I，由巴塞尔银行监管委员会（Basel Committee on Banking Supervision，BCBS，以下简称巴塞尔委员会）于 1988 年提出，该委员会由十国集团（G10）中央银行创立，在国际清算银行（Bank of International Settlements）召开会议。国际清算银行成立于 1930 年，最初为处理第一次世界大战后德国对其他国家的战争赔款而设立，但在这里召开的中央银行会议迅速衍生出了它的第二个目的——促进各中央银行相互合作。巴塞尔协议 I 最初被欧盟和十国集团的监管部门采纳。该协议的目的是促进国际银行市场稳定，防止银行过度冒险，保护存款人利益，消除不同国家监管资本要求差异所导致的银行竞争优势的差异（如日本的要求较低）。但该协议本身并不具有法律约束，只是被十国集团监管部门采用并强制本国成员银行遵守。

巴塞尔协议 I 要求具有国际竞争力的银行至少保持风险加权资产（Risk Weighted Assets，RWA）总额 8% 的资本，这称为"监管资本"。简单地说：

$$RC \geqslant 0.08 \left(\sum_{i=1}^{I} A_i RW_i \right) \tag{11.1}$$

其中，RC 表示监管资本；A_i 表示资产 i（如贷款），$i = 1, \cdots, I$；RW_i 表示资产 i 的风险权重。风险权重由协议给出。例如，房贷的风险权重是 0.5，企业贷款的权重是 1.0。这些资产还包括表外敞口。

虽然各个国家的监管部门可以提高其他风险的监管资本，如投资风险、利率风险或汇率风险，但其实该协议仅仅明确了对信用风险的监管资本要求。为满足监管资本要求，每家银行可提供的资本分为两级：一级资本包括实收资本和公开储备，二级资本包括未公开的储备、重估储备（当资产因市场价格变化而重估时）、普通准备金、混合工具和次级债务。各部分的金额都会受到一定的要求。

然而，巴塞尔协议 I 有一些缺点。第一，它只关注信用风险，忽略了汇率和利率等意外波动而导致的资产价值损失。第二，它对不同类型的损失不加区分。例如，对企业的风险敞口（不考虑风险等级），对购买房产、厂房和其他固定资产的风险敞口，对非 OECD 成员国政府的风险敞口，都赋予相同的风险权重。第三，它忽略了组合风险分散的作用。一个组合中的两个敞口的风险很可能小于单个敞口的风险之和，但这并没有被考虑在内。第四，它没有考虑贷款期限与违约风险之间的关系，因为期限长的贷款面临的风险通常较高。第五，它没有考虑违约情况下回收金额的差异，也没有考虑到预期违约时的违约暴露金额。第六，住房抵押贷款（权重 0.5）和企业贷款（权重 1.0）之间的真实风险权重差异并不总是符合参数设定的关系。银行研究后发现房贷比企业贷款更节省监管资本，因此发放了大量的房贷而减少了企业贷款。这叫作监管套利（regulatory arbitrage）。

11.2.3　1996 年修正案

巴塞尔委员会在之后的 8 年里对巴塞尔协议 I 进行了多次修订，这些修订在 1996 年的修正案中正式落地推出（BCBS, 1996）。其中有两大改变：首先，它增加了对市场风险的资本要求，明确市场风险包括利率风险、股票价格风险、汇率风险和商品价格风险。银行需要持有的资本类型被修订为三级，还包括对期限 2~5 年的次级贷款计提补充资本。三级资本仅可用于市场风险可能造成的损失。其次，在计算市场风险的资本时，修正案允许每家银行在标准监管要求的固定参数与银行内部模型计算的金额之间进行选择，但这个模型要符合监管规定。

11.2.4　巴塞尔协议 II 和巴塞尔协议 III

1996 年的修正案仍然不允许银行使用内部模型去评估信用风险，特别是预测违约概率、违约时的损失率及违约时的未偿余额时。修正案没有对操作风险提出资本要求。1996 年的修正案也没有考虑在监管过程或市场竞争中降低风险的方法。1988 年版协议的这些缺点在巴塞尔协议 II（BCBS, 1996）中几乎全部得到解决，这一版的巴塞尔协议几乎是对第一版的全部改写。巴塞尔协议 II 在 2006 年开始实施，其中一些方面的条款可能至少到 2020 年都将继续有效。我们将在本章接下来的几节中详细阐述巴塞尔协议 II 的条款。

然而，尽管实施了巴塞尔协议Ⅱ，金融体系在 2007—2008 年还是遭受了一系列严重冲击。在此期间人们发现，银行在面对风险时资本不足。英国的主要银行在短时间内筹集大量资本，以至于英国政府不得不出面提供资金，避免银行挤兑。同样的情况也发生在其他国家，如希腊、意大利、西班牙和爱尔兰。巴塞尔协议Ⅱ的一系列缺点被发现。这些缺点包括：第一，银行资本占风险加权资产的比例过低。第二，资本的组成部分本身缺乏流动性。第三，协议没有确保银行拥有充足的短期流动性。第四，虽然巴塞尔协议Ⅱ的公式考虑了宏观经济不景气、违约比例升高时，银行必须持有更多的资本，但恰恰是在这些条件下，获取资本变得更加困难和昂贵。第五，因为内部模型的风险权重不同，协议仍然允许监管套利。这些问题和巴塞尔协议Ⅱ的其他缺点一起在巴塞尔协议Ⅲ（BCBS，2010，2011）中得到了部分修正，并在 2013—2019 年的不同阶段生效。我们将于后文详述。

11.3　巴塞尔协议Ⅱ

巴塞尔协议Ⅱ（BCBS，2006）的目标是保持和加强国际银行体系的稳定性和一致性，使资本充足率的差异不会成为竞争优势，并鼓励银行"加强风险管理实践"。巴塞尔委员会旨在提出一个对风险更加敏感的框架，适用于国际银行控股公司及下属公司在各个国家的统一活动。

该协议包含三个方面的要求，称为三大支柱（Pillars）。第一支柱提出了最低资本要求（minimum capital requirements），以及信用风险、操作风险和市场风险方面计算最低资本金的理论框架。第二支柱规定了监督审查过程（supervisory review process）的要求，并引入了第一支柱没有包括的其他风险，如集中度风险。第三支柱声明了市场自律（market discipline）的要求。这三大支柱如图 11.1 所示。在此我们重点关注第一支柱，尤其是信用风险。

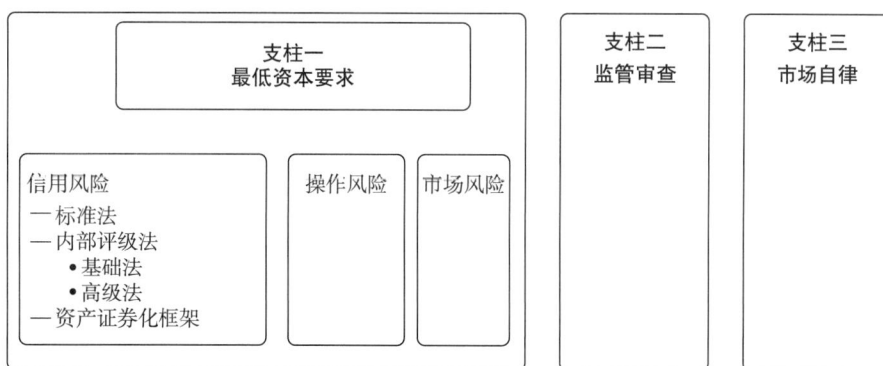

注：经国际清算银行和巴塞尔委员会同意转载（BCBS，1996）。

图 11.1　巴塞尔协议Ⅱ框架

（资料来源：国际清算银行）

11.4 第一支柱: 最低资本要求

11.4.1 监管资本

第一支柱（Pillar 1）规定银行必须保有一定的经济资本和必需的监管资本，且监管资本金额不能低于按协议中规定的具体公式计算出来的数量。但是，什么构成了"资本"呢？根据流动性的不同，协议将资本分为三级。流动性表示在无大幅贬值的情况下将资本变现的容易程度。

一级资本（核心资本）包括实收普通股、优先股、税后留存收益扣除商誉得到的公开储备。一级资本高于风险加权资产 RWA 的 4%。二级资本（补充资本）包括未公开储备（净利润没有在留存收益或储备中显现）、资产重估储备（银行持有资产增值的部分）、一般风险准备（银行为防范资产损失的分配）、混合工具、原始期限不低于 5 年的长期次级债务（这部分不超过一级核心资本的 50%）。不同国家的监管机构可以调整管辖范围内允许的资本组成部分。二级资本不得高于一级资本。

三级资本由无担保的短期次级债务组成，这些债务已全部偿付，原始期限至少为两年。三级资本基本只能用于应对市场风险。只有获得监管机构批准的无担保短期次级债务才能纳入三级资本。三级资本不得超过银行用于覆盖市场风险的一级资本的 250%。

以下项目应当从上述资本中扣除：因资产证券化使权益增加的部分、对来合并报表的银行分行和金融活动的投资、对其他银行和金融机构资本的投资（由监管机构决定）及对金融活动的少数投资。

11.4.2 信用风险的最低监管资本要求

协议规定，每家银行必须持有不低于应对信用风险、市场风险和操作风险的最低监管资本要求（Minimum Regulatory Capital Requirement，MRCR）之和的监管资本，即

$$监管资本 \geqslant MRCR_{credit\ risk} + MRCR_{market\ risk} + MRCR_{operational\ risk}$$

我们来解释 $MRCR_{credit\ risk}$ 是如何计算的。

信用风险的 MRCR 为 RWA 的 8%，见式（11.1），为了方便，我们改写为

$$MRCR_{credit\ risk} = 0.08\left(\sum_{i=1}^{I} A_i RW_i\right) \tag{11.2}$$

经过监管允许，银行可以在计算风险权重 RW_i 的两种方法中进行选择：标准法和内部评级法。在每种方法中，风险暴露按债务人/借款人的类型进行分类，每种类别都适用特定的方法。这些类别包括对主权国家的债权、对非中央政府公共部门实体的债权、对多边开发银行的债权、对银行的债权、对证券公司的债权、对公司的债权、

对包括在监管界定的零售资产中的债权、对以居民房产为抵押的债权和对以商业地产为抵押的债权。

【标准法】

标准法中的风险权重由协议直接给出。表 11.1 展示了不同资产和等级的权重。对主权类、银行类、企业类资产，权重会根据由外部评级机构（External Credit Assessment Institution，ECAI）给出的主体风险等级予以调整。此类外部评级机构必须符合某些标准，并得到国家监管部门的批准。表外支出也需要通过乘以信用转换因子（Credit Conversion Factor，CCF）转换成等价的信用风险水平。

表 11.1　标准法的风险权重

	AAA~AA−	A+~A−	BBB+~BBB−	BB+~BB−	B+~B−	B−以下	未评级	逾期90天以上
主权贷款	0	20%	50%	100%		150%	100%	100%~150%（视情况而定）
银行、证券、MDBs、PSEs等	20%	50%		100%		150%	100%	
企业贷款	20%	50%	100%		150%		50%	
零售贷款	75%							
居民住房抵押贷款	35%							
商业地产抵押贷款	100%							

不同 ECAI 给出信用等级映射的违约率不一样，所以监管部门需要将每个等级对应的累积违约率（Cumulative Default Rate，CDR）根据经验数据调整后映射到巴塞尔委员会提供的标准违约率上，以此保持一致。

零售资产的风险暴露权重是 75%。归为零售贷款资产需要满足四个条件：（1）提供给个人、个体户或小企业；（2）循环信贷或信用账户（透支或信用卡）、个人贷款或合约（分期贷款合同）、小企业账户透支；（3）给单个主体的总暴露不能超过 100 万欧元；（4）贷款组合资产足够分散，确保 75% 的权重恰当，如没有某个主体的贷款金额超过受监管组合金额的 0.2%。

新建立的银行，或是因资源有限而无法完成内部评级（Internal Ratings – Based，IRB）法的银行，一般采用标准法；也有银行或贷款机构觉得 IRB 法不能提供太大价值而使用标准法。

【内部评级法】

在内部评级（IRB）法中，每个银行在征得监管同意的条件下，可以使用自己的内部模型来计算风险权重。计算具体某组合的风险可能会比标准法里面的标准权重更加准确，所以大部分大银行喜欢采用 IRB 法。协议要求银行使用公式保证资本能够覆盖平均 1000 年发生一次的损失。我们来看看这个公式。

考虑一个信用卡资产组合。定义如果借款人违约，$D_i = 1$；如果不违约，$D_i = 0$。其中，D_i 是一个随机变量，服从伯努利二项分布，违约发生的概率是 p，不发生的概率是 $1 - p$，记为 $D_i \sim \text{Bern}(1; p)$。对贷款 i 的违约概率可以记为 PD_i，也是 $P(D_i = 1)$。再定义 L_i 是贷款的损失，EL_i 是贷款的期望损失，LGD_i 是贷款的违约损失率，它是违约时未偿余额中不能回收的比例，EAD_i 是贷款的违约暴露。

假定 PD_i、LGD_i、EAD_i 不相关，那么由 N 个贷款组成的贷款组合的损失是

$$L_N = \sum_{i=1}^{N} \text{EAD}_i \cdot \text{LGD}_i \cdot D_i \tag{11.3}$$

这个损失分布的最小值不会超过某个金额的概率是 $1 - q$，这被称为在置信水平 q 下的在险价值（Value at Risk，VaR），记为 $\text{VaR}_q(L_N)$ 或 $\alpha_q(L_N)$。这其实是损失分布的 q 分位点。协议希望银行保留的资本能够等于平均 1000 年发生一次的危机造成的损失，即 $\text{VaR}_{99.9}(L_N)$。

注意：我们可以在每年结束后根据 EAD_i、LGD_i、PD_i 的期望值计算期望损失。这样用来覆盖每个借款人带来的期望损失的金额就可以加到利率里面。这个金额被称为拨备覆盖（provision）。但是，$\text{VaR}_{99.9}(L_N)$ 与期望损失之间的差值无法用统计模型来预测，因为借款人还款行为的突然恶化会带来意外损失。因为它们不可预期，所以银行无法计算覆盖这部分损失的拨备金，这部分只能用资本金来补偿。协议提供了当意外损失有 0.001 的概率会超过预期损失时计算资本金的公式。图 11.2 展示了贷款组合的损失分布与意外损失的关系。现在解释这个公式是怎么来的，我们先分析单个贷款，再在组合层面分析。

这个公式是基于渐进单一风险因素（Asymptotic Single-Risk Factor，ASRF）模型提出的。用企业债务人的例子来理解模型最为直观。协议也把模型应用在主权和零售贷款上。设 $A_{i,T}$ 是在第 $t = T$ 时期期末的资产价值，$A_{i,0}$ 是资产在期初 $t = 0$ 时的价值，用 $\breve{r}_i$ 来表示这个公司的对数资产回报率 $\ln(A_{i,T}/A_{i,0})$，设 r_i 是 $\breve{r}_i$ 标准化过后的值，$r_i = \dfrac{\breve{r}_i - E(\breve{r}_i)}{\sigma_i}$。其中，$\sigma_i$ 是 $\breve{r}_i$ 的标准差。为了简洁，我们把标准化后的对数资产回报率称为"资产回报率"（asset return）。

这个模型有一些假设。首先，它假定资产回报率是由作用于所有债务人（所以没有下标 i）的标准化因素 Y，与一个标准化的与公司 i 有关的异质因素 ε_i 同时决定的，且它们的关系线性，被记为

$$r_i = \sqrt{\rho_i}\, Y + \sqrt{1 - \rho_i}\, \varepsilon_i \tag{11.4}$$

其中，ρ 是标准化因素 Y 与 r_i 的相关系数。这个因素可以是可观测的，如 GDP 增长率；也可以是潜在的或不可观测的。原理上，它可以由很多因素构成，但在 ASRF 模型中，汇集为一个单因素。

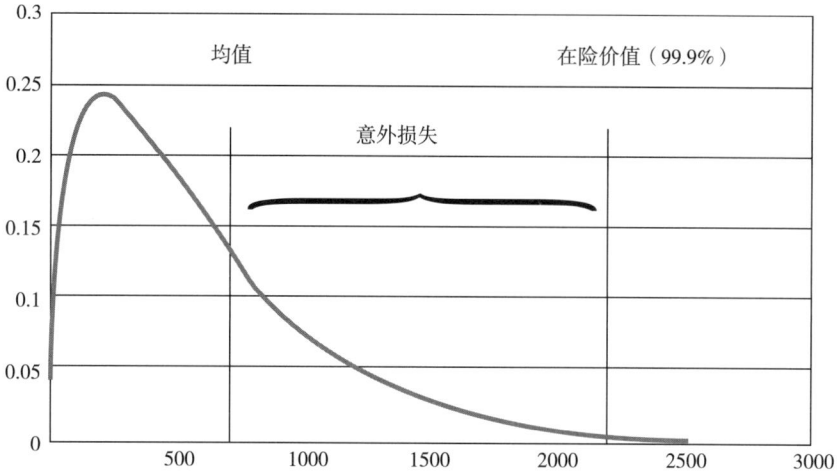

图 11.2　预期和意外损失

其次，这个模型假定 ε_i 和 Y 不相关，且 ε_i 和 ε_j 不相关。ε_i 和 ε_j 不相关表示两个资产回报率之间的关系只由共同因子 Y 决定。控制 Y 后，两个债务人的资产回报率相互独立。最后，它假定 ε_i、Y 和 r_i 分别服从标准正态分布，即 $r_i \sim N(0,1)$，$Y \sim N(0,1)$，$\varepsilon_i \sim N(0,1)$。

这个模型还假定违约发生在 Merton 模型（Merton，1974）中设定的那样（BCBS，2005；Gordy，2003），即当在期末，公司资产的价值小于负债时，公司无法偿还债务，所有者不会执行看涨期权（call option）买入公司资产来偿还债务。不过，ASRF 模型对此的设置是当资产回报率低于某个阈值 k_i 时违约发生，记为

$$\mathrm{PD}_i = P(r_i < k_i) = \Phi(k_i) \tag{11.5}$$

因为 $r_i \sim N(0,1)$，Φ 表示累积标准正态分布，那么

$$k_i = \Phi^{-1}(\mathrm{PD}_i) \tag{11.6}$$

注意：PD_i 是公司 i 违约的非条件概率。所以，如果我们已知某公司的 $\mathrm{PD}_i = 0.05$，那么我们可计算 $\Phi^{-1}(0.05)$，找到阈值 $k_i = -1.645$。

由式（11.4）和式（11.5），我们知道 PD_i 依赖于 Y。违约概率是 Y 取某个值 y 时的条件概率：

$$P(D_i = 1 \mid Y = y) = P(r_i < k_i \mid Y = y)$$

$$= P(\sqrt{\rho_i}\,Y + \sqrt{1-\rho_i}\,\varepsilon_i < k_i) = P\left(\varepsilon_i < \frac{k_i - \sqrt{\rho_i}\,y}{\sqrt{1-\rho_i}}\right) = \Phi\left(\frac{k_i - \sqrt{\rho_i}\,y}{\sqrt{1-\rho_i}}\right) \tag{11.7}$$

我们希望某债务人的 PD_i 处在 99.9 分位点的水平，设 Y 等于某个值，PD_i 有 0.001 的概率会超过这个值。假定 Y 与资产回报率负相关，那么我们会有 0.001 的概率得到比 Y 更小的值。用 VaR 的术语来表达，是把 Y 设在 $1-q$ 的分位点上，$q = 99.9$，即 $y = \Phi^{-1}(1 - 0.999)$。注意到 $\Phi^{-1}(1 - q) = -\Phi^{-1}(q)$（标准正态分布），设 $y = -\Phi^{-1}(q)$，将其代入式（11.6）和式（11.7），我们有

$$P(D_i = 1 \mid \alpha_q(Y)) = \Phi\left(\frac{\Phi^{-1}(\mathrm{PD}_i) + \sqrt{\rho_i}\Phi^{-1}(q)}{\sqrt{1 - \rho_i}}\right) \qquad (11.8)$$

这里，$q = 99.9$。

考虑到 LGD_i 和 EAD_i 相互独立，某贷款的期望损失是

$$E(L_i) = E(D_i) \cdot \mathrm{LGD}_i \cdot \mathrm{EAD}_i = \mathrm{PD}_i \cdot \mathrm{LGD}_i \cdot \mathrm{EAD}_i \qquad (11.9)$$

如果 LGD_i 和 EAD_i 固定，我们可以找到 $\mathrm{VaR}_{99.9}(E(L_i))$ 的值，即期望损失分布的 99.9 分位点在险价值。只需要把式（11.8）代入式（11.9），得到

$$E(L_i \mid \alpha_q(Y)) = \mathrm{VaR}_{99.9}(E(L_i)) = \mathrm{PD}_i(\alpha_q(Y)) \cdot \mathrm{LGD}_i \cdot \mathrm{EAD}_i \qquad (11.10)$$

用来覆盖意外损失的资本金是 $E(L_i \mid \alpha_q(Y))$ 减去预期损失后的结果。协议将它乘以 12.5，即对应 RWA 风险权重 0.08 的倒数，得到债务人的风险加权资产：

$$\mathrm{RWA}_i = 12.5\, \mathrm{UL}_i = 12.5 \times \mathrm{EAD}_i \times \mathrm{LGD}_i\left(\Phi\left[\frac{\Phi^{-1}(\mathrm{PD}_i) + \sqrt{\rho_i}\Phi^{-1}(0.999)}{\sqrt{1 - \rho_i}}\right] - \mathrm{PD}_i\right)$$

$$(11.11)$$

除了零售贷款，对企业、主权和银行贷款，式（11.11）右边还需要乘以期限调整项，这是与贷款期限长度和违约概率正相关的一个值。期限调整项意味着期限更长的贷款有更大的可能性违约。这个调整项是

$$\mathrm{MA}_i = \frac{1 + (M_i - 2.5) \cdot b}{1 - 1.5b}, \quad b = (0.11852 - 0.05478 \cdot \ln(\mathrm{PD}_i))^2 \qquad (11.12)$$

其中，M_i 是贷款期限。

截至目前，我们都在讨论给单个债务人的单笔贷款。现在我们来考虑贷款组合。ASRF 模型对此还提出了额外假设：第一，假定组合中有大量的贷款，金额分布使单个贷款的暴露占组合暴露的比例不会超过一个很小的值。这种组合被称为"无限细分"（infinitely fine - grained）的贷款组合。第二，假定贷款之间的相关性仅由系统性风险因素影响，如式（11.4）所示。

巴塞尔公式是为了计算能够覆盖组合意外损失的资本金需求。所以，我们需要知道损失分布 L_N 在 99.9% 分位点的 VaR 值。由 ASRF 的假设我们还能得到一些有用的结论：第一，债务人的异质风险被完全分散掉，因为 ε_i 和 ε_j 不相关。所以，组合唯一的风险来自系统性风险。组合中同等规模风险敞口的贷款的数量增加后，组合损失 L_N 是系统性因素的条件期望 $E(L_N \mid Y)$。换句话说，当这个因素取某个值后，在组合中贷款数量趋近无穷时，组合损失的期望趋近一个可观测的损失金额。第二，组合损失的条件期望的在险价值 $\mathrm{VaR}_q(E(L_N \mid Y))$ 等于组合在这个因素上在险价值的条件下的期望损失 $E(L_N \mid \mathrm{VaR}_q(Y))$。结合这两个结论，我们可以推测，如果我们有一个数量非常多、金额又相等的贷款组合，真实组合损失在 99.9% 分位点上的 VaR 等于模型在这个因素 Y 的 99.9% VaR 的值上的期望组合损失。这正是巴塞尔公式要表达的意思。

假定 Merton 模型适用，式（11.4）至式（11.7）对个体债务人成立，但是这里，第一，违约阈值相同，适用于所有人，$k_i = k$；第二，所有债务人的相关系数相同，$\rho_i =$

ρ。事实上，我们可以证明这个共同相关系数等于每一对资产回报率的相关系数。大数定律可以保证当组合数量趋近无穷时，PD_i 的均值趋近期望违约率，即组合中违约贷款的数量占贷款总额的比例。那么，在给定 Y 的值和 99.9 分位点的条件下的组合的期望违约率由去掉式（11.8）右边 PD_i 和 ρ_i 的下标后给出，即

$$DR_N \big| \alpha_{99.9}(Y) = \Phi\left(\frac{\Phi^{-1}(PD) + \sqrt{\rho}\,\Phi^{-1}(0.999)}{\sqrt{1-\rho}}\right) \qquad (11.13)$$

其中，DR_N 表示包含 N 笔贷款的组合的期望违约率。乘以固定的 EAD 和 LGD 后，我们可以得到组合 99.9% VaR 的预期损失，再根据式（11.11）乘以 12.5 后，得到协议要求的 RWA：

$$RWA = 12.5 \cdot UL = 12.5 \cdot EAD \cdot LGD \cdot \left(\Phi\left[\frac{\Phi^{-1}(PD) + \sqrt{\rho}\,\Phi^{-1}(0.999)}{\sqrt{1-\rho}}\right] - PD\right)$$

$$(11.14)$$

同样，根据主权、银行和企业的贷款期限需要进行调整。我们把刚刚介绍的一些公式整理在表 11.2 中。

表 11.2　巴塞尔协议 II 中的部分公式

最低 0.1% 置信水平的违约率	$Z = \left(\Phi\left[\dfrac{\Phi^{-1}(PD) + \sqrt{\rho}\,\Phi^{-1}(0.999)}{\sqrt{1-\rho}}\right]\right)$
最低 0.1% 置信水平的组合在险价值	VaR（99.9%）$= EAD \cdot LGD \cdot Z$
预期损失（拨备覆盖）	$E(L_N) = EAD \cdot LGD \cdot PD$
意外损失（资本金覆盖）	$UL = $ VaR（99.9%）$- E(L_N) = EAD \cdot LGD \cdot (Z - PD)$
资本要求	$K = LGD \cdot (Z - PD)$
风险加权资产	$RWA = 12.5 \cdot UL = 12.5 \cdot EAD \cdot LGD \cdot (Z - PD)$

因素 Y 是一个随机变量，我们不知道它在某个情景下具体的值，但我们可以先假定它服从标准正态分布。Vasicek（1987，1991）证明，如果在式（11.3）中我们用 Y 替换 $\Phi^{-1}(0.999)$，可以导出组合中违约比率的累积分布。对它求导后，我们得到组合中违约账户比例的概率密度函数，这个密度函数是右偏的，与 ρ 的值有关（参见 Schonbucher，2000）。

协议中的资产相关性是以常数或公式给出的。对住房抵押贷款，ρ 设定为 0.15；对某些零售贷款，ρ 设定为 0.04；对主权、企业和银行贷款，ρ 的公式是

$$\rho = 0.12 \times \left(\frac{1-\exp(-50\times PD)}{1-\exp(-50)}\right) + 0.24 \times \left(1 - \frac{1-\exp(-50\times PD)}{1-\exp(-50)}\right) - SA$$

$$SA = 0.4 \times \left(1 - \frac{(S-5)}{45}\right)$$

$$(11.15)$$

对其他一些零售贷款，ρ 的公式是

$$\rho = 0.03 \times \left(\frac{1 - \exp(-35 \times PD)}{1 - \exp(-35)} \right) + 0.24 \times \left(1 - \frac{1 - \exp(-35 \times PD)}{1 - \exp(-35)} \right)$$

$$(11.16)$$

巴塞尔委员会（BCBS, 2005）用十国集团提供的数据集发现了两个系统性关系。第一，资产相关性随着 PD 增加而减少。这符合直觉，因为当 PD 很高时，一致性因素相对于系统性因素更能影响风险。因此，违约风险在此时相对于 PD 较低时更少受到宏观经济的影响。第二，资产相关性与公司规模正相关。虽然实证证据得出的结论并不统一，但可以从理论上理解大公司的资产回报率相对于小公司更易受到宏观经济的影响。资产相关系数的方程考虑到这个结论的影响，允许 PD 在 0 ~ 1 的范围内变化，同时用经验数据校准到更合适的范围：0.12 ~ 0.24。

根据式（11.9）的预期损失、式（11.10）的 VaR(99.9%) 和式（11.11）的意外损失，我们把以上三者与 PD 的关系画在图 11.3 中。假定 LGD 是 100%，EAD 是 1 元，$\rho = 0.04$，那么预期损失在给定参数下等于 PD，同时 VaR 随着 PD 单调变化。意外损失在银行资本一定的情况下，会在达到最大值后随着 PD 增加开始下降。风险加权资产在意外损失乘以 12.5 后，与意外损失的曲线图相似。

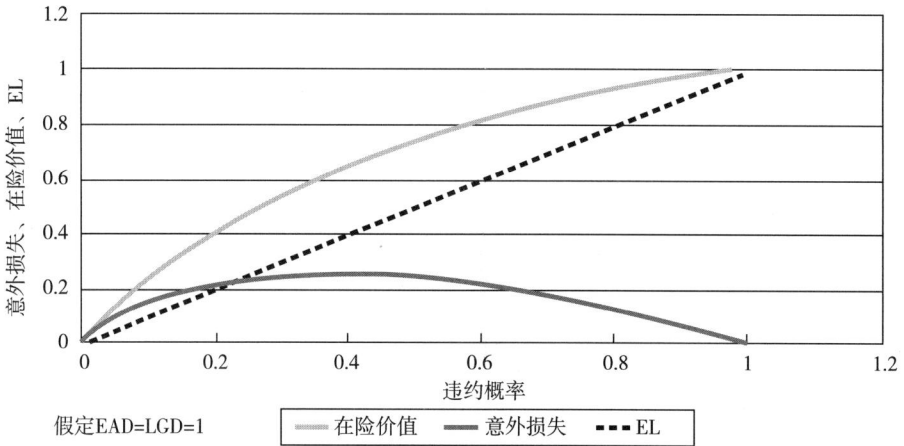

图 11.3 零售信贷组合中意外损失与违约概率的关系

11.4.3 执行和使用

【基础方法和高级方法】

银行可以采用两种 IRB 方法之一。在 IRB 基础方法 IRB（F）中，银行自己估计 PD 值，但是用监管部门规定的 LGD、EAD 和 M 值。在 IRB 高级方法 IRB（A）中，监管部门允许银行自己来估计 PD、LGD、EAD 和 M。这时的 LGD 和 EAD 需要是它们的"承压值"。"承压值"是极端但是可能出现的值。我们不需要承压 PD，因为在式（11.11）中，考虑因素 Y 的组合期望违约率已经在最低 1% 的置信水平下进行估计了。一旦银行在其业务中的一部分采用 IRB（A）法，它需要在其他所有部分也采用 IRB（A）法，尽管有时候缺少数据而不得不在某些资产和业务上采用 IRB（F）法，但最多不能超过组合规模的 15%。

零售贷款根据定义被细分为三类，包括循环贷款、房贷和其他贷款（如个人贷款）。如果银行想采用 IRB 法，那么需要对所有零售资产估计 PD、LGD 和 EAD，即只能采用 IRB（A）法，不能采用 IRB（F）法。协议要求银行在当前时间估计贷款组合在未来一年（12 个月内）的 PD、LGD 和 EAD。

【违约定义】

债务人或借款人如果发生下面两种情况之一，那就认为属于违约：

• 银行认为借款人在不收回抵押品（如有）的情况下不会完全偿还贷款。认为借款人不会还款的标志是因借款人信用质量恶化、折价出售债务、已破产或正在申请破产，而将该贷款认定为非生息资产，选择核销、拨备覆盖。

• 借款人逾期超过 90 天或超过其透支限额。在巴塞尔协议Ⅲ中，对房贷的违约定义提高到 180 天逾期，参见 EU（2013）和 PRA（2014，第 4.5.3 节和第 4.5.4 节）。注意：采用这个标准的银行需要设立明确规则来调整逾期时长。例如，如果借款人已经两期逾期，但是还了其中一期的账单，那么规则必须明确这是还的第一次的账单还是第二次的账单。这里我们看到有些先例，当地监管部门对此进行了自己的解读和调整。

当以上两个条件中其一，首次发生时构成违约。

【PD 估计】

协议要求银行将零售贷款根据客户或产品划分成风险同质的贷款池（pool，或贷款桶，bucket）[①]。贷款机构一般采用信用评分方法（见第 3 章和第 4 章）来预测贷款的 PD。在用这种方法对贷款进行分层的时候，协议要求银行考虑借款人的风险特征，例如借款人的人口统计特征，如年龄、职业；考虑各种交易风险特征，如产品、抵押（贷款资产比、周期性、担保等）；还要把逾期贷款和非逾期贷款分开统计。贷款池中的贷款数量需要足够多，使定量计算和损失验证有统计意义。在把借款人分配到某贷款池里时，银行需要评估借款人在经济状况不佳时的偿债能力。这要求在建模时加入宏观经济的协变量，或能够代表经济状况不佳时借款人还款能力的协变量。建模用的数据需要能够代表银行的实际借款人。银行还需要每年检查贷款池里的借款人是否被正确划分。

对每个贷款池，我们需要用至少五年的数据计算每年长期违约率。在介绍具体方法之前，首先我们需要区分两种计算方式：时点（Point in Time，PIT）和时期（Through the Cycle，TTC）。为了便于解释，我们把评分模型写作

$$P(D_{it}=1) = \alpha + \beta_1^T\mathbf{x}_i + \beta_2^T\mathbf{w}_{it} + \beta_3^T\mathbf{y}_t + \beta_4^T\mathbf{u}_{t+1} + \gamma\varepsilon_{it} \tag{11.17}$$

其中，$\mathbf{x}$ 是借款人的特征变量，$\mathbf{w}$ 是行为变量，$\mathbf{y}$ 是可观测的宏观经济变量，$\mathbf{u}$ 是不可观测的宏观经济变量，ε 是异质性因素，i 是账户编号，t 是时期（月份）编号。假定资产

---

① 每个贷款组合称为一个贷款池，每个组合内部按照 PD 段分层的资产称为贷款桶（bucket）。

池里包含预测 PD 在某一区间的借款人，如贷款桶 A 里的 PD 范围是 0.001～0.01，贷款桶 B 中的 PD 是 0.011～0.02，等等。

评级系统会给出一个不随经济周期波动的 TTC PD 预测等级，但是会根据借款人异质风险进行调整。每个借款人都会被划分到具体 PD 的贷款桶中。例如，我们如果把 y_t 和 u_{t+1} 的值固定在经济下行的承压状态下，即使宏观经济走势不佳，预测的 PD，即期望的违约概率，也不会变化，所以每个借款人依然在同样的桶里。但是注意：在经济下行的时候，每个桶里实际发生的违约数量会上升。Heitfield（2005）表明，在这种情况下，向量 x 和 w 的均值不会变。

时点 PIT 预测会根据经济周期和主体异质性的变化而变化，借款人会按照动态变化的违约概率被放到贷款池里。所以，虽然 y 和 u 都是不固定、随时间变化的，但是我们只用它们的当前值。因为预测的违约概率会变化，借款人也会在不同时间被放到不同的桶里。事实上，在经济下行时，借款人的 PD 上升，很多人会从一个分数段调整到更低的分数段。不过，显然每个桶都在发生这种变化，会出现阶梯效应，借款人整体向下迁移。每个桶中观察到的违约率保持不变，因为随着风险较高的借款人离开桶，风险较低的借款人从较高等级进入桶中，结果是每层的客户特征在变，由 Heitfield（2005）给出了证明。事实上，大多数评级系统在这两种方式之间运行（PRA，2013）。

在经济状况从衰退进入繁荣的过程中（见图 11.4），我们能更好地理解这两种评级系统的特点。在图 11.4 中，水平线表示根据定义好的 PD 范围划分的 PD 风险等级（这里假设只有三个风险等级）。在承压条件下的 PD 变化，即 TTC 预测不会随宏观经济而变化，因为只有借款人异质性因素能影响它（即便是非承压 TTC 预测的 PD 也不会变）。然而，PIT 预测的 PD 会因为异质性因素和宏观经济状况而变化。同一个借款人的信用等级在不同的年份中会有变化。

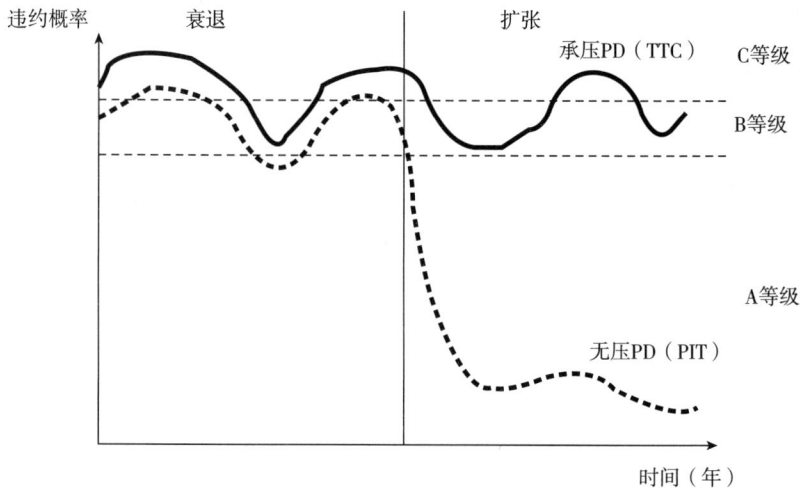

图 11.4 TTC 与 PIC 评级和经济周期

协议提到了三种用来预测每个贷款桶中借款人长期 PD 的大致方法。第一种方法是按照历史数据一年违约率计算每个贷款桶中贷款的平均违约率。第二种方法是运用统计模型来估计每个借款人的 PD，然后分配到某个贷款桶里，按照分配进这个桶里的借款人的 PD 均值或中位数来确定每个桶的违约率。第三种方法主要应用于企业贷款，当风险层级与评级机构的外部评级有关系时，可以采用映射的方法来定级，用外部数据计算入桶贷款的违约率，确定每桶的违约率。

大多数银行使用 PIT 或 PIT 与 TTC 混合的评分系统。现在的问题变成如何将系统预测的 PD 转换为长期平均违约率。一种办法是比例转换法，其中有多种转换方式，但总体思想都是根据几十年的数据计算某等级长期平均违约率与系统计算的最近几年的 PIT 违约率的比率，然后把所有系统预测的违约率根据这个比率进行缩放调整。英国审慎监管局（Prudential Regulation Authority，PRA）指出，在满足条件的前提下，可以使用这个方法来代替估计长期平均违约率（PRA，2013）。这些条件包括：第一，对最初 PD 和后续的转换比率随时间变化的估计需要考虑到违约风险不仅会随经济周期变化，还会随贷款策略（如临界值选取、客户偏移等）变化。第二，银行要能够准确估计在业务基本情况不变，即假定客群的平均质量不变条件下的组合长期违约风险。第三，银行需要使用足够长时间的数据来给出长期违约率的合理估计，这要求数据不仅要覆盖足够长的年限，更要能代表经济周期的波动。第四，银行需要证明转换比率在组合层面适用。第五，银行需要对组合进行压力测试，按照 PRA 的情景分析以 PIT 系统计算在经济下行时的承压 PD。第六，银行需要知道转换比率随时间的变化，以此合理估计长期违约率。PRA 也指出，除了房贷组合，其他零售组合需要积累很长时间的账户数据才能达到第一个条件的要求。对房贷资产组合，PRA 提出一个可以接受的方法，即将组合按照风险因子进行分层，然后估计每层资产的长期违约率。

将组合违约率进行分解的一个办法是按照贷款年龄进行分层，或是根据宏观经济因素来拆分，后者即由 Breeden（2010）提出的双重时间动态方法（dual - time dynamics approach）。还有一个方法是用加入宏观经济变量的生存分析来估计风险，将宏观经济变量设定为下行时的参数（参见 Bellotti 和 Crook，2013，2014）。然而，宏观经济序列中的信息受到数据所代表的时间范围的限制，受限于数据范围的代表性，并且大部分循环信贷产品的数据是处于良性时期的。房贷违约率的数据在较长时期内都有积累，相较于循环信贷更能够观察到经济周期变化的影响。

对企业、主权和银行贷款，估计的基本方法与步骤和零售贷款一致。组合中每类资产都需要划分成同质的资产池或贷款桶。对每层资产给予评级，估计出平均年违约率，需要用到至少五年的数据。在将借款人放进贷款桶时，可以参考评级机构的外部评级，用评分模型来预测，或参考专家经验。国际著名的评级机构有穆迪（Moody's）、惠誉（Fitch）和标普（Standard and Poor's）三家机构。

在使用评级机构的违约率时，银行会遇到额外的问题：第一，每家评级机构对违约的定义不同。例如，在穆迪的系统中，如果以下情况任意之一出现，则会定义为违约：利息和（或）本金没有偿付或延期偿付；债务人破产、被托管或被接收；发行人遭受困境，向债权人提出减少偿债金额以避免违约。在标普的系统中，除了商业纠纷所涉及的商业义务，任何财务义务支付出现违约都会被定义为违约。要使用监管资本计算的评级来计算巴塞尔协议定义的违约，需要经过适当映射转换。第二，每家评级机构的评级方法都是商业机密，不公布细节。不过，评级机构的基本模型都是评分模型，加上定性指标的考虑，如市场竞争环境、管理团队质量等。评级机构一般称它们的信用等级只是参考意见并非违约概率，也指出评级结果是承压 TTC 结果，不随经济周期而变动。事实上，我们经常看到评级结果随着经济周期而变化。

至此，我们还没提到过会计准则的影响。但是，从 2018 年 1 月 1 日开始，银行需要执行 IFRS 9（IASB, 2014）制度，这是国际会计标准理事会（International Accounting Standards Board）提出的新的会计准则。IFRS 9 中的一些规则与巴塞尔协议Ⅲ不匹配，人们普遍认为新会计准则的实施会增加信用风险损失的监管资本，降低银行用于覆盖其他风险的一级核心资本（Core Equity Tier 1，CET1）（见 11.5.2）。在 IFRS 9 框架下，在贷款发放时，就需要估计预期损失，然后加到利率里，贷款 PD 上升，贷款生命周期的预期损失的增加也需要估计，并按照未来 12 个月合理分摊，这个数字会加到拨备中。这意味着贷款 PD 在整个期限内都需要不断监测，它变化幅度的期望值需要在损失的现值中显示，然后和贷款 PIT LGD 和 EAD（均为非承压值）一起估计在未来 12 个月增加的损失金额。

【LGD 估计】

LGD 是在违约后未偿债务中不能回收的部分所占的比例。它是违约暴露中回收率（Recovery Rate，RR）的补集，即 LGD = 1 − RR。协议中说明，损失包括所有经济损失（BCBS, 2006），不仅仅是财务损失，还要包括所有直接损失、间接损失、不能回收的本金，并考虑它们的折现。我们先来看 LGD 如何计算，再讨论如何建模估计。LGD 可以用不同方法来计算。

当借款人违约后，即 90 天逾期后，银行会采取一些行动进行催收，尽力收回债务。这些行动包括写信和打电话。经过一段时间后，银行收到一些现金流，也产生了一些催收成本。清算 LGD（Workout LGD）等于 1 减去名义净流入金额的净现值除以 EAD 得到的值：

$$\text{清算 LGD} = 1 - \left(\frac{\text{PV}}{\text{EAD}} \right), \text{ 其中 PV} = \sum_{t=0}^{T} \frac{R_t - C_t}{(1-r)^t} \qquad (11.18)$$

其中，R_t 表示在 t 年收到的现金，包括本金、费用、利息和处置的资产变现；C_t 表示在 t 年付出的现金，包括诉讼成本、人员开支、设备成本、抵押品评估成本以及间接成本，如办公环境；T 是催收一共经历的时期；r 是根据风险和期限测算的折现率。我们没有规定 T 的长短，它根据资产种类的不同而变化。房贷的 T 平均比循环贷款更长，后者的 T 一般少于一年，因此没有特别的必要去折现。为了计算清算 LGD，银行需要知道每个月收到的金额和时间，以及每项催收活动具体的开支。如果银行决定，超过一段固定时期后，将债务出售给外部机构，售价会构成一部分 R。如果 PV 值大于 EAD，那么净金流的 PV 超过风险暴露，还有利润。如果 LGD 为负，我们会把它设定为 0 （PRA，2013，第 12.1 节）。这是零售贷款最常用的处理方式。

经过一段催收时期，我们可以计算长期违约加权平均损失率，即在长期违约率加权后的平均损失（PD×LGD×EAD）除以 EAD。每层资产 LGD 的计算值不能低于该长期违约加权平均损失率。只要贷款机构认为在违约发生后短期内就能够收回大部分金额，它们也可以不采取折现的方式。

市场 LGD（Market LGD）是对债券等可交易工具使用的 LGD 计算方法。LGD 是债券市场价值在违约后 30 天相对面值的折价比例。市场隐含 LGD（Market-implied LGD）将信用利差（债券利率与无风险债券利率之差）分解为信用风险部分和其他因素部分。

在 IRB（F）法中，LGD 的值由各国监管部门确定。对无抵押贷款，LGD 是 0.45；对次级无抵押贷款，LGD 是 0.75。有抵押的贷款取决于抵押品价值，一般比市场价值更低，因为收回的资产的状况不如平均状况好。在 IRB（A）法中，银行需要对每个贷款估计 LGD；同样，用来计算监管资本的 LGD 需要是承压 LGD。

【建模问题】

在 IRB（A）法中，对企业、主权和银行贷款，协议要求对各个暴露单独估计 LGD。对零售贷款，协议要求银行将贷款分桶，估计每个贷款桶的 LGD。贷款桶可以按照 PD 模型预测的 PD 水平来划分。每个贷款桶中都不能有来自同一个借款人过度集中的贷款。每个借款人的 LGD 都是用模型来预测的。无论是哪种类型的贷款，问题的关键是如何对 LGD 建模。

与预测 PD 一样，我们遇到的建模问题包括模型、样本、变量的选择和 LGD 的分布。这些问题本身是相互联系的。

【模型和分布】

在贷款层面对 LGD 建模的问题在于其分布通常不是单峰的。虽然不同资产的 LGD 相差很大，但通常都是双峰的，集中在两个极值 0 和 1 附近，在中间相对对称，呈现出笑脸形状。例如，Loterman 等（2012）在 6 个数据集（个人贷款、企业贷款、循环贷款、住房贷款等）中找到了 3 个笑脸。Caselli 等（2008）在家庭贷款和中小企业贷款中发现 24% 的 LGD 观测集中在 0 附近，38% 的观测集中在 1 附近。部分研究中没有发现笑脸分布，例如在 Loterman 等（2012）、Gertler 和 Hibbeln（2013），以及 Bijak 和 Thomas（2015）的研究中，LGD 大部分集中在 0 附近。然而，尽管仅有很少量已发表的研究证明了这一点，但 LGD 的分布在不同资产种类间是不相同的。Caselli 等（2008）发现房贷账户的 LGD 平均比消费贷款、特殊贷款、家庭无抵押贷款更低。房贷 LGD 的中位数也显著低于其他家庭贷款 LGD 的中位数。大部分研究实际上是在预测 LGD 的补集，即回收率。我们也对此进行讨论。

我们有两种方法来对 LGD（RR）分布建模：第一，将 RR 转换为容易处理的分布，然后对转换后的结果进行建模估计；第二，直接对分布建模。我们先讨论后者。方法如下。

• 线性回归

我们用最小二乘法（Ordinary Least Square，OLS）来估计线性回归的参数。

$$y_i = \alpha + \beta^T \mathbf{x}_i + \varepsilon_i \tag{11.19}$$

其中，y_i 是贷款 i 的 RR，$\mathbf{x}_i$ 是协变量，ε_i 是误差，α 是常量，β 是参数。在满足残差平方和最小时，我们可以得到参数的估计。

线性回归的一项重要假设是残差项正态分布，协变量是非随机且不变的。但是，因为被观测样本的 RR 分布不是正态的，所以线性回归的残差也不是正态的，不满足正态性假设。因此，我们对上面的残差分布不做假设，也不建议使用最大似然估计。残差不是正态分布并不代表估计出来的参数不满足残差平方和最小。将式（11.19）中的残差平方和写作

$$\sum_{i=1}^{N} \varepsilon_i^2 = \sum_{i=1}^{N} (y_i - \beta^T \mathbf{x}_i)^2 \tag{11.20}$$

将式（11.20）对 β 求导，令方程等于 0，得到 β 的最小二乘估计。为了找到残差平方和最小的解，我们还需要二阶导为正，这要求 $\mathbf{x}$ 矩阵是满秩的（full rank）。如果误差不是正态分布，那么推断统计检验，如 t 检验，不再适用。但是，在预测模型中，我们更关心预测的准确性，而非变量的显著性。

• Tobit 回归

Tobit 模型由 Tobin（1958）提出，适用于当 y 的分布在理论上可以取所有值，但实际上却有上限或下限时，在截断后取该上限或下限，y 的值是截断的。简单表示，我们将 y 的截断值记为 b，观测值记为 y^*。

假定 y 总体呈正态分布，$y_i \sim N(\mu, \sigma^2)$。观测到的值是两部分的混合：当 $y \leqslant b$ 时，$P(y^* = b) = P(y \leqslant b) = \Phi[(b - \mu)/\sigma]$；当 $y > b$ 时，y 的密度是 y^*。根据矩定理（Greene，2012），截断的正态分布满足：

$$E(y^*) = \Phi\left[\frac{b - \mu}{\sigma}\right] \cdot b + \left(1 - \Phi\left[\frac{b - \mu}{\sigma}\right]\right)(\mu + \delta\lambda) \tag{11.21}$$

其中，$\lambda = \dfrac{\phi[(b - \mu)/\sigma]}{\Phi[(b - \mu)/\sigma]}$，$\phi$ 和 Φ 分别是正态分布的密度函数和累积函数。

Tobit 模型表示为 $y_i = \beta^T \mathbf{x}_i + \varepsilon_i$

如果 $y_i \leqslant 0, y_i^* = 0$

如果 $y_i > 0, y_i^* = y \tag{11.22}$

其中，$\varepsilon_i \sim N(0, \sigma^2)$，$\mu_i = \beta^T \mathbf{x}_i$。如果 $b = 0$，代入式（11.21）得到 y_i 的期望值：

$$E(y_i^* \,|\, b = 0) = \Phi\left[\frac{\mu_i}{\sigma_i}\right](\mu_i + \sigma\lambda_i) \tag{11.23}$$

因为 $\mu_i = \beta^T \mathbf{x}_i$，我们有

$$E(y_i^* \,|\, x_i) = \Phi\left[\frac{\beta^T \mathbf{x}_i}{\sigma}\right](\beta^T \mathbf{x}_i + \sigma\lambda_i) \tag{11.24}$$

式（11.24）右边第一项是当 $y > 0$ 时的概率，第二项是当 $y > 0$ 时的期望值。

当我们预测 LGD 时，实际上是去预测 y^* 而非 y。当知道式（11.24）的参数后，给定 **x** 就能预测 y^*。假设 y 服从正态分布，参数 β 可以用最大似然估计得到。我们注意到，参数 β 在等式右边的两部分都存在且相同。可以证明，如果 ε_i 不是正态分布的，两部分的参数估计在统计上不一致（样本量变大时，样本值不趋近总体值）。然而，LGD 通常不是正态分布的，所以这个正态性假设不满足。

- Beta 回归

Beta 分布可以作为一个更加灵活的分布来处理 LGD。如果 y 服从 beta 分布，$y \sim F_{beta}(\mu, \alpha)$，其密度函数是

$$f_{beta}(y;\mu,\alpha) = \frac{\Gamma(\alpha)}{\Gamma(\mu\alpha)\Gamma((1-\mu)\alpha)} y^{\mu\alpha-1}(1-y)^{(1-\mu)\alpha-1}, \quad y \in (0,1) \quad (11.25)$$

其中，Γ 是 gamma 分布；μ 和 α 是参数，$0 < \mu < 1$。y 的期望值是 μ。α 越大，y 的方差越小。μ 和 α 的值不同能得到形状不同的密度函数，包括"U"形的、"J"形的（LGD 集中在 0 附近）和反"J"形的（LGD 集中在 1 附近）。这些都是常见的 LGD 分布。

这里，我们假定 y_i 的密度函数由式（11.25）给出，均值是 μ_i，参数是 α，y_i 的均值由连接函数给出：

$$g(\mu_i) = \sum_{j=1}^{p} \beta_i x_{ij}$$

其中，β_i 是要估计的参数。连接函数有多种形式，普遍使用的一种（Ferrari 和 Cribari – Neto，2004）是

$$\ln\left(\frac{\mu_i}{1-\mu_i}\right) = \sum_{j=1}^{p} \beta_j x_{ij} \quad (11.26)$$

由最大似然估计可以得到式（11.26）的参数，以及每个人的 LGD 期望值。

虽然 beta 分布很灵活，但它的缺点是在估计回收率时，只能定义在 $(0,1)$ 的开区间上，而不能取到 0 和 1。一种解决方案是将 RR 为 0 的值以一个无限趋近零的数来代替，将 RR 为 1 的值以一个无限趋近 1 的数来代替。

- 膨胀 beta 回归

为了解决 beta 分布在 0 和 1 处没有意义的问题，Ospina 和 Ferrari（2010）提出了一个 beta 分布和 Bernoulli 分布的混合模型。它的累积分布是 beta 累积分布和 Bernoulli 累积分布的加权平均，对应的密度函数是

$$f = \begin{cases} \delta(1-\gamma) & \text{如果 } y = 0 \\ \delta\gamma & \text{如果 } y = 1 \\ (1-\delta)f_{beta}(y;\mu,\alpha) & \text{如果 } y \in (0,1) \end{cases} \quad (11.27)$$

其中，δ 是混合分布的权重，γ 是 Bernoulli 分布的参数。

如果 y 的累积密度函数是膨胀 beta 分布，$y \sim F(\delta,\gamma,\mu,\alpha)$，其中 F 是累积密度函数，我们可以证明 $P(y=0) = \delta(1-\gamma)$ 和 $P(y=1) = \delta\gamma$，即式（11.27）中的前两项。另外，Ospina 和 Ferrari（2010）还证明，y 的期望是

$$E(y) = \delta\gamma + (1 - \delta)\mu \qquad (11.28)$$

估计了参数 μ、α、δ 和 γ 后，代入式（11.28），我们能计算 y 的期望值，也就能得到 RR 和 LGD 的预测值。

Yashkir 和 Yashkir（2013）利用这个模型预测 $y = $ LGD，假设了一个连接函数：

$$\ln\left(\frac{P(y_i = 0)}{1 - P(y_i = 0)}\right) = \beta_0 + \beta^T\mathbf{x}_i \qquad (11.29)$$

当 $y_i = 1$ 时，对于参数 μ_i 和 α_i 有相似的表达形式，即在式（11.29）中替换 $y_i = 0$ 为 $y_i = 1$，且在估计时有唯一对应的一组参数。式（11.29）可以用最大似然法估计参数，然后根据每个借款人的特征，可以计算 $y_i = 1$ 时的 δ_i、γ_i 和 μ_i，代入式（11.28），得到 LGD（或 RR）的期望值。

- 决策树

Bellotti 和 Crook（2012）用分步法来估计 LGD。首先，在第一阶段预测 LGD 是否等于 1。如果预测时有不等于 1 的 LGD，则在第二阶段将其分类为 LGD 是否等于 0 的组。在第三阶段，如果 LGD 不等于 0，那么用回归方法来估计 LGD。在 Bellotti 和 Crook（2012）的研究中，他们在第一和第二阶段都采用了逻辑回归，第三阶段采用线性回归。不过，在前两个阶段，也可以使用其他算法来估计分类器，如神经网络或 SVM。LGD 的预测值是以下公式给出的 3 个子模型的期望：

$$E(\text{LGD}_i) = (1 - P_{1i})(1 - P_{0i})\hat{L}_i + P_{1i} \qquad (11.30)$$

其中，P_{1i} 是第一阶段中 LGD$_i$ = 1 的概率，P_{0i} 是第二阶段中 LGD$_i$ = 0 的概率，$\hat{L}_i$ 是线性回归得到的 LGD 期望值。

- 比例 logit/probit 回归

式（11.26）中的对数比率转换有一个缺点是不适用于 RR = 0 或 RR = 1 的情况，因为 $\ln[\text{RR}_i/(1 - \text{RR}_i)]$ 在 RR 趋近 0 或 1 时趋近无穷。改进办法是用逻辑函数来确定 RR 的期望值：

$$E(\text{RR}_i \mid \mathbf{x}_i) = \frac{\exp(\beta^T\mathbf{x}_i)}{1 + \exp(\beta^T\mathbf{x}_i)} \qquad (11.31)$$

或用比例 probit 函数：

$$E(\text{RR}_i) = \Phi(\beta^T\mathbf{x}_i) \qquad (11.32)$$

这个函数可以用非线性最小二乘法来估计，但是从统计上看效果不好。因此，Papke 和 Wooldridge（1996）提出用准似然法代替非线性最小二乘法来估计参数。

- 支持向量回归

由于线性回归中的误差项在参数估计时是平方值，因此异常值对参数的估计有较大影响。支持向量回归（Support Vector Regression，SVR）可以用来解决这个问题。它限制了异常值在名义噪声模型中对准确性降低幅度的最大值，这被称为极小极大化过程（Minimax Procedure）。如果模型最开始有关于原点对称的噪声函数，那么极小极大的解可以让绝对误差代替平方误差来达到最小化。由这个原理，我们考虑经验风险函数：

$$L_\varepsilon = \begin{cases} |f(w,x) - y| - \varepsilon & \text{如果} f(w,x) - y \geq \varepsilon \\ 0 & \text{其他} \end{cases} \tag{11.33}$$

其中，$f(w,x)$ 是预测值，ε 是误差项。在 SVR 中，我们使所有样本上的误差均值最小，即我们只关注误差超过某个值 ε 后的绝对误差，不考虑其他误差。为了加深理解，我们进一步在图 11.5 中分析。

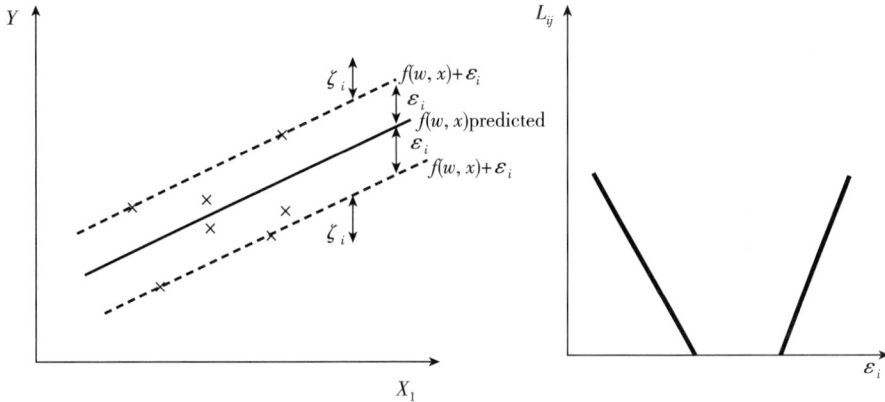

图 11.5　支持向量回归

如果因变量 Y 和自变量有如下函数关系：

$$y_i = f(\mathbf{w}, \mathbf{x}) \tag{11.34}$$

在图 11.5 左边，平行的直线离我们要找的直线的距离是 ε，后者是 $f(w,x)$ 预测得到的那根实线。两根平行线形成了一根 "数据空管"（data tube）。在 SVR 中，我们不关心观测值 y_i 离预测直线的较近距离，只关注当这个距离超过 ε 时的那些值。我们的目标是找到这个 "数据空管" 的最窄直径，同时使式（11.33）的函数达到最小。这个空管的半径是 $0.5 \parallel \mathbf{w} \parallel^2$。所以，我们要找到 $\mathbf{w}$，使正规化的风险函数达到最小：

$$R = C \frac{1}{N} \sum_{i=1}^{N} L_\varepsilon + 0.5 \parallel \mathbf{w} \parallel^2 \tag{11.35}$$

管道越窄，预测模型越不复杂，我们可以直观地认为较窄的管道是由较差的模型造成的（Awad 和 Khanna，2015）。

式（11.34）的函数形式限制了 $\mathbf{w}$ 的选择。我们可以将它拓展成非线性的表面，记为

$$y_i = \mathbf{w}^T \varphi(\mathbf{x}_i)$$

其中，$\varphi(\mathbf{x}) = [\varphi_0(\mathbf{x}), \varphi_1(\mathbf{x}), \cdots, \varphi_m(\mathbf{x})]^T$，$\mathbf{w}$ 是列权重向量。它把输入特征转换到高维空间（核空间，参见第 4 章的支持向量机），在高维空间中估计线性方程，再转换回原特征空间。

从图 11.5 中我们看出，预测值与观测值的距离是 ε 与 ζ 之和。注意：在式（11.33）中，$|f(w,x) - y| - \varepsilon$ 等于 ζ。将它代入式（11.35），重写优化问题的目标函数和限制条件：

$$\min R_{reg} = C \sum_{i=1}^{N} (\zeta_i + \zeta_i^*) + 0.5 \parallel \mathbf{w} \parallel^2$$

$$\text{s. t.} \quad y_i - \mathbf{w}^T \varphi(\mathbf{x}_i) \leqslant \varepsilon_i + \zeta_i \tag{11.36}$$

$$\mathbf{w}^T \varphi(\mathbf{x}_i) - y_i \leqslant \varepsilon_i + \zeta_i^*$$

$$\zeta_i, \zeta_i^* \geqslant 0$$

在 SVM 中，我们可以用拉格朗日乘数找到式（11.36）的 KKT 解（Karush – Kuhn – Tucker），然后找到对偶解，其中包括 $\mathbf{x}$ 的核函数。在 SVM 中，任何满足 Mercer 条件的核函数都可以使用（详情参见 Smola 和 Scholkopf，2004）。

因为在一定范围中误差不参与参数估计，所以这个模型比所有误差参与估计从而影响参数的模型更加稳健。

- RR 转换

另一种方法是将 RR 进行转换，把转换后的 RR^* 作为因变量用到 OLS 等模型中。在这里，我们有 beta 转换，（用最大似然）寻找最能拟合 LGD 分布的参数值 α 和 μ，然后将回收率转换到近似的正态分布 $\text{RR}^* = \Phi^{-1}(f_{beta}(\text{RR}, \alpha, \mu))$。我们还有 logit 转换和 probit 转换。logit 转换的公式是 $\text{RR}^* = \ln[\text{RR}_i/(1 - \text{RR}_i)]$，probit 转换的公式是 $\text{RR}^* = \Phi^{-1}\left(\dfrac{\mid [i: R_i \leqslant \text{RR}] \mid}{N}\right)$，其中 R_i 是观测到的回收率。

【样本和变量选择】

一般来讲，我们会将账户层面的申请数据、行为数据和征信数据纳入零售贷款的 LGD 模型。巴塞尔协议要求使用 LGD 的承压值。为了达到这个要求，我们可以在模型中加入宏观经济变量，如 Bellotti 和 Crook（2013）、Leow 等（2014）。不过，行为特征变量和宏观经济变量很可能相关，只让宏观经济变量承压，而不调整行为特征也许并不能充分反映经济承压时的情形。

在对企业贷款 LGD 建模时，我们一般用到三组协变量：（1）贷款特征，如贷款金额、抵押品质量、优先级、期限、现金抵押的比例、抵押品原始价值；（2）债务人特征，如公司年龄、公司性质、地理位置、利润率、负债率、股价回报率、Z – score、是否有多笔贷款、资产净值；（3）行业特征，如行业历史 LGD、平均违约距离、行业类别、平均回报率。相关研究的例子见 Dermine 和 de Carvalho（2005）、Grippa 等（2005）、Acharya 等（2007）、Hamerle 等（2006）、Dwyer 和 Korablev（2009）。

在企业和零售贷款 LGD 模型中，将违约概率以某种形式纳入模型很重要，因为 LGD 普遍与 PD 正相关。我们可以将估计的 PD 作为协变量加入模型，或者通过联合估计两个模型来完成（Rosch 和 Scheule，2006）。

LGD 模型是建立在已经违约的贷款样本上的，同时估计这部分贷款未偿还的余额所占的比例的分布。根据定义，这个预测是建立在违约的条件下的，即只考虑违约贷款的情况。建立在违约样本上的参数化模型能够给出当贷款违约后损失比例的无偏估计。LGD 不应用在非违约贷款上，所以我们不会把 LGD 的分布参数估计应用到所有贷款上，因此在违约样本上建立 LGD 模型不会造成样本偏差。

预测需要在事件前 12 个月进行，所以任何协变量都需要滞后 12 个月。英国监管部门接受更短的滞后期来计算经济资本，但是不能用此来计算监管资本（PRA，2013）。

协议要求主权、企业和银行的 LGD 数据覆盖至少 7 年的一个完整经济周期。对零售贷款，至少需要 5 年的数据。这意味着银行需要以一致的方式保存 LGD 数据至少那么长的时间，当标准不一致时还需要对数据进行校正。这时，如果违约定义发生了变化，就会造成一些麻烦，例如信用卡的账单最低还款比例经常发生变化，会决定某账户是否在当期逾期。对此，解决办法是按照一定的最低还款比例重新建立 PD 和 LGD 模型。

【抵押贷款的 LGD 建模】

如果贷款有抵押，然后借款人违约了，贷款机构可以采取几种行动。首先，它们可以重新协商条款，典型的包括展期或提高利率，还可以出售债权或变卖收回的抵押品。在住房抵押贷款上，通常变卖房产足以支付余额，在很多国家，多余的部分还会退还给借款人。如果回收金额不足以支付余额，部分余额就损失掉了，这就是 LGD。尽管如此，大家普遍认为，违约房产的市值一般低于普通类似房产的市值，因为违约房产很可能没有受到良好的维护。因此，收回的房产的价值会显著低于房贷时的评估价值，这部分差值我们一般称为"折价率"。

因为预测需要提前 12 个月进行，因此需要提前 12 个月预测被收回的违约账户的比例，同时计算平均折价率。我们可以加入随时间变化的协变量，滞后 12 个月，或者加入相关变量，并在未来 12 个月分别预测其价值。

我们能够找到一些研究美国和英国房贷 LGD 的已发表论文。虽然它们对 LGD 的定义不太一样，但是一致的结果是贷款价值比（Loan to Value，LTV），特别是当前 LTV（Current LTV，CLTV）很重要。近期美国的研究包括 Pennington – Cross（2003）、Calem 和 La Cour – Little（2004）、Qi 和 Yang（2009），他们都发现 CLTV、房产金额、年龄是重要的协变量，并且在其中两篇研究中的当地收入中位数也是重要的协变量。

Leow 和 Mues（2012）、Leow 等（2014）用了英国的数据进行建模，发现英国房贷折价率分布接近于正态，折价率均值在考虑了违约概率和区域房产价值后呈现倒"U"形。他们用 OLS 对折价率进行建模，发现最初 LTV、是否有违约史、贷款年龄、房产价值与区域均值比、房产类型、地理位置都是显著的预测变量。他们还估计了收回概率的模型。宏观经济变量的预测能力往往很有限。最后，他们计算了违约后条件预期损失：

$$E(L|D) = E(S|R) \cdot P(R|D) \cdot V + k \cdot (1 - P(R|D))$$

其中，L 是损失，S 是差额比例，R 是强制收回，k 是强制收回失败导致的损失，V 是房产估值。

为了计算承压 LGD，我们需要将宏观经济变量的承压值代入模型。例如，在英国，PRA 要求在房价从近期高点下跌 40% 时计算承压 LGD（PRA，2013）也要考虑别的因素。

【相关表现】

表 11.3 展示了不同类型的转换方式和模型的预测结果，表 11.3（a）是无抵押贷款，表 11.3（b）是有抵押贷款。这些研究在协变量选择、数据集、LGD 的具体定义上都有所不同，所以无法在不同的研究之间直接对结果进行比较，不过在同一篇文章中能够比较。然而，各个研究的结论很不一致。Bellotti 和 Crook（2012）、Gurtler 和 Hibbeln（2013）发现不加转换的 OLS 模型最准确，Matuszyk 等（2010）发现两阶段模型最好，而 Loterman 等（2012）发现神经网络作为单独模型，或用在两阶段模型中表现都很好。在有抵押贷款研究中，Leow 和 Mues（2012）发现在考虑了折扣模型和收回模型后，两阶段的 OLS 模型最准确；而 Loterman 等（2012）发现 beta 回归模型表现最佳。显然，这里还需要大量的研究。

表 11.3

（a）无抵押零售贷款的 LGD 预测表现

	Bellotti 和 Crook (2012)		Matuszyk 等 (2010)		Bijak 和 Thomas (2015)		Gürtler 和 Hibbeln (2013)		Loterman 等 (2007)	
	信用卡		个人贷款		个人贷款		零售贷款		循环借款	
	MSE	R²	MSE	R²	MSE	R²	MSE	R²	RMSE	R²
1 Stage：										
OLS	0.151							0.345	0.348	0.441
Tobit	0.163									
LSSVR									0.332	0.492
NN									0.330	0.497
Beta reg									0.378	0.341
B + OLS	0.166								0.374	0.353
L + OLS	0.175									
B + Tobit	0.188									
2 Stage：										
L + OLS	0.221		0.134		0.143			0.595	0.347	0.446
Bayes					0.245					
L + B + OLS	0.192		0.083						0.355	0.418
O + NN									0.330	0.497
L + Log + OLS			0.135							

（b）有抵押零售贷款的 LGD 预测表现

	Leow 和 Mues（2012）		Qi 和 Yang（2009）		Loterman 等（2012）	
	MSE	R^2	MSE	R^2	RMSE	R^2
1 Stage：						
OLS	0.026	0.233		0.610	0.161	0.235
LSSVR					0.152	0.323
NN					0.147	0.363
Beta reg					0.166	0.464
B + OLS					0.162	0.227
2 Stage：						
OLS Hct + Log Repossession	0.025	0.268				
L + OLS					0.162	0.227
OLS + NN					0.147	0.361
L + Beta reg					0.157	0.278

注：只有 Bellotti 和 Crook 加入了宏观经济变量，Loterman 等还考虑了很多其他算法的组合。1 stage：一阶段模型，2 stage：二阶段模型，L：逻辑回归，LS：最小二乘，OLS：线性回归，SVR：支持向量回归，B：beta 回归，Log：log - normal，NN：神经网络。

【EAD 估计】

EAD 是在贷款违约时债务人的总的期望暴露。对零售贷款，EAD 需要在银行的表内和表外贷款上都进行估计。表外贷款包括那些银行承诺但是还没有发放的贷款，如，贷款授信（对循环信贷账户、运营资本账户等信用账户）或信用证（第三方可以从银行那儿获得一定限度内的卖方支付承诺凭证）。如果客户借款金额不确定，如对信用卡，银行需要计算客户可能会使用的期望金额。因为 EAD 对宏观经济状况很敏感（Leow 和 Crook，2016），银行需要采用长期违约加权平均 EAD，即经济下行条件下的 EAD。通过在模型中加入宏观经济变量，或者用其他模型检查 EAD 在经济周期中的周期性波动，可以对经济下行的 EAD 作出预测。用来预测 EAD 的数据需要覆盖一个经济周期，至少 5 年。英国 PRA 要求银行表明它们对宏观经济周期对违约暴露的理解和分析。

EAD 预测与 LGD 预测的不同在于，在违约时，EAD 已知，而 LGD 未知。对有明确还款安排的固定期限贷款（房贷、消费贷）的 EAD 预测，实际上是对借款人何时违约预测的一部分。第 5 章介绍的生存分析模型可以解决这个问题。循环信贷产品的 EAD 预测却比较困难，因为借款人有自主权选择借多少钱和还多少钱，同时信用卡在首次发卡后还可能提高额度。这里，我们集中讨论信用卡的 EAD 预测。

行业中，我们有三种常用的预测信用卡 EAD 的方法。它们都建立在计量经济学的模型上先预测比率，经过转换后得到 EAD 的预测。这些比例的定义见表 11.4，每种方法都有优点和缺点。预测信用卡 EAD 最大的困难在于每期账单余额的变化非常大。但是，采用这些比例后，变化没有 EAD 金额那么大，所以用时刻 $t-12$ 的已知信息预测这些在时刻 t 相对稳定的比率更好，我们能得到 EAD 更好的估计。

表 11.4 信用卡的 EAD 预测

方法	因变量	EAD 预测
CCF	$\mathrm{CCF}_t = \dfrac{\mathrm{Balance}_t}{\mathrm{Balance}_{t-12}}$	$\mathrm{EAD}_t = \mathrm{CCF}_t \times \mathrm{Balance}_{t-12}$
EADF	$\mathrm{EADF}_t = \dfrac{\mathrm{Balance}_t}{\mathrm{Limit}_{t-12}}$	$\mathrm{EAD}_t = \mathrm{EADF}_t \times \mathrm{Limit}_{t-12}$
LEQ	$\mathrm{LEQ}_t = \dfrac{\mathrm{Balance}_t - \mathrm{Balance}_{t-12}}{\mathrm{Limit}_{t-12} - \mathrm{Balance}_{t-12}}$	$\mathrm{EAD}_t = \mathrm{LEQ}_t \times (\mathrm{Limit}_{t-12} - \mathrm{Balance}_{t-12}) + \mathrm{Balance}_{t-12}$

CCF 模型的缺点是它没有用到额度的信息。额度其实很好预测，因为银行内部本身就有定额模型。另一个问题是当前余额可能为零，在这种情况下 CCF 严格未定义，但实际上它被设置为等于零。EADF（Exposure at Default Factor）模型的缺点是同样的EADF 其实可能会代表借款人非常不同的行为。例如，当借款人出现可能违约的态势，余额可能会上升，同时额度可能被调低。还有可能余额升高时，额度提高比余额提高慢。所以，在违约暴露相同时，对应的 EADF 比率很可能不同。LEQF（Loan Equivalent Factor）模型要求在预测时已知额度和余额，但同样因子的值可能会对应不同的借款人行为。此外，如果借款人已将余额扩展到其限额，则分母接近零，这在计算上会出现问题。实际上，违约贷款账单余额普遍接近其信用额度，这意味着 LEQ 比率对这些变化非常敏感，使预测更加困难。

从原理上讲，这三个比率的最小值都应该是零，但没有最大值。很多情况下，违约时的余额会超过额度，一部分原因是滞纳金和循环利息被加在了余额中，另外可能还有其他原因。

这三个比率的分布都不相同。三个比率基本上都不是对称分布的，它们向左或向右偏。我们有一些计量经济学模型来预测这些比率，包括线性回归、tobit 模型、probit转换和分位数回归、广义线性模型（beta 或 logit 函数作为连接函数）等，可以参见Leow 和 Crook（2015）、Barakova 和 Parthasarathy（2013），以及 Qi（2009）。这些比率对异常值都很敏感，零值问题也时常发生，需要进行缩尾处理（Liao 等，2016），或者去掉极端值后再进行建模。

协变量也有一些方法进行转换。Yang 和 Tkachenko（2012）主张使用证据权重转换，将协变量分成各个区间，然后用每个区间的证据权重值来代替原始值。

关于 EAD 预测的研究越来越多，也引入了很多新颖的方法，包括加入额度和余额以及余额超过额度的概率的混合模型（Leow 和 Crook，2015）。我们很难说哪个模型更好，不过混合模型和 EADF 模型表现都不错。另外，研究企业贷款 EAD 的文献要多一些，不过其变量的预处理与信用卡的 EAD 模型有很大不同。

巴塞尔协议对预测 PD、LGD、EAD 提出了一些要求。银行需要说服监管部门它们的模型有很强的预测能力，使用了较为合理的解释变量，并且在统计上是无偏的。银行必须对数据进行规律的监测，检查数据的准确性和完备性。银行还需要证明训练样本对贷款组合的代表性。银行还必须提供相应的人工审核流程，确保模型无偏，还要对模型进行常规验证，查看各种模型假定的关系是否稳定、预测能力是否下降、稳定性是否良好。

11.4.4 支柱 2

支柱 2 要求对风险模型进行监督审查。支柱 2 的理由是支柱 1 在集中度风险上缺乏灵活性。另外，支柱 1 也没有关注利率风险，支柱 1 的正确使用也需要银行高管层的介入。支柱 2 就是为了解决这些问题，协议认为银行面临的风险不仅取决于各种模型参数，还取决于对这些模型的监测和管理质量。支柱 2 有四个原则。

原则一是每个银行需要建立一套体系来决定如何确定资本充足率，这需要结合自己的风险资产特征来考虑，每个银行要有保持充足资本的策略。每个银行需要接受内部资本充足率评估流程（Internal Capital Adequacy Assessment Process, ICAAP）。监管部门对 ICAAP 有几个方面的期望：第一，需要受到董事会和管理层的重视，管理层负责解读风险性质和风险水平。第二，需要有健全的资本评估方法，有成文的规定和操作办法对风险进行识别、测量和报告，有资本与风险的对应关系，有资本充足的明确目标，重视风险和内控。第三，对风险，包括信用风险、操作风险、市场风险、利率风险和流动性风险，要有全面的评估。第四，需要有内部检查、内部审计和外部审计，保证内部流程合规。

原则二是监管部门必须常规性地评估银行在资本充足率方面的流程及其合规性。监管者需要进行现场和非现场的检查，包括模型假设、计算过程、压力测试、管理质量、信息系统等。

原则三是监管部门期待银行按照协议要求保证最低资本充足率。如果银行持有的资本低于最低要求，监管部门有权要求银行提高资本水平。

原则四是监管部门在发现银行资本朝最低要求变化时需要及时干预，一旦低于最低要求，立即要求整改。

在支柱 2 下，监管者也可以检查银行是否在支柱 1 下进行了压力测试。银行需要采取有效措施，对集中度风险进行监控。

11.4.5 巴塞尔协议 II 的效果

相对于巴塞尔协议 I，巴塞尔协议 II 的优势明显。巴塞尔协议 II 提出了对操作风险和市场风险的资本要求。新资本协议对组合风险更敏感，对风险管理、模型和数据的质量有要求。例如，巴塞尔协议 I 对所有私营部门的资产和所有房地产都采取

100%的风险权重。不过，新资本协议仍然存在一些问题。

首先，风险权重公式没有考虑风险分散的好处。例如，有两个资产组合，其一的暴露是 100 元，只有一笔贷款，LGD 是 45%，期限 2.5 年，一年 PD 是 0.01；其二的暴露是 100 元，每笔贷款 1 元，共 100 笔贷款，它们的 LGD 都是 45%，期限 2.5 年，一年 PD 是 0.01。这两个组合的 RWA 相等。债务人的贷款金额相关性越低，组合收益的方差越小，风险越小。

巴塞尔协议 II 没有考虑风险集中度的影响。RWA 的公式即式（11.11）是从 ASRF 模型导出的，它假定组合中包括无穷多个借款人，且没有太大贷款集中在某个借款人身上或集中在某个地区。Gordy 和 Lutkebohmert（2007）、Emmer 和 Tasche（2004）以及 Pykhtin（2004）提出调整后的 VaR_q 方程，即式（11.10），适用于非无限切分的贷款组合。

RWA 的公式依赖于 VaR_q 的估计，但 VaR_q 本身有缺陷：其一，当两个组合放到一起时，VaR 不是一个合适的衡量风险的指标。联合组合的 VaR_q 不一定比单独两个组合 VaR_q 之和更小。VaR_q 本身没有考虑风险分散带来的好处。

VaR_q 没有考虑损失的大小，而是关心损失的概率 $1 - q$。当损失分布是厚尾时，问题会很严重，而信贷组合的损失通常是厚尾。用期望损失（Expected Shortfall，ES）能够给出损失的大小，即当损失大于 VaR_q 时的损失均值，但它并没有被加到 RWA 的公式里，协议也没有对银行的流动性风险提出要求。

对巴塞尔协议 II 的其他批评在于它对不同银行未采取统一要求。这表现为几种形式：第一，虽然所有银行适用的公式一样，但是每个国家面临的风险水平不一样。例如，不同国家的房价周期不一样，零售业务发展也不一样，有些国家的净储蓄率为正，而有些国家为负。第二，我们还看到有对 RWA 公式（11.11）的批评。因为它是建立在 Merton 模型基础上的，对零售贷款如信用卡和个人贷款，资产本身不带来收益。这时，我们只能把资产收益率当作一个隐变量。第三，协议中规定的资产收益率的相关系数在所有时期和地点在循环贷款和住房贷款上是固定的。但是，数据表明，它们在某些贷款上变化很大（Crook 和 Bellotti，2012；Rosch 和 Scheule，2004）且和 PD 相关。国际清算银行从来没有披露过对此的校准分析。第四，RWA 是逆周期的，当经济下行时，公司和个人有较大可能违约，PD 上升，RWA 提高。协议要求银行准备更多资本。但是，在经济下行时，银行筹集资本的能力也下降，银行股价降低，与其发行股票融资，不如减少放贷。这使企业更容易陷入财务困境，导致更多违约，加剧了经济危机。第五，PD 的相关性、拨备政策、PD 分级过程也会影响 RWA。很多银行采用 PIT 方式，它比 TTC 更顺周期。

11.5　巴塞尔协议 III

很多监管部门和中央银行都担心巴塞尔协议 II 无法有效应对冲击，并且它也没有阻止 2007—2008 年国际金融危机的发生，尽管事实是当时巴塞尔协议Ⅱ仅在少数几个国家开始实施。他们也注意到以上谈到的缺点，希望加强资本要求和风险管理，所以巴塞尔委员会在 2010 年后推出了一系列巴塞尔协议Ⅱ的补充要求（BCBS，2010，2013，2014，2015）。少部分是对巴塞尔协议Ⅱ的更改，大部分是补充提出的新要求。这些补充条款构成了巴塞尔协议Ⅲ，引入欧盟国家的 CRD Ⅳ（*Capital Requirements Directive IV*）。这些一起构成了《资本要求规定》（*Capital Requirements Regulation*，CRR）（EU，2013）和《资本要求指引》（*Capital Requirements Directive*，CRD）（EU，2013）。我们把变动的条款综述如下，并且依然集中关注信用风险。很多国家直到 2019 年才完全执行巴塞尔协议Ⅲ。

11.5.1　监管资本定义

有人认为，在危机中的银行的优质资本往往不足，在不同的制度下，资本定义也不一样。巴塞尔协议Ⅲ因此提高了来自权益的资本比例，同时对能够纳入资本的项目进行了更为准确的定义。巴塞尔协议Ⅲ中的监管资本定义为

监管资本 = 一级普通权益资本 + 其他一级资本 + 二级资本

其中，一级普通权益资本（Common Equity Tier 1，CET 1）与巴塞尔协议Ⅱ中的大部分相同，包括普通股本、盈余公积、留存收益、已披露的风险准备，减去商誉。

其他一级资本包括其他合格的资本工具及其溢价和子公司发行的资本工具。

二级资本包括优先级低于存款、5 年后可赎回的债券、二级资本工具及其溢价、子公司发行的资本工具加监管调整。

不同于巴塞尔协议Ⅱ，巴塞尔协议Ⅲ中没有三级资本。

但是，巴塞尔协议Ⅲ的 CET 1 至少要占风险加权资产的 4.5%，然后才能加到资本留存缓冲（Capital Conservation Buffer）中，以及资本（CET 1 和一级补充资本）需要占 RWA 的至少 6%，总资本至少要大于 RWA 的 8%（不变）。这些变化从 2013 年 1 月 1 日起分阶段实施，到 2016 年 1 月全部完成。

11.5.2　资本留存缓冲

这个设置是让银行在正常或乐观情况下计算的最低资本要求之上建立起一个缓冲资本，以便银行即使在亏损和资本减少的情况下，仍能保持最低资本金。这个缓冲在发生损失时会减少，银行也许需要分配更多的收益部分增加缓冲资本，例如降低自由支配部分（分红和员工奖金）或增发股票。

监管要求每个银行在最低监管要求 CET 1 占 RWA 的 4.5% 之上，另外加上 RWA 的 2.5%。CET 1 降低到 4.5% 以下时，银行必须保留收益的一部分比例来补充资本。这个比例越高，CET 1 占 RWA 的比例越低。具体的比例展示在表 11.5 中，这些安排从 2016 年 1 月 1 日至 2019 年 1 月 1 日分批进行。

表 11.5　资本留存标准　　　　　　　　　　　单位:%

CET 1/RWA	留存比例
4.5~5.125	100
>5.125~5.750	80
>5.750~6.375	60
>6.375~7.000	40
>7.000	0

资料来源：BCBS（2011）。

11.5.3　逆周期缓冲

如果在经历了信贷快速扩张期后，经济转向衰退，违约率上升，银行损失会变大。基于银行信贷与实体经济的相互联系，资本降低会减少贷款，增加的违约会减少消费需求（见第 10 章）。这会导致经济产出降低，家庭和企业部门更难以还款；恶性循环将会产生。逆周期缓冲（Countercyclical Buffer）是指当累积的信贷增长很大时，很可能导致系统性的违约和后续实体经济转向，监管部门可能会采取措施，提高 CET1 作为缓冲，最高增加到 RWA 的 2.5%。这是在其他资本要求之上的额外要求，且要来自核心权益。如果银行不遵守，监管部门可以要求银行限制分配，用留存收益来凑成这部分权益。监管部门在观察到系统性风险降低时，可以减少这部分权益要求。逆周期缓冲操作也是在 2016 年 1 月 1 日至 2019 年 1 月 1 日分批进行。

11.5.4　杠杆比率

巴塞尔委员会认为金融危机的原因之一是银行表内和表外杠杆过度增加，尽管很多银行看起来似乎持有符合巴塞尔协议 II 规定的监管资本。在危机中，金融机构被迫减少风险敞口，从而降低了需求，使股权价值减少，导致资本不足，不得不减少贷款。为了防止这种情况再次发生，巴塞尔协议 III 引入了简单的关于杠杆比率（Leverage Ratio）的非风险资本要求，要求银行至少保持最低的杠杆比率，定义为

$$杠杆比率 = 一级资本 / 暴露$$

其中，暴露是所有表内暴露、衍生品暴露、证券交易暴露和表外暴露（如担保、授信、信用债）的会计价值。巴塞尔委员会在 2017 年 1 月之前试用了 3% 的杠杆比率最低要求，在 2018 年 1 月后，这个杠杆比率由支柱 1 计算，详见 BCBS（2014）。

11.5.5　流动性覆盖率和净稳定资金率

2008—2009 年，很多银行都极度缺乏短期内以合理价格变现能力强的流动性资产。为了防止这种情况再次发生，巴塞尔委员会发布了指导意见，加强流动性风险的管理（BCBS，2008）。巴塞尔委员会还引入了两个新的要求：流动性覆盖率（Liquidity Coverage Ratio，LCR）和净稳定资金率（Net Stable Funding Ratio，NSFR）。

【LCR】

LCR 的要求（BCBS，2013）是为了保证银行有充足的高流动性资产（High - quality Liquid Assets，HQLA）储备。HQLA 是那些可以在不动资产进行折价出售的前提下在短期内转换成现金的资产，使银行在面对流动性危机时，能够满足 30 天的流动性需求。银行需要将 LCR 保持在至少 100%，LCR 定义为

$$LCR = HQLA/未来 30 天的现金净流出$$

HQLA 是低风险的资产，能很快变现，不确定性小，与风险资产的相关性很小（所以不能包括其他金融机构的资产，因为当银行自身流动性不足时，其他银行的流动性也不足），同时能在成熟的交易所交易。总 HQLA 包括一级 HQLA 和二级 HQLA，后者不能超过总 HQLA 的 40%。一级 HQLA 包括硬币和钞票，中央银行储备，来自国家、中央银行、BIS、IMF 等的可交易债券，等等。二级 HQLA 包括折扣 15% 后的来自国家、中央银行的可交易证券，折扣 50% 的住房抵押贷款支持证券，一级某些企业债券。

监管部门要监测银行的 LCR，同时考虑预期宏观经济状况的影响。如果银行 LCR 低于 100%，会被要求提出如何恢复 LCR 的计划。监管部门可以要求通过减少暴露来降低流动性风险。

【NSFR】

NSFR 的要求是保证银行未来一年在面对危机的情景下都有稳定的资金来源。这种情景包括银行客户和投资者知道银行营利性降低、偿债能力不足，或信用等级下降后可能产生的投资者出售股份、银行资本减少储户提款等情况。NSFR 的定义是

$$NSFR = 可得稳定资金额 / 要求的稳定资金额$$

NSFR 应当至少不低于 100%。稳定资金包括在银行承压时各类资本之和、期限一年以上的优先股、期限一年以上的债务、能保留在银行一年以上的存款。要求的稳定资金额取决于银行资产的流动性特征和银行的经营活动。

11.5.6　监测工具

巴塞尔协议Ⅲ引入了很多新的监测工具。每家银行都需要向监管部门报告以下内容：

- 期限错配。期限错配即现金和债券流入和流出的期限日期不匹配。这能帮助银行分析它的流动性需求，我们假设流出都发生在最早可能的日期。
- 资金集中度。银行要识别批发资金源占据总资金源的比例是否很大，如果它被撤回，银行会陷入流动性危机。例如，银行资产负债表上有某交易对手的账户超过 1%。
- 可得的无阻碍资产。如果可以的话，它能被用来提高 HQLA，不过需要对它的金额进行检测。
- 以主要货币计算的 LCR。监管需要注意，当某货币的负债比例超过总负债的

5%时，汇率变动可能显著影响负债大小。

11.6　压力测试

压力测试（Stress Testing）考虑严重且有可能发生的事件（PRA，2013，CP5/13，p. 39），主要包括但不仅限于宏观经济的变化对资产、负债和资本充足率对单个银行与银行系统造成的冲击。前者被称为微观压力测试，后者被称为宏观压力测试。本节我们介绍微观压力测试。压力测试是支柱 1 和支柱 2 要求的内容。

巴塞尔协议 II 的支柱 1 要求每家银行评估在遭受中等衰退情景下的影响，例如连续两个季度没有增长对 PD、LGD、EAD 的影响。对情景的描述有如下变化：银行需要考虑担保人和债务人违约的影响，考虑外部和内部评级机构给出的资产等级的迁移。监管部门需要对如何进行压力测试给出指导。

在支柱 2 中，需要进行压力测试，以便监管部门评估银行的决策者是否严谨，是否有严格的流程来帮助他们理解他们正在承担的风险以及需要持有的资本金。完善这个过程依赖于董事会和高管层的重视、健全的资本金计算方法、详尽的风险评估、有监测和报告制度，以及内控审查过程。

以英国银行为例，他们在巴塞尔协议 II 和 CRD IV 的框架下需要满足由 PRA 规定的 ICAAP（PRA，2013）。这要求银行对资本的金额、类型、分布有常规性的评估，确保能够覆盖暴露出来的风险，同时考虑压力测试。这个流程需要经过银保监会的批准，还需要确定在承受压力时需要覆盖风险的流动性资金数目。ICAAP 需要解释压力测试是如何帮助银行进行资本安排的。如果使用了模型，PRA 还要检查模型的结构、参数和治理是否合理，确保银行有能力和技术开发与运用模型。银行需要识别一系列自然发生的不利情况、对业务影响的严重性和持续性（PRA，2013，CP5/13，App. 2A，para. 12.1），包括不利情况（如经济衰退）突然发生及其持续的时间；银行还要考虑组合集中度风险的影响。这些压力测试需要每年进行，试图达到三个目的：估计不利情况发生时资本损失的程度；检查模型预测准确性，特别是单个贷款预测良好但组合在一起发生变化的情况；查看符合长期规划的资本要求如何变化。银行需要考虑暴露在经济周期、行业周期、市场周期中的情况，还要包括极端负面的情形，即风险因素显著恶化且持续相当长的一段时期。PRA 会评估银行的 ICAAP，包括压力测试的方法，这被称为监管审查和评估过程（Supervisory Review and Evaluation Process，SREP）。

在压力测试中，银行有一系列的方法可供选择。虽然银行需要在巴塞尔协议 II 的支柱 1 和支柱 2 的框架下进行压力测试，但同时必须要满足监管部门的要求，还得将经济资本设置在无论用哪种压力测试方法都适用的水平下。压力测试的一般框架如图 11.6 所示。不同市场的相互联系的经济模型被评估（如第 10 章所述）。宏观经济对 PD、LGD、EAD、资产价格、收益、流动性的影响都可以用参数来刻画。我们已经设计出一系列方法来评估银行总资产、总负债变化对 RWA 和 VaR 的影响。PD、LGD、EAD 可以在账户层面和组合（产品）层面建模分析，将利率、GDP 增长率、房价的一些极端值代入经济学模型，看它们对 PD、LGD、EAD、资产价格、收益、流动性的影响。这样能计算出 RWA 的变化，以及监管资本在这些情景下的变化。

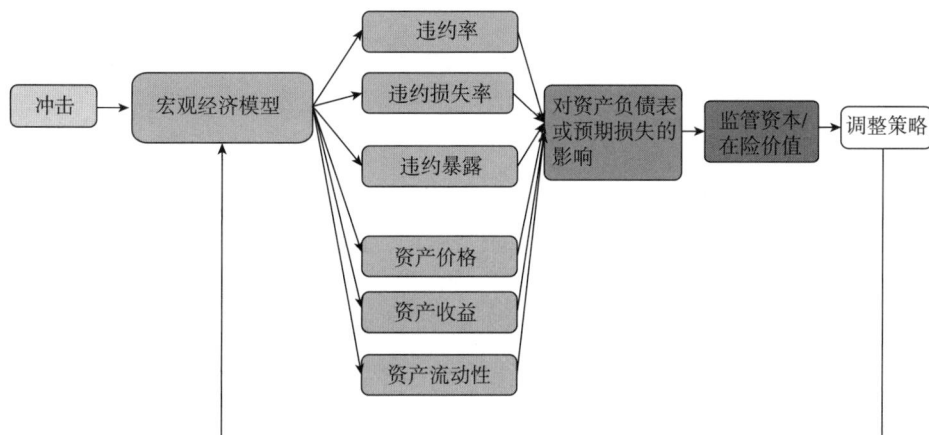

图 11.6 压力测试框架

我们一般把压力测试的方法分为情景分析（scenario analysis）和模拟仿真（simulation）。在模拟仿真中，我们进行蒙特卡洛（Monte Carlo）模拟，选择宏观经济不同的值，重复多次（如 10 万次），代入方程，计算 PD、LGD、EAD，同时能用式（11.9）计算预期损失的分布，找到损失的均值和 VaR$_q$，计算意外损失。这个方法在 Bellotti 和 Crook（2013，2014）中有详细介绍。这种方法的好处是保留了历史数据中协方差的结构，根据经济理论，这种关系可以持续到未来（见第 10 章）。经济体中的各个市场联合模拟和建模分析，能够将相互关系保留下来。其中一个典型的方法是向量自回归（Vector Autoregression，VAR），可以参考 Papanastasiou（2015）最近的研究。另外一种方法是用 Cholesky 分解。第三种方法是提取宏观经济变量的主成分，用时间序列上的变化来估计相互之间的关系。尽管如此，这些方法的缺点是没有把行为变量加入 PD、LGD、EAD 模型，但它们很可能会随着宏观经济的变化而变化。对此的相关讨论可以参见 Leow 等（2007）。

Berkowitz（1999）提出从以下几个方面来认识压力测试：

- 可以模拟比历史观测更高频出现冲击的情景；
- 可以模拟从未发生过的冲击情景；
- 可以模拟之前统计模型错误估计的冲击情景；
- 可以模拟行为出现结构性崩溃的冲击情景。

在 Bellotti 和 Crook（2013，2014）、Leow 和 Crook（2015）的研究中，这些设置都不一样，这四类模拟分析都包括从某具体分布而非历史观测中选择协变量 **x** 的值。如果我们用 $f(\mathbf{x})$ 来描述历史观测到的分布，$f_{stress}(\mathbf{x})$ 来描述承压值的分布，从历史分布中模拟得到的 VaR$_q$ 一般不等于从承压分布中模拟得到的 VaR$_q$。Berkowitz（1999）

建议用第三个损失分布，即有 α 的概率从 $f(\mathbf{x})$ 选择 $\mathbf{x}$，有 $1-\alpha$ 的概率从 $f_{stress}(\mathbf{x})$ 选择 $\mathbf{x}$。接下来的问题是历史分布代表了发生损失的概率，但是承压分布不一定，因为我们不知道未来每个值有多大的可能性会出现。第二个问题是如何确定 α。Berkowitz 建议用逻辑回归来确定，其协变量是上个月 $\mathbf{x}$ 的值与模拟值之差。相关研究还在继续。

情景分析是把协变量的值、与模型相关的参数值或两者的值的各种变化的情景都加以考虑的方法。含有不同参数值的情景分析被称为敏感性分析（Sensitivity Analyses）。我们可以在模型 11.17 中选择其他或极端的参数值，然后预测因变量的值和每个借款人隐含的预期损失。接下来的问题是如何选择这些参数值。

在情景分析中，我们要选择经济变量和其他变量的值，代表承压时的情况，预测在这些条件下的预期损失。这些情景值的选择需要结合实际，且符合经济学理论和规律。用计量经济学的模型能够得到经济变量较好的一致性。英格兰银行每年在压力测试中会提出一些供银行内部压力测试使用的情景。当然，银行还得考虑其他情景。使用完整的经济模型能够在未来几年构建出不同的情景（英格兰银行系统的情景包括五年的窗口）（Bank of England，2015）。

BCBS（2009）提出，银行需要考虑从未发生过的情景，还要设置参数进行敏感性分析。后者代表在违约率、利率、失业率相互关系破坏时的情况。分析这些指标，能够发现某行业或地区的集中度风险。压力测试还要包括资产结构的变化，如零售信贷借款人的社会人口特征的变化。这里我们需要小心，引入一个发生概率未知的情景，实际上也会降低它发挥作用的价值，预测损失可能没有意义。情景的选择包括在可能性和严重性上的选择。

除以上内部压力测试外，监管部门如美联储、英格兰银行、欧盟中央银行要求大型银行进行常规性的压力测试，目的是考验银行系统在不同制度框架和不利情景下的表现。第一个主要的监管压力测试是 SCAP，在 2009 年最早在美国 19 家最大的银行间开展。从那以后，美联储要求每年进行压力测试，称为 CCAR。欧盟中央银行在 2011 年、2014 年、2016 年要求银行进行了压力测试。英格兰银行每年都要求大型银行提交基于普通情景和承压情景的资本充足率评估，按照银行自主管辖确定即可。目标资本充足率在不断变化，因为监管者对保护银行体系稳定的资本数量和类型的认识在不断更新。

资产负债表法是一个很好且被普遍应用的方法，它是在美国《多德—弗兰克法案》（Dodd - Frank Act）下提出的。这个方法假定银行在损失情况下不会调整资产负债表结构，要求银行在财务上利润和损失的每个项目和资产负债表中的每个项目都要单独在计量经济学模型中对未来 9 个季度的结果作出预测。

11.7 巴塞尔协议Ⅲ的评价

巴塞尔协议Ⅲ试图弥补巴塞尔协议Ⅱ的很多缺陷，其中有些条款致力于降低储户面对银行时的风险，也有此条款旨在降低金融体系的系统性风险。前者是为了防止银行破产的各种新的准备，包括引入和重新定义资本，保证更多权益进入资本金，加入资本留存缓冲为承压时期提供更多的保护，引入杠杆比率，提供 LCR、NSFR 以及其他的更多强有力的监测工具降低银行流动性危机的概率。减少系统性风险的条款还有加入逆周期缓冲。

但是，巴塞尔协议 II 的有些缺点依然存在。例如，巴塞尔协议要求银行考虑集中度分析和风险分数，但是并未给出系统的方法；Merton 模型的缺陷依然存在；对零售和房贷的固定相关系数的设置，以及 VaR 方法的使用，都还需要改进。

第 12 章　资产证券化和次贷危机

12.1　引言

　　资产证券化（securitization）是把资产（如房贷）打包在一起，将本金和利息（或票息）的收益权以证券的形式进行转让的过程。在过去 50 年，银行越来越多地把它们的贷款进行证券化，由此获得的资金变成美国和主要欧洲国家住房贷款的主要资金来源。金融市场的结构和其中各公司的内部治理导致了信息不对称（Asymmetric Information）、道德风险（Moral Hazard）和代理问题（Agency Problem）。接下来，在 12.2 节中，我们会介绍资产证券化的过程和结构，以及资产证券化如何发展成美国房贷市场的一个主要资金来源。在 12.3 节，我们会介绍产生次贷危机（subprime crisis）的原因，包括贷款资产的证券化是否会导致贷款机构对贷款申请人的信贷审批变得更宽松。第 12.4 节介绍信用评分在次贷危机中扮演的角色和我们能从中吸取的教训。12.5 节介绍信用评级机构的角色和它们在危机中的作为。它们的错误之一是使用了错误的风险模型；此外，美国证券交易委员会（Securities and Exchange Commission，SEC）的报告显示，评级机构存在程序不合理——发行人付费而非投资者付费的问题。最后，12.6 节讲述了次贷危机的影响，讨论了两种模型的作用：第一种是贷款机构评估借款人违约风险的信用评分模型，第二种是评级机构评估结构化产品的信用评级模型。

12.2　资产证券化

　　为了认识次贷危机，我们需要理解资产证券化的过程。从 20 世纪 30 年代的大萧条开始，美国政府在 1938 年建立起了联邦住房贷款协会（Fannie Mae，房利美），在 1970 年建立了联邦家庭住房贷款公司（Freddie Mac，房地美），发展住房抵押贷款支持债券（Mortgage - backed Securities，MBS），以提供房贷资金。两个机构的目的都是收购贷款机构的贷款，然后持有贷款资产，每月收取还款或者以证券形式出售，这两种方式都能为贷款机构提供资金，用于后续的放贷。房利美一般从商业银行收购贷款，房地美主要从小型银行收购贷款，但是都只接受优质贷款入池，也就是那些有较高的信用分数、工作有保障、贷款金额未超过工资收入太多、贷款资产比和负债收入比较为合理的优质借款人。在 20 世纪 80 年代以前，银行的贷款资金大部分源于存款，当然还有同业拆借、长期债券和股本（第 10 章有所描述）。但这会带来两个缺陷：首先，银行每个月的贷款金额受限。其次，所有房贷都在银行资产负债表中体现为资产，因此需要按照巴塞尔协议提取一定比例的资本金。所以，银行可以通过将贷款资产证券化来消除这两个缺陷，卖出一定的份额，将贷款从资产负债表中移除，用这笔资金继续放贷。这种模式被称为"自产自销"（originate – to – distribute）模式，如图 12.1 所示。

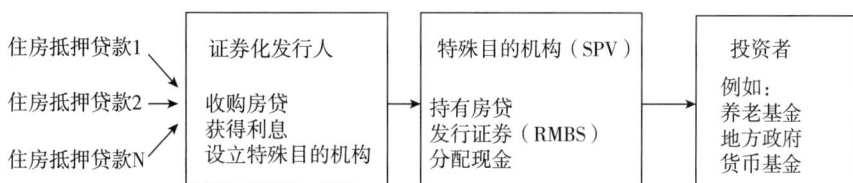

投资者收益来自少量的短期证券收益和较多部分的房贷还款

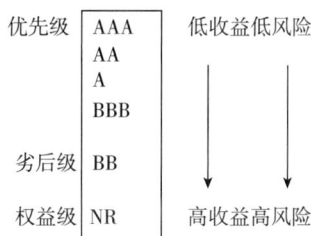

图 12.1　贷款打包出售证券

投资银行发现次级房贷的证券化是个商业机会，这样不用和房利美、房地美竞争，后者因为有政府支持，且持有的是优级资产，所以风险较低。2002—2006 年，住房抵押贷款支持债券大量发行，其中主要是次级住房贷款。一些银行甚至收购房产代理商，专门寻找可以证券化的住房贷款。这种银行业务模式好比"把马车车厢放在马前面"。

贷款发行者，如银行，把房贷资金贷给大量的客户，同时成立特殊目的机构（Special Purpose Vehicle，SPV），专门收购这家银行的房贷。银行从借款人处收款后交给 SPV，SPV 将房贷放到一起进行分层。每层资产都是一个房贷组合，几乎都对应了一定的违约概率水平。在证券化的过程中，SPV 会根据每层资产发行证券，通常是债券，因此叫作住房抵押贷款支持证券（MBS）。如果房贷资产是居民住房而非商业地产，那这个债券被称为个人住房抵押贷款支持证券（Residential Mortgage – backed Security，RMBS）。债券持有人能从关联到这层房贷的资产中获得收益。投资银行会先购买这类证券，再卖给下游投资者。下游投资者包括养老基金、地方政府、个人、银行等。SPV 从贷款发放银行处获得每月偿还支付，再转给债券持有人。

每层债券都会被评级机构定下一个等级（tranche）。信用等级是个序数等级，反映违约概率。AAA 级房贷代表最低违约概率，然后是 AA + 级，等等。投资者一般是风险厌恶型，偏好风险最小且收益最大。债券收益用资产价格变化和债券利息收入除以价格来计算。因此，投资者希望在高风险的资产上有更高的溢价用来补偿风险。在给定的风险水平下，如果收益不够高，投资者不愿意持有资产，它的需求降低，价格降低，因此它的收益率必须升高至直到有投资者愿意将其纳入投资组合。简单来说，信用等级越高的资产，风险和收益越低。另外，每层资产的偿付顺序也不一样。当 SPV 收到房贷池的收入后，先支付高等级的证券，再往下支付，直到收入分配完毕。这意味着如果房贷借款人违约，持有高等级债券的投资者优先获得支付，再往下连续分配。通常，A + 级被称为优先级（senior tranche），A − 级或 B + 级被称为中间级（mezzanine tranche），没有评级的被称为"权益级"（equity tranche）或"残留级"（residual tranche）。"权益级"债券最后被偿付，甚至在贷款池出现大量违约时无法被偿付，这类似于股权，因此被称为"权益"。显然，级别越高，风险越低，价格越高。SPV 会把低违约概率的房贷与较高违约概率的房贷组合起来，只要低违约概率的债券比例足够高，这样的证券化产品也能获得 AAA 评级。这种组合方式也适用于低等级债券。所以，购买 RMBS 的投资者实际上在购买比同样等级房贷资产有更高违约概率的房贷的收入权。

截至目前，我们都在讨论房贷。房产是房贷的标的资产和抵押物，房产价值是房贷发放的重要依据。同样的证券化流程也可以应用在银行非房贷的消费类贷款资产上，如信用卡、车贷、消费贷。这类分级证券一般被称为资产支持证券（Asset − backed Securities，ABS）。根据企业贷款收益权发行的证券被称为抵押贷款凭证（Collateralized Loan Obligation，CLO）。抵押债务凭证（Collateralized Debt Obligation，CDO）是更一般化的名称，包括以上所有不同类型和等级贷款组合，或它们的混合组合。最常见的 CDO 是用 RMBS 构成中间级的证券。我们可以把这种 CDO 看作用猪耳朵上的毛来做丝质钱包。等级更低的证券有 BBB 级，由多个低评级的 MBS 构成。债券分级和 MBS 分级是一样的，也被分成多个风险等级，顶层的 CDO 会得到最低风险的 AAA 评级。

RMBS 或上文讨论的其他证券都可以在二级市场交易，其他 SPV 也能购买，在图 12.2 中表示。第二个 SPV 记为 SPV_{11}，它把从其他 SPV 那儿买来的证券再分级打包，每一级的证券都由其他一系列不同等级的证券按比例构成，只要能使这个证券获得相应的信用等级。偿付的优先级由信用等级决定。第三个 SPV 即 SPV_{111} 还可以购买 CDO，再进一步分级打包。SPV 都想通过减少违约的风险来提高证券卖价。这可以通过各种增信（credit enhancement）措施来实现。第一种方法是将高风险与低风险的房贷组合到一起。第二种方法是"过抵押"（overcollateralize），即房贷本金未偿金额大于证券本金未偿金额。第三种方法是设定超额利差，即把债券收益率设定在比标的资产期望收益率更低的水平上。第四种方法是从外部机构购买担保，在标的资产违约时也能获得支付。第五种方法是从专业"单线"（monoline）保险公司购买保险，这在次贷危机中扮演了重要角色。这种单线保险公司只有一个金融产品，也就是证券偿付的保险。这类保险的代表是信用违约互换（Credit Default Swap，CDS），在借款人或债务人违约时，卖方同意支付本息给 CDS 的持有人，买方只需要周期性支付固定费用。

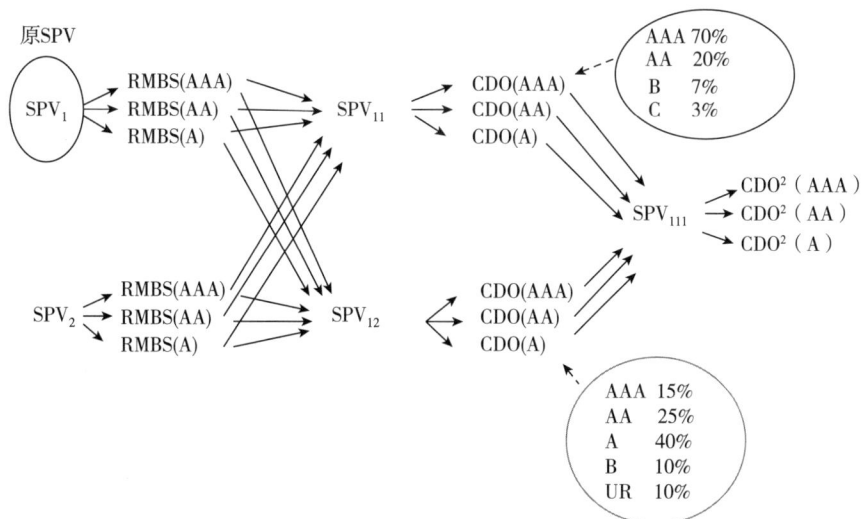

图 12.2　二级和三级市场

我们之前提到了资产证券化对银行放贷有帮助。当银行将贷款以证券化的方式卖给 SPV 后，这些贷款就不再是银行的资产，所以原则上对 RWA 没影响，也不需要计提资本金。因为银行会在借款人偿付金额中提取一定比例的收款费用，然后转给 SPV，实际上银行也会有收入。银行利用出售以前贷款获得的资金再来发放贷款，同时不受最低资本要求的限制。还有研究对资产证券化相较于用股本、债券来提供贷款资金的方式的优点进行了总结。例如，Martin（2009）认为，由于历史贷款风险较大，如果资产质量不太好，银行在融资时可能不得不支付更高的利率或成本。但是，如果银行能把风险较高的贷款与风险较低的贷款打包在一起，再分级卖给没有准确评估风险能力的投资者，那么这家银行就能以比股本或债券更低的成本获得贷款资金。这其实是利用了投资者和银行之间的信息不对称。Martin（2009）还提到了资产证券化的第二个原因，有些银行很擅长发放贷款业务，但是因为自身规模限制，在获取资金上能力不足，无法获得融资。

12.3　次贷危机的原因

从 1980 年开始，美国的利率开始下行。联邦储备利率从 1981 年的 16.4% 降到了 2004 年的 1.4%。房贷利率从 1981 年 10 月的 18.45% 降到了 2005 年 6 月的 5.6%。同时，收入在提高，二者的共同作用使美国房贷的需求提高。在同期，亚洲国家特别是中国和日本的主权基金（sovereign wealth funds）显著增加，能够用来投资资产的资金也增加了。这两个因素加上其他一些因素一起造成了房贷需求明显提高，同时愿意购买高收益证券的资金稳步增加。房贷资产证券化使两个问题同时得到解决，发放贷款的银行更多地采用了"自产自销"模式。当利率下降后，信誉度较差的借款人的房贷需求也提高了；渴望进一步提高收入的银行开始向这些人提供贷款，这类贷款被称为次级房贷（subprime mortgage）。次级贷款的发放者包括商业银行、投资银行和专业房贷机构。

为了进一步认识次贷危机的原因，明白次级房贷的结构很重要。典型的次级房贷利率会在初始优惠期（通常为 2~3 年）之后有较大提高，同时对提前还款征收罚金。对 30 年的房贷，这种结构被描述为"2/28"或"3/27"，表示利率在最初 2 年或 3 年被固定在较低水平，在其后的 28（27）年中设定为较高的可变利率，也被称为 2/28（3/27）可调整利率房贷（Adjustable Rate Mortgage，ARM）。在利率优惠结束后，借款人可以转按揭，这是大部分次级房贷与大部分优级房贷在合同中的明显区别。虽然借款人可以在任何贷款机构重置贷款，但是 Gorton（2008）发现因为贷款机构间信息不对称、不共享，实际上客户很少转换贷款机构。如果正常的利率水平较高，借款人无法负担，他会以同样的贷款结构，重新办理一次次级房贷，继续享受优惠利率。Gorton 还发现，之所以贷款机构愿意这样做，是因为它们觉得即便有利率优惠，高风险借款人的营利性仍然很高；即使借款人违约，只要抵押的房产价值不断提高，银行也不亏，因为房产更值钱了。

从 20 世纪 90 年代后半段开始，直到 2005—2006 年，次级房贷需求急剧攀升。这一方面在于较低的优惠利率和下行的利率通道，另一方面在于很多贷款机构不要求提供认证过的收入证明，甚至一点证明都不需要，有些客户缺乏还贷的能力，因为它们低（无）收入、无工作、无资产，被称为"忍者"（NINJA）。

2002—2004 年，次级贷款占所有贷款的比例从 7.4% 上升到 20.9%，到 2006 年上升到 23.5%（Financial Crisis Inquiry Commission，2011），贷款机构给次级客户提供贷款的意愿也在明显提高。只要房价继续上升，向高风险客户贷款照样有利可图。Gorton（2008）发现，从 1998 年 3 月到 2007 年 3 月，以两年为滚动窗口期，房价不断上升，促进了 2/28 ARM 的供应。

然而，将贷款转卖给 SPV 有道德风险。房贷代理商为房贷发放者工作，只要贷款发放成功就能赚取佣金，无须考虑贷款风险大小。对贷款发放者来说，当贷款被卖出后，借款人违约的风险被转移到 SPV。Nadauld 和 Sherlund（2008）研究了 11000 多个房贷数据发现，次级房贷的资产证券化增加了次级房贷的数量，降低了资产质量。Mishkin（2008）发现，"自产自销"模式存在委托—代理问题，即房贷发放者充当起了贷款终端持有人（如 RMBS 的终端投资者）的代理人，但没有为投资者利益尽力工作的动机。

2005 年，利率开始急剧上升。联邦储备利率在 2005 年从 1.4% 提高到 3.42%，2006 年和 2007 年继续升高。优级房贷利率从 2005 年 6 月的 5.6% 提高到 2010 年 6 月的 6.8%。另外，房价从 2006 年中开始下跌。由 S&P 和 Case Shiller 提供的美国国家房价指数从 2006 年 7 月的 184.62 降到了 2009 年 8 月的 146.97。当房价下行、次级房贷又遇到重置期时，次级客户发现他们很难在下阶段继续转按揭了。他们也无法出售房产来偿还贷款余额，因为房价下跌后房产卖出的资金不够。次级客户发现他们也没有能力支付第二个时期的正常利率，这比优惠利率高很多。第二个时期的 ARM 贷款对次级客户来说难以负担，由此违约开始大量出现。在同期，能源价格上升，油价提高进一步榨干了借款人的可支配收入。优级房贷和可转房贷（alt – B 房贷，介于优级和次级之间）的违约率在利率和油价上升的背景下也在升高，但受影响最大的还是次级市场。S&P 和 Experian 的房贷和消费信贷违约指数从 2006 年 5 月的 0.79 上升到 2009 年 5 月的 5.67，后来慢慢降到 2016 年 1 月的 0.84。商业银行房产抵押贷款的违约率从 2004 年第四季度的 1.29 升高到 2010 年第一季度的 10.02（FRED 数据库）。Amromin 和 Paulson（2010）发现，次级房贷在前 12 个月违约的比率从 2004 年的 11.2% 提高到 2007 年的 25.5%，与此对应的优级房贷从 2.4% 提高到 4.9%。银行在这些贷款上开始亏损。

然而，Gorton（2008）对次贷危机的根源提出了反驳，他觉得不是"自产自销"模式和委托—代理的问题，他认为在"自产自销"和委托—代理的假设下，次贷危机的损失应该是可以避免的，因为贷款发放者的风险被转移到了链条上的其他环节。然而，贷款发放机构、证券化机构、承销商和担保保险机构还是破产了，其中著名的金融机构就有 New Century、Ameriquest、Citibank、UBS 和 Merrill Lynch。对此，他提出了两种解释：首先，贷款发放后还没有来得及卖给 SPV，需要等到一定规模才能打包批发出去。银行也喜欢将高等级的贷款留在资产负债表里，当违约率上升时，这类资产的价值减少。其次，当贷款卖给 SPV 后，抵押服务权（从借款人那里收取抵押贷款还款的权利）并没有出售，还是由贷款发放机构提供，但是危机期间这部分权利费用减少了。

Gorton（2008）为次贷危机提供了另一种解释。房价上升是次级客户让次级贷款滚动起来不违约的必要条件，特别是对 2/28 和 3/27 ARM 贷款，在上文中已经解释了。但是，次贷危机的原因很复杂，购买了 RMBS 的投资银行等机构都对房价有不同的预期和假定，它们也不知道其他机构的预期。因此，RMBS 的有效价格未知。直到 2006 年 1 月推出 ABX 指数后，大家才有关于次级证券预期的更多信息参考。ABX.HE 指数是 RMBS 价格指数，基于 20 个发行方不同等级的证券价格构建。这是投资者第一次能看到他们承受的次级贷款风险对应的价格。这个指数的提出使 RMBS 的投资者可以通过购买 ABX 合约来对冲风险，当房贷违约时，合约出售方会补偿购买方一定的资金。这样，实际上投资者可以对冲持有 RMBS 的潜在损失。ABX 反映了 ABX 合约交易方对未来房贷偿还的预期，以及对 RMBS 次级证券的价值预期。Gorton（2008）看到 ABX 合约价格在 2007 年初形成，然后开始交易，但价格紧接着就开始剧烈下降。他认为，这表明大家认为次级 RMBS 价值不如之前在信息不对称背景下那么高。

在图 12.2 中我们看到，SPV 也会购买 RMBS，再和其他证券一起打包成 CDO，然而购买 CDO 的投资者已经没有能力去评估这类证券的风险了。投资者无法沿着链条回溯去评估底层房贷资产的质量，因为在每个环节中债券都会经过一轮打包，这个过程太复杂，挖掘信息的成本过大。他们不清楚单个资产的风险，也不清楚风险的相关性。这个链条上每个环节的买卖双方都存在信息不对称。例如，贷款发放者应该比购买 RMBS 的投资者知道更多关于房贷风险的信息。投资者也许是靠和投资银行的关系以及信用评级来分析资产价值和风险。ABX 指数推出后，RMBS 的风险通常可以在一定程度上进行评估，因此当 ABX 指数大幅度下跌时，投资者不再购买证券，预期其会进一步下跌。"柠檬问题"（Akerlof, 1970）产生（参见 13.5 节）。这是指由于潜在投资者缺乏对房贷和分级证券的认识，很多高风险贷款的风险被加入其他贷款和其他等级证券，因此 RMBS、CDO 及资产支持票据（Asset – backed Commercial Paper, ABCP）等证券，只要有房贷的影子，其价值都在下跌。结果是银行无法再把贷款证券化，因此无法为新的贷款提供资金。

我们还可以进一步思考这个过程中的细节，我们会问：那些单线保险公司为什么没有为违约提供足够的保障呢？其中一个原因是单线保险公司的杠杆比率都很高，损失太大，无法负担。在 2008 年，它们为 2.5 万亿美元的资产进行了担保。单线保险公司被评级机构降级，导致被它们提供保险的证券级别也降级了，这包括政府地方债、养老金等。

美国政府后来采取了一系列措施来应对危机。2008 年 10 月 14 日，问题资产救助计划（Troubled Asset Relief Program, TARP）推出。在 TARP 下，美国财政部购买 7000 亿美元高风险和流动性较差的 MBS，同时获得这些问题贷款的收益权。出售问题贷款的金融机构可以用获得的资金来提供贷款或用作抵押。但是，这里面有潜在的道德风险。如果贷款发行者认定高风险 RMBS 会被财政部收购，他们继续提供高风险 RMBS 的意愿就不会停止。一种可能的解决方案是政府降低为这些问题贷款支付的价格，使贷款发行方不再有利可图。

我们还看到一些其他的救助措施，如定期拍卖工具（Term Auction Facility, TAF），在贴现窗口 28~84 天内，美联储向合格存储机构拍卖抵押借款，贷款利率由拍卖过程确定。这本质上是回购交易（repo）。定期证券借贷便利（Term Securities Lending Facility, TSLF）即美联储以国债和中央银行票据形式提供给一级交易商交换合格抵押物，用低风险资产代替高风险资产。商业票据融资便利（Commercial Paper Funding Facility, CPFF）即美联储以商业票据为抵押发放贷款，提供给非金融机构。定期资产支持债券贷款便利（Term Asset Backed Securities Loan Facility, TALF）是向选定的投资者提供贷款，使他们有能力购买合格的资产支持证券。

12.4 信用评分在次贷危机中的表现

在第 3 章和第 4 章我们提到，大多数评分卡是为了估计借款人在未来一段固定时期的违约概率，通常是 12 ~ 24 个月。在很多国家，不同的贷款机构还会利用自有数据和征信数据建立不同的评分卡。在美国，FICO 公司（Fair Isaac Company）的评分是大多数贷款机构用得最多的评分。近年来，FICO 分数也受到了挑战，Vantage 分数是它的对手之一。不过，在次贷危机期间，FICO 分数占据绝对主导地位。

评分卡的表现容易出现的问题不是评分有缺陷，而是与评分对象无关。房贷申请评分卡评估借款人在下一年或更长时期的违约风险，而 SPV 关注证券化的房贷在第一个月的违约风险。因为时间窗口不一致，所以看起来信用风险不大。实际上，评分卡不是去估计支持信贷决策的模型参数，而是变成让贷款机构得到更高的信用分数。现实就是评分模型并不重要，重要的是如何优化评分结果。因为借款人个体的分数越高，他们构成的分级债券的信用等级越高，证券的价值越高。

对借款人来说，他也希望分数更高，这样可以更容易拿到贷款。对贷款机构来说，虚高的分数能提高 MBS 的信用等级。这被称作"骗子贷款"（Liar Loans），即用于评分的信息是不准确的；极端情况下，还有"忍者贷款"（NINJA Loans），即借款人没有收入（no income）、没有工作（no job）、没有资产（no asset）。

另外的一个问题是，评分对大家而言都是透明的。在美国，很长的一段时期内，借款人可以在网上查询他们的 FICO 分数。调整他们的特征属性后，借款人可以清楚地看到分数的变化，甚至可以模拟计算出 FICO 评分卡的评分规则。这衍生出一个新的职业——评分医生（score doctor），专门以提高借款人的分数为生。一个惯用的操作是找一个有信用卡很多年但是使用不多、从未违约的人作为额外用户加入原持卡人信用卡账户，这样原持卡人可以从第二个人良好的行为记录里受益。我们希望看到社会更加公开透明。然而，如果我们把评分模型展示给所有人查看和理解，让大家明白其运行原理，却需要承担它被滥用和操纵的代价。那个被提高信用分数的客户是我们真正想要的客户吗？

还有一个问题在于，征信局的模型是静态的，而环境是动态变化的。让我们回忆 3.3 节式（3.7）对对数比率分数的拆分，它由总体比率部分和证据权重部分构成：

$$s(\mathbf{x}) = \ln\left(\frac{p(G\mid\mathbf{x})}{p(B\mid\mathbf{x})}\right) = \ln\left(\frac{p_G p(\mathbf{x}\mid G)}{p_B p(\mathbf{x}\mid B)}\right) = \ln\left(\frac{p_G}{p_B}\right) + \ln\left(\frac{p(\mathbf{x}\mid G)}{p(\mathbf{x}\mid B)}\right)$$

$$\text{或 } s(\mathbf{x}) = s_{pop} + woe(\mathbf{x}) \tag{12.1}$$

当整体违约率变化时，总体比率部分也会变化。Krainer 和 Laderman（2011）展示了 FICO 低分段人群的违约率从 2001 年的 6.6% 上升到 2006 年的 27.3%，但是评分卡直到后来才被调整。2006—2007 年，当次贷违约开始快速增加时，为了保持房贷证券化的流量规模，贷款机构反而降低了对借款者的审批标准，这让形势进一步恶化。Demyanyk 和 Van Hemert（2011）的研究也清楚地表明了这一点。图 12.3 显示了 2001—2007 年，房贷在前 12 个月的真实违约率变化。17 个月的违约率从 2003 年的 10% 升高到 2007 年的 30%，表明贷款机构在此期间把它们的贷款申请通过标准降低了很多。

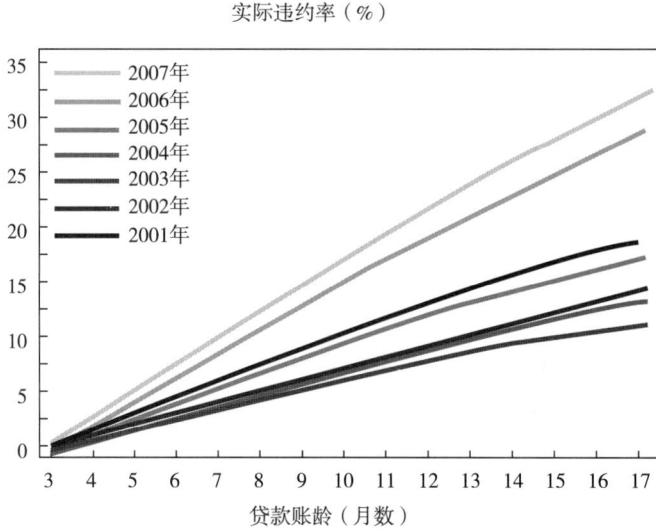

实际违约率（%）

图 12.3　2001—2007 年批次贷款的账龄分析

（资料来源：牛津大学出版社，Demyanyk 和 Van Hemert（2011））

　　还有文献（Petersen 和 Rajan，2002）发现，贷款发放者采取宽松的信贷审查和评估、更少的监测，是为了提高证券化的比例。将贷款证券化能让贷款移出资产负债表，比留在表内有更大的好处。这和监测理论（monitoring theory）的观点一致（Aghion 等，2004）。在 RMBS 出售过程中，如果违约风险都转嫁给了投资者，贷款发放者显然没有兴趣去提高风险评估的准确性，他们只想以代理人的身份赚取佣金，或以发放者的身份赚取服务费。这里显然有之前提到的委托—代理问题，但是研究并没有找到支持这个假设的经验证据，参见 Keys 等（2008）、Keys（2012），以及 Bubb 和 Kaufman（2014）。

12.5　信用评级在次贷危机中的表现

　　在次贷危机期间，信用评分卡本来可以被认为是表现良好的，然而它们的实用性受到了资产证券化过程的影响。定义违约的时期变化确实很重要，从房贷审批的一年或更长变为证券化产品的一个月或更短。同时，证券化也使贷款机构更关注如何去优化借款人分数，而非提高分数预测的准确性。它们有意使用不准确的信息来达到这个目的，使情况变得更糟。

　　当我们来分析第二组模型，也就是评级机构用来评估 MBS 和 CDO 分级资产的模型时，我们能得到的唯一结论是，这些模型都是错的。SEC 发现了其中一些错误，发布在报告中（SEC，2008），还有学者认为评级机构把企业债券的评级方法直接移植到证券化产品上是不恰当的。它们的目标不同，证券化产品的数据不充足，并且不恰当地使用了企业债券评级模型的参数，尤其是对 CDO 的评级。

　　运用错误模型评级，造成的结果是 11 万亿美元低于 AAA 级的 MBS 降级，2006

年发行的 92% 的 MBS 都被降级或列入观望名单（put on watch）。2006 年和 2007 年的 CDO 评级情况也一样。在某些分级内，高达 80% 的 CDO 在一年之内被降级为垃圾级别（National Commission，2011）。

结果如此糟糕，使 SEC 开始调查为什么评级会出现这么大的差错。他们发现，在 MBS 池里面一开始估计房贷违约概率的时候就有问题，不同的代理人用不同的方法，有逻辑回归，有生存分析，有静态因素模型。他们用贷款发放时关于贷款和借款人的信息来建模，并对 LGD 和现金流进行估计。他们还用蒙特卡洛模拟贷款组合在不同经济条件下的表现，其中主要是对不同利率的变化进行了测试。报告发现，在将这些模型的结果与近期发行的证券进行对比后，代理商通常会调整模型的结果。

我们其实没有针对房贷组合的专门的违约风险模型，而巴塞尔协议也用企业违约风险的 Merton 模型来对所有类型的贷款组合进行评估。用企业债券模型会带来一些问题。具体而言，评级描述了错误的目标。评级是在评估无条件违约风险，是在平均经济条件状态下的风险。我们需要的则是在房地产市场和经济环境承受压力时的违约风险。这个模型的误差被进一步放大，因为这个模型还被用来对 MBS 进行结构化以增加优级资产规模。另外，他们使用的数据也许对企业贷款有效，但是对 RMBS 是不充分的，无法提供参数的有效估计。证券化的过程消除了异质风险，但是保留了系统性风险，这意味着我们需要多年的数据，而不是少数几年中的大量数据。

我们用一个简单的用于评估 CDO 和 MBS 的企业 Merton – Vasicek 模型的例子来说明这两个问题。这个例子由 Heitfield（2009）提出。借款人的可信度 Z 是系统性因素 Y 和异质性因素 ε 之和。如果 Y 和 ε 都服从正态分布，那么 Z 也是正态分布，假设 PD 的正态反函数的值 Z 达到一定水平时违约发生，这里的 PD 是无条件违约概率。如果 $Z = \sqrt{\rho}Y + \sqrt{1-\rho}\varepsilon$，那我们可以得到 PD 的一系列估计。

无条件 PD：PD

条件 PD：$(PD \mid Y = y) = \Phi\left(\dfrac{\Phi^{-1}(PD) - \sqrt{\rho}y}{\sqrt{1-\rho}}\right)$

q 分位 PD：$PD^q = \dfrac{\Phi_2(\Phi^{-1}(PD), \Phi^{-1}(1-q); \sqrt{\rho})}{1-q}$　　　　　　(12.2)

其中，$\Phi_2(., . ; \rho)$ 是给定相关系数 ρ 的二元正态分布。

如果系统性因素处在分位点 q，那么我们能得到条件 PD。这可以被用来计算贷款的违约概率，或者有 $L\%$ 比例的贷款小于这个级别的 MBS 分级证券的违约概率。

表 12.1 第一部分的结果表明，对于无条件 PD，多样性（增加贷款数量）是我们希望看到的结果，正态分布的方差更小，因此分布不会扩散到造成损失的区域内。但是，对条件 PD，当系统性因素达到 98% 分位点时，情况反转。缺少多样性组合的 PD 使损失都集中在高级别部分，而当只有一笔贷款时情况更好。因为目标的变化，多样性的优势也发生了变化。

表 12.1　组合分散提高条件风险

无条件 PD		
贷款数量	损失大于 0.1 的概率，$L=10$	损失大于 0.15 的概率，$L=15$
1	0.10	0.10
100	0.095	0.025
条件 PD		
贷款数量	损失大于 0.1 的概率，$L=10$	损失大于 0.15 的概率，$L=15$
1	0.412	0.412
100	0.999	0.846

在企业债券的标准模型中，我们需要更多的数据来更准确地估计参数。但是，对 MBS，因为违约行为的相关性在同一年产生的系统性效果，我们不仅需要更多的数据，更需要更多年份的数据。表 12.2 展示了一个 PD = 0.92 的 RMBS 分级资产的 PD 估计，与有同样 PD 值的同批次贷款的区别。为了得到大致相同的标准差，我们需要 5 年左右的单一贷款数据，但是需要 30 年的优级证券数据。这是评级机构债券评级模型的另一个例子，表明债券评级无法正确移植到 RMBS 证券产品上。

表 12.2　优先级债券的测算需要很多年的数据，而非很多的数据

优先级				
贷款数量	平均 PD（%）	标准差	5 分位点	95 分位点
5	0.92	1.43	0.03	3.50
10	0.92	0.91	0.12	2.66
30	0.92	0.47	0.34	1.81
一批单一贷款				
贷款数量	平均 PD（%）	标准差	5 分位点	95 分位点
5	0.92	0.52	0.31	1.92
10	0.92	0.36	0.44	1.59
30	0.92	0.20	0.62	1.28

SEC 的报告（SEC，2008）还提出了评级机构在对 MBS 评级时的其他方法上的问题。第一，因为评级服务是发行人而非投资者付费，这里面存在利益冲突。更严重的是，其中 12 个发行人占据了评级证券 80% 的发行量。他们的评级机构不愿意让证券发行人不满意，不然生意就被竞争对手抢走了。第二，CDO 评级的工作量显著增加，但分析师的数量并没有同样增加。尽管评级的产品发生了巨大变化，但模型没有更新，信息也过于陈旧。在十年间，次级房贷证券的规模从 970 亿美元增加到了 6000 亿美元，仅在 2005—2006 年，房贷池里 40 年期房贷的比例就从 0 提高到 27%。LGD 是基于 2003 年的数据估计的，而之后房价攀升。某个证券的模型仅在支付证券持有人出现问题时才进行更新，而不是每个月常规更新评估，即使反映当前违约风险的行为

分数对所有资产池里的借款人都每月更新。CDO 模型的效果更差，只用到了五个方面的信息，而 RMBS 的模型有 60 个维度的数据。分级证券的违约率则是用等价企业债券违约率来折算的。

不幸的是，就算我们对证券评级里的这些问题进行了仔细的分析，直到 8 年后（写作本书的时间），其中的很多问题依然没有解决。显然，评级的准确性对投资者非常重要，如果能准确反映信用风险，那么随着市场规模的快速减小，信用等级也需要快速变化。Ashcraft 等（2011）研究了信用等级变化对次级 MBS 证券价格变化的敏感度。有人认为，如果次级 MBS 在危机前获得的等级较低，投资者会要求更高的回报，减少次级客户的贷款申请通过率，从而减轻次贷危机的影响。理论上，评级使用的信息对投资人也是可得的，所以在无摩擦的市场中，证券价格应该在没有评级的情况下能自行调整。但是，显然投资者无法获得相关信息或没有能力正确利用这些信息。在用一个普通房贷池的数据的研究中，他们发现控制信用风险，信用等级每提高一级，收益率会降低 20 个基点。所以，次级 MBS 的评级变化会对其价格带来重要影响。

许多文献经常讨论到一个重要问题，即评级机构在提供最准确的信用风险评估和最大化自身收入的利益上可能存在冲突。证券发行人会邀请评级机构给自己要发行的证券评级，并且为此付费。为了获得评级业务和费用，评级机构会给出比合理级别更高的等级。He 等（2011）试图从两个方面来验证这个假设。第一，他们查看大型发行机构（能带给评级机构更多的收入）的 AAA 级证券的中位比例是否比小型发行机构（带给评级机构的收入更少）更大。他们发现在 2000 年，这两个比例相同，但是之后大型发行机构的比例相较于小型发行机构的比例显著降低，在 2006 年差别达到最大。其中一个可能的解释是小型发行机构发行了更多高风险的证券，但 He 等（2011）对此提出质疑，因为他们注意到最大的五家发行机构在 2006 年破产了，证明它们也发行了风险非常高的证券。第二，他们认为，如果评级机构给大型发行机构的评级是虚高的，当危机到来时，大型发行机构发行的 AAA 级证券的价格应该相较于小型发行机构下降更多。他们找到了证据支持这个观点，前者比后者多下降了 15%。

还有其他一些论文研究了类似的问题。Griffin 和 Tang（2011）对比了同一家评级机构的两个独立部门对 2002—2007 年发行的 355 只 CDO 的评级结果。一个部门会受到评级结果的激励，另一个部门会受到监控，将在首次评级后 180 天再次进行跟踪评级。他们发现，在发行评级中，每个等级估计的收益之间的相关性测量值明显低于监督报告（surveillance report）中的估计值。他们还发现，对抵押贷款的发行评级平均比监督团队的跟踪评级高 1/3。在稳健性检验中，他们无法找到其他合适的理由来解释这个差别。所以，他们认为跟踪评级的结果相较于发行评级会更少地受到利益冲突的影响。

12.6　国际金融危机的影响

美国房贷市场的违约率攀升对实体经济和金融市场带来了深远影响，不仅在美国，还辐射到欧洲和世界其他地方。家庭房贷违约增加造成抵押房产的价值不确定，CDO 和 RMBS 的价值降低，银行收缩甚至暂停同业拆借。原因之一是回购协议（repo agreement）中的抵押品被用来对冲贷款风险，这包括 RMBS 和其他资产支持证券，而评级机构给出的信用等级的准确性不确定，证券价值也不确定。回购停止。银行还减少了给家庭和企业的其他贷款。家庭对产品服务的消费需求降低，企业对投资的需求降低。工人失去了工作，工资没有立即调整，但是失业率显著上升。人们开始调整固定收入的预期（见第 10 章）以及消费。需求减少使企业生产减少，这进一步造成更多的就业流失。这个循环需要好几年才能重新达到更低生产率下的均衡。违约率上升后，很多房产被收回，然后拍卖，房价下跌，在很多区域房价下降幅度很大。房价下跌后，房贷余额却不会减少，直到贷款余额超过房产价值。借款人不但资不抵债，并且他们中的大多数还认为违约是比继续还款更好的选择。美国破产法允许个人申请破产。破产法第 7 章允许债权人获得非豁免资产（nonexempt assets），将其变卖，获得的资金用于补偿房贷余额。如果获得的资金不足以偿还债务，债权人不能继续采取催收行动。可豁免资产有时包括家庭住房。然而，第 13 章规定，债务人可以继续拥有房产，同时继续还债。债务人可以协商以双方同意的利率在之后 3～5 年偿还债务，而在此期间债权人不能索要未偿债务的还款，除非经过破产法庭同意。

在美国之外，还有很多银行和投资者购买了 CDO 和 RMBS，但是却不清楚其中的风险。这里面存在很严重的信息不对称问题。打包和二次打包导致组合十分复杂，投资者几乎不可能评估组合贷款违约的相关性。如果房贷组合的 PD 是完全独立的，那么将一系列房贷组合到一起形成分级资产 CDO 能够消除异质性风险（idiosyncratic risk），只留下系统性风险。但事实并非如此。当违约率上升后，失业导致更多的违约，PD 不再独立，风险比单纯的系统性风险要高很多。结果是很多欧洲的银行发现它们资产负债表上的资产价值显著下降，甚至威胁到自身的偿债能力。抵押房产的价值变得更加不确定，银行大幅减少同业拆借，以及居民和企业的贷款业务。

很少有研究对次贷危机的损失进行评估，因为我们无法想象即便没有次贷危机会发生什么，而经济事件真正的影响是对比已经发生的和假定这个事件不发生时会发生什么情况的差别。Atkinson 等（2013）尝试估计次贷危机的损失，研究它对美国 GDP、家庭财富、失业率的影响，对人民幸福感和家庭结构的负面影响。他们估计 GDP 在 2008—2023 年的损失为 6 万亿～13.7 万亿美元（以 2012 年价格计算），或者是 39.3%～90.1% 的 GDP；2007 年第三季度至 2009 年第一季度，家庭财富因为次贷危机下降了 24%，平均家庭收入下降了 2007 年人均 GDP 的 190.5%。失业率估计会增加 94%，对人们心理幸福感和健康的影响无法估计，但肯定显著降低。所以，如果你想成为一名信用评分人员，请好好干，否则你会影响世界经济整整 10 年！

第13章 可变定价和风险定价

13.1 引言

贷款机构对信贷产品（信用卡、房贷、个人贷款等）的定价是通过利率来实现的。贷款利率 r 与无风险利率 r_F（贷款机构的资金成本）之差是贷款机构的主要利润来源。然而，我们惊讶地发现，很多年来，贷款机构向所有借款人收取同样的利率，各家公司的利率也没有太大差别。

从 20 世纪 90 年代开始，贷款机构根据客户违约风险实行可变定价。与此同时，贷款机构因为瞄准不同的市场、不同的需求，开始收取不同的利率。一个贷款比价网站显示，2016 年信用卡年利率（Annualized Percentage Rate，APR）为 14% ~ 60% 不等。虽然这些差别可能是信用卡的种类和设计造成的，但就算对同样的信用卡，我们也基于其他的一些原因对客户收取不同的利率。新的申请渠道，如网络和电话，使申请过程更具私密性，因此其他申请者并不知道某人是否享受到了折扣。Phillips（2005）总结了同样的产品定价不同的几种原因：渠道定价（channel pricing）、团体定价（group pricing）、区域定价（regional pricing）和版本定价（version pricing）。

在渠道定价中，产品的价格视申请渠道而定：网络、电话、网点或第三方（如理财顾问）。这种差别定价通常是由渠道成本差异引起的。运营网点和培训员工成本较高，并且中介通常还会收取一定的佣金。但是，申请者还能通过一些渠道了解到关于产品和价格更多的信息，例如他们可以在比价网上查看、对比产品，获得比网点申请更多的信息。

在团体定价中，对不同的群体采用不同的利率。对于群体的定义要清楚，并且合法合规，符合文化习俗。例如，对新客户和老客户的定价不同，但到底哪个群体的价格更优惠，取决于贷款机构的战略和地位。美国的借款人都有 FICO 分数，所以按照 FICO 分数来分群是很常见的。

在区域定价中，同样的产品在不同的国家和地区有不同的价格。在美国，这很常见，因为每个州关于最高利率的限制不同。各个国家的基准利率、市场竞争程度、违约率水平都不一样，因此国家之间的利率不同。

在版本定价中，不同等级的产品在条款和权益方面存在差异，如信用卡的普卡、银卡、金卡和白金卡，它们对应的旅行保险、航空里程权益都不同。这些都会反映在利率中。

为了找到最优利率，我们需要建立模型来估计不同利率水平下组合的期望利润。请注意：这里还需要考虑客户拒绝采用贷款的概率。所以，我们还需要建模估计客户的响应率 $q(r)$，它是申请人愿意在利率 r 的价格下接受贷款的比例。为了估计响应率函数的分布，我们需要做实验来得到整个利率区间的响应率。如果响应率 $q(r, p)$ 不仅是利率 r，还成为申请人是好人概率 p（坏人概率是 $1-p$）的函数，这个实验需要更严谨。

当贷款机构考虑从固定利率（fixed rate）转向可变利率时，他们需要选择是采用分层利率（tiered rate）还是个体利率（individually priced rate）。在分层利率中，按照违约风险把客户分成几群，每群适用不同的利率水平；在个体利率中，每个人拿到的利率可能都不一样。我们需要在这三种机制下建立利润模型：固定利率、分层利率、个体利率。巴塞尔协议的要求还进一步增加了最优利率设计的复杂性，它要求增加一个附加项，考虑应对贷款信用风险所需的监管资本成本。

13.2 响应率和采用率

当贷款机构决定对某贷款产品收取多少利率时，一个关键的问题在于这个利率水平下的响应率（response rate）或采用概率（take probability）是多少。这两个概念表达的内容有双重解释：首先，采用概率为 $q(r)$ 是申请人在利率为 r 时采用贷款的概率，也是在所有提供了利率 r 的贷款中，采用贷款的人的比例。$q(r)$ 有如下被期待的性质：

- $q(r)$ 关于 r 连续。这是为了分析简便，尽管贷款机构仅会使用有限个利率水平。
- $q(r)$ 关于 r 单调不增。利率越高，愿意接受贷款的人的比例越低，或者不变。
- $q(r)$ 关于 r 可微，一阶导数是 $q'(r)$。虽然这个要求不现实，但它能让我们使用导数的性质。上一条单调不增的条件变成 $q'(r) \leqslant 0$。
- $q(\infty) = 0$，贷款机构总会找到一个利率，使得没人愿意接受贷款。

除此之外，我们还有两个与响应率函数相关的概念——价格弹性（elasticity）和最大支付意愿（maximum willingness to pay）。价格弹性测量采用概率相对利率变化的敏感性，是响应率变化比例与利率变化比率之比。在利率 r_1 下，弹性 $\varepsilon(r_1)$ 是

$$\varepsilon(r_1) = -\lim_{r_2 \to r_1} \frac{q(r_2) - q(r_1)/q(r_1)}{(r_2 - r_1)/r_1} = \frac{-q'(r_1)r_1}{q(r_1)} \tag{13.1}$$

其中，负号表示响应率变化方向与利率变化方向相反。举例说明：如果当前利率是 5%，有 40% 的人会采用贷款，假定现在的弹性是 $\varepsilon(0.05) = 3$，那么如果利率变为 5.5%（上浮 10%），愿意采用贷款的比例会降低 $3 \times 10\% = 30\%$。所以，在 5.5% 的利率下，有 $70\% \times 40\% = 28\%$ 的潜在客户会采用贷款。

支付意愿是与响应率导数相关的概念。每个借款人都有其愿意支付和采用贷款的

最大利率。我们将这个利率看作保留价格，支付意愿大于这个利率的人会接受贷款，低于这个利率的人不会。设 $w(r)$ 是所有申请总体支付意愿关于利率 r 的密度函数，那么

$$\int_{r_1}^{\infty} w(r) dr \equiv \text{愿意在利率 } r_1 \text{ 下采用贷款的比例} \equiv q(r_1) \qquad (13.2)$$

对式（13.2）两边求导，得到 $w(r) = -q'(r)$。当利率超过 r 时，因为最大支付意愿有限，这些人会改变主意，不再愿意使用贷款。

Phillips（2005）给出了几种响应率函数的形式，其中最简单的是线性响应率函数（linear response rate function）。当利率是 r_L 或更低时，每个人都会接受贷款，然后响应率随着斜率 $-b$ 线性变化。因此，当利率大于 $r_L + 1/b$ 时，没有人愿意采用贷款。这个函数由式（13.3）给出，图 13.1 是它的图像。

$$q(r) = \max\{0, 1 - b(r - r_L)\} \qquad \text{对 } r \geq r_L > 0 \qquad (13.3)$$

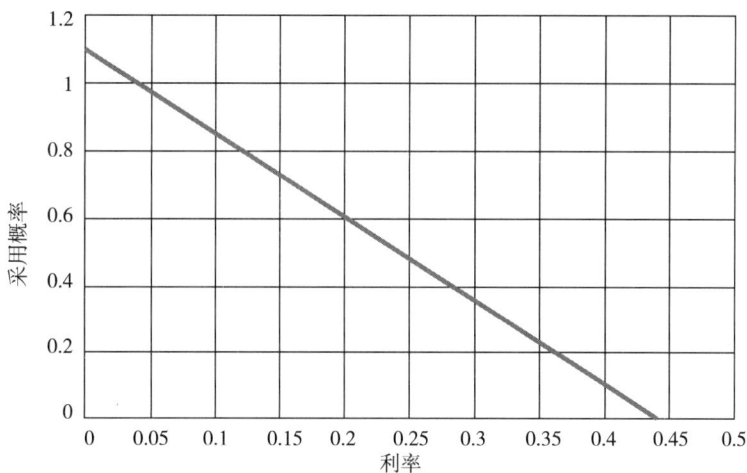

注：斜率为 2.5，r_L 为 0.04。

图 13.1　线性响应率函数

（资料来源：Thomas（2009））

我们可以把 b 看作利率变化时采用概率的边际变化率。在现实中，最低利率 r_L 需要至少等于 r_F，即贷款机构放贷的资金成本。有些国家设置了最大利率水平 r_M，超过它就算作高利贷，不合法。

虽然采用率的形式很简单，但它的弹性函数要稍微复杂点，见式（13.4）：

$$\varepsilon(r) = \frac{-q'(r)r}{q(r)} = \frac{-br}{1 - b(r - r_L)} = 1 - \frac{1}{1 - \dfrac{br}{1 + br_L}} \qquad \text{对 } r_L \leq r \leq m，\text{否则为 } 0$$

$$(13.4)$$

然而，更典型的响应率曲线更像图 13.2 中的反 "S" 形。利率低的时候响应率高，当利率接近和超过典型市场利率时，响应率的下降十分明显，之后保持低水平。这种形状的响应率被称为逻辑响应率（logistic response rate），其通常形式由

式（13.5）给出。

$$q(r) = \frac{e^{a-br}}{1+e^{a-br}} \Leftrightarrow \ln\left(\frac{q(r)}{1-q(r)}\right) = a - br \equiv s_{response} \qquad (13.5)$$

在式（13.5）中，采用概率与不采用概率之比的对数是利率的线性组合，其梯度是 $-b$，因为随着利率升高，采用概率下降。这种逻辑响应率函数是反"S"形，现实中常见。图 13.2 是式（13.5）的例子，$a=4$ 和 $b=32$，对应的价格弹性和支付意愿分别是

$$\varepsilon(r) = \frac{-q'(r)r}{q(r)} = \frac{br}{1+e^{a-br}} = br(1-q(r))$$

$$w(r) = -q'(r) = \frac{be^{a-br}}{(1+e^{a-br})^2} = bq(r)(1-q(r)) \qquad (13.6)$$

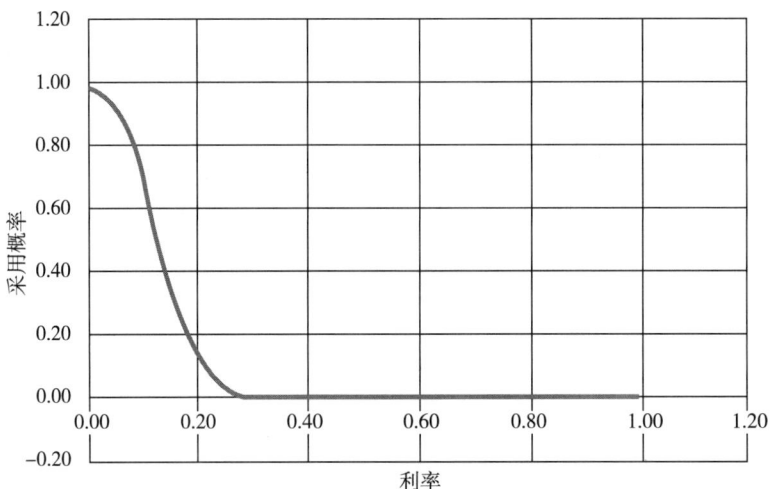

注：a 为 4，b 为 32。

图 13.2 逻辑响应函数

（资料来源：Thomas（2009））

这里，假定响应率 $q(\cdot)$ 仅是利率 r 的函数，这意味着申请总体的响应率是同质的。在实践中这通常不满足，因为信用分数高的客户比低分客户风险低，是很多贷款机构瞄准的目标客户。所以，在给定利率水平时，他们不太愿意采用贷款。处理这个问题的一个办法是用同时考虑利率 r 和好人概率的响应率函数 $q(r,p)$。给定申请人特征 $\mathbf{x}$，有好人概率 p，利用式（3.36）的对数比率分数 $s(\mathbf{x})$，计算得到 $p = \frac{e^{s(\mathbf{x})}}{e^{s(\mathbf{x})}+1}$。我们同样假定 $q(r,p)$ 关于 r 是连续、可微、单调、不增的，同时关于 p 单调不增。这是为了反映优质客户能在多个贷款机构拿到贷款，或者他们并不需要那么多的贷款。相应的线性和逻辑响应率函数也可以同时考虑 r 和 p。线性关系是

$$q(r,p) = \min\{\max[0, 1 - b \cdot (r - r_L) + c \cdot (1 - p), 1]\} \text{ 对 } r \geqslant r_L > 0 \qquad (13.7)$$

逻辑关系是

$$q\ (r) = \frac{e^{a-br+c(1-p)}}{1+e^{a-br+c(1-p)}} \Leftrightarrow \ln\left(\frac{q\ (r)}{1-q\ (r)}\right) = a-br+c\ (1-p)\ \equiv s_{response} \qquad (13.8)$$

13.5 节会证明在考虑了风险和利率后，响应率在某些点会出现逆向选择。不过，为了在接下来两节理解利润模型和最优利率，我们先采用以上两种响应率形式。

Ma 等（2010）用个人贷款数据建模估计了被提供贷款的客户采用贷款的概率，它与收取的利率负相关，与贷款金额呈非线性关系。其他的协变量包括表示申请和行为特征的变量。

13.3　简单的利润率和利率优化模型

我们有几种可以评估信贷账户利润率的方法，其中一种是用基于几个参数的效用函数（Finlay，2008），如考虑收入和消费现金流（Somers 和 Whittaker，2007；McDonald，2010）。Ma 等（2010）在固定期限贷款上用生存分析模型同时考虑违约和提前还款，以及违约后的回收金额，以此计算期望利润。在这一章，我们只介绍简单的单期贷款模型，由 Oliver 和 Thomas（2005）、Thomas（2009）提出。他们考虑贷款机构提供给借款人一个单位贷款，借款人的好人概率是 p，贷款机构的资金成本是 r_F。如果借款人违约，违约损失率 LGD 用 l_D 表示。当有这种借款人的一个组合时，p 的分布用密度函数 $f(p)$ 来表示。

在第一种定价机制下，固定利率是对所有申请人和所有接受这个利率的人收取同样的利率 r。这样，好人概率 p 的申请人带来的期望利润是

$$E_{\text{Profit}}(r,p)\ =\ q(r)[(r-r_F)p-(r_F+l_D)(1-p)] \qquad (13.9)$$

每还款一个单位的贷款就能带来 $r-r_F$ 的利润，每个违约的贷款会造成 l_D 加上贷款资金成本的损失。设 $\bar{p}=\int_0^1 pf(p)dp$ 是好人概率在所有潜在申请人上的均值，$q(r)$ 是在利率 r 下贷款被采用的概率。那么，整个组合的期望利润是

$$E_{\text{ProfitPort}}(r)\ =\ \int_0^1 q(r)[(r-r_F)p-(l_D+r_F)(1-p)]f(p)dp$$
$$=\ q(r)[(r-r_F)\bar{p}-(l_D+r_F)(1-\bar{p})] \qquad (13.10)$$

使式（13.10）最大化的 r 可以用式（13.10）相对 r 的偏导等于 0 来求解：

$$q'(r)[(r-r_F)\bar{p}-(l_D+r_F)(1-\bar{p})]+q(r)\bar{p}=0$$
$$\Rightarrow r=r_F-\frac{q(r)}{q'(r)}+\frac{(l_D+r_F)(1-\bar{p})}{\bar{p}} \qquad (13.11)$$

重写式（13.11）：

$$q'(r)[r\bar{p}-l_D(1-\bar{p})]+q(r)\bar{p}=r_Fq'(r) \qquad (13.12)$$

式（13.12）左边表示当利率在 r 以上成比例增加时，收入的边际减小份额。第一项表示采用贷款的申请者数量减少带来的利润减少金额，第二项表示利率增加后那

些依然愿意采用贷款并且还款的人所带来的利润。等式右边是更少的人采用贷款而带来的组合资金成本边际减少份额。这样，我们有标准的定价结果，最优价格使边际收入等于边际成本。

我们用以下这个例子来看如何使用这个方程：无风险利率是5%，$r_F = 0.05$，LGD是50%，$l_D = 0.5$，好人概率分布是0.8~1的均匀分布，当$0.8 \leq p \leq 1$有$f(p) = 5$，$p < 0.8$时为0。因此，$\bar{p} = 0.9$。我们可以认为这个贷款机构不会接受分数代表的好人概率小于0.8的客户。采用式（13.3）中的线性响应率函数，$r_L = 0.04$，$b = 2.5$，所以$q(r) = \max\{0, 1 - 2.5(r - 0.04)\}$。这表示如果利率在4%或以下，则每个人都会采用贷款；如果利率大于或等于44%，则没有人愿意采用贷款。将这些值代入式（13.11），最优利率r满足：

$$r = r_F - \frac{q(r)}{q'(r)} + \frac{(l_D + r_F)(1 - p)}{p} = 0.05 + \frac{1 - 2.5(r - 0.04)}{2.5} + \frac{0.55(1 - 0.9)}{0.9}$$

$$\Rightarrow 2r = 0.49 + \frac{0.55(0.1)}{0.9} = 0.551 \Rightarrow r = 0.276$$

$$q(0.276) = 1 - 2.5(0.276 - 0.04) = 0.41 \tag{13.13}$$

所以，最应该采取27.6%的利率，此时有41%的申请者愿意接受贷款。实际上，在这个利率下，最差的人，即$p = 0.8$的借款者也能够带来利润，表明没有必要拒绝任何人。注意：如果申请总体质量改善，$\bar{p}$提高，最优利率会降低，接受贷款的比例会提高。这其实表明只用利率相关的响应率函数会造成一个问题，那就是最优利率会带来利润减少。

第二个定价机制是分层利率，按照违约风险水平提供几种利率价格。随着申请人的违约风险增加，收取的利率水平会上升。我们用最简单的两个利率价格的例子来说明：风险低的利率r_1和风险高的利率r_2，$r_2 > r_1$。贷款机构可以决定是否拒绝申请，即不以任何一个利率给他贷款。用刚才同样的符号，加上两个响应率$q_1 = q(r_1)$和$q_2 = q(r_2)$，三种决策带来的利润分别是

拒绝：0

以利率r_1接受：$q_1(r_1 p - l_D(1 - p) - r_F)$

以利率r_2接受：$q_2(r_2 p - l_D(1 - p) - r_F)$ （13.14）

这里假定好人概率独立于贷款利率，虽然这不现实，但是当这两个利率差别不是很大时，这个假设是合理的。那么，期望利润满足：

$$E[p(r_1, r_2)] = \max\{0, q_1[(r_1 - r_F)p - (l_D + r_F)(1 - p)],$$
$$q_2[(r_2 - r_F)p - (l_D + r_F)(1 - p)]\} \tag{13.15}$$

图13.3展示了当p变化时这三个函数的图像。

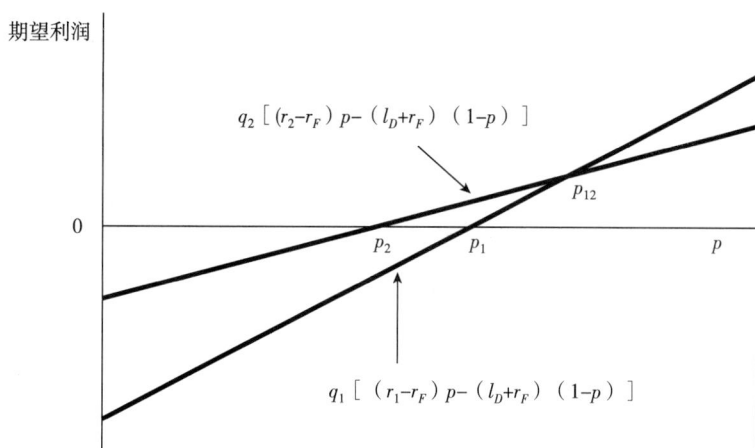

图 13.3　式（13.15）中的三个函数

（资料来源：Thomas（2009））

当贷款机构只以 r_1 提供贷款时，申请人的好人概率满足下列条件的，贷款机构将接受申请：

$$p > p_1，其中 p_1 = \frac{r_F + l_D}{r_1 + l_D} \qquad (13.16)$$

类似地，当贷款机构只以 r_2 提供贷款时，满足下列条件的，贷款机构将接受申请：

$$p > p_2，其中 p_2 = \frac{r_F + l_D}{r_2 + l_D} \qquad (13.17)$$

注意：$p_2 \leqslant p_1$。如果贷款机构提供两个利率且 $r_1 < r_2$，那么当申请人的好人概率 $p > p_2$ 时，它会继续提供利率 r_2 的贷款；相反，当以利率 r_1 提供贷款的期望利润大于利率 r_2 的期望利润时，它会以 r_1 提供贷款：

$$q_1\left[(r_1 + l_D)p_{12} - (l_D + r_F)\right] > q_2\left[(r_2 + l_D)p_{12} - (l_D + r_F)\right]$$

$$\Rightarrow p \geqslant p_{12} = \frac{(q_1 - q_2)(l_D + r_F)}{(q_1 - q_2)l_D + q_1 r_1 - q_2 r_2} \qquad (13.18)$$

其中，p_{12} 是两个群体的期望利润相等时的好人概率。

注意：如果 $q_1(r_1 - r_F) \geqslant q_2(r_2 - r_F)$，则 $p_{12} \leqslant 1$，那么会有一群好人概率 $p \geqslant p_{12}$ 的人被提供利率为 r_1 的贷款。这是因为他们接受利率 r_1 的贷款的可能性远远高于接受利率 r_2 的贷款的可能性，且响应率提高带来的收益能够补偿低利率 r_1 导致的利润减少。另一方面，如果 $q_1(r_1 - r_F) < q_2(r_2 - r_F)$，所有好人概率大于 p_2 的借款人都应该被提供利率为 r_2 的贷款，没有人得到低利率的贷款。

如果贷款利率水平有三等，结论会是要么将所有三种利率提供给不同客群，要么只提供两种（其中一种是最高利率），要么是给所有人都提供最高的利率。

为了实施这个利率模型，我们用刚才例子的一些参数，$r_F = 0.05$，$l_D = 0.5$，$r_L = $

0.04，$b = 2.5$，线性响应率 $q(r) = \max\{0, 1 - 2.5(r - 0.04)\}$。假定贷款机构想提供两个利率20%和30%，即 $r_1 = 0.2$ 和 $r_2 = 0.3$，所以 $q_1 = q(r_1) = 0.6$，$q_2 = q(r_2) = 0.35$。式（13.16）至式（13.18）的计算是 $p_1 = 0.786$，$p_2 = 0.687$，$p_{12} = 0.982$。当 $p \geq 0.982$ 时提供利率20%，当 $0.982 > p \geq 0.687$ 时提供利率30%。

注意：这些计算不依赖于 p 在总体上的分布。如果我们想确定最优利率 r_1 和 r_2 是多少，我们就需要知道分布的信息，因为需要求以下最优化问题：

$$\max_{r_1, r_2}\{E_{\text{ProfitPort}}(r_1, r_2)\} = \max_{r_1, r_2}\left\{\begin{array}{l}\displaystyle\int_{p_2(r_2)}^{p_{12}(r_1, r_2)} q(r_2)[(r_2 - r_F)p - (l_D + r_F)(1 - p)]f(p)dp \\ + \displaystyle\int_{p_{12}(r_1, r_2)}^{1} q(r_1)[(r_1 - r_F)p - (l_D + r_F)(1 - p)]f(p)dp\end{array}\right\}$$

$$(13.19)$$

其中，$p_2(r_2)$ 和 $p_{12}(r_1, r_2)$ 分别是式（13.17）和式（13.18）中的概率。对式（13.19）相对 r_1 和 r_2 求偏导并令式子等于0，我们得到最优利率的值。之后，我们会看到一个数值求解的例子。

最后一个定价机制是个体利率，给不同好人概率 p 的申请人单独的利率。因为最优利率的选择并不依赖于其他申请人的结果，我们不需要知道好人概率密度 $f(p)$ 在总体上的分布。事实上，我们已经有了好人概率 p 的申请者能带来的期望利润的计算公式：

$$E_{\text{Profit}}(r, p) = q(r)[(r - r_F)p - (l_D + r_F)(1 - p)] \qquad (13.20)$$

对它关于 r 求导，找到最优利率 $r(p)$ 是 p 的函数，即

$$q'(r(p))[(r(p) - r_F)p - (l_D + r_F)(1 - p)] + q(r(p))p = 0$$

$$\Rightarrow r(p) = r_F - \frac{q(r(p))}{q'(r(p))} + \frac{(l_D + r_F)(1 - p)}{p} \qquad (13.21)$$

它的形式和式（13.11）类似。

我们来看个体利率的运用，$r_F = 0.05$，$l_D = 0.5$，$r_L = 0.04$，$b = 2.5$，$q(r) = \max\{0, 1 - 2.5(r - 0.04)\}$。表13.1展示了不同好人概率下的结果。线性响应函数表明当利率大于等于44%后，没有人愿意采用贷款。即便存在绝对的好人（$p = 1$），无论如何他都不会违约，贷款机构提供的利率也仅能使不到60%的人采用贷款。这是因为当继续降低利率后，对愿意接受贷款的人减少的利润损失会大于额外增加的绝对好人采用贷款带来的利润。这样我们看到，如果用好人概率来对贷款组合分层，然后试图找到每层贷款的最大期望利润是比较困难的。然而，一个分数段的次优定价策略仍可能比下个风险较高分数段的最优策略创造更多单位的利润。下节我们会介绍一种更复杂的模型，该模型可以处理基于风险的响应函数，并能解决以上简单模型面临的一些困难。

表 13.1 个体定价策略与线性响应率下的最优利率

好人概率	最优利率（%）	接受概率（%）
0. 5	52. 0	0
0. 6	42. 8	2. 9
0. 7	36. 3	19. 3
0. 8	31. 4	31. 6
0. 9	27. 6	41. 1
0. 94	26. 3	44. 4
0. 96	25. 6	45. 9
0. 98	25. 1	47. 3
0. 99	24. 8	48. 1
1. 00	24. 5	48. 8

资料来源：Thomas（2009）。

13. 4 含资本要求的利润率和利率优化模型

本节将 13.3 节的模型从三个方面进行了拓展：第一，使模型中的响应率不仅依赖于利率 r，还依赖于好人概率 p，即响应率既与风险相关，又与利率相关。第二，考虑为筹集满足巴塞尔资本协议（B1）、巴塞尔协议Ⅱ（B2）、巴塞尔协议Ⅲ（B3）最低资本要求所需资金的成本，将其与没有资本要求时（B0）的结果进行比较。第三，模型在组合层面建立。我们虽然假定资金成本以无风险收益率 r_F 取得，但巴塞尔协议要求的资本用股本来提供，成本是 r_Q。在本节最后，我们会考虑这样一种情况，即贷款机构在计算组合权益资本数额时，考虑更多的是减小风险而非降低成本。本节的大多数模型来自 Huang 和 Thomas（2015）。

为了使计算相对容易理解，我们采用线性风险响应率，即

$$q(r, p) = \min\{\max[0,1 - b \cdot (r - r_L) + c \cdot (1 - p),1]\} \quad 对 r \geqslant r_L > 0$$

(13. 22)

因为 b 和 c 为正，采用率随利率 r 和好人概率 p 的增加而降低。当利率为 r_L 或更低，或借款人无风险（ $p = 1$ ）时，响应率为 1。对更现实的情况，设 $p = 0.9$，那么当利率为 $r_L + 0.1c/b$ 时，响应率为 1。在另一个极端，无风险借款人（ $p = 1$ ）只会采用利率小于 $r_L + 1/b$ 的贷款，有一些风险（ $p = 0.9$ ）的借款人只会考虑接受利率小于 $r_L + 1/b + 0.1c/b$ 的贷款。

巴塞尔协议要求金融机构预留一部分资本金来覆盖意外损失，在第 11 章我们已经讨论过。资本金的多少取决于贷款的违约风险（ $1 - p$，其中 p 是好人概率）和 LGD 因子 l_D，它是违约贷款余额中实际损失的比例。在本章我们定义对好人概率 p 的每单位贷款，巴塞尔协议最低资本要求（Minimum Capital Requirement，MCR）是 $L_D K(p)$。我们在四种监管条件下来考虑 MCR：

Basel 0 （B0）：在 1988 年以前没有监管资本要求，那么 $K(p) = K_0 = 0$。

Basel 1 （B1）：在巴塞尔协议 I 中的 MCR，

$$K(p) = K_1 = \frac{0.08}{l_D} \tag{13.23}$$

Basel 2 （B2）：在巴塞尔协议 II 中的 MCR，

$$K_2(p) = N\left[\left(\frac{1}{1-R}\right)^{1/2} N^{-1}(1-p) + \left(\frac{R}{1-R}\right)^{1/2} N^{-1}(0.999)\right] - (1-p) \tag{13.24}$$

其中，对信用卡 $R = 0.04$，$N(\cdot)$ 是反累积正态分布，$N^{-1}(\cdot)$ 是逆累积正态分布。

Basel 3 （B3）：在巴塞尔协议 III 中的 MCR，

$$K_3(p) = \left(\frac{13}{8}\right) K_2(p) = 1.625 K_2(p) \tag{13.25}$$

我们来比较没有协议要求（B0）和最新要求（B3）的情况，假定用作 MCR 的每单位权益资本成本是 r_Q。

为了给组合定价，我们首先需要估算每笔贷款的营利性。用 13.3 节中的符号，贷款利率是 r，催收结束后的损失率是 l_D，无风险收益率即资金成本是 r_F，权益资本成本是 r_Q，设 $B(p)$ 是监管资本 $r_Q l_D K(p)$ 之和，即 $B(p) = r_F + r_Q l_D K(p)$。如果贷款机构以利率 r 进行贷款，借款人采用贷款的概率是 $q(r, p)$，则每单位贷款的期望利润是

$$E_{\text{Profit}}(r, p) = q(r, p)[(r - B(p))p - (l_D + B(p))(1 - p)] \tag{13.26}$$

如果 $E_{\text{Profit}}(r, p) \geqslant 0$，那么贷款机构接受贷款申请，转换为

$$p \geqslant p_c(r) = \frac{B(p_c(r)) + l_D}{r + l_D} = \frac{r_F + r_Q l_D K(p_c(r)) + l_D}{r + l_D} \tag{13.27}$$

假定贷款组合的概率密度函数是 $f(p)$，在固定利率 r 下，给所有好人概率 $p \geqslant p_c(r)$ 的人提供贷款，组合期望利润是

$E_{\text{ProfitPort}}(r)$

$$= \int_{p_c(r)}^{1} q(r, p)[(r - r_F - r_Q l_D K(p))p - (l_D + r_F + r_Q l_D K(p))(1 - p)]f(p)dp$$

$$= \int_{p_c(r)}^{1} q(r, p)[(r - B(p))p - (l_D + B(p))(1 - p)]f(p)dp \tag{13.28}$$

相对 r 求偏导，应用莱布尼茨积分法则，得到最优利率满足：

$$\int_{p_c(r)}^{1} (\{q'(r, p)((r - B(p))p - (l_D + B(p))(1 - p))\} + \{(q(r, p)p)\})f(p)dp$$

$$- \{q(r, p_c(r))[(r - B(p_c))p_c - (l_D + B(p_c(r)))(1 - p_c(r))]\}$$

$$\times f(p_c(r))\left(\frac{B(p_c(r)) + l_D}{(r + l_D)^2}\right) = 0 \tag{13.29}$$

利用上节的例子，我们来计算这个固定利率模型的结果。对 B0，$K(p) = 0$；对 B3，则有 $K(p) = K_3(p)$。参数仍保持 $l_D = 0.5$，$r_F = r_Q = 0.05$，$r_L = 0.04$，$b = 2.5$，$c = 2$，响应率是

$$q(r,p) = \min\{\max[0, 1 - 2.5(r - 0.04) + 2(1 - p), 1]\} \quad 对\ r \geq 0.04$$

$$(13.30)$$

考虑不同风险的借款人，接受 $p \geq a, f(p) = 1/(1 - a)$；对 $p < a$ 拒绝，$f(p) = 0$。当 a 提高时，组合质量提高。

从式（13.27）开始，在 B0 下，贷款机构只会接受 $p \geq p_c = 0.55/(r + 0.55)$ 的申请人；在 B3 下，临界值更严格，机构只接受 $p \geq p_c = 0.55 + K_3(p_c(r))/(r + 0.55)$ 的借款者。对总贷款金额为 1 的贷款组合的计算包含迭代过程，见表 13.2。当 a 变化时，组合变化，最优利率和组合利润率也随之变化，第 5 列给出满足巴塞尔协议Ⅲ要求 $K_3(\max(a, p_c(r)))$ 的风险最大的申请人是 $p = \max(a, p_c)$

表 13.2　单一价格策略下的最优利率和最优期望利润

a	B0 下的最优利率（%）	B0 下的期望利润	B3 下的最优利率（%）	K_3	B3 下的期望利润
0.6	37.68	0.0618	39.33	0.3983	0.0571
0.7	35.00	0.0778	35.56	0.3868	0.0728
0.8	31.40	0.0886	31.88	0.3408	0.0842
0.9	27.91	0.0942	28.23	0.2423	0.0911

显然，B3 条件下的最优固定利率比 B0 条件下的略高，组合的收益也略少。更重要的是，这些变化与组合质量变化时带来的变动相比是否显著。巴塞尔条件引起的利率变化最多是 2%，而组合质量引起的最优利率变化是 10%。所以，其实组合质量相较于巴塞尔条件更能影响最优利率。对 B1 和 B2 的结果是介于 B0 和 B3 之间的。

在两个利率定价的机制下，贷款机构可能提供 r_1 或 r_2 的利率，$r_1 \geq r_2$，其中 r_1 给风险低的申请者，$p \geq p_{12}$；r_2 给风险高的申请者，$p_{12} > p \geq p_2$。重复类似于式（13.14）的计算，贷款机构的三个决策带来的利润满足

拒绝：0

以利率 r_1 接受：$q(r_1, p)((r_1 - B(p))p - (l_D + B(p))(1 - p))$

以利率 r_2 接受：$q(r_2, p)((r_2 - B(p))p - (l_D + B(p))(1 - p))$　　　　(13.31)

当 $p > p_2$ 时，提供利率为 r_2 的贷款，其中

$$q(r_2, p_2)((r_2 - B(p_2))p_2 - (l_D + B(p_2))(1 - p_2)) = 0$$

$$\Rightarrow p_2 = \frac{l_D + B(p_2)}{l_D + r_2} \qquad\qquad (13.32)$$

当 $p > p_{12}$ 时，提供利率为 r_1 而非 r_2 的贷款，其中

$$q(r_2, p_{12})[(r_2 - B(p_{12}))p_{12} - (l_D + B(p_{12}))(1 - p_{12})]$$
$$= q(r_1, p_{12})[(r_1 - B(p_{12}))p_{12} - (l_D + B(p_{12}))(1 - p_{12})]$$

$$\Rightarrow p_{12} = \frac{[q(r_1, p_{12}) - q(r_2, p_{12})](l_D + B(p_{12}))}{(q(r_1, p_{12}) - q(r_2, p_{12}))l_D + q(r_1, p_{12})r_1 - q(r_2, p_{12})r_2} \qquad (13.33)$$

式（13.33）需要用迭代计算数值解。为了找到最优利率 r_1 和 r_2，我们需要计算在

组合中每个贷款在 r_1 和 r_2 下的利润值，记为 r_1 和 r_2 的函数：

$$\max_{r_1,r_2}\{E_{\text{ProfitPort}}(r_1,r_2)\}$$

$$= \max_{r_1,r_2}\left(\begin{array}{l} \int_{p_2(r_2)}^{p_{12}(r_1,r_2)} q(r_2,p)\left[(r_2-B(p))p-(l_D+B(p))(1-p)\right]f(p)dp \\ + \int_{p_{12}(r_1,r_2)}^{1} q(r_1,p)\left[(r_1-B(p))p-(l_D+B(p))(1-p)\right]f(p)dp \end{array} \right)$$

$$(13.34)$$

类似于固定利率下的计算，我们用一个具体例子来展示，求解过程见表 13.3。

表 13.3 两个价格下的最优利率和最优期望利润

B0					
a	r_2（%）	$\max(a,p_2)$	r_1（%）	p_{12}	E（Profit Port）
0.6	48.56	0.6	31.73	0.791	0.075
0.7	41.58	0.7	29.80	0.846	0.085
0.8	35.38	0.8	27.97	0.898	0.092
0.9	39.73	0.9	26.21	0.950	0.095
B3					
a	r_2（%）	$\max(p_2,a)$	r_1（%）	p_{12}	E（Profit Port）
0.6	49.1	0.6	32.10	0.792	0.070
0.7	42.0	0.7	30.08	0.847	0.081
0.8	35.7	0.8	28.16	0.899	0.088
0.9	29.9	0.9	26.29	0.951	0.092

在两种巴塞尔条件下，最低好人率 a 提高会带来组合质量提高，两种利率都会下降，整体利润也会随之增加。下临界点 p_2 低于组合下界时，对每个申请者提供贷款。组合质量提高时，下临界点提高，但是超过一半的贷款利率都是这个下临界点利率。交换点的 p 值在 B0 和 B3 下几乎一样。对比表 13.2 和表 13.3，我们看到最优固定利率介于最优分层利率之间，这符合逻辑；后者的期望利润比前者大，这也符合逻辑。这两个期望利润之差在组合风险低时相差不大，a 降低过后相差变大。

这个建模过程可以在单个利率策略下不断重复。每个申请者都拿到不同利率的贷款，这是风险定价的极端版本。我们将式（13.20）的模型考虑加入基于风险的响应率和巴塞尔资本要求。这里不需要在组合层面考虑问题，因为每个人的利率水平都不一样，是按照个体违约风险来确定的。考虑响应率和权益成本后，向好人概率 p 的申请人提供利率 $r(p)$ 的贷款的期望利润率是

$$E_{\text{Profit}}(r(p),p) = q(r(p),p)\left[(r-B(p))p-(l_D+B(p))(1-p)\right] \quad (13.35)$$

关于 r 求偏导，我们有最优利率 $r(p)$ 满足：

$$q'(r(p),p)\big[(r(p)-B(p))p-(l_D+B(p))(1-p)\big]+q(r(p),p)p=0$$

$$\Rightarrow r(p)=B(p)-\frac{q(r(p),p)}{q'(r(p),p)}+\frac{(l_D+B(p))(1-p)}{p} \tag{13.36}$$

表 13.4 展示了在 B0 和 B3 条件下的数值计算。

表 13.4　个体价格下的最优利率和最优期望利润

	B0		B3	
p	$r(p)\%$	$E(P(p))$	$r(p)\%$	$E(P(p))$
0.35	101.57	0	102.71	0
0.4	89.75	0.0005	90.83	0.0001
0.5	72.00	0.0189	72.59	0.0152
0.6	58.83	0.0442	59.34	0.0400
0.7	48.28	0.0680	48.71	0.0633
0.8	39.38	0.0851	39.70	0.0807
0.9	31.56	0.0940	31.76	0.0910
0.95	27.94	0.0955	28.08	0.0935
0.96	27.25	0.0955	27.36	0.0939
0.97	26.55	0.0955	26.64	0.0942
0.98	25.86	0.0955	25.93	0.0944
0.99	25.18	0.0953	25.21	0.0947

在个体定价机制下，申请人的好人概率增加，最优利率一定会下降，否则基于风险的响应率会减少更多。优质客户相对于次级客户的最优利率下降更缓慢。优质客户（$p>0.96$）的最优利率下降幅度太小，以至于它下降带来的响应率提升不足以补偿风险更大的采用贷款的人带来的利润损失。所以，个体总利润率几乎不变，仅在 B0 条件下，对 $p>0.98$ 的人略有下降。对比表 13.1 和表 13.4 可以发现，最优固定利率与好人概率 0.9 左右的最优个体利率差不多。显然，B3 条件下的最优利率总是高于 B0 条件下的利率，不过令人惊讶的是两者相差并不大。

如果用固定的资本 Q，而非权益资本来作为巴塞尔协议要求的监管资本，那么这个模型变成限制条件下的最优化问题。在个体利率机制下，我们想找到最优利率 $r(p)$ 满足：

$$E_{\text{ProfitPort}}(r(\cdot),a)=\max_{r(p)}\int_a^1 q(r(p),p)\big[(r(p)-r_F)p-(l_D+r_F)(1-p)\big]f(p)dp \tag{13.37}$$

$$s.t.\ Q(r,a)=\int_a^1 l_D K(p)f(p)q(r(p),p)dp\le 0 \tag{13.38}$$

其中，第二个限制条件表示用来满足巴塞尔协议要求的资本金不超过 Q，相当于用拉格朗日函数求解非限制最优化问题（Huang 和 Thomas，2015；Thomas，2009）：

$$E_{\text{ProfitPort}}(r,a)-\lambda(Q(r,a)-Q) \tag{13.39}$$

式（13.38）与前面的模型类似，不过这里 $r_Q = \lambda$。在个体定价机制下，最优利率取决于组合里其他申请者的违约概率分布，因为巴塞尔资本受限于 Q。这个方法也可以用在其他定价机制上，详见 Huang 和 Thomas（2015）。

13.5 可变定价中的逆向选择和赢家诅咒

我们看到上节里面的模型已经变得很复杂，但即使如此，依然没能完全刻画可变定价与违约风险的所有相互作用关系。在这节中，我们来讨论逆向选择和赢家诅咒的问题，最后再看一下对于这些问题的解决办法。

13.5.1 逆向选择

逆向选择是交易双方在信息不对称下存在的问题。典型的例子是二手车市场和人寿保险。在二手车市场中，买家只知道市场中各品牌和年限的车的总体水平，而卖家知道具体的真实车况，如是否出过事故或经过维修。于是，卖家很可能愿意出售有问题的车，而非完好的车。市场中充满了不如总体水平的"柠檬"（lemon），即质量不太好的车，看上去光鲜亮丽，实际上吃下去是酸的（Akerlof, 1970）。在人寿保险中，保险公司已知在给定年龄和性别个体下的死亡率寿命，甚至还按一些生活习惯，如吸烟，进行了统计。但是，个人更了解关于自己健康和行为的准确信息，能与总体水平进行比较。于是，那些健康状况不如平均水平的人更愿意投保（Maclean, 1929）。

在消费信贷市场，贷款机构估计好人概率和违约概率，是用历史数据得到的信用分数来表示的。然而，借款人更清楚他们自身的状况和目的：是否很快被裁员？是否生病？家庭成员是否有变化？额外收入是否减少？所以，在某个利率水平下的贷款采用概率对应的真实违约概率会高于期望值，特别是在这个利率较高时。

Stiglitz 和 Weiss（1981）在固定利率的个人贷款产品中分析了这个现象。他们发现，当利率水平较高时，好客户的资金成本过高，于是市场中充斥着风险较大的坏客户。Ausubel（1991）解释了其他贷款利率下降而信用卡利率为什么一直很高的原因，这是因为低风险客户不太关心利率水平，因为他们不怎么使用循环信贷，属于交易消费型用户，不太会支付这类利息。因此，降低信用卡利率只会吸引更多的高风险客户。Calem 和 Mester（1995）提供了另一种解释：转移信用卡账户有成本，只有那些愿意负债的人才会去承受这个成本。Calem 等（2005）也支持这个观点。

13.5.2 可变利率和赢家诅咒

在可变利率下，我们能找到更多的逆向选择证据。Ausubel（1999）和 Agarwal 等（2010）在不同初始利率和长期利率下进行了实验，从申请通过和拒绝，以及采用不同利率下的贷款的数据证明了逆向选择的存在。他们认为，获客过程实际上是一个拍卖过程，借款人面对不同贷款机构的不同出价，而去选择利率最低的那个。所以，这其实是一个赢家诅咒（Winner's Curse）的例子，只有那些低估了客户违约风险的贷款机构才会"赢得"这个拍卖。Huang 和 Thomas（2013）建立了模型来表示这个过程，其中的对数比率选择函数取决于潜在贷款机构的数量（Phillips，2005；Thomas，2009）。然后，他们把这个加到本章之前的利润率模型中。

13.5.3　负担能力的限制

目前，我们看到，利率和风险都会影响响应率。首先，响应率中有风险成分；其次，有逆向选择。其实，我们还有第三种关系，即负担能力的影响。负担能力是贷款机构对借款人的要求。更加具体一点，我们认为借款人的负担能力是贷款利率的函数。基于风险的响应率，负担能力限制和逆向选择都表明在可变定价中，利率越高，采用贷款的人的违约概率越高。然而，两者的作用机制并不同。基于风险的响应函数表明，在组合层面，采用概率取决于违约风险和贷款利率。逆向选择是指那些采用了某个利率水平的贷款的人违约风险比组合平均估计水平更高。负担能力限制是指违约风险是利率和特征的函数。所以，对借款人好人概率的标准化估计需要基于一个基准利率 r^*。这在固定利率贷款产品中不是个问题，但当以不同的利率提供相同的贷款产品时，这是一个难题。

为了理解这个问题，我们首先定义有特征 $\mathbf{x}$ 的人中，愿意接受利率 r^* 的好人（在贷款期限内都表现良好）概率是 $p(\mathbf{x}) = P(G \mid \mathbf{x}, r^*, T)$。类似地，设 $P(G \mid \mathbf{x}, p(\mathbf{x}), r, T)$ 是这样的人愿意接受利率为 r 的贷款的好人概率。注意：$P(G \mid \mathbf{x}, p(\mathbf{x}), r, A)$ 同时是所有愿意接受利率为 r 的贷款的借款人的好人概率。虽然这在现实中并不可能，除非贷款机构强迫客户采用贷款。

逆向选择即采用贷款的人满足不等式：

$$P(G \mid \mathbf{x}, p(\mathbf{x}), r, A) > P(G \mid \mathbf{x}, p(\mathbf{x}), r, T) \tag{13.40}$$

在采取可变利率且 $r_1 < r_2$ 时，逆向选择和负担能力限制同时出现，满足不等式：

$$P(G \mid \mathbf{x}, p(\mathbf{x}), r_1, T) > P(G \mid \mathbf{x}, p(\mathbf{x}), r_2, T) \tag{13.41}$$

考虑这种复杂关系的评分卡其实还没有被开发出来，不过显然第一步是把利率加入评分卡建模过程，即不再是分数 $s(\mathbf{x})$，而是 $s(\mathbf{x}, r)$。

从这里开始，包括其他在本书第一版没有讨论但在这一版中出现的新问题，我们依然在探索的道路上前行。信用评分仍在继续发展，消费信贷会是满足人民日益增长的美好生活需要的重要途径。

参考文献

Acharya, V. V. , Bharath, S. T. , and Srinivasan, A. (2007). Does industry – wide distress affect defaulted firms? Evidence from creditor recoveries. *Journal of Financial Economics*, 85(3): 787 – 821.

Agarwal, S. , Chomsisengphet, S. , and Liu, C. (2010). The importance of adverse selection in the credit card market: Evidence from randomized trials of credit card solicitations. *Journal of Money Credit and Banking*, 42: 743 – 754.

Aghion, P. , Bolton, P. , and Trole, J. (2004). Exit options in corporate finance: Liquidity versus incentives. *Review of Finance*, 8: 327 – 353.

Akerlof, G. A. (1970). The market for "lemons": Quality uncertainty and the market mechanism. *Quarterly Journal of Economics*, 84: 488 – 500.

Akkoc, S. (2012). An empirical comparison of conventional techniques, neural networks and the three stage hybrid Adaptive Neuro Fuzzy Inference System (ANFIS) model for credit scoring analysis: The case of Turkish credit card data. *European Journal of Operational Research*, 222: 168 – 178.

Albright, H. T. (1994). *Construction of a Polynomial Classifier for Consumer Loan Applications Using Genetic Algorithms*. Working paper, Department of Systems Engineering, University of Virginia, Charlottesville, VA.

Altman, E. I. (1968). Financial ratios, discriminant analysis and the prediction of corporate bankruptcy. *Journal of Finance*, 23: 589 – 609.

Amromin, G. and Paulson, A. L. (2010). Default rates on prime and subprime mortgages: Difference and similarities. *Profitwise News and Reviews*, September 1 – 10. Federal Reserve Bank of Chicago.

Andersen, P. K. , Borgan, O. , Gill, R. D. , and Keiding, N. (1992). *Statistical Models Based on Counting Processes*. Springer – Verlag, New York.

Anderson, R. (2007). *The Credit Scoring Toolkit: Theory and Practice for Retail Credit Risk Managers and Decision Automation*. Oxford University Press, Oxford.

Anderson, T. W. and Goodman, L. A. (1957). Statistical inference about Markov Chains. *Annals of Mathematical Statistics*, 28: 89 – 109.

Andreeva, G. , Ansell, J. , and Crook, J. (2008). Credit scoring in the context of European integration: Is there a future for generic models? *Journal of Financial Transformation*, 23:

129 – 134.

Andreeva, G. (2006). European generic scoring models using survival analysis. *Journal of the Operational Research Society*, 57(10): 1180 – 1187.

Andrews, R., Diederich, J., and Tickle, A. B. (1995). Survey and critique of techniques for extracting rules from trained artificial neural networks. *Knowledge Based Systems*, 8(6): 373 – 389.

Angel, S. and Heitzmann, K. (2015). Over – indebtedness in Europe: The relevance of country level variables for the over – indebtedness of private households. *Journal of European Social Policy*, 1 – 21.

Ash, D. and Meester, S. (2002). *Best Practices in Reject Inferencing*. Presentation at Credit Risk Modeling and Decisioning Conference, Wharton Financial Institutions Center, Philadelphia.

Ashcraft, A. B., Goldsmith – Pinkham, P., Hull, P., and Vickery, J. (2011). Credit ratings and security prices in the subprime MBS market. *The American Economic Review*, 101 (3): 115 – 119.

Ashcraft, A. B. and Scheurmann, T. (2008). *Understanding the Securitization of Subprime Mortgage Credit*. Staff report 318, Federal Reserve Bank of New York.

Atkinson, T., Luttrell, D., and Rosenblum, H. (2013). *How Bad Was It? The Costs and Consequences of the* 2007 – 2009 *Financial Crisis*. Staff report 20, Federal Reserve Bank of Dallas.

Attanasio, O. P. (1999). Consumption. In *Handbook of Macroeconomics*, Elsevier, Amsterdam.

Augasta, M. G. and Kathirvalavakumar, T. (2012). Rule extraction from neural networks—a comparative study. In *Proceedings of the International Conference on Pattern Recognition, Informatics and Medical Engineering*.

Augasta, M. G. and Kathirvalavakumar, T. (2012). Reverse engineering the neural networks for rule extraction in classification problems. *Neural Processing Letters*, 35: 131 – 150.

Ausubel, L. (1991). The failure of competition in the credit card market. *American Economic Review*, 81(1): 50 – 81.

Ausubel, L. (1999). *Adverse Selection in the Credit Card Market*. Working paper, University of Maryland.

Awad, M. and Khanna, R. (2015). *Efficient Learning Machines*. Apress.

Bacchetta, P. and Ballabriga, F. (1995). *The Impact of Monetary Policy and Bank Lending: Some International Evidence*. Working paper 95.08, Studienzentrum Gerzensee, Gerzensee, Switzerland.

Baesens, B., Egmont – Petersen, M., Castelo, R., and Vanthienen, J. (2002). Learning

Bayesian network classifiers for credit scoring using Markov Chain Monte Carlo search. In *Proceedings of* 16*th International Conference on Pattern Recognition*, IEEE.

Baesens, B. , Setiono, R. K. , Mues, C. , and Vanthienen, J. (2003). Using neural network rule extraction and decision tables for credit risk evaluation. *Management Science*, 49(3): 312 – 329.

Baesens, B. , van Gestel, T. , Viaene, S. , Stepanova, M. , Suykens, J. , and Vanthienen, J. (2003). Benchmarking state – of – the – art classification algorithms for credit scoring. *Journal of the Operational Research Society*, 54: 627 – 635.

Baesens, B. , Vertsraeten, G. , Van den Poel, D. , Egmont – Petersen, M. , Van Kenhove, P. , and Vanthienen, J. (2004). Bayesian network classifiers for identifying the slope of the customer lifecycle of life – long customer. *European Journal of Operational Research*, 156: 508 – 523.

Bajgier, S. M. and Hill, A. V. (1982). An experimental comparison of statistical and linear programming approaches to the discriminant problem. *Decision Sciences*, 13: 604 – 611.

Banasik, J. and Crook, J. (2007). Reject inference, augmentation, and sample selection. *European Journal of Operational Research*, 183: 1582 – 1594.

Banasik, J. and Crook, J. (2010). Reject inference in survival analysis by augmentation. *Journal of the Operational Research Society*, 61: 473 – 485.

Banasik, J. and Crook, J. N. (2012). Forecasting and explaining aggregate consumer credit delinquency behaviour. *International Journal of Forecasting*, 28: 145 – 160.

Banasik, J. , Crook, J. N. , and Thomas, L. C. (1996). Does scoring a subpopulation make a difference? *International Review of Retail Distribution Consumer Research*, 6: 180 – 195.

Banasik J. , Crook J. N. , and Thomas L. C. (1999). Not if but when borrowers default. *Journal of the Operational Research Society*, 50: 1185 – 1190.

Bank of England (2015). *Stress Testing the UK Banking System: Key Elements of the* 2015 *Stress Test*. Bank of England, London.

Bank of England (2015). *Stress Testing the UK Banking System: Guidance for Participating Banks and Building Societies*. Bank of England, London.

Banerjee, A. , Dolado, J. , Galbraith, J. W. , and Hendry, D. W. (1993). *Co – integration, Error Correction and the Econometric Analysis of Non – Stationary Data*. Oxford University Press, Oxford.

Barakat, N. and Diederich, J. (2005). Eclectic rule extraction from support vector machines. *International Journal of Computational Intelligence*, 2(1): 59 – 62.

Barakova, I. and Parthasarathy, H. (2013). *Modeling Corporate Exposure at Default*. SSRN, http: // ssrn. com/ abstract = 2235218.

Bartlett, M. S. (1951). The frequency goodness of fit test for probability chains. *Proceedings of the Cambridge Philosophical Society*, 47: 86 – 95.

BCBS (1988). *International Convergence of Capital Measurement and Capital Standards.* Basel Committee on Banking Supervision, Bank for International Settlements, Basel.

BCBS (1996). *Amendment to the Capital Accord to Incorporate Market Risks.* Basel Committee on Banking Supervision, Bank for International Settlements, Basel.

BCBS (2005). *An Explanatory Note on the Basel II IRB Risk Weights Functions.* Bank of International Settlements, Basel.

BCBS (2006). *International Convergence of Capital Measurement and Capital Standards: A Revised Framework Comprehensive Version.* Basel Committee on Banking Supervision, Bank for International Settlements, Basel.

BCBS (2008). *Principles for Sound Liquidity Risk Management and Supervision.* BCBS 144. Basel Committee on Banking Supervision, Bank for International Settlements, Basel.

BCBS (2009). *Principles for Sound Stress Testing Practices and Supervision.* Basel Committee on Banking Supervision, Bank for International Settlements, Basel.

BCBS (2010). *Basel III: International Framework for Liquidity Risk Measurement, Standards and Monitoring.* Basel Committee on Banking Supervision, Bank for International Settlements, Basel.

BCBS (2011). *Basel III: A Global Regulatory Framework for More Resilient Banks and Banking Systems.* Basel Committee on Banking Supervision, Bank for International settlements, Basel.

BCBS (2013). *Basel III: The Liquidity Coverage Ratio and Liquidity Monitoring Tools.* Basel Committee on Banking Supervision, Bank for International Settlements, Basel.

BCBS (2014). *Basel III: The Net Stable Funding Ratio.* Basel Committee on Banking Supervision, Bank for International Settlements, Basel.

BCBS (2014). *Basel III: Leverage Ratio Framework and Disclosure Requirements.* Basel Committee on Banking Supervision, Bank for International Settlements, Basel.

Bellotti, T. and Crook, J. (2009). Support vector machines for credit scoring and discovery of significant features. *Expert Systems with Applications*, 36: 3302 – 3308.

Bellotti, T. and Crook, J. (2009). Credit scoring with macroeconomic variables using survival analysis. *Journal of the Operations Research Society*, 60(12): 1699 – 1707.

Bellotti, T. and Crook, J. (2012). Loss given default models incorporating macroeconomic variables for credit cards. *International Journal of Forecasting*, 28: 171 – 182.

Bellotti, T. and Crook, J. (2013). Forecasting and stress testing credit card default with dynamic models. *International Journal of Forecasting*, 29(4): 563 – 574.

Bellotti, T. and Crook, J. (2014). Retail credit stress testing using a discrete hazard model with macroeconomic factors. *Journal of the Operational Research Society*, 65: 340 – 350.

Benmelech, E. and Dlugosz, J. (2009). The alchemy of CDO credit ratings. *Journal of Monetary Economics*, 56: 617 – 634.

Berkowitz, J. (1999). *A Coherent Framework for Stress Testing*. FRB Working paper.

Bernanke, B. S. (1986). Alternative explanations of money – income correlation. *Carnegie – Rochester Series on Public Policy*, 25: 49 – 100.

Bernanke, B. S. and Blinder, A. S. (1988). Is it money, or credit, or both, or neither? *American Economic Review Papers and Proceedings*, 78: 49 – 100.

Bernanke, B. S. and Blinder, A. S. (1992). The federal funds rate and the channels of monetary transmission. *The American Economic Review*, 82(4): 901 – 921.

Bernanke, B. S. and Gertler, M. (1995). Inside the black box: The credit channel of monetary policy transmission. *Journal of Economic Perspectives*, 9: 27 – 48.

Bierman, H. and Hausman, W. H. (1970). The credit granting decision. *Management Science*, 16: 519 – 532.

Bijak, K. and Thomas, L. C. (2012). Does segmentation always improve model performance in credit scoring? *Expert Systems with Applications*, 39: 2433 – 2442.

Bijak, K. and Thomas, L. C. (2015). Modelling LGD for unsecured retail loans using Bayesian methods. *Journal of the Operational Research Society*, 66: 342 – 352.

Bijak, K., Thomas, L. C., and Mues, C. (2015). Dynamic affordability assessment: Predicting an applicant's ability to repay over the life of the loan. *Journal of Credit Risk*, 10(1): 3 – 32.

Bishop, C. M. (1995). *Neural Networks for Pattern Recognition*. Oxford University Press, Oxford.

Bravo, C., Thomas, L. C., and Weber, R. (2015). Improving credit scoring by differentiating defaulter behaviour. *Journal of the Operational Research Society*, 66: 771 – 781.

Breeden, J. L. (2007). Modeling data with multiple time dimensions. *Computational Statistics & Data Analysis*, 51: 4761 – 4785.

Breeden, J. L. (2010). *Reinventing Retail Lending Analytics*. Risk Books, London.

Breeden, J. L. and Thomas, L. C. (2008). The relationship between default and economic cycle for retail portfolios across countries. *Journal of Risk Model Validations*, 2(3): 11 – 44.

Breslow, N. (1974). Covariance analysis of censored survival data. *Biometrics*, 30: 89 – 99.

Breiman, L. (2001). Random forests. *Machine Learning*, 45: 5 – 32.

Breiman, L. (1996). Bagging predictors. *Machine Learning*, 24: 123 – 140.

Breiman, L. (1996). Heuristics of instability and stabilization in model selection. *The Annals of Statistics*, 24: 2350 – 2383.

Breiman, L. (1998). Arcing classifiers. *Annals of Statistics*, 26(3): 801 – 849.

Breiman, L. , Friedman, J. H. , Olshen, R. R. , and Stone, C. J. (1984). *Classification and Regression Trees*. Wadsworth and Brooks, Monterey, CA.

Bricker, J. , Dettling, L. J. , Henriques, A. , Hsu, J. W. , Moore, K. B. , Sabelhaus, J. , Thompson, J. , and Windle, R. A. (2014). Changes in U. S. Family Finances from 2010 to 2013: Evidence from the Survey of Consumer Finances. *Federal Reserve Bulletin*, 100 (4), September.

Brooksby, B. (2009). *Measuring Affordability at Origination*. Presentation at the Credit Scoring and Credit Control XI Conference, Credit Research Centre, University of Edinburgh.

Brough, D. (2007). *Basel 2: FSA View on Long – Run PDs, Variable Scalars and Stress Testing*. Presentation at the Credit Scoring and Credit Control X Conference, Credit Research Centre, University of Edinburgh.

Brown, D. H. and Edelman, D. B. (1999). Some views on setting scorecard cutoffs. In *Proceedings of Credit Scoring and Credit Control VII*, Credit Research Centre, University of Edinburgh.

Brown, I. and Mues C. (2012). An experimental comparison of classification algorithms for imbalanced credit scoring data sets. *Expert Systems with Applications*, 39: 3446 – 3453.

Bubb, R. and Kaufman, A. (2014). Securitization and moral hazard: Evidence from credit score cutoff rules. *Journal of Financial Economics*, 63: 1 – 18.

Bucker, M. , van Kampen, M. , and Krämer, W. (2013). Reject inference in con – sumer credit scoring with nonignorable missing data. *Journal of Banking and Finance*, 37: 1040 – 1045.

Calem, P. and La Cour – Little, M. (2004). Risk based capital requirements for mortgage loans. *Journal of Banking and Finance*, 28(3): 647 – 672.

Calem, P. S. , Gordy, M. B. , and Mester, L. J. (2005) *Switching Costs and Adverse Selection in the Market for Credit Cards*. Working paper, Federal Reserve Bank of Philadelphia.

Calem, P. S. and Mester, L. J. (1995). Consumer behaviour and the stickiness of credit card interest rates. *American Economic Review*, 85: 1327 – 1336.

Campbell, J. Y. and Cocco, J. F. (2007). How do house prices affect consumption? Evidence from micro data. *Journal of Monetary Economics*, 54: 591 – 621.

Capon, N. (1982). Credit scoring systems: A critical analysis. *Journal of Marketing*, 46: 82 – 91.

Carey, M. (1998). Credit risk in private debt portfolios. *Journal of Finance*, 53: 1363 – 1387.

Carling, K. , Jacobson, T. , Linde, J. , and Rozbach, K. (2007). Corporate credit risk modelling and the macroeconomy. *Journal of Banking and Finance*, 41: 845 – 868.

Caselli, S. , Gatti, S. , and Querci, F. (2008). The sensitivity of the loss given default rate to systemic risk: New empirical evidence on bank loans. *Journal of Financial Services Research*, 34: 1 – 34.

Chan, KY. and Loh, WY. (2004). Lotus, an algorithm for building accurate and comprehensible logistic regression trees. *Journal of Computational and Graphical Statistics*, 13: 826 – 852.

Chandler, G. G. and Ewert, D. C. (1976). *Discrimination on basis of sex and the Equal Credit Opportunity Act*. Credit Research Center, Purdue University, West Lafayette, IN.

Chang, K. C., Fung, R., Lucas, A., Oliver, R., and Shikaloff, N. (2000). Bayesian networks applied to credit scoring. *IMA Journal of Mathematics Applied in Business and Industry*, 11: 1 – 18.

Chatterjee, S. and Barcun, S. (1970). A nonparametric approach to credit screening. *Journal of the American Statistical Association*, 65: 150 – 154.

Chatterjee, S., Corbae, D., Nakajima, M., and Rios – Rull, J. – V. (2007). A quantitative theory of unsecured consumer credit with risk of default. *Econometrica*, 75: 1525 – 1589.

Chen, G. G. and Astebro, T. (2012). Bound and collapse Bayesian reject inference for credit scoring. *Journal of the Operational Research Society*, 63: 1374 – 1387.

Cheng, J., Bell, D. A., and Liu, W. (1997). An algorithm for Bayesian belief network construction from data. In*Proceedings of the Sixth International Workshop on Artificial Intelligence and Statistics (AI and STAT)*, Fort Lauderdale, FL, 83 – 90.

Chorowski, J. and Zuranda, J. M. (2011). Extracting rules from neural networks as decision diagrams. *IEEE Transactions on Neural Networks*, 22(12): 2435 – 2446.

Chow, C. K. and Liu, C. N. (1968). Approximating discrete probability distributions with dependence trees. *IEEE Transactions on Information Theory*, 14(3).

Churchill, G. A., Nevin, J. R., and Watson, R. R. (1977). The role of credit scoring in the loan decision. *Credit World*, March 6 – 10.

Cohen, W. W. (1995). Fast effective rule extraction. In *Machine Learning Proceedings 1995: Proceedings of the Twelfth International Conference on Machine Learning*.

Corcoran, A. W. (1978). The use of exponentially smoothed transition matrices to improve forecasting of cash flows from accounts receivable. *Management Science*, 24: 732 – 739.

Cover, T. M. (1965). Geometrical and statistical properties of systems of linear inequalities with applications in pattern recognition. *IEEE Transactions on Electronic Computers*, 14: 326 – 334.

Cover, T. M. and Thomas, J. A. (1991). *Elements of Information Theory*. John Wiley, New York.

Cox, D. R. (1972). Regression models and lifetables (with discussion). *Journal of the Royal Statistical Society, Series B*, 74: 187 – 220.

Cox, D. and Jappelli, T. (1993). The effect of borrowing constraints on consumer liabilities. *Journal of Money, Credit and Banking*, 25: 197 – 213.

Craven, M. W. and Shavlik, J. W. (1994). Using sampling and queries to extract rules from trained neural networks. In *Proceedings of the 11th International Conference on Machine Learning*, Morgan Kaufmann, San Mateo, CA, 37 – 45.

Craven, M. W. and Shavlik, J. W. (1996). Extracting tree – structured representations of trained networks. In Touretzky, D. S., Mozer, M. C., and Hasselmo M. E. (eds.), *Advances in Neural Information Processing Systems*, Vol. 8, MIT Press, Cambridge, MA, 24 – 30.

Crone, S. and Finlay, S. (2012) Instance sampling in credit scoring: An empirical study of sample size and balancing. *International Journal of Forecasting*, 28: 228 – 238.

Crook, J. (2001) The demand for household debt in the USA: Evidence from the 1995 Survey of Consumer Finance. *Applied Financial Economics*, 11: 83 – 91.

Crook, J. N. (1996) Credit constraints and US households. *Applied Financial Economics*, 6: 477 – 485.

Crook, J. (2006) The demand and supply of household debt: A cross country comparison. Chapter 3 in Bertola, G., Disney, R., and Grant, C. (eds.)., *The Economics of Consumer Credit*, MIT Press, Cambridge, MA.

Crook, J. and Banasik, J. (2003). Sample selection bias in credit scoring models. *Journal of the Operational Research Society*, 54: 822 – 832.

Crook, J. and Banasik, J. (2004). Does reject inference really improve the performance of application scoring models? *Journal of Banking and Finance*, 28: 857 – 874.

Crook, J. and Bellotti, T. (2010). Time varying and dynamic models for default risk in consumer loans. *Journal of the Royal Statistical Society: Series A*, 173(2): 283 – 305.

Crook, J. and Bellotti, T. (2012). Asset correlations for credit cards. *Applied Financial Economics*, 22(2): 87 – 95.

Crook, J. N., Edelman, D. B., and Thomas, L. C. (2007). Recent developments in consumer credit risk assessment. *European Journal of Operational Research*, 183: 1447 – 1465.

Crook, J. N. and Hochguertel, S. (2013). *US and European Credit Constraints: Comparative Microevidence over the Last 20 Years*. Working paper, Credit Research Centre, University of Edinburgh.

Curtis, C. (2013). *Assessing Ability to Pay*. Presentation at the Credit Scoring and Credit Control XIII Conference, Credit Research Centre, University of Edinburgh.

Cyert, R. M., Davidson, H. J., and Thompson, G. L. (1962). Estimation of allowance for doubtful accounts by Markov chains. *Management Science*, 8: 287 – 303.

Dale, S. and Haldane, A. (1995). Interest rates and channels of monetary transmission: Some sectoral estimates. *European Economic Review*, 39: 1611 – 1626.

D'Alessio, G. and Iezzi, S. (2013). *Household Overindebtedness: Definition and Measurement with Italian Data*. Occasional paper 149, Banca D'Italia.

Darwin, C. (1859). *On the Origin of Species by Means of Natural Selection, or the Preservation of Favoured Races in the Struggle for Life*. John Murray, London.

De Almeida Filho, A. T. , Mues, C. , and Thomas, L. C. (2010). Optimizing the collections process in consumer credit. *Production and Operations Management*, 19(6): 698 – 708.

Dempster, A. P. , Laird, N. M. , and Rubin, D. B. (1977). Maximum likelihood from incomplete data via the EM algorithm. *Journal of the Royal Statistical Society. Series B (Statistical Methodology)*, 39(1): 1 – 38.

Demyanyk, Y. and Van Hemert, O. (2011). Understanding the subprime mortgage crisis. *Review of Financial Studies*, 24(6): 1848 – 1880.

Dermine, J. and de Carvalho, N. (2005). How to measure recoveries and provisions on bank lending: Methodology and empirical evidence. In Altman, E. , A. Resti, and Sirona, A. (eds.), *Recovery Risk*, Risk Books, London.

Desai, V. S. , Convay, D. G. , Crook, J. N. , and Overstreet, G. A. (1997). Credit – scoring models in the credit – union environment using neural networks and genetic algorithms. *IMA Journal of Management Mathematics*, 8: 323 – 346.

Desai, V. S. , Crook, J. N. , and Overstreet, G. A. (1996). A comparison of neural networks and linear scoring models in the credit union environment. *European Journal of Operations Research*, 95: 24 – 37.

Diederich, J. (2008). Rule extraction from support vector machines: An Introduction. In Diederich, J. (ed.), *Rules Extraction from Support Vector Machines*, Springer – Verlag, Berlin.

Drake, L. M. and Holmes, M. J. (1995). Adverse selection and the market for consumer credit. *Applied Financial Economics*, 5: 161 – 167.

Drake, L. M. and Holmes, M. J. (1997). Adverse selection and the market for building society mortgage finance. *The Manchester School*, 65(1): 58 – 70.

Du Caju, P. , Rycx, F. , and Tojerow, I. (2015). *Unemployment Risk and Over – Indebtedness: A Micro – Econometric Perspective*. Working paper 9572 IZA, Bonn, Germany.

Duarte Silva, A. P. and Stam, A. (1997). A mixed integer programming algorithm for minimizing the training sample misclassification cost in two – group classifications. *Annals of Operations Research*, 74: 129 – 157.

Duca, J. V. and Rosenthal, S. S. (1993). Borrowing constraints, household debt and racial discrimination in the loan market. *Journal of Financial Intermediation*, 3: 77 – 103.

Duffie, D. , Saita, L. , and Wang, K. (2007). Multiperiod corporate default prediction with stochastic covariates. *Journal of Financial Economics*, 83: 635 – 665.

Durand, D. (1941). *Risk elements in consumer instalment financing*. National Bureau of Economic Research, New York.

Dwyer, D. and Korablev, I. (2009). Moody's KMV LossCalc V3. 0. *Credit Research*, April 9.

EC (2014). *The Over – Indebtedness of European Households: Updated Mapping of the Situation, Nature and Causes, Effects and Initiatives for Alleviating its Impact*. Final report. Part 1: Synthesis of Findings. Civic Consulting.

ECB (2013). *The Eurosystem Household Finance and Consumption Survey, Statistical Tables*, July.

Edelman, D. B. (1988). *Some Thoughts on the Coding of Employment Categories*. Viewpoints, FiCo.

Edelman, D. B. (1992). An application of cluster analysis in credit control. *IMA Journal of Management Mathematics*, 4: 81 – 87.

Edelman, D. B. (1999). Building a model to forecast arrears and provisions. In *Proceedings of the Credit Scoring and Credit Control VI Conference*, Credit Research Centre, University of Edinburgh.

Efron, B. (1977). The efficiency of Cox's likelihood function for censored data. *Journal of the American Statistical Association*, 72: 557 – 565.

Eisenbeis, R. A. (1977). Pitfalls in the application of discriminant analysis in business, finance, and economics. *The Journal of Finance*, 32: 875 – 900.

Eisenbeis, R. A. (1978). Problems in applying discriminant analysis in credit scoring models. *Journal of Banking Finance*, 2: 205 – 219.

Emmer, S. and Tasche, D. (2004). Calculating credit risk capital charges with the one factor model. *Journal of Risk*, 7(2): 85 – 103.

Equal Credit Opportunity Act(1975). United States Code, Title 15, Section 1691 et seq.

Equal Credit Opportunity Act Amendments of 1976 (1976). *Report of the Committee on Banking Housing and Urban Affairs*, 94th Congress, U. S. Government Printing Office, Washington, D. C.

Erenguc, S. S. and Köehler, G. J. (1990). Survey of mathematical programming models and experimental results for linear discriminant analysis. *Managerial and Decision Economics*, 11: 215 – 225.

Etchells, T. A. and Lisboa, P. J. G. (2006). Orthogonal search based rule extraction (ORSE) for trained neural networks: A practical and efficient approach. *IEEE Transactions on Knowledge and Data Engineering*, 17(2): 374 – 384.

EU (2013). Regulation (EU) No. 575/2013 of the European Parliament and of the Council on prudential requirements for credit institutions and investment firms.

EU (2013). Directive 2013/36/EU of the European Parliament and of the Council on access to the activity of credit institutions and the prudential supervision of credit institutions and investment firms.

Falanga, A. (2015). *Overindebtedness in the EU: From Figures to Expert Opinions*. Financite.

FCA (2016). *FCA Handbook*, www. handbook. fca. org. uk.

Feelders, A. J. (2000). Credit scoring and reject inference with mixture models. *International Journal of Intelligent Systems in Accounting, Finance and Management*, 9: 1 – 8.

Ferrari, S. L. P. and Cribari – Neto, F. (2004). Beta regression for modelling rates and proportions. *Journal of Applied Statistics*, 31(7). : 799 – 815.

Fieldhouse, D. , Livshits, I. , and MacGee, J. (2014). *Aggregate Fluctuations, Consumer Credit and Bankruptcy*. Working paper, University of Western Ontario.

Financial Crisis Inquiry Commission (2011). *The Financial Crisis Inquiry Report*, Public, New York.

Finlay, S. (2006). Predictive model of expenditure and over – indebtedness for assessing the affordability of new consumer credit applications. *Journal of the Operational Research Society*, 57(6): 655 – 669.

Finlay, S. (2008). *The Management of Consumer Credit: Theory and Practice*. Macmillan, Basingstoke, U. K.

Finlay, S. (2008). Towards profitability: A utility approach to the credit scoring problem. *Journal of the Operational Research Society*, 59: 921 – 931.

Finlay, S. (2011). Multiple classifier architectures and their application to credit risk assessment. *European Journal of Operational Research*, 210: 368 – 378.

Firth, D. (1993). Bias reduction of maximum likelihood estimates. *Biometrica*, 80 (1): 27 – 38.

Fisher, R. A. (1936). The use of multiple measurements in taxonomic problems. *Annals of Eugenics*, 7: 179 – 188.

Fix, E. and Hodges, J. (1952). *Discriminatory Analysis, Nonparametric Discrimination, Consistency Properties*. Report 4. , Project 21 – 49 – 004, School of Aviation Medicine, Randolph Field, TX.

Freed, N. and Glover, F. (1981). A linear programming approach to the discriminant problem. *Decision Sciences*, 12: 68 – 74.

Freed, N. and Glover, F. (1981). Simple but powerful goal programming formulations for the discriminant problem. *European Journal of Operational Research*, 7: 44 – 60.

Freed, N. and Glover, F. (1986). Resolving certain difficulties and improving classification power of LP discriminant analysis formulations. *Decision Sciences*, 17: 589 – 595.

Friedman, M. (1957). *A Theory of the Consumption Function*. Princeton University Press, Princeton, NJ.

Friedman, N., Geiger, D., and Goldszmidt, M. (1997). Bayesian network classifiers. *Machine Learning*, 29: 131 – 163.

Friedman, M. and Schwartz, A. J. (1963). *A Monetary History of the United States,* 1867 – 1960. Princeton University Press, Princeton, NJ.

Freund, Y. and Schapire, R. E. (1997). A decision – theoretic generalization of on – line learning and an application to boosting. *Journal of Computer and System Sciences*, 55: 119 – 139.

Frydman, H. (1984). Maximum likelihood estimation in the Mover – Stayer model. *Journal of the American Statistical Association*, 79: 632 – 638.

Frydman, H., Kallberg, J. G., and Kao, DL. (1985). Testing the adequacy of Markov chains and Mover – Stayer models as representations of credit behavior. *Operations Research*, 33: 1203 – 1214.

FSA (2010). *Mortgage Market Review: Responsible Lending*. Consultation paper 10/16.

Fu, L. M. (1994). Rule generation from neural networks. *IEEE Transactions on Systems, Man, and Cybernetics*, 24(8): 1114 – 1124.

Fukunaga, K. and Flick, T. E. (1984). An optimal global nearest neighbor metric. *IEEE Transactions on Pattern Analysis and Machine Intelligence*, 6(3): 314 – 318.

NG, G., Sandilya, S., and Rao, R. B. (2005). Rule extraction from linear support vector machines. In *Proceedings of the 11th ACM SIGKDD International Conference on Knowledge Discovery in Data Mining*, 32 – 40.

Galar, M., Fernandez, A., Barrenechea, E., and Bustince, H. (2012). A review on ensembles for class imbalance problem: Bagging –, boosting –, and hybrid – based approaches. *IEEE Transactions on Systems, Man, and Cybernetics – Part C: Applications and Reviews*, 42(4): 463 – 484.

Garson, G. D. (1998). *Neural Networks: An Introductory Guide for Social Scientists*. Sage, London.

Gathergood, J. (2012). Self – control, financial literacy and consumer overindebtedness. *Journal of Economic Psychology*, 33: 590 – 602.

Geiger, D. and Heckerman, D. (1996). Knowledge representation and inference in similarity networks and Bayesian multinets. *Artificial Intelligence*, 82: 45 – 74.

Gerardi, K., Shapiro, A. H., and Willen, P. (2008). *Subprime Outcomes: Risky Mortgages, Homeownership Experiences, and Foreclosures*. Working paper 07 – 15, Federal Reserve

Bank of Boston.

Gertler, M. and Gilchrist, S. (1993). The role of credit market imperfections in the transmission of monetary policy: Arguments and evidence. *Scandinavian Journal of Economics*, 95(1): 43 – 64.

Gertler, M. and Hibbeln, M. (2013). Improvements in loss given default forecast for banks. *Journal of Banking and Finance*, 37: 2354 – 2366.

Glen, J. J. (2000). Integer programming models for normalisation and variable selection in mathematical programming discriminant analysis models. *Journal of the Operational Research Society*, 50: 1043 – 1053.

Glover, F. (1990). Improved linear programming models for discriminant analysis. *Decision Sciences*, 21: 771 – 785.

Goldberg, D. E. (1989). *Genetic Algorithms in Search Optimization and Machine Learning*. Addison Wesley, Reading, MA.

Gordy, M. and Lutkebohmert, E. (2007). *Granularity adjustment for Basel II*. Discussion paper, Series 2 Banking and Financial Studies 2007 – 02 – 09. Deutsche Bundesbank.

Gordy, M. B. (2003). A risk factor model foundation for ratings – based bank capital rules. *Journal of Financial Intermediation*, 12: 199 – 232.

Gorton, G. B. (2008). *The Subprime Panic*. Working Paper 14398, NBER, Cambridge, MA.

Gorton, G. B. and Metrick, A. (2012). Securitized banking and the run on repo. *Journal of Financial Economics*, 104: 425 – 451.

Grablowsky, B. J. and Talley, W. K. (1981). Probit and discriminant functions for classifying credit applicants: A comparison. *Journal of Economics and Business*, 33: 254 – 261.

Grant, C. (2007). Estimating credit constraints among US households. *Oxford Economic Papers*, 59(4): 583 – 605.

Greene, W. H. (2012). *Econometric Analysis*, 7th ed. Prentice Hall, Upper Saddle River, NJ.

Griffin, J. M. and Tang, Y. (2011). Did credit rating agencies make unbiased assumptions on CDOs? *The American Economic Review*, 101(3): 125 – 130.

Grippa, P., Iannotti, S., and Leandri, F. (2005). Recovery rates in the banking industry: Stylised facts emerging from the Italian experience. In Altman, E., Resti, A., and Sirona, A. (eds.), *Recovery Risk*, Risk Books, London.

Gropp, R., Scholz, J. K., and White, M. J. (1997). Personal bankruptcy and credit supply and demand. *Quarterly Journal of Economics*, 112: 217 – 251.

Gross, D. B. and Souleles, N. S. (2002). Do liquidity constraints and interest rates matter for consumer behaviour? Evidence from credit card data. *The Quarterly Journal of Economics*,

117(1): 149 – 185.

Guide to Credit Scoring(2000). https: //www. bba. org. uk/policy/retail/credit – and – debt/debt – and – financial – difficulties/guide – to – credit – scoring/.

Gupton, G. M. and Stein, R. M. (2002). *LossCalc: Moody's Model for Predicting Loss Given Default*. Moody's Investment Services, New York.

Gürtler, M. and Hibbeln, M. (2013). Improvements in loss given default forecasts for bank loans. *Journal of Banking and Finance*, 37: 2354 – 2366.

Hamerle, A. , Knapp, M. , and Wildenauer, N. (2006). Modelling loss given default: A "point in time" approach. In Engelmann, R. and Rauhmeier, R. (eds.), *The Basel II Risk Parameters*, Springer, Berlin.

Hand, D. J. (1981). *Discrimination and Classification*. John Wiley, Chichester, U. K.

Hand, D. J. and Henley, W. E. (1993). Can reject inference ever work? *IMA Journal of Mathematics Applied in Business and Industry*, 5: 45 – 55.

Hand, D. J. (1997). *Construction and Assessment of Classification Rules*. John Wiley, Chichester, U. K.

Hand, D. J. (2009). Measuring classier performance: A coherent alternative to the area under the ROC curve. *Machine Learning*, 77: 103 – 123.

Harris, T. (2015). Credit scoring using the clustered support vector machine. *Expert Systems with Applications*, 42: 741 – 750.

Haussler, D. (1990). Probably approximately correct learning. In *Proceedings of the 8th National Conference on Artificial Intelligence* (*AAAI* – 90), 1101 – 1108.

Haykin, S. (1999). *Neural Networks: A Comprehensive Foundation*. Prentice – Hall International, London.

He, J. , Qian, J. , and Strahan, P. E. (2011). Credit ratings and the evolution of the mortgage – backed securities market. *American Economic Review: Papers and Proceedings*, 101(3): 131 – 135.

Heckman, J. (1976). The common structure of statistical models of truncation, sample selection, and limited dependent variables and a simple estimator for such models. *Annals of Economic and Social Measurement*, 5: 475 – 492.

Heitfield, E. (2005). *Studies on the Validation of Internal Rating Systems*. Working paper 14, Basel Committee on Banking Supervision, Basel.

Heitfield, E. (2009). *The Past as Prologue: Lessons Learned from the Crisis in Mortgage Backed Structured Securities*. Working paper, Federal Reserve Board.

Henley, W. E. and Hand, D. J. (1996). A *k* – nearest – neighbour classifier for assessing consumer credit risk. *The Statistician*, 45: 77 – 95.

Ho, J. , Thomas, L. C. , Pomroy, T. A. , and Scherer, W. T. (2004). Segmentation in Markov chain consumer credit behavioural models. In Edelman, D. B., Thomas, L. C., and Crook, J. N. (eds.), *Readings in Credit Scoring*, Oxford University Press, Oxford, 295 – 308.

Hoel, P. G. (1954). A test for Markov chains. *Biometrika*, 41: 430 – 433.

Holland, J. H. (1968). *Hierarchical Descriptions, Universal Spaces and Adaptive Systems*. Tech. report, Department of Computer and Communication Sciences, University of Michigan, Ann Arbor.

Holland, J. H. (1975). *Adaptation in Neural and Artificial Systems*. University of Michigan Press, Ann Arbor.

Hooman, A., Marthandan, G., Wan Fadzillah, W. Y., Mohana, O., and Karamizadeh, S. (2016). Statistical and data mining methods in credit scoring. *Journal of Developing Areas*, 50: 371 – 381.

Hopper, M. A. and Lewis, E. M. (1992). Development and use of credit profit measures for account management. *IMA Journal of Management Mathematics*, 4: 3 – 17.

Hosmer, D. W. and Lemeshow, S. (1980). A goodness of fit test for the multiple logistic regression model. *Communications in Statistics*, A10: 1043 – 1069.

Hosmer, D. W. and Lemeshow, S. (1999). *Applied Survival Analysis*. John Wiley, New York.

Hosmer, D. W. and Lemeshow, S. (2008). *Applied Survival Analysis*, 2nd ed. John Wiley, Hoboken, NJ.

Hosmer, D. W. and Lemeshow, S. (2013). *Applied Logistic Regression*. John Wiley, New York.

Hruschka, E. R. and Ebecken, N. F. F. (2006). Extracting rules from multilayer perceptrons in classification problems: A cluster based approach. *Neurocomputing*, 70: 384 – 397.

Hsia, D. C. (1978). Credit scoring and the Equal Credit Opportunity Act. *Hastings Law Journal*, 30: 371 – 488.

Hu, S., Liang, Y., Ma, L., and He, Y. (2009). MSMOTE: Improving classification performance when training data is imbalanced. In *Proceedings of the 2nd International Workshop: Computer Science and Engineering*, Vol. 2, 13 – 17.

Huang, B. and Thomas, L. C. (2013). Credit card pricing and impact of adverse selection. *Journal of the Operational Research Society*, 65: 1193 – 1201.

Huang, B. and Thomas, L. C. (2015). The impact of Basel Accords on lender's profitability under different pricing decisions. *Journal of the Operational Research Society*, 66: 1826 – 1839.

Huang, C. L., Chen, M. C., and Wang, C. J. (2007). Credit scoring with a data mining approach based on support vector machines. *Expert Systems with Applications*, 33:

847 – 856.

Huang, J. J. , Tzeng, G. H. , and Ong, C. S. (2006). Two – stage genetic programming (2SGP) for the credit scoring model. *Applied Mathematics in Computation*, 174: 1039 – 1053.

Huang, S. H. and Xing, H. (2002). Extract intelligible and concise fuzzy rules from neural networks. *Fuzzy Sets and Systems*, 123: 233 – 243.

Hull, J. (2009). The credit crunch of 2007: What went wrong? Why? What lessons can be learned? In Evanoff, D. , Hartmann, P. , and Kaufman, G. (eds.), *The First Credit Market Turmoil of the 21st Century*, World Scientific, Singapore.

Iacoviella, M. and Pavan, M. (2013). Housing and debt over the life cycle and over the business cycle. *Journal of Monetary Economics*, 60(2): 221 – 238.

IASB (2014). *IFRS 9 Financial Instruments*. IASB, London.

Japkowicz, N. and Stephen, S. (2002). The class imbalance problem: A systematic study. *Intelligent Data Analysis*, 6: 429 – 449.

Jappelli, T. (1990). Who is credit constrained in the US? *Quarterly Journal of Economics*, 105: 219 – 234.

Jensen, F. V. and Nielsen, T. D. (2007). *Bayesian Networks and Decision Graphs*. Springer, New York.

Jiang, W. A. , Nelson, A. , and Vytlacil, E. (2009). *Liar's Loan? Effects of Origination Channel and Information Falsification on Mortgage Delinquency*. Working paper, Columbia Business School.

Joachimsthaler, E. A. and Stam, A. (1990). Mathematical programming approaches for the classification problem in two – group discriminant analysis. *Multivariate Behavioral Research*, 25: 427 – 454.

Johnson, R. W. (1992). Legal, social and economic issues implementing scoring in the US. In Thomas, L. C. , Crook, J. N. , and Edelman, D. B. (eds.), *Credit Scoring and Credit Control*, Oxford University Press, Oxford, 19 – 32.

Jokivuolle, E. and Viren, M. (2013). Cyclical default and recovery in stress testing loan losses. *Journal of Financial Stability*, 9(1): 139 – 149.

Jost, A. (1998). Data mining. In Mays, E. (ed.), *Credit Risk Modeling*, Glenlake Publishing, Chicago, 129 – 154.

Kahneman, D. and Tversky, A. (1979). Prospect theory: An analysis of decision under risk. *Econometrica*, 47(2): 263 – 292.

Kalbfleisch, J. D. and Prentice, R. L. (1980). *The Statistical Analysis of Failure Time Data*, John Wiley, New York.

Kalbfleisch, J. D. and Prentice, R. L. (2002). *The Statistical Analysis of Failure Time Data*,

2nd ed. John Wiley, New York.

Kallberg, J. G. and Saunders, A. (1983). Markov chain approach to the analysis of payment behavior of retail credit customers. *Financial Management*, 12: 5 – 14.

Kaplan, E. L. and Meier, P. (1958). Nonparametric estimation from incomplete observations. *Journal of the American Statistical Association*, 53: 457 – 481.

Kashyap, A. K., Stein, J. C., and Wilcox, D. W. (1993). Monetary policy and credit conditions: Evidence from the composition of external finance. *American Economic Review*, 83(1): 78 – 98.

Kennedy, K., MacNamee, B., and Delany, S. J. (2013). Using semi – supervised classifiers for credit scoring. *Journal of the Operational Research Society*, 64: 513 – 529.

Keys, B. J., Mukherjee, T., Seru, A., and Vig, V. (2008). *Did Securitization Lead to Lax Screening? Evidence from Subprime Loans*. Working paper, http://ssrn. com/abstract = 1093137.

Keys, B. J., Seru, A., and Vig, V. (2012). Lender screening and the role of securitization: Evidence from prime and subprime mortgage markets. *Review of Financial Studies*, 25 (7): 2071 – 2108.

Khashel, M., Rezvan, M. T., Hamadani, A. Z., and Bijari, A. M. (2013). A bi – level neural – based fuzzy classification approach to credit scoring problems. *Complexity*, 18 (6): 46 – 57.

King, G. and Zeng, L. (2001). Logistic regression in rare events data. *Political Analysis*, 9 (2): 137 – 163.

King, S. R. (1986). Monetary transmission through bank loans or bank liabilities? *Journal of Money, Credit and Banking*, 18(3): 290 – 303.

Koehler, G. J. and Erenguc S. S. (1990). Minimizing misclassification in linear discriminant analysis. *Decision Sciences*, 21: 63 – 85.

Kohn, D. L. (2010). *The Federal Reserve's Policy Actions during the Financial Crisis and Lessons for the Future*. Speech at Carleton University, Ottawa, Canada.

Krainer, J. and Laderman, L. E. (2011). *Prepayment and Delinquencies in the Mortgage Crisis Period*, Working paper, Federal Reserve Bank of San Francisco.

Kruppa, J., Schwartz, A., Arminger, G., and Ziegler, A. (2013). Consumer credit risk: Individual probability estimates using machine learning. *Expert Systems with Applications*, 40: 5125 – 5131.

Krzanowski, W. J. and Hand, D. J. (2009). *ROC Curves for Continuous Data*. CRC Press, Boca Raton, FL.

Kullback, S. and Leibler, R. A. (1951). On information and sufficiency. *Annals of Mathematical Statistics*, 22(1): 79 – 86.

Lando, D. and Skødeberg, T. M. (2002). Analyzing rating transitions and rating drift with continuous observations. *Journal of Banking and Finance*, 26: 423 – 444.

LeCun, Y. (1985). Une procedure d'apprentissage pour reseau a seuil asymmetrique. In *Proceedings of Cognitiva 85: A La Frontiere de L'intelligence Artificielle, des Sciences de la Connaissance et des Neurosciences*, CESTA, Paris, 500 – 604.

Leow, M. (2010). *Credit Risk Models for Mortgage Loan Loss Given Default*. Ph. D. thesis, University of Southampton, Southampton, U. K.

Leow, M. and Crook, J. (2014). Intensity models and transition probabilities for credit card loan delinquencies. *European Journal of Operational Research*, 236: 685 – 694.

Leow, M. and Crook, J. (2015). *Exploring the Effects of Macroeconomic Variables on Credit Card Delinquency and Default Behaviour*. Working paper, Credit Research Centre, University of Edinburgh.

Leow, M. and Crook, J. (2016). A new mixture model of the estimation of credit card exposure at default. *European Journal of Operational Research*, 249(2): 487 – 497.

Leow, M. and Mues, C. (2012). Predicting loss given default (LGD) for residential mortgage loans: A two – stage model and empirical evidence for UK data. *International Journal of Forecasting*, 28: 183 – 195.

Leow, M., Mues, C., and Thomas, L. C. (2014). The economy and loss given default: Evidence from two UK retail lending data sets. *Journal of the Operational Research Society*, 65: 363 – 375.

Lessman, S., Seow, H. – S., Baesens, B., and Thomas, L. C. (2015). Benchmarking state of the art classification algorithms for credit scoring: An update of research. *European Journal of Operational Research*, 247: 124 – 136.

Lewis, E. M. (1992). *An Introduction to Credit Scoring*. Athena Press, San Rafael, CA.

Li, S. T., Shiue, W., and Huang, M. – H. (2006). The evaluation of consumer loans using support vector machines. *Expert Systems with Applications*, 30: 772 – 782.

Liao, H., Li, Y., and Brooks, G. (2016). Outlier impact and accommodation methods: Multiple comparisons of Type I error rates. *Journal of Modern Applied Statistical Methods*, 15(1): 452 – 471.

Lichman, M. (2013). UCI Machine Learning Repository, School of Information and Computer Science, University of California, Irvine, CA, http://archive. ics. uci. edu/ml.

Lin, C. C., Chang, C. C., Li, F. C., and Chao, T. C. (2011). Features selection approaches combined with effective classifiers in credit scoring. In *Proceedings of the 2011 International Conference on Industrial Engineering and Engineering Management* (IEEM), Singapore.

Little, R. J. and Rubin, D. B. (1987). *Statistical Analysis with Missing Data*. John Wiley,

New York.

Livshits, I. , MacGee, J. , and Tertilt, M. (2007). Consumer bankruptcy: A fresh start. *American Economic Review*, 97(1): 402 – 418.

Loterman, G. , Brown, I. , Martens, D. , Mues, C. , and Baesens, B. (2012). Benchmarking regression algorithms for loss given default modelling. *International Journal of Forecasting*, 28: 161 – 170.

Lucas, A. (2006). *Basel II Problem Solving*. Conference on Basel II and Credit Risk Modelling in Consumer Lending, www3. imperial. ac. uk/portal/pls/portallive/ docs/1/ 7287866. PDF.

Lucas, R. (2005). *Improving Credit Offers Using Affordability Predictions*. Presentation at the Credit Scoring and Credit Control IX Conference, Credit Research Centre, University of Edinburgh.

Ludvigson, S. (1998). The channel of monetary transmission to demand: Evidence from the market for automobile credit. *Journal of Money, Credit and Banking*, 30(3): 365 – 383.

Lusardi, A. (1996). Permanent income, current income and consumption: Evidence from two panel data sets. *Journal of Economics and Statistics*, 14: 81 – 90.

Lusardi, A. and Tufano, P. (2009). *Debt, Literacy, Financial Experiences and Overindebtedness*. Working paper 14808, NBER.

Luzzetti, M. N. and Neumuller, S. (2016). Learning and the dynamics of consumer unsecured debt and bankruptcies. *Journal of Economic Dynamics and Control*, 67: 22 – 39.

Ma, P. , Crook, J. , and Ansell, J. (2010). Modelling take – up and profitability. *Journal of the Operational Research Society*, 61: 430 – 442.

MacLean, J. B. (1929). *Life Insurance*. McGraw – Hill, New York.

Magri, S. (2007). Italian households' debt: The participation to the debt market and the size of the loan. *Empirical Economics*, 33: 401 – 426.

Makuch, W. M. (1999). The basics of a better application score. In Mays, E. (ed.), *Credit Risk Modeling Design and Applications*, Fitzroy Dearborn, Chicago, 59 – 80.

Malekipirbazari, M. and Aksakalli, Y. (2015). Risk assessment in social lending via random forests. *Expert Systems with Applications*, 42: 4621 – 4631.

Malhotra, R. and Malhotra, D. K. (2003). Evaluating consumer loans using neural networks. *Omega*, 31: 83 – 96.

Malik, M. and Thomas, L. C. (2010). Modelling credit risk of portfolios of consumer loans. *Journal of the Operational Research Society*, 61: 411 – 420.

Mangasarian, O. L. (1965). Linear and nonlinear separation of patterns by linear programming. *Operations Research*, 13: 444 – 452.

Marrison, C. (2002). *The Fundamentals of Risk Measurement*. McGraw Hill, New York.

Martens, D., Baesens, B., and van Gestel, T. (2009). Decompositional rule extraction from support vector machines by active learning. *IEEE Transactions on Knowledge and Data Engineering*, 21(2): 178 – 191.

Martens, D., Baesens, B., van Gestel, T., and Vanthienen, J. (2007). Comprehensible credit scoring models using rule extraction from support vector machines. *European Journal of Operational Research*, 183: 1466 – 1476.

Martens, D., Huysmans, J., Setiono, R., Vanthienen, J., and Baesens, B. (2008). Rule extraction from support vector machines: An overview of issues and application in credit scoring. In Diederich, J. (ed.), *Rule Extraction from Support Vector Machines*, Springer – Verlag, Berlin.

Martin, J. D. (2009). *A Primer on the Role of Securitization in the Credit Market Crisis of 2007*. Baylor University, http://SSRN.com/abstract = 1324349.

Martin, R. E. and Smyth, D. J. (1991). Adverse selection and moral hazard effects in the mortgage market: An empirical analysis. *Southern Economic Journal*, 57: 1071 – 1084.

Matuszyk, A., Mues, C., and Thomas, L. C. (2010). Modelling LGD for unsecured personal loans: Decision tree approach. *Journal of the Operational Research Society*, 61: 393 – 398.

Mays, E. (1998). *Credit Risk Modeling*. Glenlake Publishing, Chicago.

Mays, E. (2004). *Credit Scoring for Risk Managers, The Handbook for Lenders*. Thomson/South – Western, Mason, OH.

McDonald, R., Matuszyk, A., and Thomas, L. C. (2010). Application of survival analysis to cash flow modelling for mortgage products. *OR Insight*, 23(1): 1 – 14.

McNab, H. and Wynn, A. (2000). *Principles and Practice of Consumer Credit Risk Management*. CIB Publishing, Canterbury, U.K.

MCOB (2016). *Mortgages and Home Finance: Conduct of Business Sourcebook*, Release 2.

Meng, C. L. and Schmidt, P. (1985). On the cost of partial observability in the bivariate probit model. *International Economic Review*, 26: 71 – 85.

Mercer, J. (1909). Functions of positive and negative type and their connection with the theory of integral equations. *Philosophical Transactions of the Royal Society A*, 209: 415 – 446.

Merton, R. (1974). On the pricing of corporate debt: The risk structure of interest rates. *Journal of Finance*, 29(2): 449 – 470.

Michalewicz, Z. (1996). *Genetic Algorithms + Data Structures = Evolution Programs*. Springer, Berlin.

Minsky, M. L. and Papert, S. A. (1969). *Perceptrons*. MIT Press, Cambridge, MA.

Mishkin, F. (2008). *On Leveraged Losses: Lessons from the Mortgage Meltdown*. Speech at U. S. Policy Forum, New York.

Myers, J. H. and Forgy, E. W. (1963). The development of numerical credit evaluation systems. *Journal of the American Statistical Association*, 58: 799 – 806.

Nadauld, T. D. and Sherlund, S. M. (2013). The impact of securitization on the expansion of subprime credit. *Journal of Financial Economics*, 107: 454 – 476.

Nakajima, M. and Ríos – Rull, J. V. (2014). *Credit, Bankruptcy and Aggregate Fluctuations*. Working paper 20617, NBER.

Nanni, L. and Lumini, A. (2009). An experimental comparison of ensemble of classifiers for bankruptcy prediction and credit scoring. *Expert Systems with Applications*, 36: 3028 – 3033.

Narain, B. (1992). Survival analysis and the credit granting decision. In Thomas, L. C. , Crook, J. N. , and Edelman, D. B. (eds.), *Credit Scoring and Credit Control*, Oxford University Press, Oxford, 109 – 122.

Nath, R. , Jackson, W. M. , and Jones, T. W. (1992). A comparison of the classical and the linear programming approaches to the classification problem in discriminant analysis. *Journal of Statistical Computation and Simulation*, 41: 73 – 93.

Nath, R. and Jones, T. W. (1988). A variable selection criterion in the linear programming approaches to discriminant analysis. *Decision Sciences*, 19: 554 – 563.

National Commission on the Causes of the Financial and Economic Crisis in the United States (2011). *The Financial Crisis Inquiry Report*, Washington, D. C.

Nauck, D. (2000). *Data Analysis with Neuro – fuzzy Methods*. Habilitation thesis, University of Magdeburg, Germany.

Nevin, J. R. and Churchill, G. A. (1979). The Equal Credit Opportunity Act. An evaluation. *Journal of Marketing*, 42: 95 – 104.

Nie, G. , Rowe, W. , Zhang, L. , Tian, Y. , and Shi, Y. (2011). Credit card churn forecasting by logistic regression and decision tree. *Expert Systems with Applications*, 38: 15273 – 15285.

Nuñez, H. , Angulo, C. , and Catala, A. (2002). Rule extraction based on support and prototype vectors. In Diederich, J. (ed.), *Rule Extraction from Support Vector Machines*, Springer – Verlag, Berlin, 109 – 134.

Oliver, R. M. and Thomas, L. C. (2005). *Optimal Score Cutoffs and Regulatory Capital in Retail Credit Portfolios*. Working paper, School of Management, University of Southampton, Southampton, U. K.

Ong, C. S. , Huang, J. J. , and Tzeng, G. H. (2005). Building credit scoring models using genetic programming. *Expert Systems with Applications*, 29: 41 – 47.

Opitz, D. W. and Shavlik, J. W. (1995). Dynamically adding symbolically meaningful nodes to knowledge based neural networks. *Knowledge Based Systems*, 8(6):301 – 311.

Ospina, R. and Ferrari, S. L. P. (2010). Inflated beta distributions. *Statistics Papers*, 51: 111 – 126.

Overstreet, G. A., Bradley, E. L., and Kemp, R. S. (1992). The flat – maximum effect and generic linear scoring models: A test. *IMA Journal of Management Mathematics*, 4: 97 – 109.

Papanastasiou, D. (2015). *Three Essays in Credit Risk*. Ph. D. Thesis, University of Edinburgh.

Papke, L. E. and Wooldridge, J. M. (1996). Econometric methods for fractional response variables with an application to 401(k) plan participation rates. *Journal of Applied Econometrics*, 11:619 – 632.

Paradiso, A., Kumar, S., and Lucchetta, M. (2014). Investigating the US consumer credit determinants using linear and nonlinear cointegration techniques. *Economic Modelling*, 42:20 – 28.

Parker, D. B. (1982). *Learning Logic*. Invention report S81 – 64, File 1, Office of Technology Licensing, Stanford University.

Pavlenko, T. and Chernyak, O. (2010). Credit risk modelling using Bayesian networks. *International Journal of Intelligent Systems*, 25:326 – 344.

Pavur, R., Wanarat, P., and Loucopoulos, C. (1997). Examination of the classification performance of MIP models with secondary goals for the two group discriminant problem. *Annals of Operations Research*, 74:173 – 189.

Pennington – Cross, A. (2003). *Subprime and Prime Mortgages: Loss Distributions*. Working paper 03 – 1, Office of Federal Housing Enterprise Oversight.

Pernkopf, F. and Bilmes, J. (2005). Discriminitive versus generative parameter and structure learning of Bayesian network classifiers. In *Proceedings of the 22nd International Conference on Machine Learning*, Bonn, Germany.

Petersen, M. A. and Rajan, R. G. (2002). Does distance still matter? The information revolution in small business lending. *Journal of Finance*, 57(6):2533 – 2570.

Phillips, R. L. (2005). *Pricing and Revenue Optimization*. Stanford Business Books, Stanford, CA.

Phillips, R. (2013). *Optimizing Prices for Consumer Credit*. Working paper 2013, Columbia University, http://www.cprm.columbia.edu.

Phyhktin, M. (2004). Multi – factor adjustment. *Risk Magazine*, 17(3):86 – 90.

Ping, Y. and Yongheng, L. (2011). Neighborhood rough set and SVM based hybrid credit scoring classifier. *Expert Systems with Applications*, 38:11300 – 11304.

PRA (2013). *Strengthening Capital Standards: Implementing CRD IV*. Consultation paper CP5/13, PRA, London.

PRA (2013). *The Internal Capital Adequacy Assessment Process (ICAAP) and the Supervisory Review and Evaluations Process (SREP)*. Supervisory statement SS5/13, PRA, London.

PRA (2013). *Internal Ratings Based Approaches*. Supervisory statement SS11/13, PRA, London.

PRA (2014). *Prudential Sourcebook for Investment Firms, IFPRU*. Bank of England, London.

Pundir, S. and Seshadri, R. (2012). A novel concept of partial Lorenz curve and partial Gini index. *International Journal of Engineering, Science and Innovative Technology*, 1: 296 – 301.

Puterman, M. L. (1994). *Markov Decision Processes*. John Wiley, New York.

Pykhtin, M. (2004). Multi – factor adjustment. *Risk Magazine*, 17(3): 85 – 90.

Qi, M. (2009). *Exposure at Default of Unsecured Credit Cards*. Working paper 2009, OCC Economics.

Qi, M. and Yang, X. (2009). Loss given default of high loan – to – value residential mortgages. *Journal of Banking and Finance*, 33: 788 – 799.

Qin, J., Leung, D., and Shao, J. (2002). Estimation with survey data under nonignorable nonresponse of informative sampling. *Journal of the American Statistical Association*, 97 (457): 193 – 200.

Reichert, A. K., Cho, C. C., and Wagner, G. M. (1983). An examination of the conceptual issues involved in developing credit scoring models. *Journal of Business and Economic Statistics*, 1: 101 – 114.

Richard, M. D. and Lipman, R. P. (1991). Neural network classifiers estimate Bayesian a posteriori probabilities. *Neural Computing*, 3: 461 – 483.

Romer, C. D. and Romer, D. H. (1990). New evidence on the monetary transmission mechanism. In *Brookings Papers on Economic Activity*. Brookings Institution Press, Washington, D. C.

Rosch, D. and Scheule, H. (2004). Forecasting retail portfolio credit risk. *The Journal of Risk Finance*. Winter/Summer: 16 – 32.

Rosch, D. and Scheule, H. (2006). A multi – factor approach for systematic default and recovery risk. In Engelmann, B. and Rauhmeier. R. (eds.), *The Basel II Parameters*, Springer, Berlin.

Rosenberg, E. and Gleit, A. (1994). Quantitative methods in credit management: A survey. *Operations Research*, 42: 589 – 613.

Rosenblatt, F. (1958). The perceptron: A probabilistic model for information storage and organization in the brain. *Psychological Review*, 65: 386 – 408.

Rosenblatt, F. (1960). *On the Convergence of Reinforcement Procedures in Simple Perceptrons*. Report VG – 1196 – G – 4, Cornell Aeronautical Laboratory, Buffalo, NY.

Rubin, P. A. (1997). Solving mixed integer classification problems by decomposition. *Annals of Operations Research*, 74: 51 – 64.

Rubin, P. A. (1990). Heuristic solution procedures for a mixed – integer programming discriminant model. *Managerial Decision Economics*, 11: 255 – 266.

Rumelhart, D. E., Hinton, G. E., and Williams, R. J. (1986). Learning representation by back – propagating errors. *Nature*, 323: 533 – 536.

Rumelhart, D. E., Hinton, G. E., and Williams, R. J. (1986). Learning internal representations by error backpropagation. In Rumelhart, D. E. and McClelland, J. L. (eds.), *Parallel Distributed Processing: Explorations in the Microstructure of Cognition*, MIT Press, Cambridge, MA.

Rumelhart, D. E. and McClelland, J. L. (eds.) (1986). *Parallel Distributed Processing: Explorations in the Microstructure of Cognition,* Vol. 1. MIT Press, Cambridge, MA.

Sangha, B. S. (1998). A systematic approach for managing credit score overrides. In Mays, E. (ed.), *Credit Risk Modeling*, Glenlake Publishing, Chicago, 221 – 244.

Saunders, J. (1985). This is credit scoring. *Credit Management*, September: 23 – 26.

Schonbucher, P. J. (2000). *Factor Models for Portfolio Risk*. Working paper, Department of Statistics, University of Bonn, Bonn, Germany.

Scallan, G. (2011). Class (ic) scorecards: Automated classing with standard step wise procedure in logistic regression. In *Proceedings of the Credit Scoring and Credit Control XII Conference*, Credit Research Centre, University of Edinburgh.

Scallan, G. (2013). Marginal Kolmogorov – Smirnov analysis. In *Proceedings of the Credit Scoring and Credit Control XIII Conference*, Credit Research Centre, University of Edinburgh.

Schaeffer, R. L. (1983). Bias correction in maximum likelihood logistic regression. *Statistics in Medicine*, 2: 71 – 78.

SCOR, http://www.scoronline.co.uk/.

Securities and Exchange Commission (2008). *Summary Report of Issues Identified in the Commission Staff's Examination of Select Credit Rating Agencies*.

Setiono, R., Baesens, B., and Mues, C. (2008). Recursive neural network rule extraction for data with mixed attributes. *IEEE Transactions on Neural Networks*, 19(2): 299 – 307.

Setiono, R. and Liu, H. (1996). Symbolic representation of neural networks. *Computer*, 29: 71 – 77.

Setiono, R. and Liu, H. (1997). NeuroLinear: From neural networks to oblique decision rules. *Neurocomputing*, 17: 1 – 24.

Shepherd, G. M. and Koch, C. (1990). Introduction to synaptic circuits. In Shepherd, G. M. (ed.), *The Synaptic Organization of the Brain*, Oxford University Press, New York.

Siddiqi, N. (2006). *Credit Risk Scorecards: Developing and Implementing Intelligent Credit Scoring*. John Wiley, New York.

Smalley, O. A. and Sturdivant, F. D. (1973). *The Credit Merchants: A History of Spiegel Inc*. Southern Illinois University Press, Carbondale, IL.

Smola, A. J. and Scholkopf, B. (2004). A tutorial on support vector regression. *Statistics and Computing*, 14: 199 – 222.

So, M. M. C., De Almeida Filho, A. T., Mues, C., and Thomas, L. C. (2013). *Modelling the collections policy*. Paper presented at Credit Scoring and Credit Control XIII Conference, Edinburgh.

So, M. M. C. and Thomas, L. C. (2011). Modelling the profitability of credit cards by Markov decision processes. *European Journal of Operational Research*, 212: 123 – 130.

Somers, M. and Whittaker, J. (2007). Quantile regression for modelling distribution of profit and loss. *European Journal of Operational Research*, 183: 1477 – 1487.

Sorge, M. and Virolainen, K. (2006). A comparative analysis of macro stress – testing methodologies with application to Finland. *Journal of Financial Stability*, 2: 113 – 151.

Standard and Poor's (2005). *CDO Evaluator Version 3. 0: Technical Document*. Standard and Poor's.

Stefanowski, J. and Wilk, S. (2008). Selective pre – processing of imbalanced data for improving classification performance. In Song, I. Y., Eder, J., and Nguyen, T. (eds.), *Data Warehousing and Knowledge Discovery*, Lecture Notes in Computer Science 5182, Springer, New York, 283 – 292.

Stepanova, M. and Thomas, L. C. (2001). PHAB scores: Proportional hazards analysis behavioural scores. *Journal of the Operational Research Society*, 52: 1007 – 1016.

Stepanova, M. and Thomas, L. C. (2002). Survival analysis methods for personal loan data. *Operations Research*, 50: 277 – 289.

Stiglitz, J. E. and Weiss, A. A. (1981). Credit rationing in markets with imperfect information. *American Economic Review*, 71: 393 – 410.

Sueyoshi, T. (2004). Mixed integer programming approach of extended – discriminant analysis. *European Journal of Operational Research*, 152: 45 – 55.

Sustersic, M., Mramor, D., and Zupan, J. (2009). Consumer credit scoring models with limited data. *Expert Systems with Applications*, 36: 4736 – 4744.

Thomas, L. C. (1992). Financial risk management models. In Ansell, J. and Wharton, F.

(eds.), *Risk Analysis, Assessment and Management*, John Wiley, Chichester, U. K.

Thomas, L. C. (2009). *Consumer Credit Models: Pricing, Profit and Portfolios*. Oxford University Press, Oxford.

Thomas, L. C. (2000). A survey of credit and behavioural scoring: Forecasting financial risk of lending to consumers. *International Journal of Forecasting*, 16: 149 – 172.

Thomas, L. C. (2010). Consumer finance: Challenges for operational research. *Journal of the Operational Research Society*, 61(1): 41 – 52.

Thomas, L. C., Banasik, J., and Crook, J. N. (2001). Recalibrating scorecards. *Journal of the Operational Research Society*, 52: 981 – 988.

Thomas L. C., Crook, J. N., and Edelman, D. B. (1992). *Credit Scoring and Credit Control*. Oxford University Press, Oxford.

Thomas, L. C., Oliver, R. W., and Hand, D. J. (2005). A survey of the issues in consumer credit modelling research. *Journal of the Operational Research Society*, 56: 1006 – 1015.

Tickle, A. B., Orlowski, M., and Diederich, J. (1994). *DEDEC: Decision detection by rule extraction from neural networks*. QUTNRC, September.

Tobin, J. (1958). Estimation of relationships for limited dependent variables. *Econometrica*, 26: 24 – 36.

Tomczak, J. M. and Zieba, M. (2015). Classification restricted Boltzmann machine for comprehensible credit scoring model. *Expert Systems with Applications*, 42: 1789 – 1796.

Tong, E., Mues, C., and Thomas, L. C. (2013). A zero – adjusted gamma model for mortgage loss given default. *International Journal of Forecasting*, 29(4): 548 – 562.

Towell, G. G., Shavlik, J. W., and Noordeweir, M. O. (1990). Refinement of approximate domain theories by knowledge – based neural networks. In *Proceedings of the 8th National Conference on Artificial Intelligence*, Boston, MA, 861 – 866.

Trench, M. S., Pederson, S. P., Lau, E. T., Ma, L., Wang, H., and Nair, S. K. (2003). Managing credit lines and prices for Bank One credit cards. *Interfaces*, 33: 4 – 21.

Tsai, M. C., Lin, S. P., Cheng, C. C., and Lin, Y. – P. (2009). The consumer loan default predicting model: An application of DEA – DA and neural network. *Expert Systems with Applications*, 36: 11682 – 11690.

Van den End, I. W., Hoeberichts, M., and Tabhae, M. (2006). *Modelling Scenario Analysis and Macro Stress – Testing*. Working paper 119, De Nederlandsche Bank, November.

van Kuelen, J. A. M., Spronk, J., and Corcoran, A. W. (1981). Note on the Cyert – Davidson – Thompson doubtful accounts model. *Management Science*, 27: 108 – 112.

Vapnik, V. (1995). *The Nature of Statistical Learning Theory*. Springer, New York.

Vapnik, V. (1998). *Statistical Learning Theory*. John Wiley, New York.

Vasicek, O. (1987). *Probability of Loss on Loan Portfolio*. KMV Corporation (kmv. com).

Vasicek, O. (1991). *Limiting Loan Loss Probability Distribution*. KMV Corporation (kmv. com).

Verbeke, W., Martens, D., Mues, C., and Baesens, B. (2011). Building comprehensible customer churns models with advanced rule induction techniques. *Expert Systems with Applications*, 38: 2354 – 2364.

Verikas, A., Gelzinis, A., and Bacauskiene, M. (2011). Mining data with random forests: A survey and results of new tests. *Pattern Recognition*, 44: 330 – 349.

Wang, G., Hao, J., Ma, J., and Jiang, H. (2011). A comparative assessment of ensemble learning for credit scoring. *Expert Systems with Applications*, 38: 223 – 230.

Wei, L. J. (1992). The accelerated failure time model: A useful alternative to the Cox regression model in survival analysis. *Statistics in Medicine*, 11(14 – 15): 1871 – 1879.

Weingartner, H. M. (1966). Concepts and utilization of credit scoring techniques. *Banking*, 58: 51 – 53.

West, D. (2000). Neural network credit scoring models. *Computers and Operations Research*, 27: 1131 – 1152.

White, H. (1989). Learning in artificial neural networks: A statistical perspective. *Neural Computation*, 1: 425 – 464.

Whitley, J., Windram, R., and Coz, P. (2004). *An Empirical Model of Household Arrears*. Working paper 214, Bank of England, London.

Wiginton, J. C. (1980). A note on the comparison of logit and discriminant models of consumer credit behavior. *Journal of Financial and Quantitative Analysis*, 15: 757 – 770.

Wilkinson, G. and Tingay, J. (2004). The use of affordability data—does it add real value? In Thomas, L. C., Edelman, D., and Crook, J. N. (eds.), *Readings in Credit Scoring*, Oxford University Press, Oxford.

Witzany, J., Rychnovsky, M., and Charamza, P. (2012). Survival analysis in LGD modelling. *European Financial and Accounting Journal*, 7(1): 6 – 27.

Wong, J. H. Y., Choi, K. F., and Fong, P. – W. (2008). A framework for stress testing banks' credit risk. *The Journal of Risk Model Validation*, 2(1): 3 – 23.

Yang, B. H. and Tkachenko, M. (2012). Modeling exposure at default and loss given default: Empirical approaches and technical implementation. *Journal of Credit Risk*, 8(2): 81 – 102.

Yashkir, O. and Yashkir, Y. (2013). Loss given default modelling: Comparative analysis. *Journal of Risk Model Validation*, 7(1): 25 – 59.

Yeh, IC. and Lien, C. H. (2009). The comparisons of data mining techniques for the predictive accuracy of probability of default of credit card clients. *Expert Systems with Applications*, 36: 2473 – 2480.

Yobas, M. B., Crook, J., and Ross, P. (2000). Credit scoring using neural and evolutionary techniques. *IMA Journal of Management Mathematics*, 11(2): 111 – 125.

Yu, L., Wang, S., and Lai, K. K. (2009). An intelligent – agent – based fuzzy group decision making model for financial multicriteria decision support: The case of credit scoring. *European Journal of Operational Research*, 195: 942 – 959.

Yu, L., Yue, W., Wang, S., and Lai, K. K. (2010). Support vector machine based multiagent ensemble learning for credit risk evaluation. *Expert Systems with Applications*, 37: 1351 – 1360.

Zeldes, S. P. (1989). Consumption and liquidity constraints: An empirical analysis. *Journal of Political Economy*, 97: 305 – 346.

Zhang, D., Hifi, M., Chen, Q., and Ye, W. (2008). A hybrid credit scoring model based on genetic programming and support vector machines. In *Fourth International Conference on Natural Computation*, IEEE.

Zhang, J. and Thomas, L. C. (2012). Comparison of linear regression and survival analysis using single and mixture distribution approaches in modelling LGD. *International Journal of Forecasting*, 28: 204 – 215.

Zhang, Y., Su, H., Jia, T., and Chu, J. (2005). Rule extraction from trained support vector machines. In Ho, T. B., Cheung, D., and Liu, H. (eds.), *Proceedings of the 9th Pacific – Asia Conference on Advances in Knowledge Discovery and Data Mining* (PAKDD 2005)., Lecture Notes in Computer Science 3518, Springer, Heidelberg, 61 – 70.

Zhou, L., Lai, K. K., and Yu, L. (2010). Least squares support vector machines ensemble models for credit scoring. *Expert Systems with Applications*, 37: 127 – 133.

Ziari, H. A., Leatham D. J., and Ellinger, P. N. (1997). Development of statistical discriminant mathematical programming model via resampling estimation techniques. *American Journal of Agricultural Economics*, 79: 1352 – 1362.

译后记

2016 年 7 月中旬，我收到一封电子邮件，是 Lyn Thomas 教授去世的消息，不禁伤感和遗憾。因为当时由我翻译的他的最后一本专著《消费信用模型》中文版刚刚出版，还没来得及亲手送上。为了表达内心的感激和缺失，我决定提上一箱书，专程前往英国南安普顿参加 Lyn Thomas 教授的葬礼。悼念仪式上，我听到的最多的两个字是"善良"。的确如此，Lyn Thomas 教授在学术上贡献卓著，引领了管理科学和信用评分的发展；在生活上温良恭俭，充满了人格的光芒和高尚。在那之前，一众教授以学术研讨特有的形式，提前为他庆贺 70 岁生日。两位合作者加班加点赶稿，想尽早出版本书，虽然最终没能赶上，但其精神得以传承。

后来，我的博士导师 Jonathan Crook 教授扛起了大旗。他不仅一如既往地勤奋工作和笔耕不辍，还把爱丁堡的信用评分大会发展到了新的高峰。2019 年的信用评分与信贷风控会议（Credit Scoring and Credit Control）已是第 16 届，400 多位嘉宾与会，这已成为世界上最高级、最盛大、最专业的信用风险研究会议。我已是连续第 6 次参加。第一次是在 2009 年，当时我仅仅展示了一张研究海报。如今，我正在组织亚太版的信用评分大会，取名为"信用评分与信用评级会议"（Credit Scoring and Credit Rating Conference），希望借此发出更多中国的声音。消费信贷始发和壮大于欧美，但中国拥有最多的消费人群和小微企业，我们必定会走出一条有中国特色的消费信贷之路，引领金融科技的发展。

细心的读者也许会发现，本书的个别术语表达与前面两本书不太一致，这是因为我自己也在学习、成长。在翻译过程中，我对本书的精华内容即信用经济、资本要求、次贷危机和风险定价又有了新的认识。

翻译著作是一件费力不讨好的事情，也被繁忙的工作一再拖延。有时候写书都不知道是为了什么，也许是为了朴素的理想，也许是为了美好的期待。这是一份初心，也是一份使命。

在完成这份使命的过程中，我自然也得到了很多帮助。首先是来自学校和学院的支持，让我有这个平台和机会来创作。其次是参与进来的一些学生，他们完成了很多烦琐又细致的辅助工作。更有来自本专业学生的期待，让我感到很欣慰，他们就是未来。还有中国金融出版社的编辑老师们，给予我一如既往的耐心指导，促成了一套较为完整的金融信用译丛。此外，来自读者的关注，甚至是对前两本书的好评，让我坚持了下来。感谢大家！

最后，再次缅怀 Lyn Thomas 教授，他是信用评分的一代宗师，是一位谦逊而卓越的学者，他的人格魅力感染世人。令人遗憾的是，他未能见到本书第二版出版。本书是对他最好的纪念。

To the quietly unassuming gentleman that he was yet being a formidable giant of an academic who will be missed by so many friends and colleagues

Professor Lyn C. Thomas（1946 – 2016）

M. A.，Ph. D（*Oxon*），*FRSE*，*FIMA*，*FORS*

译者
2019 年秋

再版的话

感谢邱月老师，让我们开启一段新的旅程。

译者
2022 年冬